现代产业经济学文库·名著译丛

超越芝加哥学派

——保守经济分析对美国反托拉斯的影响

How the Chicago School Overshot the Mark:
the Effect of Conservative Economic
Analysis on U. S. Antitrust

[美] 罗伯特·皮托夫斯基 等著

林　平　臧旭恒　等译校

经济科学出版社

图书在版编目（CIP）数据

超越芝加哥学派/（美）罗伯特·皮托夫斯基等著；
林平等译.—北京：经济科学出版社，2013.8
（现代产业经济学文库·名著译丛）
ISBN 978-7-5141-3661-6

Ⅰ.①超… Ⅱ.①罗…②林… Ⅲ.①芝加哥学派（经济学）-研究 Ⅳ.①F091.353

中国版本图书馆 CIP 数据核字（2013）第 172134 号

责任编辑：柳　敏　李晓杰　于潇潇
责任校对：苏小昭
版式设计：代小卫
责任印制：李　鹏

超越芝加哥学派
——保守经济分析对美国反托拉斯的影响
［美］罗伯特·皮托夫斯基　等著
林　平　臧旭恒　等译校
经济科学出版社出版、发行　新华书店经销
社址：北京市海淀区阜成路甲 28 号　邮编：100142
总编部电话：010-88191217　发行部电话：010-88191522
网址：www.esp.com.cn
电子邮件：esp@esp.com.cn
天猫网店：经济科学出版社旗舰店
网址：http://jjkxcbs.tmall.com
北京汉德鼎有限公司印刷
华玉装订厂装订
710×1000　16 开　20.5 印张　390000 字
2013 年 7 月第 1 版　2013 年 7 月第 1 次印刷
ISBN 978-7-5141-3661-6　定价：50.00 元
（图书出现印装问题，本社负责调换。电话：010-88191502）
（版权所有　翻印必究）

图字 01 – 2010 – 3191

"How the Chicago School Overshot the Mark: The Effect of Conservative Economic Analysis on U. S. Antitrust" was originally published in English in 2008. This translation is published by arrangement with Oxford University Press.

"How the Chicago School Overshot the Mark: The Effect of Conservative Economic Analysis on U. S. Antitrust" 的英文版本于 2008 年出版。该中文译本经与牛津大学出版社协商之后出版。

Copyright© 2008 by Robert Pitofsky

© 2013 中国大陆地区中文简体专有出版权属经济科学出版社
版权所有　翻印必究

现代产业经济学文库

主　　　编：臧旭恒
学术委员会（按拼音排序）：

陈甬军	丁任重	干春晖	黄泰岩	胡　军
金　碚	金祥荣	林木西	林　平	刘　伟
刘志彪	秦承忠	荣朝和	石　磊	宋冬林
谭国富	唐晓华	王　珺	王俊豪	武常岐
夏大慰	杨蕙馨	杨瑞龙	于　立	原毅军
臧旭恒	张东辉	张晖明		

总　　序

臧旭恒

编辑出版《现代产业经济学文库》（以下简称《文库》）已经酝酿了很久。现在，终于迈出了关键的一步。这一步的迈出，与经济学界同仁的鞭策、鼓励和支持密不可分。我曾就《文库》的编辑出版同北京大学、中国人民大学、南开大学、复旦大学等高校的同行反复商讨过，他们的珍贵建议已经体现在《文库》的整体构思中。这一步的迈出，还与我们同经济科学出版社的长期合作紧密相关。自20世纪80年代中期在经济科学出版社出版第一部学术专著以来，在近二十年时间里，我们合作出版了一批学术专著、教科书、辞典，其中不乏产生了较大学术影响的得意之作，如《产业经济学》先后被南开大学、中央财经大学、山东大学等一些高校用做高年级本科生或研究生教科书，这次纳入《文库》出版的已经是修订第三版了。再如《寡头垄断市场效率分析》出版后产生了较大影响，这次修订后纳入《文库》再版。当然，《文库》的出彩之处将是推出一批学术新作，包括学术专著、教科书和译著，分为三个子系列：《现代产业经济学文库·学术文集》、《现代产业经济学文库·教材系列》和《现代产业经济学文库·名著译丛》。应该说，呈献给广大读者的《文库》是迄今为止中国产业经济学研究领域中涉及范围较广、研究成果较新的一批佳作及译作。

这里，我不准备就产业经济学学科的界定多作议论。不论是欧美经济学界将产业经济学等同于产业组织学，还是中国、日本的许多学者，或者说主流学派（如果可以称为学派的话）界定产业经济学除产业组织理论外还包括产业结构等内容，应该说是智者见智、仁者见仁，各有其发展的背景和理由，合理不合理很难一概而论。也许,就像经济增长理论与经济发展理论,反映了发达国家与发展中国家,或者说经济先行国与经济后进国对经济理论的需求差异。中国是发展中国家,也许从这一点出发能够解释为什么在中国多数经济学家认同产业经济学包括的内容应该比欧美的产业组织理论要广。实际上,欧美国家的产业经济学,或者说产业组织理论也早已突破了传统的较狭窄的产业组织理论藩篱,譬如说已经将现代企业理论囊括其中。又如国际贸易与产业组织,这一原本传统产业组织理论中研究的课题的进一步拓展,也已面目全非,极大地拓宽了传统产业组织学研究的空间。再如产业竞争力、企业竞争力的研究,也已经大大超越了传统产业组织理论的框架。考虑到以上因素,《文库》的选题范围很宽泛。希望这会成为其特色之一。

感谢经济学界的许多同仁、朋友欣然允诺担当《文库》的学术委员会委员,感谢各位同仁、朋友慷慨应诺把自己的大作纳入《文库》出版,感谢国际经济学界的同仁、朋友大力协助、推荐名著翻译出版。感谢经济科学出版社,特别是第十编辑室的吕萍女士为《文库》正式出版所付出的种种艰辛和努力。

作为《文库》的始作俑者,我希望《文库》得到学界和读者的认可,期待《文库》能够为中国产业经济学的发展做出一点贡献,这也就达到了编辑出版的目的。另一方面,也恳请学界同仁和读者对《文库》的不足之处多加批评,惠赐高见,共同促进中国产业经济学学科的发展。仅此为序。

2005 年 3 月 26 日晨草拟于青岛香格里拉大酒店
夕修改于日照曲阜师范大学

译者序

2007年，在《中华人民共和国反垄断法》（简称《反垄断法》）即将生效之际，我们组织翻译了《反托拉斯革命》（第四版）。时隔5年，我们新译的《超越芝加哥学派——保守经济分析对美国反托拉斯的影响》一书也由经济科学出版社出版了。①

我们选择翻译这两本书是基于如下愿望：即把国际上竞争法实施过程中应用经济分析的方法和最代表性的主流思想，以及典型案例系统地、全面地介绍到中国，供中国反垄断执法参考和借鉴。众所周知，在过去的三十年中，芝加哥学派所倡导的经济学分析方法和以经济效率为唯一目标的观念，主导了美国甚至整个发达经济体系反垄断法律政策的实施，给全世界反垄断领域带来了巨大影响。这一点在《反托拉斯革命》中译本的诸多重大案例中可清楚看到。但是，在各国执法机构普遍应用芝加哥学派分析方法过程中，一些学者和专家渐渐认识到，芝加哥学派的一些观点以及在反垄断各个领域中的应用有时过犹不及。曾任美国联邦贸易委员会主席的罗伯特•皮托夫斯基教授主编、由牛津大学出版社出版的《超越芝加哥学派——保守经济分析对美国反托拉斯的影响》一书，就收编了国际顶尖反垄断学者近年所写的论文，较全面地指出了他们所认为的芝加哥学派理念和方法需要矫正的地方。

该书分为六个部分。第一部分综述芝加哥学派所倡导的保守经济分析的主要思想、理念及其对美国反托拉斯执法所带来的革命性影响。第二部分讨论美国反垄断的福利标准。比如，该部分中柯克伍德和兰德所著一章通过对谢尔曼法立法历史和美国最高法院经典案例的分析，旗帜鲜明地指出，美国反托拉斯法的目标并不是芝加哥学派所坚持的只是为了促进经济效率，而是为了保护消

---

① 我们翻译的《反托拉斯革命》（第五版）中译本也即将在《反垄断法》实施五周年之际由经济科学出版社出版。

费者和促进消费者福利。本书的第三部分和第四部分分别论述芝加哥学派的保守经济分析在滥用市场支配地位领域和纵向限制方面应用中出现的过激现象。第五部分分析芝加哥学派理论主要起源之一的搭便车理论及其在解释纵向限制现象的误区。本书的第六部分，包含对芝加哥学派在企业兼并控制领域的过激之处的讨论。在每一部分，作者从法律、经济学角度，结合美国著名案例全面、详尽地分析芝加哥学派理论和方法的起源、逻辑，以及是否与实证数据相符。

自 2008 年 8 月 1 日以来的近五年期间，中国《反垄断法》的实施取得了公认的成就。截至 2012 年 9 月，商务部审查了 474 起经营者集中案例，国家发改委和国家工商总局也已查处了垄断协议和滥用市场支配地位方面的案例，《反垄断法》保护市场竞争的作用日渐增强。国际上通用的经济分析框架和概念逐渐体现在中国反垄断机构颁布的各项法规和具体执法工作中。比如，商务部 2011 年颁布的《关于评估经营者集中竞争影响的暂行规定》，就明确采用了美国、欧盟等发达国家在评估企业兼并时所使用的竞争伤害理论（the Theories of Harms）和评估竞争伤害的方法，尽管篇幅较短。主持美国《2010 年横向兼并指南》修改工作的世界著名反垄断经济学家卡尔·夏皮罗和乔纳森·贝克在本书第六部分全面阐述了芝加哥学派对美国过去 30 年间企业兼并控制执法的影响，对横向兼并的竞争伤害理论进行了精辟阐述，呼吁要"重振因保守经济分析而放松了的横向并购"执法。我们认为，他们的研究和观点对中国经营者集中的反垄断控制执法工作，具有很大参考价值。① 在垄断协议和滥用市场支配地位领域，国家发改委和国家工商总局 2011 年分别颁布的《反价格垄断规定》、《工商行政管理机关禁止垄断协议行为的规定》和《工商行政管理机关禁止滥用市场支配地位行为的规定》的具体内容，也可以见到现代经济学概念和理论。执法机构近年来处理的一些大案，比如中电信/中联通的价格垄断案、近期的茅台和五粮液零售价格限价案等，都与芝加哥学派有关纵向限制、纵向协议的理论紧密相关。《反垄断法》在垄断协议（特别是纵向协议）和滥用市场地位两大领域的实施，都可借鉴本书中的理论、方法和实例。

应当指出，本书虽然旨在分析讨论芝加哥学派在反托拉斯方面的过犹不及之处，但对芝加哥学派的主要贡献是肯定的。正如曾担任麻省理工学院斯隆管理学院院长的理查德·施马兰西在本书第一章中所总结的，"芝加哥学派律师与经济学家的研究工作（特别是 20 世纪 70 年代的工作），对于美国的反托拉

---

① 本书译者之一承担的中国商务部 2009 年重点研究课题就参考了夏皮罗教授近年来的研究结果。

译者序

斯政策有着很强的正面影响,对于可能带来很高经济成本的判决与政策建议虎口拔牙"。即使芝加哥学派一些极端的建议,"也仍然对反托拉斯政策有积极的作用,它们迫使那些希望更多干预政策的人澄清支持他们立场的经济理由……指出皇帝没穿衣服可以提高当地的着装水准,或者通过迫使皇帝离开现场,或者通过迫使他穿上衣服,而芝加哥学派的批判,对于20世纪70年代在经济上没有穿衣的反托拉斯,同时具有这两种功能。"

如果说《反托拉斯革命》一书是现代经济分析在美国反托拉斯执法过程中应用的详尽的实战手册,本书则是对实战中出现的僵硬、机械地使用经济分析以及相关理念所做的诊断、修正和警示。需要指出,对芝加哥学派的反托拉斯理念、立场的反思和对其过犹不及之处的修正,已经体现在《反托拉斯革命》第四版和第五版所包含的案例中。实际上,《反托拉斯革命》中介绍的是"后芝加哥学派"的思想和方法(见《反托拉斯革命》第四版中译本导言)。《超越芝加哥学派:保守经济分析对美国反托拉斯的影响》一书则较全面、系统地对芝加哥学派的过头之处进行了分析和论述。我们衷心希望,这两本书的中译本能够使国内读者更加全面、准确地了解现代经济学在反垄断领域的应用和作用,从而更有效地促进我国《反垄断法》的实施。

参加本书翻译和校正的除我们外,还有陈强、曲创、乔岳、裴春霞、杜颖、尹莉、王立平、尹振东、邢宏建和杨哲。具体分工:陈强(原文前言到第1章、尾注)、裴春霞(第2章、第3章和第4章)、曲创(第5章)、尹莉(第二部分,包括第6章、第7章)、乔岳(第三部分,包括第8章、第9章)、尹振东(第四部分,包括第10章、第11章)、杜颖(第12章)、杨哲(第13章)、王立平、邢宏建(第六部分,包括第14章)分别提供了译文初稿,林平统校全书,臧旭恒协调全书译校工作并协助林平校订,乔岳协助校订了部分译稿。我们感谢中国教育部国家精品课程《产业经济学》资助项目和山东大学研究生精品课程《产业经济学》资助项目的支持,感谢经济科学出版社总编辑吕萍和编辑队伍的精心编辑工作;感谢山东大学产业经济研究所部分博士生、硕士生帮助校对了书稿校样。当然,译文中的不妥和需商榷改进之处完全由我们负责,诚恳期待读者指正。

林 平(香港岭南大学)
臧旭恒(山东大学)
2012年12月草,2013年3月改

作者简介

乔纳森·贝克 美利坚大学华盛顿法学院法学教授，主要讲授反托拉斯与经济管制方面的课程。从1995年至1998年，贝克教授担任联邦贸易委员会经济局局长。在此之前，曾任总统经济顾问委员会高级经济学家，司法部反托拉斯处助理经济检察长的特别助理，达特茅斯学院阿莫斯·塔克商学院助教授，联邦贸易委员会执行主席的法律顾问，并从事反托拉斯律师业务。贝克教授是CRA国际公司的高级顾问。曾合著反托拉斯案例集，担任《反托拉斯法杂志》主编，以及美国律师协会反托拉斯委员会委员。贝克教授在反托拉斯法、政策以及实证产业组织经济学领域著述甚丰。2004年，获得美利坚大学"杰出学术、科研和其他专业成就奖"。1998年，获联邦贸易委员会"杰出贡献奖"。哈佛大学法学博士，斯坦福大学经济学博士。

斯蒂芬·卡尔金斯 韦恩州立大学法学院法学教授与研究生部主任，讲授有关反托拉斯、产业规制、消费权益法与侵权法的课程与研讨班。曾在密西根大学、宾夕法尼亚大学、荷兰乌得勒支大学任教，并曾任韦恩州立大学临时校长。在1995~1997年期间，经联邦贸易委员会主席罗伯特·皮托夫斯基提名，卡尔金斯教授担任联邦贸易委员会法律总顾问。卡尔金斯教授在美国及海外（最近在欧洲与澳大利亚）广泛地巡回演讲，在竞争、消费者权益法、政策及相关领域多有著述（包括合著了《反托拉斯法与经济学概要》第5版），并且是杂志编辑。美国法律研究所成员，美国律师基金会研究员，以及美国反托拉斯研究所高级研究员。目前，第三次担任任期三年的美国律师协会反托拉斯委员会委员，并曾是美国律师协会行政法与规制委员会委员。曾担任美国法学院协会反托拉斯与经济管制委员会主席。他是耶鲁大学人文学士，哈佛大学法学博士。

艾琳娜·福克斯 纽约大学法学院"沃尔特·德纶伯格"产业规制教授,讲授有关反托拉斯、欧盟法律、国际竞争与比较政策、侵权法的课程。研究领域包括竞争、贸易、经济发展与全球治理。纽约盛信律师事务所(Simpson Thacher & Bartlett)合伙人与顾问。福克斯教授曾是总检察长的国际竞争政策顾问委员会成员,美国司法部反托拉斯副检察长(1997~2000年,克林顿总统时期),卡特总统的"反托拉斯法与程序"全国考察委员会专员(1978~1979年)。曾任美国法学院协会反托拉斯与经济管制委员会主席,纽约州律师协会反托拉斯委员会主席,纽约市律师协会副会长,以及美国律师协会反托拉斯委员会副主席。福克斯教授经常在欧盟竞争董事会访问与演讲。曾给许多反托拉斯立法较迟的国家提过建议,包括南非、印度尼西亚、俄罗斯,以及中欧与东欧的国家。出版的书籍包括《反托拉斯的故事》(与丹尼尔·克莱恩合著,基金会出版社,2007年)、《竞争政策与中欧的演变》(与J·芬格尔顿、D·内文、P·辛格尔顿合著,1996年)、《全球视角下的美国反托拉斯案例与材料》(第2版,汤普森/韦斯特出版社,2004年,与劳伦斯·沙利文、鲁道夫·佩里茨合著),以及《欧盟法律:案例与材料》(第2版,韦斯特出版社,与G·伯曼、R·戈贝尔、W·达韦合著)。

哈维·高德施密特 哥伦比亚大学"德怀特"法学教授(自从1984年),曾任助教授(1970~1971年),副教授(1971~1973年)及法学教授(1973~1984年)。也是威嘉律师事务所(Weil, Gotshal & Manges)高级顾问。从2002年至2005年,高德施密特教授任美国证券交易委员会专员,并在1998年至1999年任其法律总顾问。在1997~1998年期间,高德施密特教授是联邦贸易委员会反托拉斯政策顾问,在1995~1996年期间是联邦贸易委员会高科技创新问题专案组成员。目前,为格林沃尔(Greenwall)基金会董事会主席,金融业监管局(Financial Industry Regulatory Authority)公共主管(Public Governor),全国慈善与法中心董事,透明国际(美国)董事,审计质量中心董事会董事。在公司法、证券法、反托拉斯法方面著述甚多,并与迪亚娜·伍德、罗伯特·皮托夫斯基合著了《产业规制案例与材料》(第5版,2003年;补充材料,2007年)。

沃伦·格兰姆斯 洛杉矶西南法学院法学教授。与劳伦斯·沙利文合写了著名的反托拉斯专著《反托拉斯法:一个全面手册》(第2版,2006年)。格兰姆

作者简介

斯教授毕业于密西根大学法学院。曾在联邦贸易委员会工作,担任众议院法律委员会垄断分委员会法律总顾问,之后 1988 年开始全职教学生涯。发表了许多有关反托拉斯的论文,包括对一系列对销售限制的研究。最近的发表论文包括《"伊利诺伊工具公司"对"独立油墨公司":搭售要求与知识产权》(与劳伦斯·沙利文合著,*Sw. J. L. & Trade in Americas*,第 13 卷,第 335 页,2007 年);《从施温公司案到西尔韦尼亚案再到哪里?现代纵向限制政策的历史渊源》,载《反托拉斯的历史》,D·伍德与 E·福克斯编辑,第 146~170 页,2007 年;《销售限制法的未来:新知识能站住脚吗?》,载 *Utah L. Rev.*,第 829 页,2006 年。

赫伯特·霍温坎普 依阿华大学"本与多萝西·威利"法学与历史教授,主要教学与研究领域为联邦反托拉斯法与美国法律史。也讲授物权法、侵权法、知识产权法与反托拉斯法。与菲利普·阿利达、唐纳德·特纳合著了《反托拉斯法》(阿斯彭出版社,第 18 卷及补充材料,1980~2007 年),是目前该书唯一健在的作者。其他作品包括《反托拉斯事业:原理与实践》(哈佛大学出版社,2006 年);《知识产权与反托拉斯:反托拉斯原理在知识产权法的应用分析》(与马克·亚里斯、马克·莱姆利合著,阿斯彭出版社,2002~2007 年);一卷本标准教科书《联邦反托拉斯政策:竞争法及其实践》(韦斯特集团,第 3 版,2005 年);案例集《反托拉斯法,政策与程序》(与托马斯·沙利文合著,莱克西斯出版社,第 5 版,2003 年);《企业与美国法律,1836~1937 年》(哈佛大学出版社,1991 年),以及大约 80 本其他书籍与论文。他广泛地为联邦政府、若干州检察总长与企业提供咨询,并且是美国艺术与科学院院士。

托马斯·考普 密西根大学法学院"亨利·布策尔"法学教授。毕业于密西根大学法学院,《密西根法学评论》的主编。曾是美国最高法院法官波特·斯图尔特的法律秘书,之后从事律师业务两年,才开始在密西根大学任教。1969~1971 年,他是司法部助理检察总长,主管反托拉斯处。曾任美国律师协会反托拉斯委员会委员及行政官。经常发表有关反托拉斯的演讲与论文。

约翰·柯克伍德 西雅图大学法学院副教授,《法与经济学研究》共同主编,美国反托拉斯研究所顾问委员会委员。他编辑了两本书,发表了一系列论文,包括一篇有关"买方势力"的文章,为最高法院与第9巡回法院所引用。经常在全国性会议中就反托拉斯法发言,并曾在司法部与联邦贸易委员会举办的"掠夺性定价"听证会上作证。自从在耶鲁大学以"优秀毕业生"与"经济系杰出学生"毕业后,他又在哈佛大学肯尼迪政府学院获得公共政策硕士学位,哈佛大学法学学位,并是《民事权利与公民自由法律评论》的编辑。在加入西雅图大学之前,曾在华盛顿主管联邦贸易委员会的两个反托拉斯政策办公室与"并购预告项目"(Premerger Notification Program),在联邦贸易委员会的西雅图办公室管理反托拉斯案件与调查,也在华盛顿大学与西雅图大学讲授反托拉斯课程。曾获2006年优秀教师奖与2007年院长奖章。

罗伯特·兰德斯 巴尔的摩大学法学院"维纳布尔"法学教授,共同创立了美国反托拉斯研究所,并任董事。加入学术界之前,曾在"琼斯-戴-雷维斯-波格"律师事务所,以及联邦贸易委员会工作。撰写或合著了75篇发表于美国与11篇发表于国外的法学作品。他的七篇论文被收录于书籍或论文集。兰德斯教授曾就反托拉斯事宜被媒体引用过数百次,并在美国、法国、英国与中国上过电视。曾在许多组织主办的全国性会议中发言,包括美国律师协会、美国法学院协会、美国检察官协会、美国反托拉斯研究所、美国经济学会以及INCECOPI(秘鲁)。曾在下列组织的听证会上作证:美国众议院法律委员会、美国参议院商务委员会、反托拉斯现代化委员会、联邦反托拉斯执法机构。曾为几个国家的执法官员提供过有关竞争的建议。他曾是美国法学院协会反托拉斯分会主席,并在美国律师协会反托拉斯分部担任许多职位。他是美国法律研究所当选会员,华盛顿特区律师协会成员。哈佛大学公共政策硕士与法学博士,西北大学学士。

玛丽娜·劳 自1994年以来一直在薛顿霍尔大学法学院任教。2007年获富布赖特奖学金在慕尼黑大学讲授美国反托拉斯法的研究生课程。她是康涅狄格大学法学院访问教授,并曾在中国对外经贸大学(北京)法学院讲授美国公司法。劳教授的法律生涯开始于美国司法部反托拉斯处,在1980年曾是其荣誉项目(Honors Program)的辩护律师。在加入薛顿霍尔大学之前,曾在天普大学法学院担任法学讲师两年。劳教授在反托拉斯领域著述甚丰,并经常在反托拉斯大会上演讲。她是美国法学院协会反托拉斯分会执行委员,及当选主席。此前,曾任职于纽约市律师协会反托拉斯与产业规制委员会,以及消费者事务

作者简介

委员会。

罗伯特·皮托夫斯基 乔治敦大学法学中心产业规制法"希伊"教授,华盛顿特区阿诺德波特律师事务所(Arnold & Porter)顾问。皮托夫斯基教授曾任联邦贸易委员会消费者保护局局长,联邦贸易委员会专员,乔治敦大学法学中心主任,纽约大学法学院法学教授,哈佛大学法学院与哥伦比亚大学法学院访问教授,联邦贸易委员主席。

皮托夫斯基教授著有《产业规制案例与材料》(与哈维·高德施密特、迪亚娜·伍德合著,第5版,2003年),以及有关反托拉斯的许多书籍与论文,包括《反托拉斯在第二个世纪的复兴》(1991年,共同编辑);《反托拉斯与知识产权:新经济未解决的核心问题》,载 $Berkeley\ Tech\ L.\ J.$,第16卷,第535页,2001年;《在全球经济中修正美国并购执法的建议》,载 $Geo.\ L.\ Rev.$,第81卷,第195页,1992年;《相关市场的新定义及对反托拉斯的攻击》,载 $Colum.\ L.\ Rev.$,第90卷,第1805页,1990年;《反托拉斯的政治内涵》,载 $U.\ Pa.\ L.\ Rev.$,第127卷,第1051页,1979年;《西尔韦尼亚案:对非价格纵向限制的分析》,载 $Colum.\ L.\ Rev.$,第78卷,第1页,1978年。他是美国行政联席会议委员(1980~1981年);华盛顿特区律师协会理事会成员(1981~1984);美国律师协会反托拉斯部委员(1980~1981年);"国防工业紧缩的反托拉斯方面"国防科学专案组主席,1994年3月;美国艺术与科学院院士(2000年至今)。

丹尼尔·鲁宾菲尔德 加州大学伯克利分校"罗伯特·布里奇斯"法学与经济学教授。曾于1997年6月至1998年12月任美国司法部反托拉斯副助理检察长。鲁宾菲尔德教授著有一系列有关反托拉斯、竞争政策、法与经济学、公共经济学的论文,以及两本教材,《微观经济学》与《计量模型与经济预测》。他曾为许多政府部门提供咨询,包括联邦贸易委员会、司法部反托拉斯处以及若干州检察长。他在国家经济分析局(NBER),行为科学高级研究中心,以及约翰·西蒙·古根翰基金会担任研究员。鲁宾菲尔德教授讲授法与经济学、反托拉斯、法与统计学方面的课程,是美国艺术与科学院院士。曾任美国法与经济学协会主席。

史蒂芬·萨洛普 乔治敦大学法学中心经济学与法学教授,自1981年在乔治敦大学任教。著有许多论文，有关产业组织经济学、反托拉斯法与政策，以及对法律的经济分析。他的一系列文章探讨了经济与法律的问题，包括排他性行为与垄断行为（含第1部分与第2部分）。这些论文使用"后－芝加哥学派"的方法来研究反托拉斯经济学，包括《排他性行为，消费者效应，以及错误的利润牺牲标准》，载 *Antitrust Law Journal*，第73卷，第311页，2006年；《超级买家的反竞争性过度购买》，载 *Antitrust L. J.*，第72卷，第669页，2005年；《反托拉斯的第一原则，柯达案与世纪之交的反托拉斯》，载 *Antitrust L. J.*，第68卷，第187页，2000年；《均衡纵向封锁》，载 *Am. Econ. Rev.*，第80卷，第127页，1990年（与雅努什·奥多瓦、加思·塞隆纳合作）；《对排他性权利的反托拉斯分析：提高竞争对手成本以获得价格影响力》，载 *Yale L. J.*，第96卷，第209页，1986年（与托马斯·以克瑞特梅克合作）；《提高竞争对手成本》，载 *Am. Econ. Rev.*，第73卷，第267页，1983年（与大卫·谢夫曼合作）。

卡尔·夏皮罗 加州大学伯克利分校哈斯商学院"泛美"商业战略教授。加州大学伯克利分校商务与经济研究所所长，经济系经济学教授。20世纪80年代在普林斯顿大学教书，1981年获麻省理工学院经济学博士学位，1990年加入加州大学伯克利分校。他的荣誉职位包括，《经济学展望杂志》编辑，行为科学高级研究中心研究员。夏皮罗教授在以下领域著述颇丰：产业组织、竞争政策、专利、创新经济学及竞争战略。目前的研究兴趣包括反托拉斯经济学、知识产权与许可权、专利政策、产品标准与兼容性，以及网络与互连经济学。夏皮罗教授在1995~1996年曾任美国司法部反托拉斯副助理检察长。他创立了蒂尔登集团（Tilden Group），并是经济顾问公司 CRA 国际的高级顾问。曾为许多私人客户以及美国司法部与联邦贸易委员会提供咨询。

谢勒 哈佛大学肯尼迪政府学院"安泰"名誉退休教授。曾任教于林斯顿大学、密西根大学、西北大学、史瓦斯摩学院、哈沃福德学院、中欧大学和拜罗伊特大学。1974~1976年，他是联邦贸易委员会首席经济学家。他于密西根大学获学士学位，哈佛大学获工商管理硕士与博士学位。研究领域包括产业经济学、技术进步经济学，并著有以下专著：《产业市场结构与经济绩效》（第3版，与大卫·罗斯合著）；《多工厂运作的经济学：一个国际比较研究》（与三人合著）；《国际高科技竞争》；《一体化世界经济中的竞争政策》；《并购、抛

作者简介

售与经济效率》(与大卫·雷温斯克雷夫合著);《创新与增长:熊彼特的视角》;《获得武器的过程》(两卷本,其中一卷与 M·J·佩克合著);《产业结构、战略与公共政策:有关经济增长与技术创新的新视角》;以及最新作品《四分音符与银行钞票:十八与十九世纪音乐创作的经济学》。他的个人网页列于肯尼迪政府学院的师资网站。

理查德·施马兰西 麻省理工学院"霍华德·约翰逊"经济学与管理学教授。1998年至2007年,担任麻省理工学院斯隆管理学院"约翰·海德"院长;1996年至1998年,任副院长。1989年至1991年,他是总统经济顾问委员会委员。施马兰西教授著有或合著了11本书,110余篇发表于专业期刊或书籍中的论文。他是《产业组织手册》第1卷与第2卷的共同编辑,《国际竞争政策》主编。曾为美国联邦贸易委员会、美国司法部反托拉斯处以及许多私人企业提供咨询。他是法律经济咨询集团(LECG)董事。

欧文·施特尔策 哈德逊研究所经济政策研究主任,《星期日泰晤士报》(伦敦)的美国专栏作家,《标准周刊》编辑,纳菲尔德学院(牛津大学)访问学者。获康奈尔大学经济学博士学位,纽约大学学士与硕士学位。他创立了国家经济研究协会(National Economic Research Associates)并任主席,担任美国企业研究所研究员,以及哈佛大学肯尼迪政府学院能源与环境政策研究主任。他的文章发表于《标准周刊》、《评论》等著名杂志。合著了《反托拉斯入门》,是《新保守派读物》(*The Neocon Reader*)的编辑与作者,分别出版于英国与美国。他的论文集已被经济事务研究所结集出版,书名为《规制与竞争政策演讲集》。

目录

引言：背景介绍
  罗伯特·皮托夫斯基 ………………………………………………………（1）

第一部分　保守经济分析及其后果 ……………………………………（5）

  第1章　美国反托拉斯的芝加哥遗产之思考
    理查德·施马兰西 ……………………………………………（8）

  第2章　关于市场进入的一些实用性看法
    欧文·斯特尔策 ………………………………………………（20）

  第3章　保守主义经济学和反托拉斯：各种各样的影响
    谢勒 ……………………………………………………………（25）

  第4章　保守主义经济分析对反托拉斯法发展的影响
    托马斯·E·考普 ……………………………………………（35）

  第5章　反垄断法与经济学的基础
    丹尼尔·罗宾菲尔德 …………………………………………（45）

第二部分　效率是唯一标准吗？ ………………………………………（68）

  第6章　效率悖论
    埃莉诺·M·福克斯 …………………………………………（69）

  第7章　芝加哥学派的基本观点是有缺陷的：反托拉斯保护
    消费者而非效率
    约翰·B·柯克伍德　罗伯特·H·兰德 …………………（81）

第三部分　芝加哥学派与支配厂商行为 ……………………（98）

第8章　哈佛学派、芝加哥学派与支配企业
赫伯特·霍温坎普 ……………………………………………（100）

第9章　对赫伯特·霍温坎普和支配企业的评论：芝加哥学派使得我们对于虚假肯定及谢尔曼法第二部分施用的态度过于谨慎
哈维·高德斯密德 ……………………………………………（113）

第四部分　纵向协议会伤害消费者吗？ ……………………（128）

第10章　排他性纵向行为的经济学分析：芝加哥学派在哪里言过其实
史蒂芬·萨洛普 ………………………………………………（129）

第11章　独家经营法律的错误发展
卡尔金斯·斯蒂芬 ……………………………………………（143）

第五部分　纵向协议的"搭便车"解释被不切实际地强调了吗？ ……………………………………（164）

第12章　西尔韦尼亚案对下游势力纵向约束"搭便车"问题的解释：真相还是制造借口
沃伦·S·格兰姆斯 …………………………………………（166）

第13章　"搭便车"——对转售价格限制的一个夸张、不足信的解释
玛丽娜·劳 ……………………………………………………（179）

第六部分　重振因保守经济分析而放松了的并购执法 ……（215）

第14章　重振横向并购的执法
乔纳森·贝克　卡尔·夏皮罗 ………………………………（216）

附录 ………………………………………………………………（263）
索引 ………………………………………………………………（266）

引言：背景介绍

罗伯特·皮托夫斯基

本书的出版是基于一种日益增长的担心，即反托拉斯作为一个多世纪以来受到专业人士与公众广泛支持的规制体系，正在遭到攻击。近来的趋势是，对反托拉斯原则的解释变得越来越狭窄（尤其在最高法院），而在执法方面也更加松弛。

对于反托拉斯的本质与执法力度的起伏波动进行简短的回顾，将有助于构建思考这些重要问题的框架。

在大多数历史时期，美国经济的主要特征是自由市场与自由贸易。这些制度安排带来了资源的有效配置，避免了某些企业对其他企业与消费者的掠夺性行为。然而，到19世纪末，人们开始认识到，大公司（间接地由于经济势力的过分集中）可能滥用绝对自由市场所赋予的机会，故有必要对私有部门行为进行某些限制。

对于经济势力过于集中的质疑导致了1890年的谢尔曼法，开启了反托拉斯的先河，试图用一套规则来禁止自由市场私有部门的恶性行为。其主要针对对象为滥用垄断势力，以及竞争对手之间共谋定价与分割市场。渐渐地，其他形式的滥用行为，比如并购、销售限制和抵制，也被纳入到反托拉斯的体系中。最后，政府规制下的自由市场理念传播到经济的其他部门，比如交通与通讯，也最终传播到世界上的许多其他国家。

流行的反托拉斯执法力度随时间而变，在两次世界大战期间暂停，并在20世纪20年代被严重忽略过。但总的来说，反托拉斯保护之下的自由市场在美国行之有效，明显优于中央集权制国家，比如斯大林时的苏联、毛泽东时的中国、朝鲜与德意志民主共和国。总体来看，这个体系得到公众的广泛支持。甚至那些对反托拉斯的晦涩术语不甚了了的人们，也几乎本能地知道，未经政府规则制约的私人利益，可能为大公司管理层与股东牟利，却会损害消费者福利。

在20世纪20年代、30年代的大部分以及第二次世界大战期间，反托拉斯似乎不再时髦[1]。第二次世界大战后，这种情形开始改变。首先，在对大公司敌意的国会与极端自由派、放纵的最高法院的支持下，反托拉斯执法者们推出了史上最为严厉的执法体系，空前绝后。在20世纪50、60年代，对市场竞争不造成严重威胁的小额并购被一贯地禁止；引入了简化的"本身违法原则"（per se rules），对于几乎没有反竞争或反消费者效应的行为也加以取缔；对许可权的争夺也被挑战，而这些不过是具有攻击性的创新行为罢了[2]。所有这些做法，几乎置企业有关"效率"的呼声于不顾。

五六十年代的这些极端做法，无论现在的自由派还是保守派都不会苟同。托马斯·考普在本书中对此进行了很好而彻底的总结。

五六十年代这一时期，经常与沃伦最高法院（Warren Court）联系在一起，并非只是做出了在今天几乎无法辩护的不明智判决；更重要的是，它为保守律师与学者树立了诱人的攻击靶子。私有部门慷慨地在财力上资助智库与大学，力图证明反托拉斯的过度执法其害匪浅。两位杰出学者，理查德·波斯纳与罗伯特·博克，带领一小群学术团队，对沃伦法院的所作所为展开了致命的批评。

与此同时，出现了一个更微妙，但长期而言更为重要的趋势。大众对大公司的不信任，以及为了政治目的而分割、分散经济势力的愿望，一直为反托拉斯煽风点火。但现在，一群经济学家与受过经济学训练的律师与学者，对此前提提出挑战。他们的方法是，从纯粹经济学的视角来考察商业行为，而排斥政治或社会价值的考虑（比如，仅仅为了小企业的"小"所体现的社会价值而保护小企业），并相信自由市场体系可以自动地带来利益。对于非经济因素的考虑（比如，担心由于电视频道或图书出版社的兼并浪潮可能对言论自由带来负面影响），被认为过于模糊而无关紧要。

当罗纳德·里根总统宣布"政府是问题所在，而非解决方案"时，那些对沃伦法院的过度行为心存顾虑并希望更多地依赖经济学的人们，得到了巨大的政治鼓舞。尽管里根总统不太可能意指反托拉斯，但激进的反托拉斯执法显然与此思想相悖，导致反托拉斯执法在20世纪80年代几乎消失了。在80年代，尽管对于卡特尔与巨额并购的挑战依然存在，但几乎所有其他形式的反托拉斯（比如，对于纵向并购、抵制、销售限制、价格歧视等的挑战）都消失了。事实上，又回到了对反托拉斯不闻不问的20年代。

在里根总统之后的大约十年里，即克林顿总统与小布什总统的第一个任期

引言：背景介绍

内，人们试图寻找60年代过度执法与80年代执法不足的中间道路。然而，小布什总统在其第二个任期任命了一些执法官员与下级法院法官，更重要的是任命了两位保守的最高法院大法官，导致多数派对反托拉斯持怀疑态度，认为它弊大于利；这种调和折中的企图也就结束了。

所有这些历史变迁把我们带到了写这本书的时机。

这本文集的作者包括共和党与民主党人，左派与右派的律师与学者，曾经的执法者，以及私有部门的代表。但几乎所有人都同意，由于保守经济分析的贡献，现在美国反托拉斯执法优于沃伦法院的时代，更加严格、合理，而且在经济学上更为成熟。但几乎所有人又对反托拉斯的解释与执法的演化方向心存不安。具体的担心包括，偏爱经济模型而置事实于不顾，倾向于假设自由市场机制可以治愈所有市场失灵，相信只有"效率"才是唯一重要的，对学说的明显误解；而最重要的是，不支持严格的执法，哪怕只有一丝辩护的可能性就甘愿批准可疑的交易。正如20世纪60年代放纵的沃伦法院认为政府每次都是对的，目前的最高法院多数派，经常在所谓"现代经济分析"的基础上，确保支持反托拉斯的立场总是落败。

我们为什么要在乎这些？与某些人的看法不同，反托拉斯并不仅仅是，也不主要是保证企业不对其他企业采取不公平或掠夺性行为。它更多的是有关"消费者福利"的法律体系。如果企业以不公平方式成长以夺取市场支配地位，如果竞争对手合谋提价或分割市场，使用专利或其他形式的知识产权不正当地阻止竞争者进入，通过并购占据垄断或支配地位，或从事许多其他传统上视为反竞争的行为；但却因执法不严而受到保护，则价格将上升，产品质量将下降，创新将减少，而消费者将为所有这些损失埋单。

由于对保守经济理论的极端与错误解释（且经常不顾事实）已占据了反托拉斯的主流，有理由认为，美国正朝着一个根本性的错误方向变化。这个文集的主旨就是考察与分析这些问题。

注释：

1. 理查德·霍夫施塔特：《美国政治的偏执风格》，第188页（阿尔弗雷德·A·克诺夫，1965年）。

2. "本身违法原则"（per se rule）与"合理原则"（rule of reason）是反托拉斯分析的常用概念，在本书也经常出现。一个交易或行为是"本身违法"（illegal per se），如果经验表明，它几乎总是反竞争的，而没有任何可以挽救的优点。因此，无须专门考察市场势力、目的或效应就可以判定其为非法。首要例子为卡特尔价格操纵。大多数的行为与交易则根据"合理原则"来判定。使用这种方法时，需要考察一系列相关事宜，包括市场势力、进入壁垒、经济理由、反竞争性较弱的可能替代方案，以此做出平衡的判断，究竟该行为会促进还是妨碍竞争。

第一部分

保守经济分析及其后果

引言

开篇这一章的多数主题预示着本书其余部分的主题。比较一致的看法是,保守经济分析(经常称为"芝加哥学派分析"),摧毁了20世纪50、60年代(沃伦法院时期)的某些反托拉斯做法,并最终以更严谨的方法取而代之。该方法强调纯粹的经济考虑(排斥其他社会、政治价值),怀疑政府规制弊大于利(除在赤裸裸的横向价格操纵领域),极度依赖自由市场以达成效率,鼓励创新,以及为消费者的终极利益服务。本书的作者们都同意,芝加哥学派在挑战沃伦法院与早期学术观点的过程中,把美国的竞争规制体系导向了更为合理的形式。

然而,几乎所有作者都注意到(包括最热衷于保守分析者),人们对于目前的反托拉斯执法及未来的可能动向,即越来越完全地依赖自由市场,而对私有部门越发纵容心存不安。

本书各章节将说明,为什么许多温和的观察者心存顾虑,并讨论其他备选方法。开篇这一部分包括了在反托拉斯领域一些最著名人物的贡献。

理查德·施马兰西

麻省理工学院商学院院长理查德·施马兰西写的第一篇论文明显地倾向于芝加哥学派,将其胜利乃至失败都解读为具有建设性,因为失败也刺激了更为严格的思考。该文回顾了20世纪50、60年代的理论论战,保守经济分析如何叫停可疑的政策，诸如，依据"无过失垄断执法"（no-fault monopoly enforcement）而迫使重要产业分散化，偏好小企业仅仅因为它们"小"，在各种交易中无视效率的价值，甚至把价值与交易的合法性对立起来[1]。选择热衷芝加哥学派的论文作为开篇，是为了公平起见，由一位比较热情而杰出的学者来充分地、很好地阐述这种观点，再由随后各章对之发起挑战；但我们注意到，即使施马兰西的论文也认为，芝加哥学派的某些早期建议过于极端了[2]，或许刺激了思考，却没有被采纳。

欧文·施特尔策

欧文·施特尔策如此概括保守派的观点：认为反托拉斯无效率，不明智地导致政府过度管制，而且不必要，因为市场势力是暂时的，且只有经济分析（即效率）才重要。

然后，施特尔策考察了种种反竞争行为，特别地从一个罕见或许全新的角度，分析处于支配地位企业的低价或"掠夺性"定价行为。保守分析认为，如果进入容易，则不需要反托拉斯解决什么问题。这种观点认为，如果不良企业试图提高价格或削减产量，它将被新进入的企业所淹没。施特尔策的问题是，风险资本家在支持试图进入支配企业的市场的更小挑战者之前，会考虑什么。如果支配企业能够采取各种压迫与威胁战术（为保守派所允许），则风险资本家通常将不会支持挑战者。其结果是，保护自由市场、为所有企业提供公平开放机会的目标将无法实现。为了达成这一目标，反托拉斯执法必须严格地进行。依施特尔策看来，目前的状态并非如此。

托马斯·考普

托马斯·考普曾是尼克松与福特总统的司法部反托拉斯执法主管。他的文章列于本章稍后部分，首先指出对目前反托拉斯执法的广泛不安，觉得"做错事了"。特别是担心，过分强调简化而不现实的经济模型，却忽视实际市场效应。

为了理解芝加哥学派的影响，考普把时钟拨回到20世纪50、60年代，当时的反托拉斯过度执法正成为诱人的挑战目标，比如在今日贻笑大方的许多最高法院判决。部分地由于对手的这种性质，芝加哥学派成功了。尽管芝加哥学派的影响通常具有建设性、不受质疑，考普指出，芝加哥学派也并非事事如愿。由政府主导的反托拉斯豁免（"国家行为学说"）与主要依赖自由市场的

第一部分　保守经济分析及其后果

倾向背道而驰；在联邦立法领域看不到芝加哥学派的影响；对于芝加哥学派过分简化而不现实的经济模型、置市场现实于不顾，人们也越来越不安。

谢勒

与本书几乎所有作者一样，谢勒观察到，反托拉斯分析已变得越来越保守了。然而，他强调问题的复杂性。首先，他注意到，导致执法越来越少，并非仅仅是经济学家的影响，也受惠于那些相信"政府是问题所在，而非解决方案"的律师、执法官员与法官。其次，芝加哥学派并非一贯地赞同避免政府干预的保守立场。芝加哥学派主张，对直接竞争者之间的价格操纵（卡特尔政策）进行严格的反托拉斯执法；有时也主张对公司的规模进行限制。然而，他指出，极端芝加哥学派观点，近年来也对执法产生影响，特别在里根总统时期。比如，对于掠夺性定价、市场过于集中（即寡头垄断）与并购的执法越来越弱。作为学术界认为市场能解决一切问题的例子，他引用了麦基的一篇论文。该文指出，除了政府不允许进入的行业外，"竟先验地假定现存的产业结构就是最有效率的结构"[3]。

在文章的结尾部分，谢勒讨论了一个具体问题。该问题由保守经济分析所提倡，并获得了广泛的支持。该观点几乎是保守经济分析的一致意见，即认为政府对知识产权的规制（特别是为弥补过失而对专利进行强制性许可），将降低对创新的投资，并在长期内损害消费者。谢勒指出，这一结论与一系列的实证证据相矛盾。这些证据表明，反托拉斯执法对创新投资几乎没有负面影响[4]。

丹尼尔·鲁宾菲尔德

与谢勒一样，丹尼尔·鲁宾菲尔德指出，对于"保守经济分析"很难下定义，并坚持认为，近几十年来的变化（无论好坏），是一系列因素共同作用的结果。他认为，尽管不同经济学派的影响整体而言均为正面（特别是芝加哥学派），但在一些重要领域，极端经济思想的应用显然过头了。在最后几页中，他罗列了以下例子：对于"虚假肯定"（false positives）的过度担心导致执法不足；对所有纵向限制越来越纵容；保守经济学以保护创新为名，在充满活力的高科技行业放松执法。

第1章 美国反托拉斯的芝加哥遗产之思考

理查德·施马兰西

为了准备写这一章,我很高兴地重读了罗伯特·博克的《反托拉斯悖论》[5]。之所以高兴,并不是因为我对该书完全同意(尽管我同意该书的许多地方)。也不仅仅是因为我喜欢博克法官的文笔,举重若轻而又如此精确。重读《反托拉斯悖论》的主要乐趣在于怀旧:它让我回想起20世纪70年代向经济系学生讲解反托拉斯政策的欢乐时光。当时刚出台的判决及持续的政策辩论提供了足够的对立看法与经济喧器,让学生们兴致盎然,有时甚至义愤填膺。美国反托拉斯的保守经济学遗产(我更愿意称之为"芝加哥学派遗产")的一个明显负效应是,这种快乐已不复存在[6]。

尽管如此,我以为,总的来说,反托拉斯的芝加哥遗产已被公认为很积极而正面。在这篇文章里,我将通过《反托拉斯悖论》的视角,回顾1970年前后反托拉斯主流的一些判决与问题,偶尔也援引理查德·波斯纳几乎同时的《反托拉斯法》[7]。我的主要目标是,回顾70年代早期让芝加哥学派律师与经济学家强烈不满的某些美国反托拉斯政策,以及芝加哥学派随后的胜利所带来的公认的积极变化。在结尾部分,我将简短地讨论芝加哥学派的失败之处。

这篇论文更像是一首赞美诗,而非面面俱到地平衡论述,因为我接受的任务是赞美芝加哥学派,而非帮助那些想要埋葬它的人。我确信,本书的其他作者会很好地讲述这个有趣故事的其他侧面。我将讨论以下四大方面:反托拉斯的目标、针对"无过失集中化"(no-fault concentration)的政策、如何对待生产效率以及对非常规商业行为的评估。

经济福利

任何学过反托拉斯的人应该都不会忘记首席大法官沃伦在1962年"布朗鞋业案"判决中有关立法意图的论断吧?

第一部分 保守经济分析及其后果

"但我们不应忽视国会试图通过促进竞争,来保护具有自生能力的地方小企业的愿望。国会认识到,保持分散的产业与市场可能偶尔会导致更高的成本与价格。国会决定,分散化比其他考虑更为重要。"[8]

对于这个立法目标的阐述,芝加哥学派的律师与经济学家从两个方面展开了猛烈的抨击[9]。首先,他们质疑大法官对立法意图的描述。他们认为,在国会论述中,找不到有关小企业与消费者福利之间的权衡,更找不到在进行此权衡时,总是一边倒向小企业的指示。

其次,对我来说更重要的是,芝加哥学派认为,如果要求反托拉斯达成两个相互矛盾的目标,而不说明在何种情况下何者更为重要,则无法指望反托拉斯政策具有一致性或可预测性,而这正是一个政策主要靠"事前威慑"而非"事后管制"起作用的必要条件。比如,1966年的"冯氏百货案"判决意味着,为了保护小企业,须禁止小企业之间的所有并购行为[10],尽管该政策将使企业家难以实现创业价值,进而阻碍小企业的诞生。如果反托拉斯确实关心小企业的福利,或许就不必在意大企业之间为了获得市场势力而进行的并购,因为可以预见这种并购的后果是价格上升,从而缓解较小竞争对手的竞争压力。

到了2007年,在反托拉斯的目标方面,芝加哥学派取得了决定性的胜利。正如肯·海耶最近所指出,

"在过去几十年里,反托拉斯专业人士大致达成了一个共识……即反托拉斯法所指的'竞争'不应简单地解释为并购前企业间的对抗。而更应将'竞争'视为一个过程,其结果为福利,而我们感兴趣的目标是福利而非对抗。"[11]

这种福利究竟指的是消费者福利,还是总福利(消费者福利与生产者福利之和),依然模糊不清[12]。经典的芝加哥学派论文通常对此不做区分。虽然执法机关似乎使用消费者福利[13],但我相信使用总福利的经济理由更为充分。无论如何,尽管理论上这种选择在某些情形下十分重要,但我觉得在实践中无关宏旨。

这一胜利或许是芝加哥学派遗产的最重要部分。当然,这并非因为唯有经济福利才是有价值的政策目标,尽管芝加哥学派学者有时似乎这样认为。更有力的论证是,为了提携小企业,缓解收入分配不均,或达成有时赋予反托拉斯的其他目标,存在着许多至少同样有效的政策工具,而反托拉斯特别适于用来达成经济福利或效率的广泛目标。

拥有唯一的目标，使得政策的一致性与可预测性成为可能，使政策更具有效的威慑作用。进一步，以消费者福利或总经济福利作为唯一的反托拉斯目标，使得经济分析（依据经典芝加哥术语，"价格理论"）在政策辩论与大多数案例分析中大有用武之地。在芝加哥学派之前，反托拉斯中所使用的经济学，主要是实证研究，开始是产业案例研究，后来是遵循"张伯伦－梅森－贝恩"哈佛传统的跨行业回归分析[14]。当效率变为政策目标时，价格理论就成为更适合的工具。由于经济分析是一个演绎推理的系统，故比一堆实证结果更具条理性，因此提高了一致性与可预测性。在相关证据的辅助下使用经济理论，可以明智地判断特定政策或判决的可能效应。在判例允许经济分析的广大领域，不同经济模型之间的竞争必然引发对公共利益的不同观点，使得政策不仅仅服务于特殊利益集团。

笔者认为，芝加哥学派在此根本问题上的彻底胜利，至少是使得1967年的"犹他馅饼案"判决[15]在今天看来不可理喻（仿佛来自外星球）的重要原因之一，那时讲授这个案例乐趣横生。有些人也许还记得，作为冰冻水果馅饼的地区性生产商，犹他馅饼公司降价后，全国的竞争对手做出了反应。在那个时期，犹他馅饼公司是市场龙头企业，不断壮大，并有盈利，整个市场也扩大了。然而，犹他馅饼公司的竞争对手由于对削价的反应而被视为妨碍竞争（故违反了罗宾逊－帕特曼法），因为它们在犹他州的定价比其他区域性市场更低。现在大多数观察者会同意博克的看法，"被告并非因为妨碍竞争而被定罪，而仅仅因为在竞争"[16]。虽然罗宾逊－帕特曼法依然存在[17]，但"犹他馅饼案"已成为奇怪的"古董"了。

分散化

在1959年，卡尔·凯森与唐纳德·特纳出版了一部有关反托拉斯政策的书，影响深远，在其中提出"无过失分散化"立法[18]。其基本思想是，有些行业过于集中，超出了效率的要求，因此这些行业的龙头企业应被拆散，以降低集中度，促进竞争。在1968年，白宫反托拉斯政策专案组提出了类似的提议，该专案组组长菲尔·尼尔是当时芝加哥大学法学院院长[19]。该专案组的13名成员中有11人支持此提议，包括来自麻省理工学院、范德比尔特大学、纽约州立大学布法罗分校的三位经济学家。在1972年与1973年，参议员菲利普·哈特提出议案，试图在整个经济范围内实施"无过失分散化"[20]。这些法案受到了严肃关注与讨论。

这些建议由值得尊敬的人们提出,在当时受到了认真对待。白宫专案组引用的支持者包括芝加哥大学的顶梁柱乔治·斯蒂格勒[21]。然而,笔者想可以公平地认为,在里根总统上台前,反托拉斯主流派已经大大变化,以至于"无过失分散化"已不在考虑范围之内。很难想象,这样的建议在不久的将来还会被认真考虑。在20世纪70年代发生了什么,导致了这个变化?

在这本论著中,笔者无法提供全面的答案,其原因显然超出了芝加哥学派的范围。比如,越战失败导致对政府信心下降起了重要作用。在70年代,主要由现任大法官斯蒂芬·布雷耶、参议员特德·肯尼迪、阿尔弗雷德·卡恩教授(并非芝加哥学派学者)所倡导的放松管制运动,主张多用市场,少用规制,与芝加哥学派的原则大体相同[22]。无论何种原因在起作用,芝加哥学派在70年代确实做出了直接贡献,沉重地打击了支持分散化运动的两大理论支柱。

支柱之一认为,在销售商的集中度与反竞争共谋行为之间,存在着在经济上显著的正向因果关系。这个信念主要基于几个开创性的行业层次的横截面统计研究,以利润率为被解释变量,因为经济理论一直难以预测集中度变化对行为或绩效的影响。在70年代进行了更多的此类研究与批判,对于"集中度—利润率"关系的实证支持越来越弱[23]。虽然大多数研究发现二者存在正相关,但此关系很弱,而且集中度改变所能带来的经济效应也很小。

哈罗德·德姆塞茨是任职于加州大学洛杉矶分校的芝加哥学派正式成员,在70年代早期令人信服地论证,即使集中度与利润率之间存在很强的相关关系,也无法得出因果关系的结论[24]。对于观察到的相关关系,他提出另一解释,假设不存在任何共谋,但在某些行业的销售商之间持续地存在着经济上显著的效率差别。那么,在那些行业,集中度与行业平均利润率都会较高,因为更有效率的企业将获得更大的市场份额,并通过其效率差异而获得报酬。在这种机制作用下[25],由于内部成长而导致的集中度,反映的是值得称道的创新,但肯定会被全面的"无过失分散化"所阻碍。

如果集中度也会促进共谋(我想大多数经济学家仍然这样认为),当然可以在原则上通过小心的无过失分散化而提高福利。但在实践中,我们很难有信心去权衡,在某个行业增加竞争与降低效率之间的利弊得失。但是,那种认为在某些条件下集中度确实影响行为的观念,使得人们在评估横向并购时,认真地考虑集中度的变化。

德姆塞茨的批判也间接地攻击了分散化运动的另一支柱,即认为行业内的成本与生产效率差异主要反映了生产规模差异的观念。在50、60年代，规模经济，特别是制造业的规模经济，成为研究重点。这类研究通常采用工程经济学的方法，着重于研究生产，试图确定依行业而定的最低有效规模，在此规模之外则长期平均成本曲线基本是水平的。影响行业内差异的其他因素则很少研究，而最低有效规模以上企业之间的效率差异则被认为是对该行业长期平均成本曲线的暂时偏离。上述所有无过失分散化提议均建议，如果可以证明分散化将导致较大效率损失，则可以不进行分散化；但该效率主要指由规模所决定的效率。事实上，白宫专案组只提及"损失很多规模经济"，作为反对分散化的一个潜在理由。

相反地，德姆塞茨的批判假定，与规模无关的生产效率差异很重要而且持续存在。这个假定依赖于对生产效率的宽泛定义，远远超出了工程上的考虑。正如博克所指出，

> "企业的相对效率因此以其在市场上的成功来衡量。我们要注意对生产效率的这个定义，而非影响生产效率的诸多因素。规模经济、职能专业化、融资能力、管理技能——所有这些以及更多因素都使得企业更好地让消费者满意，但这些是原因而非效率的表现。本质上，效率是一个价值概念，而非对机械或工程运作的描述。"[26]

为了让第一句中的定义与"效率"的通常含义相对应，必须假定竞争对手间的对抗是相当激烈的。在此假定下，这个论述是对乔治·斯蒂格勒"生存原则"的进一步阐释[27]。

如果影响企业生产效率的因素确实复杂多样，则很难想象该如何可靠地评估以分散化名义把企业拆散对效率的影响。因此，也很难想象，我们可以不冒着生产效率损失巨大的风险而进行全面分散化。随着时间的推移，从实证的角度已经变得清楚了，至少在某些行业，与规模无关的行业内利润率差异是重要而持续的[28]。比如，丰田汽车的设计与生产系统已被广泛而深入地研究过，但曾经比丰田规模更大的企业却无法有效地模仿丰田，更不用说超越丰田了。对于可能导致企业业绩持久差异的因素，在商学院进行了很多研究。虽然无疑有人哀叹未能实现无过失分散化，但笔者与大多数观察者的意见是，芝加哥学派在这个战线上的胜利（在一系列同盟的帮助下），对于消费者福利与总福利而言都是好事。

第一部分　保守经济分析及其后果

生产效率

一旦我们接受消费者福利或总福利作为反托拉斯政策的唯一目标，则上面所宽泛定义的生产效率（包括创新及生产），在大多数场合下就合理地变得至少与资源配置效率一样重要。因此，芝加哥学派坚持以福利作为反托拉斯的唯一目标，不仅阻碍了无过失分散化运动；它最终使得生产效率在大多数反托拉斯决策时，被视为美德而非缺点。

这并非一个小成就。如果企业间对抗而非经济福利是反托拉斯的目标，则让龙头企业变得更有效率几乎肯定是坏事。它或许可以整体上让消费者受益并增加总福利，但几乎肯定会使低效率企业处境维艰。也许"龙头企业的效率是坏事"这一观点在1946年兰纳德·汉德法官的经典"美国铝业案"判决中达到极盛[29]。在认可美国铝业公司"在1912年后并无道德渎职行为"之后，汉德法官仍然认为其有垄断行为，因为，

> "预期铝锭需求增长并准备提供供给，并非总是不可避免。并没有什么强迫它，在其他企业进入之前不断地使其生产规模翻倍。它坚持认为，它从未排斥竞争者；但我们认为没有比这更有效的排他行为了：拥抱每个新机会，用新产能与高效的组织迎接每个新来者，而且拥有经验、关系网与人力资源的优势。"[30]

如果美国铝业公司没有做这些事情，如果它缓慢地增加产能，如果它没有建成高效的组织——简而言之，如果它效率更低——它的顾客与整个社会的福利几乎肯定会更糟，但或许它就能在法庭上取胜。

到了70年代早期，"美国铝业案"已经显得陈旧，在此之后没有其他重要的垄断案例，视对效率的追求为有罪。但那种认为不应该让龙头企业更有效率、成为更可怕的竞争者的观念，在反托拉斯中依然健在。在1967年的"宝洁案"判决中，最高法院阻止宝洁公司（P&G）兼并高乐氏公司（Clorox），后者生产宝洁公司并不生产的液体漂白剂，部分原因就是被兼并后的高乐氏公司将在生产、销售、分配，特别是广告领域变得更有效率[31]。为多数派代笔的道格拉斯大法官，发布了一个类似"布朗鞋业案"的判决，

> "可能带来的经济效率无法作为违法的辩词。国会认识到，有些减少竞争的并购也能带来经济效率，但在二者的权衡中更倾向于保护竞争。"[32]

此处,"竞争"显然指的是积极的对抗,而不是其现在的一般含义,指消费者或总福利。

1968年的司法部《并购指南》也反映了对生产效率同样的漠不关心,

"除非在极端情况下,司法部不会接受以并购将带来经济(即效率提高)为由,而对根据其横向并购标准将受到挑战的并购所进行的辩护,因为……"[33]

随后给出的原因包括,"通常很难确定并购所能带来的效率改进是否存在及其幅度。"《并购指南》也直接回应了"宝洁案"判决,担心"混合并购可能提高兼并后企业在相关市场进行产品细分的能力"——特别在产品细分是一种重要竞争方式的市场中。

与此形成鲜明对比,目前司法部与联邦贸易委员会《横向并购指南》要求对并购可能带来的生产效率提高给予正的权重,考虑"是否可见的效率改进,可能足够抵消并购对相关市场消费者的潜在危害,比如,阻止那个市场的价格上升。"[34]

然而,应该认识到,目前《指南》中对效率的处理,也部分地代表了芝加哥学派的失败。虽然芝加哥学派学者,诸如博克与波斯纳,通常强调生产效率的正面价值,二者均认为,对并购可能带来的经济效率的评估(奥利弗·威廉姆森在其1968年经典论文中主张在并购分析中进行此评估,反托拉斯部门正致力于此),根本就无法可靠地进行[35]。基于并购几乎总能提高效率的前提下,他们呼吁放松对集中度的管制。然而,随后有关并购的研究并不支持此前提。我想,现在大多数观察者都乐于见到,芝加哥学派在生产效率方面仅取得部分而非全部胜利[36]。

不友好

在20世纪60年代,唐纳德·特纳曾说过,"对于地域与消费者限制,我不仅从普通法的传统采取不友好的态度,而且从反托拉斯法的传统也采取不友好的态度。"[37]这种"不友好的传统"广泛地适用于非标准或不常见的契约行为——即那些在教科书对完全竞争市场的描述中没有出现的行为。通过确立经济福利作为反托拉斯的唯一目标,进而使得经济理论成为主要分析工具,芝加哥学派有效地破坏了学术界的这个传统,尽管判例的力量使得它在某些情形下依然存活于法庭上。

在一篇影响深远的早期论文中，阿伦·狄莱克特与爱德华·列维认为，垄断者无法利用捆绑将一个市场的垄断地位延伸到另一市场，因为企业只拥有单一的垄断利润[38]。芝加哥学派学者超越了这个有影响的"单一垄断利润定理"（single monopoly profit theorem），进一步证明，至少在理论上，传统上受到不友好对待的各种行为可能提高效率。遵循这一思想，有些评论家又前进了一大步，主张这些行为"本身合法"，因为它们总能提高效率，或至少不会反竞争[39]。

从逻辑上来看，这最后一步并没有道理。而且，通过广泛使用非合作博弈论，后芝加哥的经济分析证明它是错误的。"单一垄断利润定理"所依赖的假设相当强，包括在传统上可疑的假定，比如假设捆绑与独家经营在某些（但不是所有）情况下会起到排他性作用[40]。

但现在大多数经济学家已经公认，无论契约行为在表面上看起来如何奇怪，如果它经常为没有市场势力或无望获得市场势力的企业所用，则说明这种行为至少在那些情形下可以促进竞争、提升效率，不应该受到谴责。如果存在市场势力，现在大多数评论家似乎认为，应该使用某种形式的"合理原则"来分析非标准的契约行为。如果使用近来欧盟辩论罗马条约第82条款的术语，这意味着在分析销售商行为时，从"基于形式"（form-based）转向"基于效应"（effects-based）的模式[41]。虽然应用"合理原则"或"基于效应模式"肯定不如"本身违法原则"更具可预测性，但平均来说，它比一刀切地谴责在某些情况下可以提高效率的行为，更能改进福利。

本书的其余部分将简短地回顾与评价，芝加哥学派试图把政策从"基于形式"转向"基于效应"应用于横向限制、纵向并购、纵向限制以及捆绑协议的努力。

横向限制

在1967年的"席伊丽案"判决中，最高法院否决了一些床垫厂商分割市场的协议，没有去考察该协议的效应[42]。在1972年的"崇越科技案"判决中，最高法院否决了一个连锁超市联盟关于贴标签的市场分割协议，尽管其成员销售的商品中只有大约10%使用了"崇越"标签[43]。审理"崇越科技案"的法庭简单地认为，"……由于该案涉及横向限制，因此本身就违法……"[44]

博克令人信服地反驳说，这些判决在经济上毫无道理，"在无法限制产量的情况下，消除对抗的目的只是为了促进效率。"[45] 从 1979 年最高法院的"广播音乐联合会（BMI）案"判决[46]开始，反托拉斯政策已从认为所有横向限制均本身违法的立场上大大后退了。事实上，根据目前司法部与联邦贸易委员会《关于竞争者之间合作的反托拉斯指南》的陈述，"如果……参与者加入整合经济活动以提高效率的协议，而该协议可以合理地认为与整合经济有关，且为实现促进竞争之利益所必需，则政府将使用合理原则来分析此协议，尽管该协议的形式可能在其他情况下被认为本身违法。"[47]博克法官对此改变一定心满意足了。

纵向并购

在 1962 年的"布朗鞋业案"判决中，首席大法官沃伦断言，纵向并购对竞争的负面作用"主要由于它封闭了本来可以向竞争者开放的市场份额。"[48]他接着谴责该并购案，因为上游一方试图"迫使"下游一方购买美国制鞋行业大约 1% 的总产量。这种基于形式的分析缺乏任何经济学的支持，尤其在看不到任何市场势力时[49]。然而，1968 年的《并购指南》忠实地追随法院，认为纵向限制，至少那些涉及市场份额超过个位数的，应照例受到挑战，因为它们提高了进入壁垒，封闭了潜在客户或供应商的同等进入机会。

与此形成对比，目前司法部的《非横向并购指南》，最初颁布于 1984 年，既没有提到"封闭"，也没有提及市场份额的临界值，而是概述司法部将如何分析是否某个纵向并购可能提高进入壁垒[50]。这显然是向芝加哥学派立场的转变，即从在意"形式"转而在意"效应"。

纵向限制

有关纵向限制的故事更为复杂。很久以来，法院对于非价格限制（比如，独占地域）一直保持敌意，但并未将其视为本身违法。然而，在 1967 年的"施温公司案"判决中，最高法院对此观念情有独钟[50]。它认为，如果将商品直接卖给零售商，则独占地域为本身违法；但如果为商品代销，则可按合理原则对待。这种区分在经济上显然毫无道理，而没有经济道理的做法在 70 年代受到了广泛谴责。1977 年最高法院的"西尔韦尼亚案"判决推翻了"施温公司案"判决，并使独占地域一般来说按合理原则来分析[52]。虽然这还不是这个领域不友好传统的终结，但已十分接近。

在一个"基于形式"的经典判决中，1911年最高法院在"迈尔斯医药案"判决中认定，维持转售价格（resale price maintenance）为本身违法，因为其协议中包括了价格[53]。除了在"公平贸易"期间（从1937年通过《米勒泰丁斯法》直至1975年废除该法，连同废除明显反竞争的《麦圭尔法》），"迈尔斯医药案"判决统治了最低转售价格协议将近一个世纪。在1968年的"阿尔布里奇案"判决中，最高法院把这种"基于形式"的分析推到其逻辑的结论，认为指定最高转售价格的协议也本身违法，尽管在表面上对消费者有利[54]。

从70年代开始，产业组织经济学的研究表明，纵向价格限制，正如其替代品纵向非价格限制，在某些合理的情况下也可能促进竞争[55]。当然，无须多少花哨经济学就可以证明，如果使用经济福利标准，则不应将最高转售价格协议视为本身违法，但"阿尔布里奇案"判决直到1997年才被推翻[56]。"迈尔斯医药案"判决的生命力更强，但最终于2007年被"丽晶案"判决所推翻[57]。虽然最近的这些判决受到经济学家的广泛支持，也反映了芝加哥学派试图纳入反托拉斯的分析方法，但并非芝加哥学派的明显胜利。纵向价格与非价格限制依然按合理原则处理，尽管博克与其他人主张，它们总能促进竞争，故应为本身合法[58]。至于对此类案件如何使用合理原则进行分析，以及宽容到什么程度，仍然拭目以待。

捆绑协议

在这个领域，芝加哥学派主要在研讨会中取胜，但对法院几乎没有影响。1949年大法官法兰克福著名的"标准站案"论断，"捆绑协议除了压制竞争外几乎别无他用"，留下了令人吃惊的长影子，尽管正如博克所指出，"这个寻常的论断从未得到理论或实证的支持……"[59]。1957年沃德·鲍曼阐明，在某些情况下，捆绑可能只是一种价格歧视的手段，尽管近来的研究表明，在其他市场条件下，捆绑也可能是反竞争的[60]。

然而，1969年最高法院在没有进行效应分析的情况下做出"福特纳企业案"判决（该判决罪有应得地被列入博克法官的反托拉斯糟糕判决的短名单），竟然把一个不具竞争优势的房屋开发商所给予的优惠贷款条件，阐释为具有潜在危险的捆绑销售[61]。最高法院最近一次进入此领域，即1984年"杰弗逊教区案"判决，确实澄清了，毫无市场势力的销售商可以享受豁免；除此以外，捆绑协议的本身违法原则依然适用[62]。为多数派执笔的史蒂文斯大法官，简单地依据判例的年代来判断，"现在来质疑'某些捆绑协议会带来无法接受的压制竞争的风险，故本身不合法'这一论点，在我们的反托拉斯司法的历史上实在太迟了"[63]。对于经济学家来说，这类似于中世纪偏好亚里士多德而非实验结果，仅仅因为前者更为古老。特别值得注意的是，最高法院迄今为止竟然拒绝追随下级法院的做法，将"技术性捆绑"与单纯的契约性捆绑区别对待，使得人们对于 WordPerfect 将拼写检查器纳入其当时领先的文书处理程序之合法性留下了永久的疑问[64]。

结论

在本节笔者试图说明，芝加哥学派律师与经济学家的研究工作（特别是20世纪70年代的工作），对于美国的反托拉斯政策有着很强的正面影响，对于可能带来很高经济成本的判决与政策建议虎口拔牙。现在广泛认可的芝加哥学派重大理论胜利包括，确立经济福利为反托拉斯的唯一目标，拒绝看似合理的无过失分散化之政策选择，给予生产效率以正的权重，认识到超出教科书小麦农夫行为之外的商业活动仍然可能提高效率。我相信，由于反托拉斯政策的这些变化，使得消费者与整体经济效率大大受益。

对于这些赞扬的一个可能反应是，所有这些正面的进步是由许多人带来的，而其中某些人从未到过海德公园。笔者同意这种观点，但依然认为，可以公正地说，领军人物的主力，至少在早期，来自芝加哥大学。回想1968年白宫专案组报告，博克是唯一的持不同意见者。

另一可能反应是，如果芝加哥学派的多数极端建议被采纳，特别是那些有关本身合法的提议，将导致很高的成本。因此，对于反托拉斯政策的进步，也须给抗拒芝加哥学派的人们应有的荣誉。笔者也同意，芝加哥学派并非总是获胜（正如笔者所指出），而其70年代的某些建议与目前的经济思想也不一致。比如，博克主张，法律"应放弃对以下有益行为的担心：小额横向并购，所有纵向与混合并购，纵向价格维持与市场分割，捆绑协议，独占经营与要求契约，'掠夺性'削价，价格'歧视'，等等"[65]。所有这些行为确实可能提高福利，但博克跳到了一个没有根据的结论，即无论在任何合理的市场条件下，它们都能提高福利。而且，正如本文所指出，对于博克名单上的许多行为，后来的研究已证明上述结论是不对的。理查德·波斯纳似乎根据同样的推理得出结论，"我希望看到除了谢尔曼法第一部分以外的全部反托拉斯法废除，"[66]这将使所有横向并购合法化，超出了博克的名单。

然而，即使如上的极端芝加哥学派建议，在研讨会上也不会得到多少支持，也仍然对反托拉斯政策有积极的作用，它们迫使那些希望更多干预政策的人们澄清支持他们立场的经济理由。辩论的一般结果使得反托拉斯的理论重心从"无过失责任"与"本身违法"转向"合理原则"与"基于效应"的分析。指出皇帝没穿衣服可以提高当地的着装水准，或者通过迫使皇帝离开现场，或者通过迫使他穿上衣服，而芝加哥学派的批判，对于20世纪70年代在经济上没有穿衣的反托拉斯，同时具有这两种功能。

第2章　关于市场进入的一些实用性看法

欧文·斯特尔策

提笔写这篇讨论性文章，内心极其惶恐不安。一则，同这样一些反托拉斯领域的著名学者同书著文，并期望在他们的成果外再附加额外有用的东西，难免让人望而却步。二则，文章中所讨论的正是对美国的反托拉斯政策产生影响的保守主义经济分析。

首先谈谈第二个担忧。因为自认为是个保守主义经济学家，笔者非常乐意讨论保守主义经济学对反托拉斯政策的影响，而非保守主义经济学在诸如房产、福利、宏观经济政策及其他领域已被证明相当失败。但是，当涉及反托拉斯政策和政府对市场的其他监管方面，笔者发现自己和保守主义朋友的观点并不一致，因此笔者的看法也就不能代表他们。

一直以来，笔者坚信只要自由市场体系能够给市场参与者提供公正、公开的机会，在长期中应该捍卫自由市场体系；笔者还认为自由市场的主要优点在于它对社会流动性的贡献；并确信主导企业的反完全竞争行为以及伯利和米恩斯效应（管理者追求自己利益最大化而非股东利益最大化）所导致的滥用行为，是资本主义自由市场体系的最大威胁。自由市场体系有时会扩大收入/财富不平等的程度，对自由市场的最好保护方式是这个体系能够提供公平的致富上升通道，从而使这些不平等变成暂时的。所有这些都要求反托拉斯法必须被好好地执行，甚至也许（我并非强调这点，只是认为它是值得大家关注的一个观点）如赫伯特·霍温坎普（Herbert Hovenkamp）所述的，对反竞争行为的威慑不足的风险高于威慑过度的风险。

很不幸，笔者保守主义的同事对反托拉斯法被好好执行这一观点并不感兴趣。他们的主要观点是政府干预会致使效率降低，而政府干预是由无效率的竞争者导致的，这些无效率竞争者无法应对公开竞争。政府干预往好处说是没有用，往坏处说是能够产生不良后果。另外，在他们的词典里没有主导企业这个概念，对他们来说，所有的市场势力都是暂时的（他们很少担心过渡期）。更

第一部分 保守经济分析及其后果

进一步,他们认为依赖于反托拉斯法来解决反竞争行为的努力容易导致过度威慑,而不是提高效率、改善消费者福利和产生公平。

这些保守主义同事由于芝加哥学派的出现而欢欣鼓舞,一是因为芝加哥学派使他们的观点合乎情理,更重要的是,芝加哥学派对经济学讨论的贡献,使我们注意力从过度关注静态市场结构的检验中转移出来。芝加哥学派极力主张只关注反托拉斯法的经济目标,这个观点让保守主义经济学家得到了额外的欣慰,并且把他们从必须考虑可行性社会目标中解放出来,原因在于:(1)他们认为自己善于将诸如边际成本、补偿可能性等概念量化,或者量化哪种竞争者是有效率的,哪种是无效率的;(2)法官们不善于处理诸如公平平等的非经济概念。在笔者参与的一个案例中,一位芝加哥学派的热心之士被问及公平问题时,求助于法官的"以主教的名义"。笔者的观点是通过经济证据检验的大量经验基础应该被视作不精确的和非决定性的;并且如霍温坎普(Hovenkamp)所提到的,法官会犯错误,但这并不代表免除他们试图掌握反托拉斯法的各个方面(包括社会目标)的努力是一个好的政策。

上述这些只是一种免责声明:笔者不想假装作为保守经济学家的代言人,他们中的大多数主张较宽松的反托拉斯法执法,几乎所有保守经济学家都拒绝霍温坎普(Hovenkamp)"力度更大的结构性救济措施的时代似乎又要重新到来,尤其是对那些重复违法者"的建议。

现在回头谈谈笔者的第一个担心:笔者没有很强的能力来评价博学同事们的论文。作为一个专家证人,参加反托拉斯案例就意味着失去对自己时间的控制力,等于把自己的时间表交给了律师和法官的卡特尔,他们安排的时间表围绕一些自己的非常重要的事情,比如垂钓旅程、度假和女儿的婚礼等,因而时间的安排更加适合他们自己的职业需要。自从发现这一点后,笔者没有再参加过文章中提到的很多案例。若笔者没有在脚注中把这些案例搞清楚,或者不能够将文章中提及的一些精致的实例合理地表达出来,在此表示抱歉。

1. 霍温坎普(Hovenkamp)似乎对这样一种状态感到宽慰,即经济思维模式发展已经达到这么一点,企业只要把价格定在其成本之上(不管成本如何计量),将不再被谴责为掠夺性定价。笔者担心这种观点是否充分考虑到这样的事实,即一个根深蒂固的实行垄断定价的在位企业,它并没有把价格降到其成本之下,但其较低的价格对于潜在的进入者和能够在资金上支持潜在进入者的风险资本家来说都是一个信号,告诉这些潜在进入者如果它们挑战在位者,将会有什么样的后果。笔者看来,我们必须避免阻碍进入发生后的价格竞争，又要考虑到市场进入可能不会发生，如果主导企业通过价格战的方式把新进入者挤垮。所以，笔者认为应该考虑把价格降低到高于平均总成本水平的定价行为是否也应当称为掠夺性定价（律师们把此更准确地称为垄断行为）。

暂不考虑实际中在位者选择的和新进入者进行竞争的价格是否高于其某些价格水平（边际成本、增量成本或者平均可变成本）的难度，假设价格高于所有这些成本，甚至假设超过了平均总成本。正如培根李（Peggy Lee）在另一场合曾经问过的："就那么简单吗，我的朋友？"

我想不是。在笔者看来，在处理掠夺性定价问题或通过剥夺竞争对手获得规模经济机会的手段来增加竞争对手成本的问题时，我们应该对在位企业大范围、不同时间阶段的各种竞争策略通盘考虑，而不是逐一对它们进行孤立的分析。霍温坎普（Hovenkamp）在第三部分中提到，会存在一种"阻碍正当竞争行为的风险"，这种观点是对的。但是，讨论这种风险是否如霍温坎普（Hovenkamp）描述的那样让人"难以忍受"，还是有意义的；同时值得讨论的是，是否真会如下所述，"陪审团并无能力来充分清晰地辨别在位企业采用的策略到底是哪一种，从而避免对促进竞争行为的谴责"。

毕竟，总是存在这样的风险，即案件可能被误判，甚至是被法官误判，尤其是被遭受诽谤的法官误判，这些法官经常被谴责为不能理解经济学家的证词，这些证词太烦琐、复杂，就像《屋顶上的小提琴手》中主人公泰维（Tevye）的语言。还存在另一种常见的风险，即后来的学术研究将剖析、解释被误判的案例。我们必须问自己的一个问题是，一个被误判并被处罚的、实际上促进竞争行为的案例对自由市场体系的威胁是否会大于另一个允许把潜在的竞争者消灭在萌芽状态的误判案例？这肯定是政策制定者必须回答的问题。

所有这些都是布鲁克（Brooke）案判决结论可能值得重新检验的理由，这一案件的结论是"如果不对合理降价行为的可忍受风险做出审定，要控制高于相关可测量成本之上的价格的排他性效应，远超过了一个法律审裁机构的实际能力。"当然，博学的经济学家们提供的可测量的成本哪一个是相关的，哪一个是精确的，更糟糕的是由会计提供的，他们的成本概念缺乏经济思维的内容，就像他们的审计没有任何意义一样，一个认为自己有能力可能会对此做出正确判定的法庭，当然也能够利用通过花费数百万美元后发现的所有证据来做出给定的行为是否是掠夺性的决定，而不受某种僵硬的成本测试的限制。

笔者建议，对以上问题的评价都要考虑资助新进入者的风险资本家的作用，尤其在我们认为会带来高生产率进步的高科技产业中。这些资本家，作为

第一部分 保守经济分析及其后果

新进入者在消耗尽自己和家庭的资源后的第一个避风港,是精明的现实主义者。如果他们相信根深蒂固的在位者可以通过劝诱生产者抵制新产品,或通过技术手段把自己的竞争性产品绑定到垄断产品上,又或者通过设定价格单,导致的结果是捆绑定价或全面限制等种种手段,把早期的竞争扼杀掉,风险资本家们至少将会提高资本成本来应对这种增加的风险,并且可能建议新进入者与根深蒂固的在位者一起合作是他们的最好选择。在风险资本家打算出钱之前,他们必须确信在位者没有足够的市场势力把竞争消灭在初始阶段;如果潜在的供应商和新进入者做生意,供应商们不会面对被报复的威胁,大多数的经销商不用担心和新进入者做买卖的后果,在位者也不会操纵它的多样化的价格表使转移部分购买力给新进入者的客户遭受损失。法律确保新投资不会受到和其竞争产品的相对优势无关的策略的冲击,只有确保这一点,风险资本家才会签下新进入者所需要的支票。

风险资本家知道一些学术分析家不知道的东西:经验表明主导企业愿意使用和他们市场势力相关的策略而不是和他们的效率相关的策略。这些策略的运用把企业间的竞争异化成拥有较强市场势力的企业可能会胜出,而拥有最好产品的企业则不一定胜出。通过执法机构和私人公司来实施的、具有独一无二功能的反托拉斯法要防止的正是这些策略。

在某些情形下,即便是保持在成本水平之上的减价行为也是反竞争的,我毫不怀疑这种意见在经常要求法律的"确定性"的商界也会被接受。我一直建议,有关这方面的法律确定性是很容易做到的:我们可以列出一个竞争策略的清单,然后明确这些策略是本身违法的,就像价格操纵那样。这并不是他们追求的确定性:商人们想要的是这样的确定性,当他们力图扩大竞争性行为的边界时,行为本身将被认为是合法的。我猜想,较好替代政策有一定程度的不确定性,就像决策有不确定性一样;例如,利率、汇率等等。商人们应该擅长把自己律师的细微差别的建议作为定价决策的因素,正如他们能把他们经济学家对导致利润和亏损的经济变量的并不可靠预测作为定价决策的因素一样。

2. 出于某些同样的原因,还应认真考虑,当一个多样化的企业在生产捆绑商品的增量成本之上销售一组商品时,是否允许该企业可以对这组商品中的一个商品的定价低于这件商品的生产成本,即使这样做会破坏生产单一产品企业的发展前景。这个决策不仅仅要基于经济的考虑,而且还要在最低的价格、最大化效率和最大化消费者利益同防止减少通过挑战进入市场机会之间取得平衡;小的竞争者包括那些生产单一产品新进入者,拥有与自由进入相关的所有长期利益,通过专业化分工的优势,可能会让市场变成一个良性的动态系统。

3. 最后以我们都同意的一个观点结束本章,即应该重拾对结构性解决办法的兴趣。在日益成熟的补救方案中,我们不能依赖于对公司具体经营实践进行不间断的法院监督,尤其是在创造知识产权的专业化分工领域、或者技术更新非常快的产业里更不能依赖于法院监督。两个主要原因如下:

首先,我们不想放慢科技革新的步伐来适应一个更加悠闲的审判过程,格林法官(Judge Green)对电信产业的监督就足以起到警示作用。

其次,法庭并不始终能够使不情愿的企业立刻遵守他们的判决。这一点已经被微软案中法官的坦述所证实,在微软案中法官要求的补偿方案不能够很好地执行;或者也被欧盟竞争当局的失败所证实,因为他们企图找到一个对微软所采取的反竞争策略的行为的补偿措施,这个努力已告失败。这类行为解决方案存在的困难可能意味着,反托拉斯法对高科技行业违规者的补偿措施必须比低科技行业的补偿更为彻底,资产剥离和结构性方案应起到更大的作用。

笔者还要提醒两件事情,这两件事情放在一起并不会让我们很开心。第一件事情是,保守主义经济学家的重点是放在反托拉斯者对立的一边:他们认为竞争性政策的实施是政府干预市场的运转,这种干预是没有必要的或完全有害的。第二件事情是,在华盛顿和其他地方的智囊机构工作的经济学家,其影响远超过美国大学里的法学和经济学专家。正如左翼学派所说的,斯卡利亚(Scalia)法官在卸去萃科案(Trinko)的责任之前,花了好几年时间去搞清楚美国企业研究所(America's Enterprise Institute)的学术氛围。

第3章 保守主义经济学和反托拉斯：各种各样的影响

谢 勒

引言

按笔者理解，我们的任务是评价保守主义经济学对美国反托拉斯法实施和判决的影响。构成近半个世纪以来的反托拉斯思想的经济学原理已被广泛接受，并朝向更保守方向发展，笔者假设这一点已经被证实，从而不必为之提供证据。

我们需要对这一问题进行更深层次的分析。反托拉斯法通过执行而实现，实现的程度依赖于立法机关通过的法律，和法庭尤其是高级法庭对法规的司法解释，这些法规的意思通常不能被精确地界定清晰。尽管需要整体考虑方方面面的问题，但是什么需要写进法规和法庭如何解释法规，都部分地依赖于经济学的分析。随着时间的推进，若解释的重点有所变化，其原因可能也是经济学引起的。但是，笔者认为这些变化可能是由于反托拉斯执行者和法庭阅读经济学解释的方式引起的；也就是说，法官在相互冲突的各种建议中把重点放在哪一个上，或者他们不重视哪一个，法官的态度会受到经济学的影响。而且这些选择主要依赖于决策者所提议的价值观，很明显这些决策者是律师而非经济学家。正如保罗萨缪尔森（Paul Samuelson）的妙语"经济学家应该做的是随时被招用，而不是做决策者（Economists should be on tap, not on top）。"

不同经济分析之间存在冲突，没有人能否认这一点。从笔者的观点看，这是一件十足的幸事。知识的推进是通过各种理论并存，用证据检验，来确定那个理论更接近正确些。"更接近正确"（More nearly correct）是笔者敢概括的经济学分析能给这场争论所带来的贡献，因为经济学在各科学学科中是最不能被证明的学科之一。经济学家的研究主题具有固有的复杂性，可以用不确定性、相互预期难题（类似于物理学家的三位一体的难题），以及不能用同一标准计算价值等三个特征来概括。我们的数据是不足的，我们的经验方法论远不能让人满意（但在改善）。在我们不能明确地把真实的东西从非真实的东西中分离出来这一前提下，我们能希望经济学家在为反托拉斯执法和判决提供信息方面可以做到的，只不过是把不同经济学分析结果中的差异清晰化，也要说清楚这些差异不能很快被解决的可能原因。

如果上述假设在某些方面接近正确，我们应该感谢所谓芝加哥学派的存在，该学派经常和保守主义经济学联系在一起（这是不正确的，稍后会提及）。作为一个出生和成长于芝加哥论坛出版商罗伯特·麦考密克（Robert R. McCormick）所称呼的"芝加哥土地"上的人，笔者把芝加哥学派的一个明显特征（确切地说，不是唯一一个）标志为伟大的芝加哥基因传统。如果传统的常识认为 X 是真实的，人们将加倍努力去寻找支持这个推论的瑕疵，也许也会证实替代的 Y 是真实的。这种态度的缩影是芝加哥大学阿伦·狄莱克特（Aaron Director），他鼓励法学和经济学的学者对构成反托拉斯法的重要原理的事实、假设和理论进行批判性分析。虽然，这些研究分析的结果经常挖掘到传统理论基础的薄弱点，有时发现"皇帝原来没穿衣服"，这类学术工作的训练对我们所有的人来说都有极大的好处。

应该认识到，美国所有职业经济学家在下面意义上都是保守主义者，我们相信自由市场和资本主义，它们是发明创造的工具、前进的发动机（我们从弗里德里希·哈耶克（Friedrich Hayek）那里吸收的观点），是相对有效率的资源配置器。如果我们中的一些人（不是我）曾经认为计划经济是更优越的替代体制，我们会因为这种体制在苏联和中国的失败，和不容置疑的资本主义的胜利而醒悟。笔者相信正是芝加哥的乔治·斯蒂格勒（George Stigler）所说的，"学习经济学让一个人变得保守"。

同时，我们必须认识到，在美国（像其他地方一样）的各种经济学分析的保守程度差别很大。这些差异主要是源于对人们行为和诸如不公平收入分配等现象的基本价值观点和假设的不同，而不仅仅是源于分析或实证方法选择的不同。把芝加哥看作所有保守主义经济学的堡垒无疑是错误的。保守主义学派同时也植根于奥本大学（Auburn University，该学校与米塞斯有独特的联系）、弗吉尼亚大学（University of Virginia）、乔治梅森大学（George Mason University）、罗彻斯特大学（University of Rochester）和华盛顿大学（Washington University），还有众多的研究机构中少数学者派，包括笔者的母校和老板——哈佛大学。因为学说的区别，人们应该努力去适应经济思维模式各种极端的领域。

第一部分 保守经济分析及其后果

Ⅰ."芝加哥"经济学的影响

如笔者已指出的,芝加哥大学经常被看作保守主义经济学的大本营。笔者认为至少有两方面的原因证明这是错误的。首先,通过剖析和探究被接受的反托拉斯法原理的缺陷,芝加哥学派集中和加剧了争论,笔者认为这只是一个让学术研究更开明自由的优点。其次,更显著地,芝加哥的经济学家和反托拉斯法的学者在拥护缩减反托拉斯执法程序时,远不是一股强大的力量。以下简单地提四个有名的反例。

(1)当新政政治家们放弃国家复兴政策(National Recovery Administration)下的命运不佳的卡特尔化经验时,在多种政策的重新定向中,保守主义芝加哥经济学家亨利·西蒙斯(Henry Simons)在1936年建议:

> 运营公司必须按照联邦贸易委员会(FTC)对特别产业规定的具体规模限定来限制规模……许多一体化的公司将变成更专业化企业,伴随着所有权在生产各阶段的分离,目前在地理和管理上已经有很大的分离。对于横向合并,政策将要求所有权在不同经营单位间分离,这些经营单位之间所共有的仅仅是统一的广告活动和共用的销售部门。

(2)影响最大的关于集中产业分散化的官方建议来自于1968年所谓的尼尔报告(Neal Report),这个报告由芝加哥大学法学院院长菲尔·尼尔(Phil C. Neal)主持,菲尔·尼尔(Phil C. Neal)和阿伦·狄莱克特(Aaron Director)曾一起教授该院的反托拉斯法课程。

(3)理查德·波斯纳(Richard Posner)1976年的著作和相关的文章建议针对寡头间的联合行为,即使在缺乏标准的共谋证据时,也要更加严格地执行谢尔曼法(Sherman Act)。

(4)捆绑协议(固定比例除外)对社会福利扭曲的一个有利论证是约翰·麦基(John McGee)的著作,约翰·麦基(John McGee)在1957~1962年间是芝加哥大学的经济学副教授。

麦基(McGee)其他更有名的研究工作弱化了掠夺性定价(predatory pricing)的反托拉斯危害的假设,而走到了相反的方向。在对阿伦·狄莱克特(Aaron Director)影响的评价里,萨姆·佩兹曼(Sam Peltman)认为,狄莱克特(Director)影响带来的最大的反托拉斯变化是关于掠夺性定价(predatory pricing）的问题。一直到麦基（McGee）的创意性文章、阿伦·狄莱克特（Aaron Director）的研究提出的时候，人们都认为最高法院在1911年宣判标准石油和美国烟草通过掠夺性定价获得和保持几乎垄断的地位是有罪的决定是正确的。麦基的研究成果在1986年被最高法院引用的名言是"掠夺性定价策略很少被尝试，更加很少成功。"

然而，麦基绝不是写作掠夺性定价的唯一的经济学家。到松下电器案宣判的时候，已经有相当一些重要的文献通过合理的定义为掠夺性定价提供证明，并表明了支配企业利用大幅度削价以阻止进入者进入可以是理性的策略。因为那时有大量的学术性观点，使得高级法院对掠夺性定价案例的宣判得以执行，忽视不同学术成就的错误源于法院的短视或（没有附论）令人信服的事实，并不是经济学家的原因。最近，一项更严谨的分析对麦基（McGee）对标准石油案详情的理解是否正确提出质疑，提出了大量证据支持掠夺性定价的判断。在一个由学术成就准则而不是判例约束主导的体系里，我们可以预期，在未来的判例中高级法院会抛弃它早期的概念误解。

对标准石油掠夺性定价的严厉判例的回归，也受到菲利普·阿利达（Phillip Areeda）和唐纳德·特纳（Donald Turner）发表在杂志上文章的影响，文章中，他们旨在影响正在进行的IBM案例，即指控IBM公司针对插头式相容计算机设备制造商的掠夺性定价行为。阿利达（Areeda）和特纳（Turner）是哈佛法学院教授，几乎不能够被称为"芝加哥人"。然而，他们的文章在后来的掠夺性定价案例中，包括松下电器案和高级法院对布鲁克集团案（Brooke Group）裁决，都被很好地引用。布鲁克集团案（Brooke Group）主要的新颖性在于高级法院重点强调这样一种观点，掠夺性定价要求降价企业有一个合理的未来利润前景的展望（或危险概率），即便在没有寡头协作条件下，早期的利润牺牲也会在以后得到补偿。在这种观点下，法院考虑了各种各样的专家意见。如果法庭有偏倚，那么它不是体现在对经济学分析的评价中，而是体现在对各种可能前景的不同权重系数中。

与芝加哥大学主义比较接近的法律解释范围涉及诸如排他性特许经营、排他性地域协议和零售价格维持等纵向限制。在法律的那些领域内，萨姆·佩兹曼（Sam Peltzman）记录了"阿伦·狄莱克特（Aaron Director）引起的分析的局部胜利"。两个关键的贡献是莱斯特·特尔塞（Lester Telser）1960年关于免费搭乘问题的文章和罗伯特·博克（Robert Bork）关于通过提供对销售商需求扩张的支持，生产商给零售商施加最低价格限制都能提高福利的论点。这种

第一部分 保守经济分析及其后果

归因有三个方面的问题。第一，高级法院关于纵向限制解释的急剧转向是在它广泛听取不同学术意见后发生的，但特尔塞（Telser）的贡献并没有被提及。尽管免费搭乘的概念间接地影响了怀特法官正在考虑的观点，该观点引用了理查德·波斯纳（Richard Posner）的文章，其他方面则是有赖于大多数人的意见。第二，纵向价格联系能够导致福利损失，这个问题可以通过纵向一体化解决，关于这一问题的认识已有很长的历史，最早可以追溯到19世纪30年代。第三，博克（Bork）的证明已经表明仅是一个特例，绝不能适用于所有的纵向价格限制或零售价格限制的情形中。

自佩兹曼（Peltzman）局部胜利的声明之后，高级法院转向了纵向限制问题的核心，公开放弃了判例约束，颠覆了迈尔斯医药案（Dr. Miles）判例里存在了近一个世纪的零售价格限制本身违法的假定。它对丽晶案（Leegin）的裁决从本身违法转向至合理推定，这个裁决可能会被认为在纵向限制判决中考虑"还有你啊，布鲁特斯"。然而，你不能说法官布雷耶（Breyer）强有力反对的法院的5∶4裁决结论，是倾向某一方面。在这一案中，多数派和少数派都参与评价了范围广阔的学术观点，大量的法庭特聘顾问的意见被重视，包括一项有25个经济学家意见的一项论证的移送命令和最后合理推定原则，这25个经济学家中只有4个有芝加哥大学研究生学历或在芝加哥大学工作过，其中的10个接受的是麻省理工（MIT）——哈佛（Harvard）——耶鲁（Yale）——普林斯顿（Princeton）轴心大学的教育。笔者不但标识出法庭特聘顾问的意见，还和威廉·科曼纳（William S. Comanor）一起提交关于独立的法庭特聘顾问的意见。

相信本身违法的改变是不可避免的，科曼纳（Comanor）和笔者希望达到两个主要目标：一是劝服法院采取一个平衡对待零售价格限制优点和缺点的观点；二是为简化合理推定案子来寻求一些假定，在这些假定下，本身违法的原则还可被保留。我相信，在第一点上我们是成功的。认识到好的或坏的影响都会存在，多数派明确指出"纵向价格限制的潜在的反竞争影响绝对不能被忽略或者被低估。"在第二点上，成功是喜忧参半的。多数派认识到"法院将不得不努力把市场上反竞争的作用消除掉"，他们指出，正如科曼纳（Comanor）和笔者所极力主张的，当零售价格限制扩张到覆盖整个行业的产出时，它极有可能是有危害的。我们不能够说服法院接受一定数量的推定，这些假设与已接受的兼并判决推定类似。不是致力于这些争议性的立法的规则制定，法院提出，下级法院可以从这些判例中逐渐获得经验，他们能够"设计随时间提供证据，或者判断这些推定的规则，和使用合理原则以公平有效的方式禁止反竞争性限制，和促进正面的竞争。"这个沉重的责任转到反托拉斯执法机构和（有更大的困难）非官方的原告，他们要看消费者是否蒙受严重损失。我们不能说丽晶案没有留下一些附论。

更引人注目的前保守主义的摇摆体现在并购的执法和裁决方面，如何的引人注目可参见，财富杂志（Fortune Magazine）的年度美国工业公司前一百名企业的年度并购退出率的多样化列表图2.1。从20世纪30年代中期到70年代后期，退出率相当低，但是1982年后退出率猛增。通过颁布1950年的塞勒—基福弗法（Celler-Kefauver Act, 1950），国会减少了在克莱顿法（Clayton Act）中的法律漏洞，克莱顿法（Clayton Act）的第七部分涉及并购问题，使它的内容很清晰，可以被有效地执法。一系列严格的判例紧随其后，致使斯图尔特（Stewart）法官惊呼自己的异议，"在克莱顿法（Clayton Act）第七部分的诉讼中我能够发现的唯一的一致性是，政府是永远的赢家"。面向更宽松原则的关键性转向是1974年对通用动力美国煤电（General Dynamics-United Electric Coal）案的裁决，该裁决更多地归因于高级法院意识形态构成的变化，而不是由于知识领域发展的影响。但是执法者的热情在某种程度上毫无疑问地被一些学术文章削减了，尤其是亨利·曼内（Henry Manne）和迈克尔·詹森（Michae Jensen）的著作；亨利·曼内（Henry Manne）和迈克尔·詹森（Michae Jensen）或许是被称为芝加哥—罗彻斯特地区教育的领导者，他们强调并购带来的好处。也有一些重要的持不同意见的文献。在执法层面，1982年的并购指南（Merger Guideline）经由反托拉斯机构被哈佛训练的经济学家劳伦斯·怀特（Lawrence J. White）主持，选择了神秘的赫芬德尔—赫希曼指数（HHI）而非先前所重视的集中度比来测量并购结果，这一方面主要利用了芝加哥（乔治·斯蒂格勒）的成果。并购指南在1984年有重要修改，加入一个效率辩护，这一变更的学术思想渊源来自奥利弗·威廉姆森（Oliver Williamson）1968年的经典论文，而威廉姆森也不属于芝加哥学派。然而，效率辩护的具体实施却多具伯克（Bork）风格，而不是威廉姆森风格，即直接把强调重点放在基于成本的价格下降对消费者带来的好处，而不是放在腾出资源满足其他消费者需要。

另一值得注意的现象是，自从20世纪70年代后期的凯洛格案（Kellogg Case）和1983年的四乙基铅案（Tetraethyl Lead Case, 1983）后，一直再没有针对联合寡头行为的执法。多样化的经济分析致使政府在这两个案例中的失败

(defeat)。凯洛格公司的首席经济学家是哈佛培养和提名的。和芝加哥无关的博弈理论对四乙基铅案有很大影响。但是联邦贸易委员会的工作人员在里根政府（Reagan Administration）时期变得更加保守，而且对向寡头结构学说的绩效主义的挑战——来自芝加哥的耶鲁·布罗兹恩（Yale Brozen）和哈罗德·德姆塞茨（Harold Demsetz），有些强烈反应。知识分子的争论形成了哥伦比亚法学院的新学（new learning）会议，它的会议记录在1974年出版，它让经济学专业跌入一种不需要的状态。事情远比集中和高利润之间有因果关系这么一个简单论断复杂得多，这一点在导致了联邦贸易委员会商业项目的方针的大卫·雷文斯克拉夫特（David Ravenscraft）的文章中得到体现。很清楚，作为这些研究工作带来的结果，经济学家教授的寡头知识被反托拉斯执法者认为是混杂不清的，执法力度因而变得弱些。但需再次强调，这些影响是复杂的，并也来自芝加哥大学以外的许多地方。

II. 其他影响

在反托拉斯的判例和执法都有显著的倒退方面，笔者猜想有两个重要的根本性原因，每一个原因都可以归结于保守主义思想本身，即便是不归结于学术界保守主义，尤其是保守经济学派。

第一点，保守主义者（当然不是所有人）的一个基本信仰是"政府是问题所在"。这一信念体现在亨利·西蒙斯（Henry Simons）研究垄断的方法中。他认识到垄断是存在的，而且垄断有危害性的影响，但是，他却不情愿让政府机构管制垄断。相反，他建议垄断者应该从结构上被分离成相互竞争的不同部分，而不必承受政府的干预。他的建议可能是首席检察官助理（Assistant Attorney General）威廉·巴克斯特（William Baxter）后来把AT&T拆分成8部分的来由，这至少在一定时间内成为20世纪后半叶最大的垄断案例。如果我没理解错的话，在威廉·巴克斯特看来，AT&T最大的罪恶是滥用了政府管制以来消除市场进入和保持垄断地位。格林（Greene）法官在他的中期判决中同意了威廉·巴克斯特的观点，并指出，联邦通信委员会"可能实际上不具备有效地规制像拥有AT&T这样规模、复杂程度和能量的公司的能力"。当这种信念使得联邦反托拉斯执法和司法部门的关键职位人员对此深信不疑，以至于他们对工作采用一种"无为"方式时，这种信念就走得太远了。我相信它在里根政府时期走得太远，很明显在小布什政府的确已经走得很远，不单是在反托拉斯机构，而且在很多其他的联邦机构。

一个深深植根于保守主义者对经济学看法的论点是由约翰·麦基（John McGee）提出的，之前笔者把约翰·麦基（John McGee）作为纵向市场失灵的相信者单独提及。至少在企业并购和垄断政策方面，麦基（McGee）认为：

"除非我们讨论的是政府阻止市场进入的产业，产业重组方案和简单地命令消费者买什么东西以及买谁的东西的结果是一样。在我看来，这既是反经济的，又是专制的（一个古老的词汇）。总之，我的结论是，除了那些被政府控制的产业，现有的市场结构是有效率的结构，这是最强有力的假定。"

在这方面，麦基（McGee）教授或许是极端的过分乐观者（简单地说，就是存在的一切事情都是好的），但是，这类观点以简化的形式被许多人士所持有，在近年的共和党执政时期，这些人士已经影响到反托拉斯机构，并且一些法官被任命到更高级的法院中。无疑，反托拉斯政策已受到影响。

重申一点，那些坚决持有保守主义或者自由主义原理的人相信政府是问题所在，并且/或者相信自由市场的运转不可能误入歧途，除非在某些短暂的非正常时期，这些人往往对自己的信念特别强烈而热情。那些像我一样相信市场做得不错但是有时需要调整的人，一般是被杜鲁门总统所痛惜的那类经济学家——他们只会说"一方面，但是另一方面……"当一个人对经济现实具有极为复杂的感知能力时，他不可能是充满激情的。但是，当存在相互冲突的观点时，至少在当下的两极分化和富于表现的美国，热情往往会战胜矛盾心理。笔者相信，这一点比其他任何因素更能解释为什么保守主义观念主导了反托拉斯法和经济学。

Ⅲ. 技术创新和专利反托拉斯

最后谈谈笔者所疏漏的一个问题，而这个问题是不能够被忽视的，因为它远比市场在任何给定时间点配置资源和分配收入方面的功效更重要：这就是市场结构和相关机构对技术创新活力和速度的影响。高速的技术进步可能在很短时期内消除任何一切由垄断导致的资源配置效率损失，况且，如芝加哥人阿诺德·哈伯格（Arnold Harberger）所述，这种垄断效率损失相对GDP来说本来就不大。这个主题太大，在这里笔者必须做选择性论述。

第一部分 保守经济分析及其后果

约瑟夫·熊彼特（Joseph A. Schumpeter）——一个保守主义经济学家，20世纪30年代至40年代间在哈佛大学教学，他在1942年指出即使市场是被垄断的时候，"创造性破坏（creative destruction）"能在发达的资本主义经济体中，确保快速的技术创新和进步。如我在一篇为美国律师协会手册写的文章中提到的，他是部分的正确。创造性破坏竞争的确起作用，但有时它也需要帮助，比如，来自能够消除对有创新观念企业的进入壁垒的反托拉斯官员的帮助。

这儿笔者提供一个具体的但重要的观点。半个世纪之前，反托拉斯执法对限制性专利协议采取一种怀疑的观点。回顾国家临时经济委员会（Temporary National Economic Committee）的研究结果（findings），乔治·斯蒂格勒（George Stigler）（当时他在明尼苏达大学，不在芝加哥）发现哈特福德—帝国公司（Hartford-Empire Company）的专利政策是一个"极具说服力的需要纠正的邪恶的例子"，并且得出结论"对限制性专利许可的限定无疑是不可反驳的"。哈特福德—帝国公司一案提供了一个通过强制许可手段对付利用专利取得和保持垄断地位的重要反托拉斯先例。在接下来的15年间的反托拉斯官司中，法庭发出了超过100多起的强制性许可命令。

为了确定政府干预，尤其是法庭在1956年针对创新巨人AT&T和IBM所持有的所有专利的强制性许可命令，如何影响研发投资，（保守的）哈佛商学院的8个同事和笔者访问了91家公司并进行了问卷调查。我们惊讶地发现，这些法令对企业研发投资几乎没有不利影响，更普遍地，对于在市场中已经站住脚的公司，专利保护的预期大多数情况下对研发的支持并不重要。这个研究结果已经被后来几项更有雄心的研究所证实，这些研究学者包括英国的泰勒和塞博尔森（Taylor & Silberston）、美国的埃德温·曼斯菲尔德（Edwin Mansfield）和耶鲁大学的现任校长理查德·李文（Richard Levin）。

暂且忽略这些学术研究但重复一个有芝加哥背景律师写的一本书中一个不受实证数据支持的论点，里根政府任命反托拉斯处的人员显然改变了主意，他们在更宽泛的领域中不起诉限制性专利许可协议。这种政策逆转基于下面一种假设：

尽可能多占有位于专利技术需求曲线下方的剩余（超过边际成本的社会价值）的努力对竞争无害。相反，追求这些租金的潜在机会正是促使科技市场运转的动力。

对这种租金的寻求是通过各种延长专利期和拓宽专利范围的商业策略来实

现的，比如通过捆绑销售和限制性交叉许可等。这一假定和大量的有关公司在什么条件下愿意进行创新投资的经验证据很不一致。尽管用经验证据来支持人们的研究结果是芝加哥的伟大传统，然而，上述假设依然被用来支持一个重要的政策变向。

而且，政策的改变不是暂时的，这可以在两个联邦反托拉斯执法机构和反托拉斯现代化委员会（Antitrust Modernization Commission）有关知识产权法和反托拉斯法关系的声明中得到证明。两个报告都支持改变了的假定，该假定起源于司法部（Department of Justice）20世纪80年代的倡议，同时，两者都赞同用合理推定原则来判定专利权实施可能和反托拉斯冲突的案例。认识到这个问题的复杂性，笔者赞同合理原则方法是适合的。但是，由于忽略了关于专利保护激励效果的经验证据，这两个报告都隐含着这样一个假设，即对专利保护的预期是企业进行新技术领域投资的一个首要基础。例如，司法部和联邦贸易委员会（DOJ-FTC）的报告在开始就指出，"知识产权法创造排他性权利，阻止他人从发明或者原始创造中寻求过多的价值，从而提供了创新激励。"并且，"知识产权法保护了从创新投资中获得回报的能力"。引用上述司法部1981年的观点，反托拉斯现代化委员会宣称，"在近几十年来，法院和反托拉斯机构见证了对知识产权保护重要性。"它然后指出，"知识产权保护是一个行业未来创新的关键因素"，（它说的对，尤其对引用的制药业）并且，"在创新性产业里，知识产权资产是关键因素"。两个报告都没有提到这一点，即相当多的经验证据表明，在绝大多数产业（不是全部）中，知识产权对激励研发投资相对来说并不太重要。如果有人相信专利权是创新的主要诱因，那么，他在用合理推定原则来平衡反托拉斯目标和知识产权问题时做出的决定多半是错误的。这好比是在天平上专利的一边放置重500磅的大猩猩，而现实世界的另一边是重35磅的黑猩猩。对美国反托拉斯政策有关知识产权保护的理论基础的纠正势在必行。

第4章 保守主义经济分析对反托拉斯法发展的影响

托马斯·E·考普

大多数人认为,所谓的芝加哥学派的反托拉斯政策是基于"消费者福利"的。消费者福利一词的含义是含糊的,但通常是指配置效率和生产效率。同时,大多数人用消费者福利来辨别反托拉斯政策这一事实本身也是受芝加哥学派的影响。一种理念思想产生的最大影响莫过于人们接受和使用它的语言,即使有时候使用的方式大相径庭。

在芝加哥学派含义中,在市场中对损害消费者福利行为的反托拉斯干预,要求证明效率的提高是否能抵消价格或产出方面带来的负面影响。在这种世界观下,反托拉斯的职责是限制资源配置无效率而损害消费者的行为,即不能带来效率提高的集体行为或提高市场势力的个体行为。大多数人认为这种方法在某些或很多情形下是可接受的,但是我相信,在人们中间依然存在着一种不安,使得一些学者或者从芝加哥学派观点后退一步,或者超越该观点。人们总感觉到有些事情不正确,或者从消费者福利出发却没有很好地服务消费者,对基于此概念的反托拉斯法有不满意的感觉。相信消费者被很好服务的人会也应该在很大程度上感谢芝加哥学派。

不满意的人将直截了当地批判芝加哥学派。无论哪种方式,芝加哥学派的影响确实存在。

这本书的参与者都是反托拉斯专家。但是在此邀请您做片刻的消费者,并问您芝加哥学派的消费者福利标准是否很好地为我们这些买者和卖者服务,假设这一福利标准对法律具有强有力的影响,并影响着以它为基础的我们每天都使用的探究方针和分析方式。我猜测,你们当中的大多数将回答"是",但会附带一些警示。如果我们是诚实的,那么我们中的一些人将承认,现在的反托拉斯形式有一定程度的忧虑,将来有更大的忧虑。这种忧虑的存在是像该书这样的著作出版的原因。

这种忧虑有充分理由吗？考虑几个例子。我们当中有多少人会在今天把钱存在一家在过去5年间身份至少改变过两次的银行？以我为例，我银行的名称改变得是这样快，致使有时候新的名字是印在盖有以前名字上面的油画布上。我支票本的银行已经换过两次名了。作为一个消费者，这些变化能很好地让我受益吗？拥有一家连接我家乡机场和大多数目的地的主要航空公司（这家公司在市场中的地位是将以破产为结局），我能从中受益吗？据说，我出去购买家用电器时是否能得益于市场竞争，将依赖于未来某家外国企业是否会进入市场，而该企业在这个市场还没有达到显著的规模。AT&T公司，政府行为重组的结果，看上去要回归到它原来的形式。在游船服务市场上，主要航线数目降至三条。早上，芝加哥的消费者醒来时，发现他们所钟爱的芝加哥百货属于梅西百货了。保证市场容易进入，无论是国内还是国际市场，成为政府不干预的主要原因。至于我，一个航空公司解除管制战争中的老兵，不希望再听到"竞争性市场"（contestable markets）的神奇故事了。时光匆匆，岁月易逝，回想从前，当初的选择意味着"现在"（now）。我们都清楚在法学和经济学上这些结果是怎样发生的，但是我们有时候必须扪心自问，20多年来我们到底都做了些什么。

深深受到芝加哥学派教学影响的这些例子中没有一个是反竞争性结果。我并不是说消费者状况会变得糟糕。也许银行合并能够给消费者带来效率，并打破规制壁垒。作为一个消费者，我可能会从一个主要的航空枢纽受益，即使我的选择受到限制。新企业进入应该有助于增加家用电器买者的选择。或许百货公司不算是一个市场，一个购物中心中十多个小店加在一起可能是差不多的替代。总之，这些例子中的反托拉斯结果也会足以保护消费者免受产出限制和价格上升的不利影响，更进一步，如果反托拉斯不介入市场的话，更可能有助于提高效率。这正是反托拉斯过去要达到的。

即使个别市场结果从竞争的角度看是错误的，基本的理论结构也不一定是其错误的原因；事实搜集和法庭裁决的失误不必谴责所运用的理论。然而，忧虑仍在持续。比如，即便像道格拉斯·金斯伯格（Douglas Ginsburg）这样受保守主义经济学熏陶的法官，也在亨氏案中指出，过去没有任何一个法院允许双头垄断行业构成垄断行业，他在这一案中的观点也是这样。他的忧虑让他得出"适可而止！"的结论。

从一开始，芝加哥学派的观点就被严厉地批评。批评是大家熟悉的，即不像罗伯特·博克（Robert Bork）及他人所认为的那样，谢尔曼法的立法原意并不是单一地关注效率。芝加哥学派集中关注长期效应却忘记解释短期的战略化行为，太多的信赖放在了过度简化和不现实的经济学模型上，而极少关注现实的市场事实。市场进入既不容易发生，也不像芝加哥理论学家所建议的那样能限制在位企业的市场势力。如果缺乏一些真实的或可能是真实的证据，就不能假设效率能解释行为。上述每一种批评都有其有道理的一面，其中一些观点会在本书其他章节进一步得到论述。

按照对保守主义经济学分析最激烈批评的观点，芝加哥学派和圣诞怪杰（Grinch Who Stole Christmas）类似，排斥传统，用从山上俯冲下来的方式否定了反托拉斯法几十年的发展。这种"怪杰"观点假设芝加哥学派的坏人在反托拉斯领域拿走了我们的快乐时光。这类批判在过去数年间变得沉默了，但从未消失过。芝加哥学派最勇敢的支持者接受并赞成芝加哥学派的分析方法，这些支持者们也认为是芝加哥学派带来了过去30年间的反托拉斯革命。批评者施加了太多的谴责，支持者又评价太高。改变不是来自一个原因，而是来自多方面，包括菲利普·阿利达（Phillip Areeda）、鲍伯·佩托夫斯基（Bob Pitofsky）和赫伯·霍温坎普（Herb Hovenkamp），他们的观点不容易被留在记忆中，但是他们和芝加哥学派的人一起极大地影响了反托拉斯革命。变化到来的最好方式是法律方法，从一个方向而来并参照另一个来规定它，等等。如果说有圣诞怪杰（Grinch），它将是个集体的圣诞怪杰，是个芝加哥—哈佛合体的圣诞怪杰，这也许是最好的圣诞怪杰。

有了这些介绍性评论，下面让我转向对芝加哥学派已有影响的评价。如果芝加哥学派影响不大，我们也不会为这本书写稿。芝加哥学派的影响开始于20世纪70年代中期。这个时间不是简单的巧合。

20世纪50年代和70年代反托拉斯法需要变革，这些变革将受到某些人的影响。它不是简单地等待圣诞怪杰（Grinch）拿走并且永远不还回来。今天看来，由高级法院形成的反托拉斯原则看上去只是种历史的好奇心，是种时代的错误。然而，对于40年前涉及其中的我们来说，这些决定是反托拉斯的现实。我们不得不天天与之打交道，经常给那些带有疑虑的客户一些建议。

评价芝加哥学派的影响时，从简要考虑反托拉斯的直接目标开始，这个目标容易达到，所以少数人依然将其视作反托拉斯的黄金时代。那时的反托拉斯极力主张干预主义，像关心效率一样关心小企业的健康，反托拉斯原则是那个时代的折射。第二次世界大战结束时，美国对世界经济有主导力量。许多竞争对手的工业基础被破坏或者遭受到严重损失。在国内或国外，美国企业都做得很好，就业率高。被压制的需求使产量极速扩张，这很容易忽略对效率的关注和容易接受保护和利于中小企业的政策。那种高度干预主义的反托拉斯政策在那时是我们可以支付起的奢侈品。

就是在这样的环境下，高级法院做出的一系列判决，为反托拉斯中应用经济学分析，尤其是以芝加哥学派为标致的经济学分析，提供了前提条件。我们可以回顾一下其中的几个案例。在崇越科技案（*Topco*）中，法院不愿意把一个合资企业同一个卡特尔区分开来，这导致了在此案中极度不适当地使用了本身违法原则。格里菲斯案（*Griffith*）对杠杆理论模棱两可的论述导致后来数十年的困难。一系列的纵向案例的判决——阿尔布里奇案（*Albrecht*，1968）、辛普森案（*Simpson*）、施温公司案（*Schwinn*）等——全部是根据某种对所谓分销商"权利"的关注做出的。因为这些纵向案例，经销商终止案件成为反托拉斯诉讼的支柱，继续的教育项目也集中于配销问题，反托拉斯律师把自己的孩子送到大学，为的是将来的配销咨询收入。至少可以说，这些纵向裁决成为容易的目标。在企业兼并方面，冯氏百货（*Von's Grocery*）合并的裁决可以说是达到顶峰（也可以是低谷，视个人观点而定），此案中合并企业的市场份额只达7.5%，法院宣布这个并购不合法。法院似乎太过度专注于一些商店的退出（通过出卖资产给更小商店的方式），法院的立场似乎是，阻止退出的办法是关闭退出的大门。还有，法院的罗宾逊—帕特曼法（Robinson-Patman Act）把竞争企业间的价格歧视定为是本身违法。同样，犹他馅饼案（*Utah Pie*）禁止了区域性的价格歧视，以保护当地的垄断者来对抗新进入者的削价行为。除了费城银行案（*Philadelphia Bank*）外，上述案例没有一个能够反映我们今天标志的经济学分析，或者没有任何可以与之接近的东西。那个时代的反托拉斯，反映了来自经济的、社会的和政治价值的随机混合观念。

后来的一系列程序上的裁决也对上述这些实质性裁决提供了帮助和支持。Poller案例对在反托拉斯执法中使用了简易判决表示质疑，这一做法影响了低层法院后来数十年的判案。法庭从此几乎不再做出简易判决。损失举证变得相当容易。上述实质性裁决结果，再加上这些或者其他的程序上的简化，导致了三倍损失案例数目的快速增长。

这些20世纪六七十年代我们亲眼目睹的案例已经过去。甚至迈尔医生案——今天被视为在所有的反托拉斯案例中创建了最古老简单的原则，即纵向价格操纵的本身违法原则——现在也消失了，尽管几乎所有国家都还坚持简单的不合法原则。今天的反托拉斯关注的主要是卡特尔和大规模横向并购，也许还有少数有关支配企业和搭售问题的案例。萃科案（*Trinko*）似乎表达了一种

第一部分 保守经济分析及其后果

对管制的偏好，即用管制而不是反托拉斯来解决市场失灵问题，即使是竞争性市场中也是这样。除谢尔曼法的第一部分外，反托拉斯法应该被废除已不再是个简单的争论观点。我们几乎已经做了。

芝加哥学派的思维在这些发展中起了重要作用。实际上，把重点放在大型并购和卡特尔上是他们的反托拉斯政策。目标在那里，时机是正确的。到20世纪70年代，美国企业正在国内国际市场上失去他们的主导优势。第二次世界大战中被破坏的工业设施被重建，外国竞争者变得日益强大。那是一个恐惧日本公司的时代，到处有从卡特白宫发出的忧郁。巨大的呼声是需要更高的效率和更少的干预以确保美国企业在市场上的继续成功。基于效率的反托拉斯政策刚好满足了这些焦虑。里根政府任命的法官都把重点放在从自由市场中找答案。

其他学者，他们极少使用概念分析，更多地注重事实，像菲利普·阿利达（Phillip Areeda）、唐·特纳（Don Turner）、鲍伯·佩托夫斯基（Bob Pitofsky）等人，也加入了行列。毕竟，像犹他馅饼案和施温公司案不仅被每个人批判，而且还被每个人嘲笑。并不是所有的这些批评都基于经济学。其中很多都不是。所以，任何人试图衡量保守主义经济学对法律的影响，必须认识到其他人的作用。然而，说到这里，以我自己的观点来看，过去30年间来自芝加哥的声音是重塑反托拉斯法的主要影响，同时芝加哥观点甚至改变了那些自认为与芝加哥不同，或者超越了芝加哥的人的观点，他们思想中有意识地或者潜意识地吸收了很多芝加哥学派的思想。

在20世纪60年代发表著作的芝加哥学者一开始并没有被人接受，对他们有很多批评且经常很严厉，其中的一些批评现在依然存在。偶然还会发现一些小企业的拥护者。然而，今天大部分的批评至少在某种程度上意识到了芝加哥学派的影响，并以芝加哥学派影响为基础。高度评价芝加哥学派的影响，也许是不情愿的，但是给定它已带来的影响，它思想的威力的确相当大。

如何测评芝加哥学派对反托拉斯法的发展所产生的影响？我们可以对一个个案例进行分析。较早期，我提到了大量的20世纪50年代、60年代和70年代的高级法院的裁决。今天看来，没有一个是好的法律判决。芝加哥经济学实际上可以视为直接或间接地影响了对每一个案例的驳回或者极大地缩短了这些早期判决时间。我们能够在高级法院和低级法院一系列的判词中，从西尔韦尼亚案（Sylvania，1977）到丽晶案（Leegin）都能看到这些影响。除了这两个案例之外，广播音乐联合会（BMI）案、国家石油诉可汗案（State Oil v Khan，1997）、贝尔通电子公司（Beltone Electronics Cor）案和大量的并购判决都能反映出芝加哥的影响。但是这些判决没有接受所有的芝加哥学派倡导的详细立场。例如，在丽晶案（Leegin）后，纵向非价格和价格限制不再是本身违法的，但它们也不是本身合法的。基于芝加哥的高度概念化的论点在柯达案（Kodak，1992）中被拒绝了。所有这些判决，如果没有更多至少同样地和阿利达（Areeda）、特纳（Turner）、霍温坎普（Hovenkamp）著作一致，这些著作无疑是过去20年间最有影响力的反托拉斯著作。法庭在政府行为原则方面的广泛拓展，经常允许州政府提出一些反托拉斯法的例外，这确实和芝加哥学派对政府干预的强烈反感的观念不一致。萃科案（Trinko）中接受了政府管制比反托拉斯法手段能更有效纠正该案中企业行为的观点，这一做法很难期望从芝加哥学派那里获得认可。因此，没有人能声称，芝加哥学派已经大获全胜，实际上，过去20年经济学的发展已确定它将来也不能够大获全胜。后芝加哥学派只是像他们声称的一个学派，尽管是冠于芝加哥荣誉之后。

  法院通常不给出经过权威人士的公告。在他们面前，法院被限制在具体事务上。因而，他们不可能在一个给定的时期内有机会处理一小部分的芝加哥的具体的建议结果。法官持续地变换，新思想不断产生。所以，我们不能在已判决的案例中发现全部接受芝加哥观点的东西，这并不让人惊讶。

  把已判决的案例编目，无论如何都是对芝加哥学派影响的一种苍白的评价手段。也许它能暗示这些观点没有被全盘接受，但是不能就此得出结论，芝加哥学派的影响只不过限于像使用其观点处理一些离散的功能性问题能得出相反的结论那样，不能以案例为基础断言之。芝加哥学派的影响体现在其他方面。

  法律的发展源于大量的多样化原因，一些是正式的，一些是非正式的。没有人能够怀疑反托拉斯法第七部分的现在形式主要应归由于《并购指南》，该指南有很清晰的芝加哥学派印记。我们中的绝大多数，当面对并购问题时，还是本能地转向这一指南。作为并购指南一个王牌的有关进入的表述，直接来自芝加哥圣经（正是圣经中的这一部分给了我们竞争性市场分析的理论，即进入的威胁将使企业维持低价，这对撤销航空业管制非常关键）。实际上，整个撤销管制的运动，是由对政府规制的强烈怀疑和对一旦规制制度不存在，进入是遏制市场势力手段的强烈信任引发的，这都更多地归因于芝加哥学派。同样，现在人们自然接受的一个观点，即反托拉斯本身也会以错判等方式带来管制成本以至对整个经济体带来成本，也是受到芝加哥学派的影响。

  当然，芝加哥学派的影响并不止局限于美国的反托拉斯法。通过国际学术研究、学者和执法官员的观点的交流（芝加哥学派都影响了这些观点的形成，

第一部分 保守经济分析及其后果

不管他们是否这么认为），芝加哥学派已对全球的反托拉斯体系形成巨大影响。芝加哥学派的影响一点也不局限于反托拉斯法。所有权、契约和侵权行为等法律领域，只举几个例子，都通过使用经济分析而受到影响，这些发展都部分源于芝加哥学派这个在法学和经济学运动早期阶段的主要影响者。

芝加哥人一直使用一组简单但具有可扩展性的观念。理查德·波斯纳（Richard Posner）的反托拉斯法的1976年卷，该卷仅单纯地关心经济效率，正如我对这卷书的述评中所提到的，波斯纳（Posner）提供了一种分析模式和结构的对称性原理的主要部分，我相信那种描述依然是正确的，可以较准确地诠释芝加哥学派的影响。我曾经把波斯纳（Posner）的分析比作一个大教堂，每一块石头、每一片彩色玻璃都在它合适的位置上。恰如人不能够只用一些支撑性石头建造一个教堂一样，法官在吸收某些（不是全部）芝加哥分析时存在困难。它的完整性是它有吸引力的主要部分。这种影响不是要在案例结果中发现，尽管结果并不是不相关，而且能够在观念的形成和争论的主体框架设定方面找到。尽管最终结果也许不是芝加哥学派所宣称的，但是，今天想在学术研究中、法院裁决中和一些评论中找到不受芝加哥学派影响的三个方面依然是困难的，分别是：第一，不是以接受芝加哥思想的一些基本关键假定作为开头；第二，不使用芝加哥方法论的某些部分；第三，不是直接地（即便是通过拒绝的方式）处理芝加哥的分析结果。所以，虽然我们见到的不是对芝加哥方案的全部认可，它的真正影响体现对我们思考方式的改变。

中心假设和价格理论的组合使芝加哥研究方法具有普遍性，为每一个反托拉斯案例提供答案或分析的架构。它为法官们（他们大多数实际上都受过芝加哥导向的经济学的训练）提供了一种可理解的架构，该架构在审判和处理上诉时都可以使用。因此，在没有本身违法原则的情况下，原告必须证明市场势力的存在，被告可以通过证明市场进入的容易性而赢官司。这一基本框架为司法过程提供了一个它一直欠缺的秩序。同样的，20年间学术研究工作都倾向接受芝加哥学派的一些核心假设，并且基本接受了其分析方法。

芝加哥学派的哪些关键假设获得了如此大范围的接受？首先，最为明显的是，反托拉斯是一种经济政策，并受经济学知识的主导。当然也有其他人持同样立场，但是，是芝加哥人明确坚定地确立了这种思想。对其他方面的担心，比如公平、小企业家的困境、政治的和社会的势力等，在反托拉斯分析中变得不相关。这种反托拉斯的"单一价值"（sole value）方法在今天是给定的，但是对在我那个时代的大多数人来说，拒绝其他方面的那些价值几乎是革命性的。其次，反托拉斯关注的唯一问题不是简单的经济学，而是在资源配置和产出意义上的经济效率。虽然把效率简写成"消费者福利"一直是受争议的问题，但是，我相信，有关效率观点今天已被广泛接受。另一没有被广泛接受的观点，即把竞争的危害等同于负面的价格和产出影响的观点，却有着广泛的法律实践。本身违法原则只适用于那些不可能有合理的效率理由的案例。反托拉斯干预应该被限定在有显著市场势力的案例中。自由进入本身是实际上的王牌，足可以证明无反竞争效应存在。纵向一体化通常会产生效率，杠杆策略往往不能带来双倍的垄断利润。这些简单的原理现在已被反托拉斯法所吸收，到了以至于有人会奇怪为什么这些观点老被提及的程度。今天争论的重点在于这些基本观点的可能例外。我们离开的太久以至于不能正确认识这些观点在理性的反托拉斯政策发展中的巨大作用，并且让每一个人知道这点。但是在这些远离之前，芝加哥人应该得到应有的尊重。

然而，正如我所指出的，即使给定大多数的关键假设被广泛接受，案子的结果和芝加哥分析并不总是一致。我相信，这主要是因为，像柯达案中那样，大家认识到了芝加哥模型和现实可以证实的事实是不一致的；或者因为芝加哥学派重点强调长期，好像忽略了短期内可以证实的巨大的竞争伤害。可以断言自由进入是王牌，但并不能假设当没有或者只有少量进入壁垒时，自由进入就一定会发生。进入作为某种信念只能到此为止。我前边提到的忧虑之一，就是预期到的市场进入却不能够发生。因为有错判无辜的风险就反对反托拉斯干预是不令人满意的做法，尤其是当对错判的分析多数是理论性解释时。在从一般性理论向具体的结果转换方面，芝加哥学派是不太成功的。当厂商看起来没有像芝加哥理论假设的那样追求利润最大化时，我们不知该如何应对。另外，法官们尤其是保守主义法官们，在处理法律案件的方式中，都不仅受过训练而且具有谨慎的性格。因此，芝加哥学派可以断定一些行为（如纵向非价格限制）将是本质合法的，但是一个法官通常没有必要作如此宣判。把一个案例放在合理性原则中当然是安全的，从而让一个罕见的基本假设不成立的案例出局。

在处理和反托拉斯和规制关系以及和反托拉斯豁免相关的问题时，芝加哥学派看起来并不成功。芝加哥学派本来被视为会强烈反对扩张性的国家行为学说（state action doctrine），这个学说庇护某些市场势力，这些市场势力在他们心目中是极其有害的，且受政府保护，在这样的市场中，进入是最不可能发生。同样地，作为一个普遍原则，芝加哥人反对政府的经济规制，即使这样做的代价是用潜在的反托拉斯干预来代替（当然希望以一种与他们的反托拉斯方法一致的方式)。但是，至少是在最高法院审理的案件中，法庭的做法正好相反。像南部汽车案（*Southern Motor Carrier*）和奥能案（*Omni*）等的裁决是扩展性的，庇护了大量的反竞争性的政府行为不受反托拉斯调查。当然，这是两种宽泛原则之间存在冲突的例子，一种原则是反托拉斯的自由市场消费者福利方法，另一是近年来的联邦主义高度价值原则。换言之，在某些案例中反托拉斯输给了其他政策。这些年，诺尔（Noerr）学说同样地被放大到这样一点，例如，诉讼被用来烦扰竞争对手，而没有实质性的惩罚。然而，罗伯特·博克（Robert Bork）意识到，被竞争者滥用的政府程序也能够使企业遭受损失，并指出反托拉斯的运用是防止滥用政府程序的校正器。传统的芝加哥观点偏好自由市场，而非干预的方法，除非没有任何选择，然而萃科案中法院完全走向了反向。那个案例明显涉及了政府规制制度，但是该案中包含了温情，同时反托拉斯被描述成一个某些时候拥有许多缺点和会带来错判无辜（法院看起来像投机）风险的制度。我怀疑一个真正的芝加哥人会有这样极大的热情对待政府规制制度。

诸如国家行为、诺尔（Noerr）学说和反托拉斯—规制干预等案例，直接把反托拉斯置于与其他社会和政治价值观的冲突中。芝加哥学派在这些领域的影响是有限的。芝加哥学派的清晰、整洁、系统的反托拉斯分析方法在联邦主义和第一修正案价值的浑水中的推进显得苍白无力。芝加哥学派在有关反托拉斯立法方面也没有显著的影响（也许在解除规制的争论中是个例外）。例如，芝加哥人谴责罗宾逊—帕特曼法（*Robinson-Patman Act*），修正或取消这个法律的建议不断被提出。然而，取消罗宾逊—帕特曼法（*Robinson-Patman Act*）的提议者遭遇到的是这样一个政治现实，有关该法律不能保护消费者福利的争论在国会大厅中跌入了聋哑人的耳朵，大量的经济利益相关者（既得利益者）想要的是政策而不是消费者福利。我想我们会看到更生动的未来。纵向价格操纵的本身违法规则（国会没有直接否定这个规则）已经存在了96年，1977年法院自己意识到国会本意是在使用该规则；然而，高级法院在丽晶一案中推翻了迈尔斯医药案的观点，判定合理推定原则适用所有的关于纵向操纵的案例。这一结果和芝加哥分析不完全一致，但是确实也值得芝加哥人欢欣。推翻丽晶案近而回复到迈尔斯医药案的本身违法原则的提案很可能会被国会讨论，而且极有可能会通过。

这猜测并不极为大胆。毕竟当他们认识到国会在取消米勒·泰丁斯法（*Miller-Tydings Act*）和麦圭尔（McGuire）修正案的原意后，高级法院在西尔韦尼亚案（*Sylvania*）案中表达了相似的观点。但是，如果这个预测失败，那么，我们大多数州可能把本身违法作为州法律的重要原则，这将给我们带来世界上最坏的结果，即整个社会缺乏法律的统一性。

芝加哥分析在政治和立法领域的进展不如在法院和执行机构进展得好。它对反托拉斯专家的影响远大于对公众的广泛影响。传统意义上，芝加哥人主张反托拉斯法必须只限于关注经济效率，因为更加多元化的价值方法不适当地要求法院做出政治决策，是对法院角色的误用。但是，当反托拉斯在明显的政治领域中被争论时，几乎没有人没有把反托拉斯限制在效率范围内。整个公众看起来更像是和20世纪60年代的反托拉斯保持一致，而非今天的反托拉斯法，这一事实在国会听证中反映出来，并给立法、行政和执法三方面达到一体化带来很大困难。

结论

芝加哥学派深深影响了反托拉斯法，想否认这点几乎不可能。法院和国会没有接受芝加哥分析所倡议的全部结果。但是，抛开具体结果，芝加哥学派还是提供了自20世纪70年代中期至现在的反托拉斯法重建的重要基石。不同学派思想在反托拉斯领域中不断转换，但是，芝加哥学派在反托拉斯发展中的作用远超过其他任何学派，其部分原因是它没有简单地建立在以往知识的基础上，它实际上摧毁了现存的学说，从某种意义上讲是建立在现存学说的废墟之上。今天的反托拉斯分析总是从芝加哥开始，反托拉斯之所以演变到它今天的状况，芝加哥学派必须得到它应得的荣誉（和责怪）。整体来说，它的影响是积极的，集中于经济学分析，认识到了大量的反托拉斯原则偏离正道时的成本，并为之提供了精确的分析，这些分析消除了早先的反托拉斯制度导致的低效率。

然而，对于芝加哥分析仍有不满意之处。比如，芝加哥分析的结构太僵硬，尽管绝大多数假设已被接受，但是这些假设仍然不能涵盖芝加哥学派希望我们涵盖的所有情形。从某种意义上讲，芝加哥学派太完美、太综合，致使它不能和现实保持一致。我们中的一些人会问，就像我们一样束缚在芝加哥学派严谨分析中，反托拉斯是否是只见树木不见森林。我们能否诚实地相信，美国航空公司（American Airlines）在达拉斯邀请布兰尼夫航空公司（Braniff Airlines）参与价格操纵（price-fixing）的行为不是反竞争的？当银行在10年内经历3~4次变化，我们能否对其绩效满意？至少我本人对反托拉斯以往的结果和其未来有些不安。也许没有什么可以讨论的，这当然是至少一部分芝加哥人所希望的。

第一部分 保守经济分析及其后果

第5章 反垄断法与经济学的基础

丹尼尔·罗宾菲尔德

引言

在反垄断领域存在两个相互关联的重要争议,首先,所谓的"保守经济学"(conservative economics)在多大程度上影响了反垄断法的演变过程;其次,如果有的话,保守经济学在多大程度上影响了反垄断法的公共和私人实施。本章将对后一问题作简要评论,对前一个问题进行重点讨论。

对于如何定义"保守经济学"目前经济学界尚无定论,同时也没有哪一位学者的观点被公认为属于保守经济学之列。而对于本章而言,保守经济学的特征可归纳为3点:(1)对市场机制的作用充满信心;(2)对政府能否成功地弥补市场失灵持怀疑态度;(3)认为反垄断法应以经济效率为核心(在某些人看来这意味着须同时考虑生产者的福利,而不只是消费者的福利水平),而不是以某个特定群体的利益(例如小厂商)为核心。相信赞同上述观点的多数人都认为,对操纵价格和市场划分之类的行为采取激进的干预是正当合理的,而纵向的非价格约束行为(例如排他性交易)则有利于竞争,因而将这类行为归入垄断之列的努力通常是很难奏效的。

本章以下内容将表明,尽管产业组织经济学对反垄断的影响与日俱增,但如果将这一重要影响只归结为少数保守主义的法学家和经济学家就过于简单了。以下将进一步阐释,反垄断经济学家之间的分歧在很大程度上是因为经济学家们对于经济效率一词的含义和对政府干预效果有不同的理解所致。本文第一节从回顾反垄断政策的历史开始[194],其中将分析产业组织理论上的重要突破是如何导致反垄断领域重要判例的形成,尽管二者在时间上存在相当的滞后,但这仍足以表明产业组织经济学在反垄断领域的基础性作用。第二节将讨论经济学家们对反垄断政策存在何种分歧,以及分歧产生的原因,我将证明为什么以及在多大程度上保守主义经济学对反垄断产生了过度的影响。

本章的基本观点可以总结如下：保守经济学对反垄断领域产生了重要的、很大程度上是正面的影响。关于反垄断的经济学分析方面的知识积累在近二十年或三十年的时间里有了空前的增长，但是保守经济学在很多方面产生了过度的影响。对能够导致错误判例的误报可能（即一类错误，false positives）的担忧超过了对无法导致正确判例的漏报可能（即二类错误，false negatives）的担忧，而较为麻烦的价格和非价格限制等纵向问题则不应该如此之快地被忽略掉，同时，保守经济学的影响也促成了一种在那些以创新为核心的高技术行业中放松反垄断执法的倾向。

Ⅰ. 反垄断政策的演变

作为一名基于实证的反垄断法和经济学学者，我发现有时候以实证的目光从时间序列的角度思考反垄断的执法历程会很有收获。沿着这一思路行进，可以将反垄断的私人执法和公共执法等现象的特点归为以下几点：（1）季节性，如圣诞节前夕合并类申请会大量增加，当事人寄希望于执法当局会由于时值假期而放松审查；（2）与政治经济周期相关，无论现任政府是共和党还是民主党都是如此；（3）与整体经济的长期结构性变化或经济学理论的发展相关。

反垄断执法模式的季节性变化与政治因素无关，不管是民主党还是共和党执政都存在。以合并的相关政策为例，不管现任执法当局如何划定是否有碍竞争的判定标准，合并的当事人总是会选择提交申请的"最佳"时间以增加通过审查的几率。芝加哥学派保守经济学在反垄断执法的政治周期中所起的作用是本书第6章中贝克尔和夏皮罗的文章所讨论的热点问题，因而我将这一话题暂且留给他们，这里只讨论法庭和执法机构方面在反垄断领域所发生的长期结构性变化。

按照我对历史的理解，产业组织经济学的进展对反垄断法律和执法产生了关键性的作用，但这一作用在时间上会有十年或二十年的滞后。回顾历史，有人会记得在20世纪五六十年代盛行的规范性分析，这一时期的反垄断执法机构采取了较为激进的干预主义做法。当时的经济学家们强调有关反垄断的讨论应从一个产业的结构开始（即垄断、寡头垄断、竞争性市场等），在一个特定的市场结构之下再来分析评价厂商的行为，进而是厂商行为对经济整体的影响（这一分析范式也就是"结构—行为—绩效"的标准SCP范式）。

第一部分　保守经济分析及其后果

产业组织经济学对反垄断的早期影响自贝恩等人的工作而起，显然并非保守主义。贝恩的相对干预主义哲学的核心是对进入壁垒的理解，贝恩认为产业的进入壁垒通常很高并且会被在位主导厂商所控制，从而导致超过竞争性市场的垄断高价普遍存在。"结构—行为—绩效"的 SCP 分析范式对反垄断领域的很多实际判例产生了重要影响，直到今天影响仍然存在。

在这一时期的早期阶段，产业组织经济学家们倾向于认为技术是厂商规模和行为的决定因素，因此改变厂商边界的行为（如合资）通常会被认为有垄断嫌疑。基于政府是公正中立的这一前提，反垄断执法机构对并购类行为持高度警惕的态度，并购被否决的概率很大。在今天看来虽然其中有些结论是正确的[195]，而另外一些结论要么并没有在并购对经济效率的提升和潜在的有碍竞争行为这两者之间进行认真的分析权衡，要么就是过多考虑了保护小厂商这一问题。[196]

基于以往的经济学知识，这一时期中政府对差异化产品的寡头垄断厂商行为也持敌视态度。（但）有意思的是排他性交易或许会有利于竞争这一观点在 20 世纪 50 年代和 60 年代并没有得到足够的重视，而且对价格歧视的经济学分析在这一时间也没有得到充分的发展，因而当时的反垄断执法机构意识不到厂商差异化行为（或者叫歧视性行为）中的潜在益处也就不足为奇了，这在《罗宾逊—帕特曼法》（Robinson-Patman Act）的执行中表现得特别明显，该法案明确规定了价格歧视行为违法的判定条件，以及这类行为可能导致的潜在成本和对竞争的不利影响。对价格歧视行为的观点直到今天仍然存在很大分歧，我认为这并不是保守经济学的影响，而是近二十年以来经济学对厂商在差别化产品市场上的行为方面的研究取得进展的影响。

20 世纪 60 年代后期和 70 年代对反垄断的经济学分析以结构主义为代表，保守经济学和其他理论在这方面的分歧更加明显。对厂商利润率和市场结构方面的实证研究显示二者之间存在轻微的正相关性，这意味着较高的市场集中度有可能导致厂商的反竞争行为。[197]不过，芝加哥学派的代表人物德姆塞茨强烈反对这一观点，[198]他认为，高市场集中度是规模经济性和较高效率厂商自然成长的结果，多数实证研究颠倒了二者的因果关系。在没有做更进一步的深入分析以前，我们很难区分是高市场集中度导致了高价格和高利润率呢，还是基于成本降低、厂商规模增加、市场集中度提高的规模经济导致了高利润率。如果高市场集中度能够导致产业整体利润率的提高，这些利润应该是效率高的大厂商存在的结果而不是原因，同时也是市场竞争作用的结果。如今，我们掌握了更多的经济学知识——我们已经意识到了早期研究中由于忽略了研发、广告、规模经济等因素而存在的缺陷。但是，与德姆塞茨的观点相反，许多人仍然认为在市场份额和利润率之间存在正相关关系，有些情况下这是厂商市场势力的体现，有些情况下则是经济效率作用的结果。

20世纪50年代和60年代的上述假设前提和分析框架到了70年代遭到了以芝加哥学派为代表的批评[199]，基于产业组织经济学的新进展，以下观点得到了较多认可：(1) 与规模经济和范围经济相关联的经济效率是最为重要的；(2) 大多数市场都是竞争性的，包括一些厂商数量相对较少的市场；(3) 垄断厂商的市场势力通常是无法持续的，超额利润会引发潜在厂商的进入；(4) 进入壁垒（不包括政府行为导致的进入壁垒）的作用没有人们以前想象的那么明显；(5) 垄断厂商的某些行为（例如限定两种商品必须同时购买的"捆绑销售"）并不是合理的策略，由于存在"单一垄断租金"（single monopoly rent），垄断厂商基于市场势力对于捆绑商品本来就能够获得高额垄断利润，这将使得捆绑策略无利可图；(6) 反垄断只有在有可能提高社会整体福利水平的情况下才是合适的。

很显然，按照20世纪70年代的这些观点，很多以前被认为是反竞争的协议性行为现在都是合法的了，法庭在对有关限制排他性行为的判定中拒绝采用本身违法原则也反映了当时最高法院的观点[200]，实际上，如果芝加哥学派真的能够盛行开来的话，此类的纵向非价格限制性行为反而会被认定为本身合法（per se legal）。

有人可能会认为芝加哥学派的影响自20世纪70年代以来就一直流行从未减弱过，近期的一些反垄断判例被认为是以芝加哥学派的思想作为理论依据的[201]。在我看来这一理解是不恰当的。值得注意的是，很多非芝加哥学派的经济学家也都支持从本身违法原则转向基于理论分析和实证检验相结合的合理判定原则。另外，正像Einer Elhauge最近揭示的，近期的法庭判例受到了很多学者的影响，其中有很多并不属于芝加哥学派[202]。从70年代到90年代，我们在产业组织经济学方面取得了一些突破性的进展，其中对厂商策略性行为的关注要超过了市场结构，这一新的后芝加哥学派的分析视角对法庭和竞争政策当局产生的重要影响也应该得到赞赏。

后芝加哥学派用博弈论来考察在位厂商针对现实和潜在竞争对手的策略性行为，可置信性和不可置信性威胁之间的区别在评价在位厂商排除竞争对手的能力、厂商排他性行为的后果和对社会整体福利水平的影响是十分重要，而这在以前的芝加哥学派研究中是没有的[203]。这些理论进展拓宽了掠夺性定价和掠夺性行为的适用范围，旨在提高竞争对手成本的非价格竞争策略[204]现在被很多人认可是普遍现象。事实上，有大量动态策略性行为方面的理论模型表明，具有一定市场势力的厂商有能力和机会从事协调性行为，以及从排除竞争对手的行为中获利[205]。

对于策略性行为的分析在反垄断经济学家和律师那里都引起了很大的争议。不管具体观点如何，但如果仅仅将这些争议理解为"芝加哥学派"和"后芝加哥学派"之间的争议就过于简单了。例如以下两个例子：一是弗雪（Franklin Fisher）强烈质疑[206]而卡尔·夏皮罗（Carl Shapiro）则高度评价[207]策略性博弈模型的解释力。他们二位都与芝加哥学派无关；二是作为芝加哥学派的重要一员，科斯（Ronald Coase）认为非市场组织能够在一定程度上很好地取代市场活动[208]，而奥利弗·威廉姆森（Oliver Williamson）却从非芝加哥学派的交易成本角度出发，认为限制性交易合同能够增强厂商对人力资本和实物资本的投资动机[209]。

在过去的二三十年间，技术的快速进步已经改变了很多市场中竞争的本质。早期的争议集中在供给方和规模经济方面，而在很多高技术产业中对需求的分析已占据主导地位，需求方已经取代了供给方成为消费者福利和市场势力的关键性来源。理论研究也相应地开始关注来自网络效应的需求方规模经济的重要性（个体对产品的需求随使用同一产品的消费者数量的增加而增加，典型例子为微软的 Word 等软件产品），及其对厂商研发动机的影响。

由于与电脑软件和硬件产品相关的网络性产业大多具有高沉没成本和低边际成本的特点，因而较为成功的厂商很有可能最终在市场上获得主导地位并保持很长一段时间。尽管无人承诺网络性产业中只能存在单一标准，但实际上用户最终的选择都趋向于类似的同一种产品。保守经济学强调了这其中所涉及的效率提高，而另一些人则担心这会造成产业集中度的提高从而使厂商采用价格和非价格等策略性行为排除竞争、减少创新，使价格超出竞争性市场水平等问题[210]。

今天，针对反垄断问题较为平衡的规范性分析应考虑与各种组织形式、契约关系相关联的影响效率的各种因素，同时也要分析厂商可能有碍竞争的策略性行为，无论市场上是否有主导厂商存在。对于那些以创新为核心、发展变化很快的产业，在早期就进行干预也可能是合适的选择。

Ⅱ．为什么经济学家们有分歧？

当走过 21 世纪的第一个十年时，我们发现经济学家们对于反垄断立法和执法仍然存在很大的分歧。本节讨论其中的几个关键性分歧。首先是对于经济效率是否应是反垄断中的唯一标准，还是应和消费者福利、保护小厂商等其他目标一起共同考虑。这方面很有意思的例子是一个有关新闻报纸业的并购案。艾伦·格鲁尼斯（Allen Crunes）和莫里斯·斯塔基（Maurice Stuckey）当时都是司法部反垄断局的律师，他们认为，保持媒体观点的多样性应该在报纸业的反垄断执法中作为一个重要标准来考虑。[211]合并双方则认为，媒体观点的多样性并不在《克莱顿法》第7款的规定之中，不需要考虑。

经济学家们的第二个关键性分歧在于法庭是否具备解决复杂的法律和经济问题的能力，以及反垄断执法当局是否具备全面、准确、及时调查处理问题的能力。这种质疑突出体现在微软（U. S. V. Microsoft）一案中[212]。基于创新对软件业的重要性，费雪（Fisher）和鲁宾弗尔德（Rubinfeld）都认为政府应主动干预，[213]而埃文斯（Evans）和施马兰西（Schmalensee）则表示反对，其理由是在以熊彼特式的动态竞争为主的产业中政府干预是不必要的。

第三个关键性分歧在于经济理论和经验性规律二者哪个更为重要。一些经济学家认为是前者，而另一些则认为是后者。前面讨论过的 *Leegin* 一案（对纵向最低零售价格限制行为从本身违法原则转向合理推定原则）就是个很好的例子。许多支持该案判决的经济学家相信，厂商参与"搭便车"行为的动机很强烈，就连合理推定原则也不适用了（他们认为采用本身合法原则才合适）。然而，也有许多反对该案的经济学家认为，有足够的实际证据表明纵向零售价格限制行为是有碍竞争的。

经济学家在反垄断领域的第四个关键性分歧在于认为执法机构和法庭在面对十分复杂的案例时是否有能力成功实施反垄断法。有些人认为应该减少反垄断的执法力度，那些由执法机构提起但却没有在法庭上最终完结的案子便是反垄断执法过度的证据。而那些支持更加积极主动执法的人们，则担心对违法厂商提起反垄断诉讼力度不够。

基于我自己对相关领域最新进展的了解，我认为虽然保守经济学使我们增加了很多对反垄断法和经济学方面的认识，但它在一定程度上影响过度了。如前所述，我所担心的是对于可能导致出现不适当案例的误报可能（即一类错误，false positives）的顾虑目前已压过了对使该有的案例无法出现的漏报可能（即二类错误，false negatives）的顾虑。如果有谁败诉或者提起了不合适的诉讼会受到猛烈的攻击，但如果是没有提起别人认为应该有的案子却没什么严重的后果，最多是听取一下别人的批评意见而已。此外，对于价格和非价格限制

第一部分 保守经济分析及其后果

行为等纵向问题的省略过于轻率了,虽然很多经济学家都意识到了在对纵向限制性行为的判定中运用合理推定原则的重要性,但也应该看到,其中有些行为的最终整体后果却是反竞争的。本身合法原则不能在反垄断中运用。

最后,在技术进步发挥重要作用的高技术产业中保守经济学已经形成了淡化反垄断执法的趋势。有关创新的经济学分析无疑较为复杂,而我们的经验性知识又很有限,但我们赋予创新的重要性似乎过头了,以至于知识的有限性成了我们对该判罚的案子不进行判罚的借口。

结论

假如有人针对文中论述的问题对经济学家进行一次调查,我敢肯定,经济学家的分歧一定很大,而且不同观点与被调查者是否属于芝加哥学派没有直接的关系。尽管有最高法庭的新近决定,反垄断立法和执法的长期演变仍然受到了反垄断经济学的重要影响(时间上有些滞后)。但这并不是说政治方面的因素不重要。某些特定的反垄断执法成功的可能性在不同的政治经济周期阶段极可能会有所不同。

注释:

1. 两个著名案例是,布朗鞋业公司诉美国,《美国报告》,1962年,第370卷,第294页;以及美国诉冯氏百货公司,《美国报告》,1966年,第384卷,第270页。

2. 参见理查德·施马兰西,《关于反托拉斯的芝加哥传统的思考》,第1章,第21~22页。

3. 约翰·麦基,《评论》,载于《产业集中度:新的认识》,104,H. 高斯乔麦,H. M. 曼恩,与 J. F. 韦斯顿编辑,波士顿:小布朗出版社,1974年。

4. F. M. 谢勒等,《专利与公司》,第二版,私人出版,波士顿,1959年。

5. 罗伯特·博克,《反托拉斯悖论:自相矛盾的政策》,基本图书出版社,1978年。正如前言所指出,这本书的主要工作完成于60年代末与70年代初。

6. 尽管"保守"这个词近来被用于美国政治讨论,在我看来,把追求根本性变革者贴上"保守"的标签并不合适,而芝加哥学派确实寻求反托拉斯的根本性变革。而且,由于近来美国的政治讨论,"芝加哥"一词的情感包袱要轻于"保守"一词。关于"芝加哥学派"的一般性介绍,参见埃德蒙·W·凯奇,《真理之火:追忆芝加哥大学的法与经济学:1932~1970》,载《法与经济学杂志》,1983年,163卷,第26页。

7. 理查德·波斯纳,《反托拉斯法》,芝加哥:芝加哥大学出版社,1976年。

8. 布朗鞋业公司诉美国,《美国报告》,1962年,第370卷,第294页、第344页。

9. 例如，参见博克，上文注释5，第2章与第3章，以及波斯纳，上文注释7，第2章。

10. 美国诉冯氏百货公司，美国报告，1966年，第384卷，第270页。

11. 肯·海耶，《福利标准与并购分析：为何不是最优?》，载《国际竞争政策》，2006年，第2期，第29页。

12. 对比肯·海耶的上述论文，以及乔·法雷尔与迈克尔·L·卡兹，《反托拉斯中的福利标准之经济学》，载《国际竞争政策》，2006年，第2期，第3页。新近的有趣讨论，参见丹尼斯·卡尔顿，《反托拉斯需要现代化吗?》，载《经济展望杂志》，2007年，第21卷，第155页。

13. 参见理查德·施马兰西，《沉淀成本与反托拉斯的进入壁垒》，载《美国经济评论：会议论文集》，2004年，第94卷，第471页。

14. 参见理查德·波斯纳，《芝加哥学派的反托拉斯分析》，载《宾夕法尼亚大学法律评论》，1979年，第127卷，第925页。

15. 犹他馅饼公司诉大陆烘烤公司，《美国报告》，1967年，第386卷，第685页。

16. 博克，上文注释5，第387页。

17. 反托拉斯现代化委员会已于最近呼吁废除此法案。参见反托拉斯现代化委员会，《报告与建议》，华盛顿特区，2007年4月。

18. 卡尔·凯森与唐纳德·特纳，《反托拉斯政策》，剑桥：剑桥大学出版社，1959年，第265~272页。

19. 《报告、评论与分别陈述》，重印于《反托拉斯法与经济评论》，1968~1969年冬季，第2卷，第11页。尼尔院长的单位归属表明，"芝加哥"并非一个完美的标签。

20. 1972年第92届国会第2次会议参议院第3832号决议，以及1973年第93届国会第1次会议参议院第1167号决议。有关讨论，参见《产业集中度：新的认识》，H. 高斯乔麦，H.M. 曼恩与J.F. 韦斯顿编辑，波士顿：小布朗出版社，1974年。

21. 引用的文献为乔治·斯蒂格勒，《一个寡头垄断的理论》，载《政治经济学杂志》，1964年，第72卷，第44期。

22. 例如，参见凯奇，上文注释6。

23. 有关的文献综述，参见理查德·施马兰西，《对结构与绩效的跨行业研究》，载《产业组织手册》，第2卷，第951页，理查德·施马兰西与R.D. 威利编辑，阿姆斯特丹：北荷兰出版社，1989年。

24. 哈罗德·德姆塞茨，《产业结构、市场对抗与公共政策》，载《法与经济学杂志》，1973年，第16卷，第1页，以及《有关垄断的两个思想体系》，载H. 高斯乔麦，H.M. 曼恩与J.F. 韦斯顿编辑，上文注释20。

25. 这其实并不容易评估；参见理查德·施马兰西，《美国制造业的行业内利润差别：1953~1983》，载《产业经济学杂志》，1989年，第37卷，第337页。

26. 博克，上文注释5，第105页。

第一部分　保守经济分析及其后果

27. 乔治·斯蒂格勒，《规模经济》，载《劳动经济学杂志》，1958 年，第 1 卷，第 54 页。

28. 一个优秀的概述，参见南希·博利厄，罗伯特·吉本斯与丽贝卡·亨德森，《有关相似企业业绩持续差异的微观证据》，麻省理工学院斯隆管理学院工作论文，2007 年 4 月。

29. 美国诉美国铝业公司，《联邦报告：系列二》，第 148 卷，第 416 页，第 2 巡回法院，1945 年。

30. 同上，第 431 页。

31. 联邦贸易委员会诉宝洁公司，《美国报告》，1967 年，第 386 卷，第 568 页。此并购被指责的另一方面是，它将宝洁公司不再成为漂白剂市场的潜在进入者。应该指出的是，在随后的 40 年里，宝洁公司没有进入此市场。

32. 同上，第 580 页。

33. 《CCH 产业规制报告》，1968 年，第 1 卷，第 4430 页。

34. 第 4 部分，第 31 页，于 1997 年 4 月 8 日。

35. 对比奥利弗·威廉姆森，《经济效率作为反托拉斯的辩护：福利的权衡》，载《美国经济评论》，1968 年，第 58 卷，第 18 页，与博克，上文注释 5，第 124~129 页，以及波斯纳，上文注释 7，第 112~113 页。

36. 一个很有影响力的研究是，大卫·J·雷文斯克拉夫特与弗雷德里克·M·谢勒，《并购、抛售与经济效率》，华盛顿：布鲁金斯出版社，1987 年。

37. 通常引用的出处是，斯坦利·罗宾逊，纽约州律师协会，反托拉斯研讨会，1968 年，第 29 期。

38. 阿伦·狄莱克特与爱德华·H·列维，《法律与未来：产业规制》，载《西北大学法律评论》，1956 年，第 51 卷，第 281 页。

39. 例如，博克，上文注释 5，第 21 章。

40. 例如，参见安东尼奥·古欣娜塔等编辑，《反托拉斯法的后芝加哥发展》，爱德华·埃尔加出版社，2003 年。

41. 参见乔迪·夸尔等，《第 82 条款的经济学阐释》，载《国际竞争政策》，2006 年，第 2 卷，第 111 页。

42. 美国诉席伊丽公司，《美国报告》，1967 年，第 388 卷，第 350 页。

43. 美国诉崇越科技公司，《美国报告》，1972 年，第 405 卷，第 596 页。

44. 同上，第 608 页。

45. 博克，上文注释 5，第 278 页。

46. 广播音乐公司诉哥伦比亚广播系统公司，《美国报告》，1979 年，第 441 卷，第 1 页。

47. 华盛顿特区，2000 年 4 月，第 3.2 节。

48. 布朗鞋业案，《美国报告》，1962 年，第 370 卷，第 328~329 页。

49. 这种"封锁"确实导致对其他厂商产品的需求下降，但同时也使与之竞争的供给恰好减少相同的数量。有关"封锁"理论的更多问题，参见博克，上文注释5，第211~214页。

50.《非横向并购指南》最初作为美国司法部《并购指南》的一部分于1984年6月14日发表。《非横向并购指南》的下载地址为 http://www.usdoj.gov/atr/public/guidelines/2614.htm。

51. 美国诉施温公司，《美国报告》，第388卷，第365页。

52. 大陆电视公司诉GTE西尔韦尼亚公司，《美国报告》，1977年，第433卷，第36页。

53. 迈尔斯医药公司诉帕克父子公司，《美国报告》，1911年，第220卷，第373页。

54. 阿尔布里奇诉先驱公司，《美国报告》，1968年，第390卷，第145页。

55. 由一群经济学家最近做的总结，参见支持原告的《法庭特聘经济顾问的意见》，丽晶创造皮革公司诉PSKS公司，2007年，《最高法院报告》，第6卷，第480页。

56. 国家石油诉可汗，《美国报告》，1997年，第527卷，第3页。

57. 丽晶创造皮革公司诉PSKS公司，2007年6月28日，《最高法院报告》，第127卷，第2705页。

58. 参见博克，上文注释5，第406页。

59. 加州标准石油公司与标准站公司诉美国，《美国报告》，1949年，第337卷，第293页、第305页；博克，上文注释5，第367页。

60. 沃德·S·鲍曼，《捆绑协议与杠杆问题》，载《耶鲁法律评论》，1957年，第67卷，第19页。近来的一项理论研究，参见丹尼斯·W·卡尔顿与迈克尔·沃尔德曼，《为了保持与创造市场势力而在演化产业中战略性地使用捆绑》，载《兰德经济学杂志》，2002年，第33卷，第194页。

61. 福特纳企业诉美国钢铁公司，《美国报告》，1969年，第394卷，第495页；博克，上文注释5，第210页。

62. 杰弗逊教区第二医疗区诉海德，《美国报告》，1984年，第466卷，第2页。

63. 同上，第14页。

64. 例如，参见大卫·S·埃文斯与理查德·施马兰西，《有关动态竞争行业的反托拉斯分析的某些方面》，载《创新政策与经济》，第2卷，A.杰斐，J.列那，S.斯登编辑，剑桥：麻省理工学院出版社，2002年，第1页，第28~31页，以及那儿引用的文献。

65. 博克，上文注释5，第406页。

66. 波斯纳，上文注释7，第212页。另一方面，波斯纳确实建议使用（法条）第一部分来起诉"默契共谋"（tacit collusion），同上，第71页。

67. 见霍温坎普·赫伯特（Herbert Hovenkamp），哈佛、芝加哥学派和支配企业，第三章及以后。

68. 关于这种状态的最佳描述见罗伯特·H·博克（Robert H. Bork），反托拉斯的悖论：政策间的自我战争（纽约：自由出版社，1993）。

第一部分 保守经济分析及其后果

69. 见布鲁克集团和布朗 & 威廉姆森（B&W）烟草（*Brooke Groupv.* Brown & Williamson（B&W）509U. S. 209（1993）．

70. 约翰·维克斯（John Vickers），市场权利的滥用，第20页，指出一家支配企业能够提高竞争对手的成本，即通过有选择地向与竞争对手无业务往来的买者提供优惠价格来抑制对手的规模经济效益。

71. 关于萃科（Trinko）案中的反托拉斯态度的讨论可参见高德施密特哈维（Harvey Goldschmid），霍温坎普·赫伯特（Herbert Hovenkamp）和支配企业评论：芝加哥学派已使美国使用谢尔曼法第二部分的应用太过谨慎，第三章及以后。

72. 关于狄莱克特（Director'）的影响，可参见斯蒂格勒·斯蒂芬（Stephen Stigler）．记忆中的狄莱克特·阿伦（Aaron Director），及佩兹曼萨姆（Sam Peltzman）、狄莱克特·阿伦（Aaron Director）对反托拉斯法的影响，法和经济学，第48卷，307 – 330，2005.10． 博克·罗伯特（Robert Bork）在自己的书《反托拉斯悖论》（1978）序言中感谢了狄莱克特对自己教育历程中所起的关键性作用，并指出："狄莱克特的观点长期看来和我一致，他有许多志同道合的朋友，他们都是反托拉斯经济学和产业组织领域的精英。"狄莱克特1947~1965年期间一直住在芝加哥大学。

73. 见哈耶克·弗里德里希（Friedrich A. Hayek），通向农奴之路，芝加哥大学出版社，1944．

74. 亨利·C·西蒙（Henry C. Simons），自由竞争的必要性，美国经济评论（增刊26卷）．103 – 104. 1996. 3。也可参见他的自由社会的经济政策一书，52 – 59，芝加哥大学出版社，1948年。

75. 白宫反托拉斯法专职小组报告，1968.7.5．专职小组建议的法条在行业集中度中通过：新学习，449 – 456（哈维·高德施密特（Goldschmid J. Harve），曼内·米歇尔（H. Michael Manne）和韦斯顿福特（J. Fred Weston）等，波士顿：little brown 出版社：1974）．尼尔迪恩（DeanNeal）可见同一卷第377 ~ 383 页。

76. 波斯纳·理查德（Richard A. Posner），反托拉斯政策（芝加哥大学出版社：1976），第4章．也可参见波斯纳，寡头和反托拉斯法：一种方法，斯坦福法律评论（21）．1562 – 1606，1969. 6．

77. 麦基·约翰（John S. McGee），混合定价，经济学探究（25卷）315 – 339，1987. 4．

78. 佩兹曼（Peltzman），同前注释69，第325页．

79. 麦基·约翰（John S. McGee），掠夺性价格削减：标准石油案，法和经济学杂志（第1卷），137 ~ 169，1958.10．也可见麦基，再谈掠夺性定价，23 法和经济学杂志，289 – 330，1980. 10；和特尔塞莱斯特（Lester Telser），激励竞争和长期财富，9 法和经济学杂志，259 ~ 277，1966. 10．

80. 松下电器和天顶无线电公司案等，475U. S. 574，589（1986）．法庭引用麦基和博克·罗伯特,见前一注释69。博克在自己书中把法庭的引用看做对麦基的敬意。

81. 见我书中的文献回顾,F. M. 施尔(F. M. Scherer),产业市场结构和经济绩效,第二版,336-340,芝加哥:兰德麦考纳利公司(Rand McNally),1980;科瑞普斯·戴维德(David Kreps)和威尔逊·罗伯特(Robert Wilson),声誉和不完全信息,经济学理论(27),253-279,1982.8;米尔格罗姆·保罗(Milgrom Paul)和罗伯特·约翰(John Robert),掠夺、声誉和进入障碍,经济学理论(27),280-312,1982.8。

82. 松下电器案中的事实的确令人信服,我出席了高级法院的口头辩论。尽管这些结论会出现错误,当我听到马歇尔·瑟古德(Thurgood Marshall)法官询问天顶无线电公司辩护人:"长期低价下,消费者会怎样受到影响?"时,我就相信大多数厂商价格会维持在松下电器的水平。之后,我邀请案件的双方领导在我日本产业政策的研讨会上介绍了他们各自的观点,松下电器的前发言人清晰地说明了自己的论点。

83. 迪尔顿·吉姆斯和艾斯珀斯·路易斯(James A. Dalton & Louis Esposito),掠夺性价格削减和标准石油案:审判记录的再审视,法和经济学研究(22). 155-205. 2007.

84. 阿利达·菲利普和特纳·唐纳德(Phillip Areeda & Turner Donald),掠夺性价格和谢尔曼法第二章下的实践,哈佛法律评论(88). 697-733. 1975. 2. 这篇文章在后来的IBM上诉案中被引用过,即加州计算机生成公司诉国际商务电器公司,613F. 2d 727,743,1979. 但是在同一部分,上诉法庭大量援引其他文章来驳斥阿利达-特纳的论点。

85. 布鲁克集团公司诉布朗 & 威廉姆森烟草公司(*Brooke Group* v. Brown & Williamson (B&W)) 509U. S. 209,224. 1993.

86. 引自作者的著作,可见前一注释78,用掠夺来惩罚价格削减的竞争对手是困难的,为支持这一建议,法庭未能提出一个这类行为的可能的例子。

87. 佩兹曼(Peltzman),同前一注释69,第325页。

88. 特尔塞·莱斯特(Lester G. Telser),为何生产商需要公平的交易,法和经济学杂志(3). 86-105. 1960. 10;和罗伯特·H·博克(Robert H. Bork),致古德和亚梅教授,耶鲁法律杂志(76),731. 1967. 10;博克(Bork),零售价格的维持和消费者福利,耶鲁法律杂志(77),950-960. 1968. 4;和反托拉斯的悖论,见前一注释68,295-296。

89. 大陆电视公司诉GTE西尔韦尼亚公司,433U. S. 36,48,53,54. 1977. 曾增加了法庭中保守者比重的伦奎斯特法官(Rehnquist)弃权了列举对纵向限制的批评,法庭不同意科曼纳·威廉(William S. Comanor)的主张,即追求产品差异化可以减少品牌之间的竞争,而不仅仅是他们向社会传递有价值的信息,同56;见纵向领域和消费者限制:怀特摩托和它的后果,哈佛法律评论(81). 1418-1438. 1968. 5;这一论题拓展了学者的研究领域。

90. 波斯纳·理查德(Richard Posner),反托拉斯政策和高级法院:限制性配给分析,哥伦比亚法律评论(75). 282-293. 1975. 接着这个判决,波斯纳在自己文章中对该观点表示赞同,合理原则和经济学方法:对西尔韦尼亚案判决的反思,芝加哥法律评论(45).

第一部分 保守经济分析及其后果

1-20.1997 秋.

91. 可参见埃勒·查尔斯（Charles Ellet Jr.），关于美国国内的改进工作的贸易法参考书（理查蒙德和伯纳德 Richmond，VA：Bernard：1839；由凯雷·奥格斯特（Augustus Kally）重印，1966）．埃勒的视点在汉宪尔顿·亚历山大的联邦文件第22卷中也能找到。也可参见斯彭·勒周塞弗（非芝加哥学派 Joseph Spengler），纵向一体化和反托拉斯政策，政治经济学（58）．347-352.1950.8.

92. 见谢勒和罗斯戴维德（（F. M. Scherer & David Ross），行业市场结构和经济绩效，第三版，542-548. Houghton Mifflin 出版社：1990. 同样的证据还可参见科曼纳·威廉（William S. Comanor），纵向价格控制和市场限制和新反托拉斯政策，哈佛法律评论（98），990-998.1985.3.

93. 丽晶皮革诉PSKS公司，高级法院（127）.2705.2007. 之后的引用可见判决简报（*Slipopinion*）.

94. 法庭特聘顾问经济学家支持请愿摘要，案例06-480，2006.11.3. 大多数签约人直接整理文件形成了后来的法律规范。

95. 科曼纳·威廉（William S. Comanor）和谢勒（F. M. Scherer）作为法庭特聘顾问支持无党派的陈述，见案例06-480.

96. 判决简报IIIB部分，14.

97. 判决简报，17.

98. 判决简报，10.

99. 该点在谢勒（F. M. Scherer）的文章中讨论过，并购的新探究，工业组织概览（28）．328-29.2006.6.

100. 美国诉冯氏百货，384. U. S. 270，301.1966.

101. 曼内·亨利（Henry G. Manne），并购和公司控制权市场，政治经济学（73）．110-120.1965.4. 曼内1952年在芝加哥大学获得法学博士学位。

102. 见詹森·迈克尔（Michael Jensen），接管：原因和结果，经济学探索（2）．21-48.1988 冬．詹森的博士学位是芝加哥大学授予的.

103. 寡头理论，政治经济学（72）．55-59.1964.2.

104. 作为反托拉斯守卫者的经济学：消费者福利的权衡，美国经济评论（58）．18-36.1968.6.

105. 在一诉讼案中关于该主题的初始结合，可参见我在美国诉阿彻丹尼尔斯米德兰（ADM公司）公司案（1987.5）中有效辩护的供书，也可见谢勒（F. M. Scherer），竞争政策：国内和国际，爱德华·埃加（Edward Elgar）：2000.259-269. 地方法院决定就案例本身做出判决，对初判之其他违法行为的有效辩护不表示意见。

106. 就家乐氏公司（Kellogg）来说，见联邦贸易委员会（F. T. C 99）8, 16, 289.1982. 就Ethyl公司，见联邦贸易委员会（F. T. C. 101）425.1983.

107. 见前一注释 78，164 - 164.

108. 集中、结构和市场失衡，反托拉斯公报（16卷）.244 - 248.1971 夏.

109. 产业结构、市场竞争和公共政策，法和经济学杂志（16卷），1973.4；关于垄断的两种价值体系，高德·施密特（Gold Schmid）等，见前一注释 72，175 - 181.

110. 高德·施密特（Gold Schmid）等，见前一注释 72.

111. 在公司和行业的水平上市场结构和利润的关系，经济和统计评论（65卷），22 - 31.1983.2. 雷文·斯克拉夫特（Raven Scraft）可以被称为芝加哥人，他长于皮若亚（Peoria），从西北大学获得博士学位。

112. 美国诉美国电报电话公司案，联邦判例补编（524卷），1336，1359. 格林（Greene）引用了1362页博克·罗伯特（Robert Bork）的观点，即"滥用政府诉讼程序的掠夺是竞争面对的日益增加的最大威胁，几乎到了无法限制的境地。"博克（Bork），见前一注释 69，第347页。

113. 对该点的评论，见高德·施密特（Gold Schmid）等，前一注释 72，第104页。

114. 或许为了和保守价值观相一致，仅引用了某种矛盾的观点，从而忽略了其他的观点。

115. 哈伯格·阿诺德（Arnold C. Harberger），垄断和资源配置，美国经济评论（44卷）.77 - 78. 1954. 5.

116. 大量的相关说明，见谢勒和罗斯（Scherer & Ross），前一注释 89，第31页。

117. 谢勒（F. M. Scherer），技术创新和垄断：竞争的新主题，法律和政策，科林斯（W. D. Collins）等的文章分析了七大行业的主要垄断案例。

118. 斯蒂格勒·乔治（George J. Stigler），垄断的基础和范围，美国经济评论增刊（32卷）.14 页.1942.6.

119. 美国诉哈特福德 - 帝国公司案，联邦判例补编（46卷），541页，1942年；U. S.（323卷）386页，1944年；U. S.（324卷）570页，1944年.

120. 霍拉巴夫·马克斯和怀特·罗伯特（Marcus A. Hollabaugh & Robert Wright），反托拉斯判断下的强制许可，工作报告，专利、商标和著作权委员会，司法部委员会，2 - 5.1960.

121. 谢勒（F. M. Scherer）等，专利和公司，第2版，私人出版，波士顿.1959.

122. 泰勒和希波顿（C. T. Taylor & Z. A. Silberston），专利体系的经济冲击，哥伦比亚大学出版社，1973. 泰勒和希波顿验证了广泛存在的观点，即如果没有专利体系，英国的研发支出将平均减少8%。对于制药业，减少的幅度将达到64%。

123. 专利和创新：一个经验研究，管理科学，173卷.173 - 181.1986. 曼斯·菲尔德（Mans Field）估计的百分比差额和泰勒和希波顿的估计是一致的。

124. 莱文，克莱沃瑞克，尼尔森和温特（R. C. Levin, Alvin Klevorik, Richard R. Nelson & Sidney Winter），产业研发的合理回报，经济活动的布鲁金斯论文，783 - 820. 微观经

第一部分 保守经济分析及其后果

济学. 1987.

125. 鲍曼·沃德（Ward Bowman），专利和反托拉斯法：法律和经济学角度的述评，芝加哥大学出版社，1997 年，尤其是第 64 页和第 254~255 页。

126. 利普斯基（Abbort P. Lipsky Jr.）1981 年 11 月 5 日在美国律师协会上的评论，收录在 CCH 贸易法律汇编中，见第 129 页，第 13 段。

127. 美国司法部和联邦贸易委员会，反托拉斯法执行和知识产权：促进创新和竞争，2007. 4；反托拉斯现代化委员会，报告，2007.

128. 反托拉斯法执行和知识产权，见注释 127，第 1、2 页。

129. 见注释 128。

130. 反托拉斯现代化委员会，38 - 40. 注释 128。

131. 同上。

132. 芝加哥学派分析此类问题的假设前提是，反托拉斯的唯一目标是获得经济效率，然后利用价格理论作为衡量是否有经济效率的理论依据。一般认为，进入是容易的，从而垄断是靠自我调整。效率远比人们想象的更具一般性。芝加哥人基本上是非干预主义者，他们更担心实施反托拉斯法所带来的有害效率。大量的纵向限制将是合法的。反托拉斯将主要关注卡特尔，大型的横向并购，以及由于政府的创造或者保护所导致的市场力量的侵蚀。这类观点的经典论述可参见罗伯特·H·博克（Robert H. Bork），反托拉斯的悖论：政策间的自我战争（1978）；波斯纳·理查德（Richard A. Posner），反托拉斯法，（1976；2001. 第 2 版）；波斯纳·理查德（Richard A. Posner），芝加哥学派的反托拉斯分析，宾夕法尼亚大学法律评论（127 卷）. 925. 1979.

133. 关于消费者福利含义的讨论，可见美国现代化委员会的报告和建议，26 卷，22 条，2007.

134. 参见朔尔诉雅培制药案，第 3 辑 . 457 卷 . 608，611. 第七巡回审判庭，2006.（若一个制造商通过减少产量，提高价格来侵害消费者的利益，却没有让自己的状况得到改善，实施反托拉斯法就没有任何作用）。

135. 当垄断力量的运用致使产出低于竞争市场的产出时，垄断就导致了资源配置无效率。无效率的结果是少量的资源不能够像在竞争市场中那样得到充分利用。这是次优，一个无效的结果。

136. 在底特律机场，西北航空公司长时间控制了 86 个登机口中的 64 个和 78% 的航班。见精神航空诉西北航空案，第 3 辑 . 457 卷 . 917. 第六巡回审判庭（2005）（支持撤销西北航空公司低价索赔的结案陈词）。查阅美国诉美国航空公司，第 3 辑 335 卷 . 1109. 第 10 巡回审判庭，2003. 驳回了低成本航空公司的同一诉讼要求。

137. 见美国司法部反托拉斯处，停止惠而浦公司收购美泰克公司案件调查的陈述，CCH 贸易法律汇编，第 7 卷，50，209 页，2006 年。

138. 政府 1980 年的同意法令使西南贝尔公司成功收购了 AT&T 公司（西南贝尔公司

是贝尔公司控股的公司之一,它的产生源于政府的法令,早先收购过太平洋通讯公司和美国信息技术公司,这两家公司都是地方性的小贝尔公司)。收购AT&T公司后,西南贝尔公司更名为AT&T。AT&T曾收购了南方贝尔公司,南方贝尔是另一家被控股的小贝尔公司,收购南方小贝尔后,AT&T获得了Cingular公司和Yellow Pages公司的控制权。

139. 见皇家加勒比海邮轮公司(Royal Caribbean Cruise)/P&O公主邮轮(P&O Princess Cruises)和嘉年华油轮公司(carnival corporation)/P&O公主邮轮(P&O Princess Cruises),CCH贸易法律汇编,15,100. 2001－2005. Transfer binder(FTC 2005)(两大主要航线并购调查快报)。

140. 见联邦百货(Federated)/五月百货(MAY),CCH贸易法律汇编,15,790,2001－2005 Transfer binder(FTC 2005)(联邦百货收购五月百货的调查快报letter closing)。

141. 可竞争市场理论认为,只要进入退出时无成本或者接近无成本,即使市场中只有一家现任垄断厂商,进入的威胁也会使垄断者不敢限制产量和提高价格。见鲍莫尔·威廉(William J. Baumol),潘扎尔(J. C. Panzer)和威利格(Robert D. Willig),产业结构的可竞争市场理论,1982. 该理论被广泛用于航空领域,人们往往担心对航空公司取消管制后,这个特殊的市场只有一家航空运输经营者,这个理论恰恰取消了人们的这点疑虑。

142. 联邦百货(Federated)并购五月百货(TMAY)案中,已经拒绝使用市场概念,见前一注释137,委员会认为,现在的百货公司已经商场化,消费者可以在大型购物中心买到各个百货公司的商品。

143. 联邦贸易委员会(FTC)诉亨氏案,第3辑. 246卷. 708页. 特区法院2001年。

144. 罗伯特·H·博克(Robert H. Bork),反托拉斯的悖论,50－71. 1978.(反托拉斯法立法的唯一目的是提高消费者福利,传统的观点都以支持这个结论为标志)。

145. 也可见理查德·霍夫施塔特(Hofstadter Richard),反托拉斯运动发生了什么,美国政策的偏执型风格和其他论文集,205－211. 1965;霍温坎普·赫伯特(Herbert Hovenkamp),芝加哥后的反托拉斯政策,密西根法律评论,84卷. 213,249. 1985(各类反托拉斯法立法的历史并没有体现出对经济效率的关注);兰德(Robert H. Lande),财富转移作为反垄断法原始和基本的关注点:效率论面临着挑战,哈斯汀法律杂志. 34卷. 65. 1982;皮托夫斯基·罗伯特(Robert Pitofsky),反托拉斯法的政治目的,宾夕法尼亚大学法律评论,127卷. 1051,1051－1066. 1979.

146. 见霍温坎普·赫伯特(Herbert Hovenkamp),前一注释142,第260～284页。

147. 同上,第255～260页。

148. 如我们所见,过去25年间,案件的实际判决结果和本卷中霍温坎普·赫伯特(Herbert Hovenkamp)总结的特征极为一致,即被批判的哈佛学派。在我看来,该学派的代表人物是阿瑞达(Areeda)教授,霍温坎普·赫伯特教授和皮托夫斯基·罗伯特(Robert Pitofsky)教授。该学学派的主要观点最早由霍温坎普·赫伯特(Herbert Hovenkamp)在其著作《反托拉斯事业:理论和执行》做了系统的阐述。虽然吸收了大量的芝加哥结构

第一部分 保守经济分析及其后果

分析,但是"对诉讼中理论模型的预测能力仍持怀疑态度",所以该学派的观点被标记为"芝加哥清淡派"。克瑞恩(Daniel A. Crane),反托拉斯节制,密西根法律评论,105 卷.1194,2007.

149. 见考普·托马斯(Thomas E. Kauper),反托拉斯革命和小企业:从"收费到效率"的转换,美国法律和分类 120(凯瑞顿和琼斯主编(P. Carrington & T. Jones),2006);考普·托马斯(Thomas E. Kauper),"拥挤的法庭"和反托拉斯法:经济主义、平民主义和犬儒主义,密西根法律评论,325 卷.331-334.1968.

150. 联邦政府诉崇越科技,405U. S. 596(1972).

151. 联邦政府诉格里菲斯,334U. S. 100(1948).

152. 阿尔布里诉 Herald 公司,390U. S. 145(1968).

153. 辛普森诉联合石油公司,377U. S. 13(1964).

154. 联邦政府诉阿诺德施温公司,388U. S. 365(1967).

155. 联邦政府诉冯氏百货,384U. S. 270(1966).

156. 联邦贸易委员会诉莫顿盐业,334U. S. 37(1948).

157. 犹他馅饼诉大陆烘培,386U. S. 685(1967).

158. 联邦政府诉费城银行,374U. S. 321(1963).

159. Poller 诉哥伦比亚广播公司,368U. S. 464(1962).

160. 见毕格罗公司(Bigelow)诉 RKO 无线图片公司,327U. S. 251(1946).

161. 本书中提到的三个案例很明显都受到了影响。见大陆电视公司诉 GTE 西尔韦尼亚公司,433U. S. 36(1971)(影响施温案);国家石油诉可汗,522U. S. 3(1997)(影响阿尔布里案);丽晶皮革诉 PSKS 公司,127 高级法院. 2705(2007)(影响迈尔斯医药案)。犹他馅饼案因受布鲁克集团公司诉布朗 & 威廉姆森烟草公司案的影响,509U. S. 209(1993),该案件实际上立刻被解决了。在大多数案件中,崇越科技案间接地受到广播音乐公司诉哥伦比亚广播公司案的影响,441U. S. 1(1979)。见罗瑟存储诉阿特拉斯(*Rothery Storage and Van Co. v. Atlas Von Lines*)案的讨论,792F. 2d210, 229(哥伦比亚巡回法院,1986)。格里菲斯案(*Griffith*)适用原理的调整,实际上受到诸如阿拉斯加航空公司诉联合航空公司案的影响,948F. 2d536,(第 9 巡回法院,1991)。在威瑞森通讯(Verizon Communications Inc.)诉克塔斯律师事务所(Law officers of curtis)诉莱科(Trinko, LLP),540 U. S. 398,415n. 4(2004).案中,高级法院似乎支持这一做法。以法律发展和初级法院在现代并购案中的分析视角,冯氏百货将不会被仿效。见美国医院公司诉联邦贸易委员会,807F. 2d1381,1386(第 7 巡回法院 1986)。莫顿盐业案所形成的竞争危害假设在沃尔沃北美卡车公司诉里德 GMC 公司(Volvo Trucks North America v. Reeder-Simco GMC)546 U. S. 164(2006).案中被修改。并且故意使用反托拉斯案例判决结论的程度在松下电器诉齐尼思无线电公司(Zenith Radio Corporation)案 475U. S. 574(1986)中被削弱。

162. 如上所示,迈尔斯医药案受到丽晶案的影响,127 高级法院. 2705.

163. 在威瑞森通讯（Verizon Communications Inc.）诉克塔斯律师事务所（Law officers of curtis）诉萃科（Trinko, LLP），见注释30，第412~416页。

164. 这些任命的法官职位中，有三位卓越的芝加哥人，分别是博克·罗伯特（Robert Bork）、埃斯特布鲁克·弗兰克（Frank Easterbrook）和波斯纳·理查德（Richard Posner），他们三位从法官的视角进一步影响反托拉斯政策。

165. 犹他馅饼案，386 U. S. 685。

166. 阿诺德施温公司（Arnold Schwinn Corporation）案，388 U. S. 365。

167. 对犹他馅饼案的尖锐批评来自鲍曼·沃德（Ward Bowman），高级法院的贸易限制：犹他馅饼案，耶鲁法律评论，77卷.70.1967。在见大陆电视公司诉GTE西尔韦尼亚公司案（注释30，48页，第13行）中，法院列举了来自各领域对施温公司案判决结果批评的意见，也可见考普·托马斯（Thomas E. Kauper），"拥挤的法庭"和反托拉斯法：经济主义、平民主义和犬儒主义，见注释146，340~341页。

168. 西尔韦尼亚公司案中，尽管法庭没有得出纵向非价格限制本身合法的结论，但是对基于价格理论的效率结构分析的重视，直接来自芝加哥蓝本。

169. 丽晶案，127高级法院.2705。法庭使用效率概念来拒绝传统的本质规则，从而反对纵向价格固定（合理的观点），这一做法直接源自博克和波斯纳，也来自霍温坎普·赫伯特（Herbert Hovenkamp），反托拉斯事业，186（2005）。

170. 广播音乐公司案，441 U. S. 1。在该案中对无限制许可的分析为后来的有条件约束许可分析留下了思路，有条件分析最早由塔夫特（Taft）法官在联邦政府诉艾迪斯顿管道钢铁公司案中提出，见（United States v. *Addyston Pipe & Steel Co.*）85 F. 271（6th Cir. 1898），证词证言，175. U. S. 211（1899）。对艾迪顿公司案的判决被博克·罗伯特（Robert H. Bork）概括为："在法律历史上，即使不是最伟大的观点，也是最伟大的观点之一。"博克·罗伯特（Robert H. Bork），反托拉斯悖论，26（1978）。

171. 国家石油诉可汗，522 U. S. 3。法庭对维持最大化零售价格的分析深深影响了下一级法庭的观点，即由波斯纳·理查德（Richard Posner）所书写的观点。

172. 商务电子公司诉夏普电子公司案，485 U. S. 717（1988）。商务电子案中，法庭用本质规则（per se rules）证明本地纵向价格固定是合法的，而本地价格固定在实践中易形成卡特尔；因而离开了简单的纵向效果，芝加哥人认为他们发现的横向效果是有益的。见波斯纳·理查德（Richard A. Posner），反托拉斯法，172. 第2版.2001。

173. 芝加哥学派在并购方面的反托拉斯政策的影响可以汇总为法庭和执行机构使用的并购指南手册中，包括司法部最初的并购指南和联邦贸易委员会现在的并购指南。美国司法部和联邦贸易委员会，横向并购指南，增补本，http.11www. usdoj. gov/atr/public/guidelines/hmg. pdf。巴克斯特（William Baxter）是主管反托拉斯部的司法部长助理（Assistant Attorney General），一个真正的芝加哥人，当他成为指南主要起草人和首要责任人时，现在的并购指南就对1982年版的指南进行了简单修订。

第一部分　保守经济分析及其后果

174. 伊士曼柯达诉图像技术服务公司，504 U.S. 451（1992）.（拒绝了基于芝加哥经济模型的观点，即当制造性企业在竞争性市场上出售自己的设备时，他们不可能在对自己的商品提供售后服务上门拥有垄断力。）

175. 1978年初，阿利达·菲利普和特纳·唐纳德（Phillip Areeda & Donald Turner）出版了《反托拉斯法》。这部著作有很多卷，囊括几个修订者对法律的修订后的多款条约。霍温坎普·赫伯特（Herbert Hovenkamp）是主要的修订者，大部分工作是由他推进的。今天许多卷都把阿利达和霍温坎普列为合作作者。几乎没有反托拉斯上诉法庭不引用这部著作的法条的。克瑞恩（Daniel Crane）在反托拉斯节制（见注释145，1193页），中是这样评价的："作为这部法律的作者，霍温坎普所言都是反托拉斯事情的至理名言。"霍温坎普·赫伯特（Herbert Hovenkamp）的著作《托拉斯事业：原理和执行》（2005）更深远地扩大了霍温坎普所称谓的"受批判的哈佛学派"在反托拉斯领域的影响。

176. 在威瑞森通讯（Verizon Communications Inc.）诉克塔斯律师事务所（Law officers of curtis）诉萃科（Trinko, LLP），540 U.S. 412.

177. 见注释170.

178. 在专业领域内，国外的反托拉斯执行者和法官非常熟悉美国近30年来反托拉斯法的发展。芝加哥学派影响力美国法律的发展，进而美国法律也受到了影响。最好的例子可见欧洲委员会，欧洲委员会竞争政策关于纵向限制绿皮书，54（1997）.即使某些原因致使最终出现了一些不同的结论，绿皮书仍然列举了反托拉斯分析源于芝加哥的事实。

179. 也可见德姆塞茨·哈罗德（Harold Demsetz），财产权理论，美国经济评论，57卷.347. 1967，一篇早期有影响的文章，讨论了财产权发展过程中的外部性。更宽泛地，波斯纳·理查德（Richard Posner）的著作延伸至了各个领域，并形成一定的影响。见波斯纳·理查德（Richard Posner），法律的经济学分析，第7版.2007.反托拉斯中，芝加哥分析的最初发展，在某种程度上是今天我们把法律和经济作为一个整体思考诸多问题的先驱。

180. 考普·托马斯（Thomas E. Kauper），波斯纳·理查德（Richard Posner）述评，反托拉斯法：经济学视角，密西根法律评论，75卷.768，777. 1977.

181. 同上，我进一步指出，当这些教义被当做人类的伟大成就时，他们对芝加哥人就有某种不切实际的评价，即"他们看起来并没有过多地关注我们生活的现实世界"。

182. 例如美国大学体育总会（National Collegiate Athletic Association, NCAA）诉俄克拉荷马大学董事会，468 U.S. 85（1984）案中，已经证实了反托拉斯的不利影响。除这些外，涉案原告需依照第一部分的合理原则证明被告的确有市场势力（market power），关于这一点现在就被简单地确定下来。也可参见共和国烟草公司诉北大西洋贸易公司（Republic Tobacco Co. v. North Atlantic Trading Co., Inc.），381 F.3d 717（7th Cir. 2004）. K.M.B. 仓储公司，61F.3d717（2 nd. Cir. 1995）.

183. 最近，一评论者对该学派做了如下评价（定义了"新"哈佛学派）：它吸收了芝加哥学派核心理论的精髓，但是因为对理论模型的预测能力持怀疑态度，所以在把理论应用到现实的案例中时极为谨慎。霍温坎普也允许新哈佛学派和芝加哥学派在细节上的主要差异。克瑞恩（Daniel A. Crane），注释145，第1194页。

184. 见盖威尔（Andrew I. Gavil），考瓦希（William E. Kovacic）和贝克尔（Jonathan B. Baker），反托拉斯法透视：案例、概念和竞争政策问题，68. 2002（"后芝加哥学派评论者通常认为要使芝加哥学派的观点更合乎实际，而不是要取代它们。两个学派都的争论依据都来自微观经济学，并且后芝加哥学派也没有证明芝加哥学派的逻辑谬误"）。伊士曼柯达案，504U. S. 451. 就是一个典型的示例，即始于芝加哥模型，检验了模型的例外情况和书本上模型没有被用于实践的原因。

185. 伊士曼柯达案，504U. S. 451.

186. 南方汽车运营商公司诉联邦政府（Southern Motor Carriers Rate Conference, Inc. v. United States），471 U. S. 48（1985）案中，法庭拒绝了康托公司诉底特律爱迪生能源公司（Cantor v. Detroit Edison Co.），428 U. S. 579（1976）案中的一些解释，即为了维护联邦反托拉斯法的执行和州法律的执行一致，由州强制执行；还赋予州足够的权力。在哥伦比亚欧姆尼户外广告公司案中（Columbia v. Omni Outdoor Advertising, Inc.），499 U. S. 365（1991），法庭进一步扩大了反对合谋豁免的州的行为的豁免权，至于行为是否恰当要依据州法而不是联邦反托拉斯法进行判断，否决了即使官员因受贿豁免权会丢失的做法。但是，体克标题保险公司诉联邦贸易委员（Ticor Title Insurance Co. v. F. T. C.）504 U. S. 621（1992）案中，法庭通过要求州提供已采取积极监管措施监管豁免行为的证据，限制了州的豁免权。此处，芝加哥的观点有些矛盾，因为芝加哥人倾向于绝对相信给州放权，以联邦主义的名义，他们的授权内施加某些监管机制，来保证某种程度的自由。

187. 东部铁路董事会诉诺尔运输公司（Eastern Railroad Presidents Conference v. Noerr Motor Freight, Inc.），365 U. S. 127（1961）创建了更宽泛的请求政府采取行动来抑制反竞争行为的反托拉斯责任豁免权。诉讼程序也在更一般的意义上保护了诺尔公司。

188. 见专业房地产投资公司诉哥伦比亚影业公司案（Professional Real Estate Investors, Inc. v. Columbia Pictures Industries, Inc.）508. U. S. 49（1993）（施加了必须满足的高标准才能够去除旨在对付竞争对手的诉讼诺尔豁免权）。

189. 博克，注释167，第347~364页.（整章的标题是"利用政府诉讼程序的掠夺"，重点关注诉讼程序的滥用。）

190. 萃科案，540U. S. 414.

191. 就1955年而言，反托拉斯法在美国司法部遭受到批评，司法部国民委员会反托拉斯法研究报告，132（1955）.尼尔报告极力主张对法律进行全面检查。菲利普·尼尔等，反托拉斯法和经济学评论，11, 41（1968－1969）. 美国司法部里撤销法案的建议提了出来，关于罗宾逊·帕特曼法的报告260（1977）. 这次风波的最新进展是反托拉斯现代化委员会。见 U. S. 反托拉斯现代化委员会，报告和建议317（2007）。

192. 丽晶案，127S. Ct. 2705. 2007.

第一部分 保守经济分析及其后果

193. 大陆电视公司诉 GTE 西尔韦尼亚公司，433U. S. 36，51，n. 18. 1977.

194. 更详细的讨论参见 Daniel Rubinfeld, *Antitrust Policy*, *in* International Encyclopedia of the Social and Behavioral Sciences（2001），available at www. iesbs. com。

195. *United States v. Aluminum Co. of America*，377 U. S. 271（1964）.

196. 例如：*United States v. Von's Grocery Co.*，384 U. S. 270（1966）.

197. 例如：Leonard Weiss, *The Concentration-Profits Relationship and Antitrust Law*, *in* H. Goldschmid, H. M. Mann, & J. F. Weston（eds.），INDUSTRIAL CONCENTRATION：THE NEW LEARNING, 184 – 232（Little Brown, Boston：1974）.

198. H. Demsetz, *Two Systems of Belief About Monopoly*, *in* Goldschmid, Mann, Weston（eds.）Industrial Concentration：The New Learning, 164 – 183（Little Brown, Boston：1974）.

199. 例如：Richard Posner, *The Chicago School of Antitrust Analysis*, 127 U. PA. L. REV. 925（1979）；Frank Eastebrook, *The Limits of Antitrust*, 63 TEX. L. REV. 1（1984）.

200. *GTE Sylvania. Inc.*，*v. Continental TV*，*Inc.*，433 U. S. 36（1977）.

201. 例如：*Leegin Creative Leather Products v. TSKS*，*Inc*，. 127 S. Ct. 2705（2007）（推翻了关于纵向最低限价即"转售价格维持"本身违法的先前判决）.

202. Einer Elhauge, *Harvard Not Chicago*：*Which Antitrust School Drives Recent Supreme Court Decisions*?, 3 COMPETITION POL "Y INT" L., No. 2, Autumn,（2007）forthcoming.

203. Avanash Dixit, *A Model of Duopoly Suggesting a Theory of Entry Barriers*, 10 BELL J. ECON. 20（1979）.

204. Thomas G. Krattenmaker & Steven C. Salop, *Anticompetitive Exclusion*：*Raising Rivals' Costs to Achieve Power over Price*, 96 YALE L. J. 209（Dec. 1986）；Janusz A. Ordover, Garth Saloner, & Steven C. Salop, Equlibrium Vertical Foreclusure, 80 AM. ECON. REV. 127（1990）.

205. David M. Kreps & Robert Wilson, *Repution and Imperfect Information*, 27 J. ECON. THEORY 253（1982）；Paul Milgrom & John Roberts, *Predation*, *Reputation and Entry Deterrence*, 27 J. ECON. THEORY 280（1982）.

206. Franklin M. Fisher, *Games Economists Play*：*A Noncooperative View*, 20 RAND J. ECON, 113（1989）.

207. Carl Shapiro, *The Theory of Business Strategy*, 20 RAND J. ECON. 125（1989）.

208. Ronald Coase, T*he Nature of the Firm*, 4 ECONOMICA 380（1937）.

209. Oliver Williamson, *THE ECONOMIC INSTITUTIONS OF CAPITALISM*（Free Press, New Yok：1985）.

210. Daniel Rubinfeld, *Antitrust Enforcement in Dynamic Network Industris*, ANTITRUST BULL., Fall-Winter, 859 – 882（1998）.

211. Allen Grunes & Maurice E. Stuckey, *Antitrust and the Marketplace of Ideas*, 69 ANTITRUST L, J., No. 1, 249 – 302（2001）.

212. *U. S. v. Microsoft*, 253 F. 3d 34 (D. C. Cir. 2001).

213. Franklin M. Fisher & Daniel L. Rubinfeld, & Schmalensee, *United States v. Microsoft*: *An Economic Analysis*, 1 – 44, in Evans, Fisher, Rubinfeld, & Schmalensee, Did Microsoft Harm Consumers? Two Opposing Views, Aei-Brookings Joint Center for Regulatory Studies (2000).

214. Evans and Schmalensee, *Be Nice to Your Rivals*: *How the Government Is Selling an Antitrust Case without Consumer Harm in* United States v. Microsoft, 45 – 86, in Evans, Fisher, Rubinfeld & Schmalensee, Did Microsoft Harm Consumers? Two Opppsing Views, Ael-Brookings Joint Center for Regulatory Studies (2000).

参考文献

1. Bain, Joseph. *Industrial Organization.* New York: Wiley, 1968.

2. Coase, Ronald. "The Nature of the Firm," 4 Economica (1937): 380 – 405.

3. Demsetz, H. "Two systems of belief about monopoly," in Goldschmid H., Mann H. M., Weston, J. F. (eds.) *Industrial Concentration*: *The New Learning.* Boston: Little Brown, 1974, 164 – 183.

4. Dixit, Avanash. "A Model of Duopoly Suggesting a Theory Entry Barriers," 10 *Bell Journal of Economics* (1979): 20 – 32.

5. Easterbrook, Frank. "The Limits of Antitrust," 63 *Texas Law Review* (1984): 1 – 40.

6. Elhauge, Einer. "Harvard Not Chicago: Which Antitrust School Drives Recent Supreme Court Decisions?" 3 *Competition Policy International*, No. 2, Autumn 2007, forthcoming.

7. David Evans and Richard Schmalensee. "Be Nice to Your Rivals: How the Government Is Selling an Antitrust Case without Consumer Harm in *United States v. Microsoft*," in Evans, Fisher, Rubinfeld, and Schmalensee, *Did Microsoft Harm Consumer? Two Opposing Views*, AEI-Brookings Joint Center for Regulatory Studies, 2000, 45 – 86.

8. Fisher, Franklin M. "Games Ecomomists Play: A Noncooperative View," 20 *Rand Journal of Economics* (1989): 113 – 124.

9. Fisher, Franklin M. and Daniel L. Rubinfeld. "United States v. Microsoft: An Economic Analysis" (with Franklin M. Fisher), in Evans, Fisher, Rubinfeld, and Schmalensee, *Did Microsoft Harm Consumers? Two Opposing Views*, AEI-Brookings Joint Center for Regulatory Studies, 2000, 1 – 44.

10. Grunes, Allen and Maurice E. Stuckey. "Antitrust and the Markerplace of Ideas," 69 *Antitrust Law Journal* No. 1 (2001): 249 – 302.

11. Kauper, Thomas. "Influence of Conservative Economic Analysis on the Development of the Law of Antitrust," in this volume.

12. Kreps, David M. and Robert Wilson. "Reputation and Imperfect Information." 27 *Jour-

nal of Economic Theory (1982): 253 – 279.

13. Milgrom, Paul and John Roberts. "Predation, Reputation and Entry Deterrence." 27 *Journal of Economic Theory* (1982): 280 – 312.

14. Posner, Richard. "The Chicago School of Antitrust Analysis" 127 *University of Pennsylvania Law Review* (1979): 925 – 948.

15. Rubinfeld, Daniel. "Antitrust Enforcement in Dynamic Network Industries." *The Antitrust Bulletin* Fall-Winter (1998): 859 – 882.

Antitrust Policy. *International Encyclopedia of the Social and Behavioral Sciences* (2001), www. iesbs. com.

16. Ordover, Janusz A., Garth Saloner, and Steven C. Salop, "Equilibrium Vertical Foreclosure." 80 *American Economic Review* (1990): 127 – 142.

17. Schmalensee, Richard, "Thoughts on the Chicago Legacy in Antitrust," in this volume.

18. Shapiro, Carl. "The theory of Business Strategy." 20 *Rand Journal of Economics* (1989): 125 – 137.

19. Weiss, Leonard. "The Concentration-Profits Relationship and Antitrust Law," in Goldschmid H. M., Weston J. F. eds., *Industrial Concentration: The New Learning*. Boston: Little Brown, 1974, 184 – 232.

20. Williamson, Oliver. *The Economic Institutions of Capitalism*. New York: Free Press, 1985.

案例

GTE Sylvania, Inc., *v. Continental TV, Inc.*, 433 U. S. 36 (1977).
Leegin Creative Leather Products v. PSKS, Inc., 127 S. Ct. 2705 (2007).
U. S. v. Arnold, Schwinn & Co., 388 U. S. 365 (1907).
U. S. v. Von's Grocery Co., 384 U. S. 270 (1966).

第二部分

效率是唯一标准吗？

引言

对大多数公共政策，政策的终点取决于其起点。几乎所有的保守主义经济学支持者都认为，竞争政策应主要甚至可能仅仅只关注效率。他们认为，追求效率目标会带来消费者福利提高。因此，应该考虑的是经济因素和效率的增进，而非其他社会和政治方面的价值因素。保守主义者已明显将这种观点成功灌输给私人部门的律师、大多数学者及许多法官，他们能做到这一点的部分（明显错误）原因，是他们认为，谢尔曼法的通过正是国会的立法原意。接下来这两篇由约翰·柯克伍德和罗伯特·兰德及埃莉诺·福克斯完成的文章，对上述前提提出了挑战。

福克斯首先定义了效率的不同概念，并列举了保守主义经济学的方法，柯克伍德和兰德在接下来的部分描绘了保守经济学方法是如何在几个重要案例中得出错误结论的。柯克伍德和兰德直接挑战芝加哥学派反托拉斯政策的主要信条——即在美国建立谢尔曼法时，反托拉斯政策的目标就是提高产业效率。他们认为（并表明），在对立法历史包括近来最高法院的一些观点进行详细的回顾以后，就可以看到芝加哥学派恰恰错了。他们进而论述到，反托拉斯执法的最初和更切实的目标应该是保护消费者并增进他们的福利。

第二部分 效率是唯一标准吗？

第6章 效率悖论

埃莉诺·M·福克斯

引言

罗伯特·博克1978年写了一本很有影响力的书《反托拉斯悖论》。悖论就是反托拉斯旨在释放出竞争的力量，但博克认为它实际上却限制了竞争，因为它保护小企业和处于较弱势地位的企业。博克的解决之道是重新制定反托拉斯法以达到效率目标。

30年后，一些保守主义和自由主义政策制定者及专业技术人员发布了新的"老生常谈"：反托拉斯法是为效率服务的。这一看法将反托拉斯法是为竞争服务的这一概念[1]转变为反托拉斯法是为效率服务的。许多将反托拉斯法视为效率的支持者包括法学家，假定企业行为是有效率的，而政府（反托拉斯执法机构）行为通常是低效率的。结果，我们今天面临着效率悖论：现代的反托拉斯法（我假定在辩论过程中）旨在帮助我们获得效率，然而，由于信任主导厂商的经营策略[2]和处于领先地位的厂商的合作[3]会带来效率，美国的反托拉斯法实际上保护了垄断和寡头垄断，阻碍了有创新力的挑战，结果抑制了效率。

作为铺垫，本文首先提问什么是效率？其次提问反托拉斯法能产生效率吗？它如何试图做到这一点？本章观测到，反托拉斯法追求效率的一种方式是选择一个代理；主要是动态竞争过程中的托拉斯或者（甚至）主导厂商的托拉斯。再次，本文通过对主导厂商中代理托拉斯的选择案例的分析表明了保守主义经济学的影响，文章认为，这种现象已产生了效率悖论：保守的反托拉斯法理论以追求效率为名，却掐断了通往效率的最有效的渠道。最后，本章阐明，我们可通过重新调整方向以更关注对市场上的独立者和挑战者的激励，而减少关注主导厂商的自由和独立来消除效率悖论。

Ⅰ. 设计效率

效率通常被划分为配置效率、生产效率和动态效率三种。配置效率是指资源分配到最有价值的用途，即以买方选择的角度看，给定购买能力和消费偏好能以最低的成本购买到商品和服务。

生产效率是指厂商以尽可能最低的成本生产和分销商品。假定投入的成本和合意的产量既定，当厂商以尽可能最低的成本生产和分销产品或服务时就实现了生产效率。

创新或动态的效率是指通过研究开发和创新获得效率收益，包括生产新产品和新工艺的技术扩散，这包括企业的知识生产（生产什么和如何生产），及企业之间为提升知识结构的密切往来，所有这些都能导致创新水平的提升。[4]

动态效率的收益能轻松超过静态效率的收益，即它们能超过由于价格不断接近成本而带来的收益。[5]

效率有时用总福利来衡量，例如，一起合并或某种企业行为会导致消费者和生产者剩余的总和缩减吗？[6]有时又用消费者福利来衡量，例如，合并或某种行为会引起消费者福利缩减吗？即使是将反托拉斯法定义为增进消费者福利良方（而不是全部福利良方）的司法部门也几乎不只是关注消费者福利是否缩减，至少有时，他们也评价对消费者的选择的影响，不管是从商品和服务的多样化，还是消费者选择的自主性方面。[7]而且，他们还评价生产者创新和研发的激励，这通常对消费者利益有利。[8]

在像美国这样的大经济体系中，如果总的福利没有降低，行为和交易也几乎不会降低消费者福利。因此消费者福利和总福利标准两者之间的区别常常是无意义的。它们之间的区别很有可能在企业合并的分析中很重要，但即便对合并分析来说通常也不重要，因为合并方通常无法证明他们的合并可能产生的净效率是如果不合并就无法实现的。[9]

以管理能力的视角看，效率还适用于规则和标准的形成及制定，即执行法律的难易程度[10]。对于那些总是有害且无益的行为，本身违法规则或快速审查（且迅速定罪）就很有效，它节约了执行的资源，给企业更大的确定性，并更有效地抑制降低效率的企业行为。如果分类设计得好，本身违法规则不会错误地惩罚促进竞争的有效率行为；但如果它过于宽泛——如20世纪60年代中不断扩大的本身违法行为分类，本身违法原则可能会抑制效率。

第二部分 效率是唯一标准吗？

II. 如何实现效率

如何实现效率是一个复杂的问题，在一个市场社会中，在所有意义上，许多因素和安排都向效率看齐。去掉不必要的管制会带来大量的效率收益。一个有活力的企业兼并市场通常刺激厂商达到更高的生产效率和动态效率。[11]知识产权保护能刺激创新——尽管过多的保护会产生相反作用，阻挠其他企业的创新。反托拉斯政策，例如对低价格的进口商品免除反倾销责任的政策，会极大地激励企业提高效率的行为。

要看到反托拉斯政策如何增进效率很容易，但反托拉斯法能做什么？

反托拉斯法并不一定产生效率：因为它是禁止性而非指导性的。[12]它能维持一个环境，刺激其中的厂商像竞争者那样行事，后发者使用明显的且公开的办法发起挑战。这个过程或开放市场的设想有助于维持那些带来生产力的、动态的和市场效率的激励。自1980年以来，美国法院已不再坚持保护竞争过程（竞争）和市场的开放性的传统，它们已转向一种不同的探索：一起特定的合并或行为会导致所有生产者降低他们生产的产品数量（即会降低市场产出量）从而降低低效率吗？如果是，这起合并或行为可能是违法的，除非合并企业效率提高超过给消费者带来的损失，或者给定行为从事先角度看是试图为消费者和市场服务的。如果不是，这起合并或行为就是合法的。这两种观点下面我都会谈到，我认为产出范式是一种晦涩难懂的观点，它倾向于并的确将反托拉斯法最小化。我认为限制反托拉斯以惩罚低效率的产出并且用保守的芝加哥学派经济学假定（市场是充满活力的，反托拉斯执法通常会伤害市场）来丰富分析会将反托拉斯法的范围缩小到最小的可能范畴，如果这样做的话，在破坏竞争对手并阻止动态变化的意义上就会有损于效率，结果是使我们经济上变得更糟糕。[13]

A. 反托拉斯观点：应只禁止那些有可能产生低效率结果的行为和交易

这种观点认为，反托拉斯法防止对市场效率产生有限（"反竞争的"）干扰的企业行为或交易。

这些干扰是什么呢？（1）主导厂商毫无商业意义[14]的策略，除非是为了增加竞争对手的成本或使它们无法得到所需的投入或无法进入市场，由此，赋予主导厂商更大的市场势力以提高价格，减少产出，这种商业策略是不利于竞争和低效率的；[15]（2）如果将竞争对手消除的合并有可能降低整个市场的产出、提高价格且不能带来抵消不了节省的成本，那么这种合并也是反竞争和低效率的。[16]还能列出反竞争干扰[17]的一些变种，但并不很多。

除了竞争者固定价格和其他赤裸裸的卡特尔，干扰竞争和市场效率的企业行为并不多。[18]此外，如果我们假定（正如保守主义经济学那样）市场是有效率的，那么，不受反托拉斯牵制的市场反而会带来效率。[19]因此，反托拉斯大都应该"置身事外"。这与19世纪晚期达尔文主义者的观点相似，例如威廉·格雷厄姆·萨姆纳"一无所有但蔑视反托拉斯运动，因为这只在自然进化的道路上设置人为障碍"[20]。

B. 反托拉斯观点：应维持竞争性结构（对抗性的）和市场的开放

持这种"过程"观点的支持者也追求有效率的经济，该经济体系生产人们想要和需求的并培养有活力企业的创新能力和成长。他们也知道我们无法建造效率。但他们认为我们能通过为独立者和后发者维持适宜的环境来增进效率和经济福利（以及其他目标），[21]这个环境能促使企业更具竞争活力，去寻求降低自身的成本以及竞相满足买方需要的新方法。[22]反托拉斯的一项任务就是防止动态的过程被破坏。因此，保持外来者能进入市场，保持市场的可竞争性，以及在高集中度的市场中重视多样性，都被视为效率机制。防止低效率的结果也是一个目标，但对竞争过程的保护是预防不好结果的第一道防线。

尽管没有意识到法律实现效率的目的，美国近一个世纪的反托拉斯法体现了第二种观点。的确，在早期，如果必须做权衡的话，最高法院更喜欢竞争（足够数目企业之间的竞争）而非成本更低的主导厂商[23]。到20世纪70年代末期，法院开始意识到法律更加宽泛的范畴（即可以在企业效率和有更多的竞争对手之间做权衡），并最终重新定义了法律应该保护的竞争是与效率和谐的那种竞争。但在80年代和90年代以及新世纪，保守的法院[24]像钟摆一样从低效率的一端（反托拉斯过头了，因为它忽视主导厂商的激励和效率）摇摆到另一端（缺乏反托拉斯，因为它忽视势单力薄的小厂商的激励和效率）。

这种立场的极度摇摆之所以发生，是因为效率和如何实现效率都是复杂的概念。没有一个单个事物能被称为"效率"。行为、交易和市场同时都具有效率和低效率的属性，每种属性的相对尺度都受到关于市场如何良好运行这一假定的影响。因此,如何实现效率的目标取决于重视和强调什么,以及在所有不同的意义上,什么会导致产生最大化的效率。

III. 保守的经济学

今天,最高法院声称以效率的名义实施反托拉斯法[25],但实际上,我们可以表明,效率并不是最高法院判案的解决措施的指南[26],在当今时代的美国,最高法院的案例几乎都是为被告来判的。

在这部分,我选取了美国最高法院的4个案例,以及一个欧盟的案例。我的问题是:是效率推动或决定了这个结果吗?如果不是效率,那又是什么?

A. 美国

我分析美国最高法院的4个案例:布鲁克集团案(Brooke Group)[27]、加州牙医协会案(California Dental Association)[28]、萃科案(Trinko)[29],以及丽晶案(Leegin)[30]。

1. 布鲁克集团案

在布鲁克集团案中[31],里格(Liggett)开发了一种无商标(无品牌)的香烟,这对于寡头垄断厂商的品牌香烟的市场份额构成了巨大的侵入式威胁。布朗和威廉姆森(B&W),寡头中最小的一员,担心无品牌的香烟将蚕食它的市场份额,于是便引入了一个简装的竞争性品牌香烟和低于成本的价格策略,它想要以损失4 870万美元的代价来惩罚里格;它由于在长达18个月时间里以低于平均可变成本的定价策略,的确造成了约1 500万美元的损失,但却由于迫使里格提高它的价格而大获全胜,缩小了品牌香烟和非品牌香烟之间价格差距的最大部分,并阻止了无商标香烟的挑战。布朗和威廉姆森的策略成功了,它消除了市场中的这类竞争,正如它当初计划的那样。

在此案中,最高法院需要采用并实施一条监管掠夺性定价的法规或标准。它关注并明确提出一条抑制可持续低价格策略法规的做法是适当的,但是,最高法院对下面的可能性并不特别关心,即过度有利于被告的法规可能导致新产品的消失,可这些新产品将对已有的寡头垄断厂商构成威胁。正如它以前的做法,[32]最高法院宣称(与事实相反的观点):"社会上一致同意,掠夺性定价很难实施,更谈不上成功……"[33]法院做出结论,对掠夺性定价案例,应该要有不干预主义者的法规,并明确提出了此类法规。它发现布朗和威廉姆森并没有违法，因为法院认为，布朗和威廉姆森不可能通过以后提价来弥补损失，如果那样就意味着低于成本的策略不仅在一阶段使消费者受益（低价格），而且在二阶段对消费者不构成任何威胁（掠夺后）。法院推翻了陪审团支持独立者原告的判决。因此，布鲁克集团法规——要求证明低于成本的定价及可能通过垄断定价补偿损失——是美国关于掠夺性定价的反托拉斯法规。

法院关于用于剥削消费者的掠夺性定价行为很少存在的假定，仅仅基于"理论"，正如保守主义经济学家所暗示的。[34]相反，学术研究证实，[35]选择性的掠夺性价格是经常重现的；用于有效消除新进入的竞争对手并阻止潜在的进入。[36]补偿（回报）可以多种形式实现，包括维持掠夺者的市场势力，正如布鲁克集团本身一样，如果不掠夺，就可能已经失去市场势力。

布鲁克集团一案公布的法规是有效率的吗？它当然存在效率的一面，尽管法院十分大胆地忽略了布朗和威廉姆森自己作出的"其掠夺行为是值得的"这一评估，法院也不理睬布朗和威廉姆森的掠夺已经消除了来自普通香烟市场中寡头的挑战这一事实。相反，一个对里格有利的裁决会是有效率吗？它也会具有明显的效率属性。最高法院的辩护人菲利普·阿里达[37]认为，有利于原告的判决，将会鼓励竞争者来挑战现有寡头垄断地位。在这场戏剧性的竞争中究竟是什么打破了这种观点上的基本抗衡呢（罗伯特·博克为被告辩护，而菲利普·阿里达为原告辩护）？答案是，保守主义经济学，它一致认为理论高于现实。

2. 加州牙医协会案

加州牙医协会是由大多数加州的牙医组成的专业协会[38]。牙医们在他们协会章程中，同意在他们提供的牙医服务的广告方面进行严格限制。例如，牙医同意他们不会简单地做此类广告："对学生有10%的折扣"、"合理的价格"或"温柔的呵护"。联邦贸易委员会对这些章程进行了审查，认为对广告内容中的价格限制是本身违法的，在对市场的细节匆匆（但仍然重要）审查之后，它发现，章程对质量和其他广告语的限制也是违法的。受理上诉的法院坚定地肯定了联邦贸易委员会的决定。最高法院却推翻了这一决定。尽管联邦贸易委员会认为牙医们的章程对消费者不利，例如，消费者可能要找到一名低价格的牙医，最高法院的观点则不同。首先，最高法院对"反竞争的"定义比联邦贸易委员会的定义更狭窄，也更静态。法院解释，对广告的限制只有当它们导致加州牙医降低了加州范围内所提供的牙医服务的数量的时候，才是反竞争的（这就是上述的结果论的观点）。[39]事实上，法院反复论述，牙医协会章程或许

第二部分 效率是唯一标准吗？

是对竞争有利的，因为它们可用于防止欺骗性的广告。如果它的确防止了欺骗的行为，章程会使人们更信任牙医，增加的信任还会导致对牙医服务的需求和供给的提升。

加州牙医案决定是有效率的吗？或者是牙医的章程降低了向消费者提供他们想要知道的信息并阻止了价格折扣而变得效率低下？[40] 联邦贸易委员会和加州牙医协会的论点都是以效率为出发点。是什么打破了这种基本抗衡的局面并使最高法院要求联邦贸易委员会必须证明牙医服务数量的下降？答案是：保守主义经济学，再加上保守的但却广泛持有的观点，即专业人员（机构）的运作都是以追求公共利益为目标的，所以应该给它们更大的自由来实现自我管制。[41]

3. 萃科案

美国电报电话公司，最早的贝尔公司前身，被拆分为一家长途电信服务公司和7家地区"小贝尔"，在当时是合法的垄断。[42] 贝尔大西洋就是一家小贝尔，它是东北地区的在位电信服务供应商，除了其他方面外，它继承了本地环路，即所有的电信服务供应商都需要从此接入。当电信技术的发展使得本地市场的竞争变得可行时，国会通过了1996电信法，力邀多家服务供应商进入原本垄断的区域和本地市场，它要求在位厂商基于成本加上合理的利润为进入者进入本地环路的要素市场提供完全的且非歧视性的接入。

贝尔大西洋对于新的竞争和成本加价格上限并不乐意，它决定破坏新的竞争者接入本地环路，抢在他们的竞争对手之前行动并阻止他们的顾客被竞争对手吸引。歧视性地反对竞争对手被投诉给了联邦电信委员会（FCC），FCC发现贝尔大西洋已违犯了1996电信法并令其补救。一名与其竞争的对手的顾客也以反托拉斯的名义指控贝尔大西洋，声称贝尔大西洋的行为同样触犯了反托拉斯法。[43] 贝尔大西洋想要消除投诉，问题——贝尔大西洋不履行反托拉斯补救措施——最终被提交到了最高法院。

最高法院裁决对贝尔大西洋的投诉不得不撤销，原告无法将贝尔大西洋的策略作为简单的拒绝交易提交给法院审讯。然后它问：卖方——即使是垄断者——有权拒绝交易，那么贝尔大西洋的行为在普遍原则范围之内吗；或它的行为属于条例中的"狭义除外"吗？因此解释这个问题保证了被告胜诉的9/10（法院也许会问，垄断者在必要的投入上利用权力以阻止竞争者争夺垄断者的顾客就违犯了谢尔曼法吗？）。法院声称自由交易是垄断法律的首要原则，迫使一家企业分享它所拥有的可能导致：（1）对产权的严重侵犯并可能抑制企业的创新；（2）可能驱使竞争者组成卡特尔。需要注意贝尔大西洋是继承了本地环路而不是发明了它；这个案例中的情形也不可能组成卡特尔；竞争者需要投入去竞争，而不是组成卡特尔。强调交易的责任是例外，法院认为如果缺乏之前自愿交易的过程，之后又继续拒绝交易，以在将来得到更高的垄断利润，[44]就不可能考虑这种责任，或者有可能，在拒绝接入必要的设施案例中可找到交易的责任，案例中没有可提供且没有规制机构时有权强制接入。

在作如此决定的过程中，为法院书写决议的斯卡利亚法官声明垄断势力是"好的"，因为垄断定价"首先吸引了'高明的经营才能'；它促使承担开拓创新和经济增长的风险。"[45]该法官恳请法院避免错误的决策（错误地惩罚有利于竞争的行为），并且，各自没有发现违反反托拉斯法的地方，因为有效的救济要求大量的法院或机构监管。

萃科有效率吗？它所引用的准则当然具有效率属性——分享某一方所创造的这种责任会导致对创新投资的减少。对竞争对手更有同情心的一项判决且对于贝尔大西洋错误的激励来说，更关心的是降低竞争对手接入它独立控制的必要投入的等级，这些也都具有效率属性。

然而，在萃科案中，看上去是什么促使斯卡利亚法官的明显的且前所未有地明确表达有利于主导厂商的反托拉斯法律准则？[46]保守主义经济学。

4. 丽晶案

丽晶生产品牌为布莱顿的皮带，[47]它只选择一些零售店进行销售并保持单一价格，以期望使消费者不会感到"困惑"。它制定了一项政策，即不将产品售给那些以低于建议零售价格销售其产品的零售商。Kay's衣橱（PSKS）是一家位于得克萨斯州刘易斯维尔的女性衣饰店，曾承诺遵守丽晶的新政策但后来又将布莱顿系列产品降低了20%的价格，以和邻近的零售商竞争。丽晶要求PSKS停止折价销售，但遭到了拒绝，丽晶于是停止供货。PSKS于是起诉丽晶，引用了几乎一个世纪以前的先例说明转售价格的固定不变是本身违法的（迈尔斯博士一案）。[48]PSKS赢得了陪审团的判决，即获得3倍相当于4百万美元的赔偿。这起案件上诉到最高法院，问题的关键是：转售价格的固定协议仍然是本身违法的吗？法院并不认同，通过5：4的投票推翻了迈尔斯博士案的观点。

据最高法院法官肯尼迪所说，他并不赞成本身违法原则，该原则已被很多种具有明显的反竞争效应的行为推翻了；还有一些始终或几乎始终想要限制竞争、降低产出的行为。RPM（转售价格固定）并不属于这一类。它通过消除"搭便车"行为鼓励零售商对服务和促销活动进行投资，这些搭便车者使得其他转售商提供服务然后降低他们自己的价格；这给了消费者在低价格、劣质服务的品牌与高价格、优质服务的品牌之间更多的选择权。它鼓励那些利用RPM进行投资并建立声誉的新企业进入市场。法院承认RPM具有排斥竞争的效应，但又说，这些能通过合理原则的调查进行区分。

法院拒绝了本身违法原则会适当地为执法者提供方便这种说法。它担心本身违法原则总的来说会由于禁止有利于竞争的行为而增加反托拉斯体系的成本，并因提起一些无关紧要的诉讼而增加诉讼成本。

布雷耶法官并不赞同这一点并持不同意见，他不愿意在没有任何证据表明它产生了对消费者有害的后果的情况下推翻一个世纪前的迈尔斯案的结论；在记录中也找不到类似证据。他引用的一份研究表明当允许RPM时，价格上涨了19%~27%。他说"法律假定……没有私人限制的市场将带来消费者尤其渴望的更低的价格，更好的商品以及更高效的生产过程"。[49]有时一种行为可能的排挤竞争的结果如此严重，并几乎找不出可能的辩护理由或很难证明理由成立，以至于采用本身违法原则是适当的。这些特征或许证明RPM的本身违法原则是合理的。正如布雷耶所注意到的，法院的多数人假定"搭便车"抑制了提供消费者认为有用的服务是一个非常重大的问题。布雷耶拒绝接受这种假定。他引用了备受尊敬的经济学家的观点，他对是否确实存在有害的"搭便车"行为持怀疑态度。此外，他说，把RPM一案归到合理原则一类会使得伤害消费者的RPM一案更加难以证明，还可能诱使生产者和交易者采用排斥竞争的RPM，因为其并不触犯法律。

丽晶一案有效率属性吗？是的，RPM能用于增加品牌之间的竞争。但在实际中它是发挥这种作用吗？正如布雷耶问到，对于那些会始终提高价格的行为我们应同情对待吗？布雷耶认为证据不足。

丽晶一案中效率推动了结果吗？不，这是保守的基于理论的经济学而非事实。

几乎同时期的美国最高法院的每一件反托拉斯案例（只有一件例外）都反映出同样模糊不清的有关效率的决定。[50]所有这些案例中大多数人的只不过是运用到某些狭义的结论和基于对规模的重视，形成了有利于主导或领头厂商自主权的观点。

B. 欧盟

欧盟将开放度、市场进入、竞争以及市场的竞争性结构视为产生经济福利、竞争程度、创新以及市场融合的机制。[51]微软一案就证明了这种观点，它与结果/产出框架的思路不同。[52]

这部分我集中论述备受欧洲委员会和法院谴责的，并将其视为违反了欧共体罗马条约主导禁令的两种行为之一，[53]微软战略性地向它的竞争对手他们和微软共同合作开发操作系统和其他软件的工作组服务器软件隐瞒了必要的信息。

微软为95%以上的个人电脑提供操作系统（OSs），它享有近乎完全垄断的地位，并由于网络效应的原因，它在该市场具有的"超级主导"的地位不断得到巩固。

网威和太阳微系统曾引领了工作组服务器软件，工作组服务器是为相对较小的商业企业提供的电脑服务器。这些企业向小组级网络发送通用文件，提供印刷和管理服务。出于工作需要，工作组服务器必须和微软的个人电脑操作系统互通。

在微软开发自己的工作组服务器软件之前，微软对工作组服务器软件供应商提供充分合作的所有信息。但它开发了它自己的竞争性产品后，则开始隐瞒了信息，使得他们的产品不能够再同操作系统进行明确"沟通"，从而使得竞争者经营不良。摆在欧洲法院面前的问题是，微软拒绝提供必要的信息是否构成了《罗马条约》第82（b）条中的滥用主导地位？该条例禁止主导厂商滥用他们的主导地位尤其是"有损于消费者的限制生产、市场或技术开发"。

正如美国一样，欧盟一般允许厂商甚至是主导厂商拒绝交易，因为厂商自由选择他们的顾客通常对市场和消费者有利。然而，比美国法律更甚的是，欧盟法律强调交易的责任。当他们限定特许知识产权时，这些责任被严格界定。

在欧洲的微软案中，如上所述，欧洲委员会指控微软不提供必要的合作信息。迟些时候，微软宣称公开所说的信息涉及公开有关知识产权的信息。欧盟竞争委员会对它所寻求的开放协议受到知识产权的保护这一说法颇有争议。它指出微软对IP权利的声明是事后的想法，并认为这只是个借口。然而，在微软从反对的委员会决议上诉到欧盟初审法院过程中，委员会是决定在要求的标准之下拟定这个案例，即用来拒绝授予知识产权的需求标准。

欧洲法院支持委员会的看法，并发现微软的确违反了第82条款，在它的分析中，法院采取了过程—市场进入的方法来检验对消费者福利和效率的影响。

法院引用"维持有效的市场竞争的公共利益……"，[54]认同委员会已确认的结论：竞争对手的产品具有创新性；微软通过有策略地隐瞒协议，已消除了竞争对手特有的且消费者喜爱的创新；[55]除了交互性外，在所有品质方面（例如可靠性、可利用性、安全等）用户对于竞争对手的工作组服务器软件评价都比微软的产品高得多；微软"明显的并不断领先于它的竞争者［是可解释的］……并不仅由于其产品品质而在于它的交互性优势。"[56]

法院认同委员会的调查结果，即"该案中的拒绝交易限制了技术发展从而损害了消费者利益，"并同意其"微软关于它的创新动机的说法并不能压倒增加公开信息责任的特殊情况"的判断。[57]

微软发现，它据理力争的下面一些论点（可以说是为信奉保守经济理论的美国法官的耳朵定制的）得不到任何认同：[58]"它曾经对有关通讯系统作出了重要的投资，它的产品所获得商业成绩代表了它应该得到的公正的回报"[59]；披露有关该系统的信息会打击它的投资积极性。[60]与他人分享投资成果的义务也就意味着对将来 R&D 投资的减少，等等。[61]

欧洲法院的决议是有效率的吗？它具有重要的效率属性，计算机用户从交互性和竞争者争相提供最好的设备中获益，也从竞争者为更好的产品而不断从创新中受益。

对微软一案的相反的决议会有利于促进效率吗？是的，一家企业的系统独有的权力和其专属的知识产权能因为主导厂商而带来生产效率和创新。

决定该案例结果的是"效率"吗？不是，区别在哪里？一种应用非保守主义经济学的观察视角。

Ⅳ. 反托拉斯中"效率"的未来：解决效率悖论

近百年来，美国反托拉斯法反对市场势力，美国反托拉斯法为竞争服务，而不是主要为效率服务，尽管效率是备受期待的副产品。当下反托拉斯界假定，反托拉斯是为了效率，效率的目标应主导反托拉斯案例的结果，反托拉斯的范围不应超越效率。

在本文中，我假定反托拉斯法为效率服务，我已证明了效率是一个多面性概念；效率通常并不也不能决定案例的结果；[62]执法者和法官对于如何"达到"

效率几乎一无所知。

　　我已表明，当代美国反托拉斯案例通常（并不总是）由保守主义观点决定，这导致了效率悖论。效率悖论在于，经济理论保守的美国反托拉斯法以效率的名义，保护了主导和领导厂商的低效率行为，并由此保护了低效率。反托拉斯执法者和法学家能推翻效率悖论，他们通过下面方法能做到这一点，认识到产出/结果的变化只是辨别排斥竞争的行为和交易的一种手段；承认保守主义经济学的假定通常与现实的市场并不一致；调整立场以更加信任开放市场和动态竞争而减少对主导厂商自治权的信任。

第二部分 效率是唯一标准吗？

第7章 芝加哥学派的基本观点是有缺陷的：反托拉斯保护消费者而非效率

约翰·B·柯克伍德　罗伯特·H·兰德

芝加哥学派反托拉斯政策的一项基础是允许反托拉斯法存在的唯一目标就是增进经济效率。[63]罗伯特·博克教授对芝加哥学派这项指导原则的中心做了有说服力的解释：

> 法律的主旨是什么——目标是什么？只有对此问题做出肯定的回答，才能制定合理的反托拉斯政策。其他所有一切都视我们给出的答案而定……只有解决了目标问题才有可能制定出一个独立法规的且条理分明的体系。[64]

博克不仅提出了问题，也是最早给出答案的人。在他的一篇著名的且经常被引用的1966年法律评论文章中，博克作为严格的诠释者对反托拉斯法的立法历史进行了分析。[65]博克似乎要去说明《谢尔曼法》的立法背景是怎样建立的，即国会讨论并通过这项法律的时候只有一个考虑：增进经济效率。[66]作为分析的一部分，他进行了一项明显很有说服力的论证，即如果仔细分析立法讨论，当时常见的反托拉斯的"平民主义者"观点，包括反托拉斯法的制定是出于一系列社会和政治目标例如对抗大公司的政治权利或者帮助小企业，这并不是国会所关心的。[67]效率结论现在是芝加哥学派的信条。的确，理查德·波斯纳法官最近宣称实际上每个人都同意反托拉斯法只有一个目的——经济效率最大化。[68]

本章旨在说明，不管是根据当年国会意图还是最近的判例法，芝加哥学派的观点都是错误的。反托拉斯的首要目的，事实上是防止财富从买方向有市场势力厂商的"不公平"转移。我们主张对现今书中的反托拉斯法最好被解释为：它是一项国会宣言，我们称之为"消费者剩余"[69]的产权属于消费者[70]而不是卡特尔或其他人。制定反托拉斯法主要就是为了将这项相对模糊的产权授予消费者，并防止卡特尔或垄断厂商将其占有。对此，另一种表达是指出反托拉斯法的首要目标可以以保护消费者的名义提出[71]：这些法律更好地定义了消费者产权并保护它们不被有市场势力的厂商攫取。[72]

这一章将首先说明对财富转移的考虑是反托拉斯法通过的主要原因，比起效率目标，似乎也是更可信的解释。下一节将分析在最近的反托拉斯案例中是如何考虑这些因素的。它将说明，相对于对效率的考虑而言，对财富转移的考虑是对这些案例做出的最好的解释。基于这些原因，我们认为，芝加哥学派的基本观点是有缺陷的，反托拉斯政策的正确路线不应该由此观点决定，即增进效率比保护消费者更重要。

Ⅰ．立法历史

博克法官认为《谢尔曼法》的最初制定者只有一个意图：增进经济效率。他认为"反托拉斯的任务可以概括为：努力提高资源配置效率，同时不特别损害生产效率以致造成消费者福利的净损失。"[73]博克明确地否定了分配问题可能会引起国会的关注："显然经济活动的收入分配效果应该完全与经济活动反托拉斯合法性的判定无关。"[74]

博克指出，大量的陈辞显示出国会最为关注的是卡特尔和某种其他商业形式将会获得人为提高价格和限制产量的能力。[75]博克提供了谢尔曼议员[76]和其他立法者[77]的许多陈辞来表明，他们所关注的是当时的一些托拉斯和其他商业组织有足够的权力提高价格。博克简洁地总结了这场争论的一部分："不合法的标准是向消费者提高价格，不存在例外。"[78]既然我们知道这的确是争论的当务之急而不存在比较严重的分歧，我们也就不再就这一点进行更深入的讨论。博克接下来运用现代经济学分析解释了垄断势力导致的较高价格是怎样造成经济低效率的形式，即我们今天称之为的配置低效率。[79]

博克推论，既然我们现在知道，较高的价格对"消费者福利"的唯一"损害"是配置低效率，那么，国会对市场势力的不悦可以完全等同于对配置低效率的担心。他接着提供了少量的却仍然重要的引述，来表明国会想要保护并增进企业生产效率。[80]在这些证据的基础上，博克得出结论，反托拉斯法只包括了对"消费者福利"的考虑，并将"消费者福利"等同于"财富或消费者需求满意度的最大化"[81]和我们经济的总体效率。[82]

第二部分 效率是唯一标准吗？

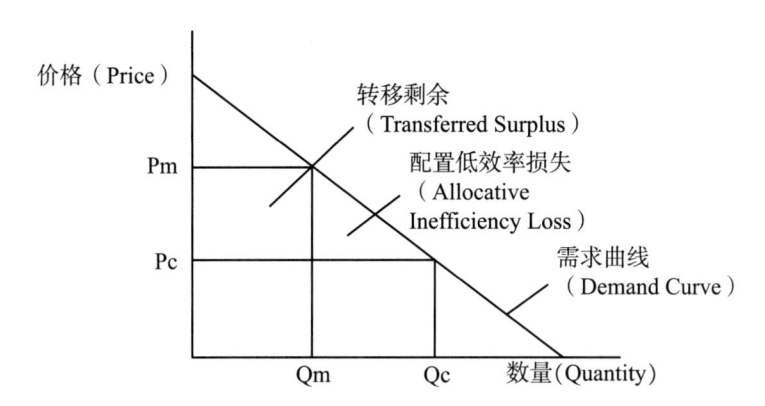

价格（Price）

Pm

Pc

转移剩余
（Transferred Surplus）

配置低效率损失
（Allocative Inefficiency Loss）

需求曲线
（Demand Curve）

Qm　Qc　数量(Quantity)

然而，关键问题正是国会为什么反对托拉斯、卡特尔和垄断厂商向消费者提价。正如上图表明，这些较高价格会导致两种形式的直接经济效应：剩余从消费者转移到卡特尔和垄断厂商以及配置低效率。这两者哪一个才是国会所关心的？或者两者都是？

博克的效率结论难以合理地解释很多《谢尔曼法》立法历史中的重要陈述。[83]例如，谢尔曼议员称高价是"敲诈"，[84]"勒索财富"。[85]一位国会议员称过高价格是"抢劫"，[86]并抱怨托拉斯"在没有提供丝毫等价物"的情况下，"从人民手中偷走了数不清的财富"。[87]另一位国会议员抱怨牛肉托拉斯"一方面抢劫农民，另一方面抢劫消费者"。[88]还有议员宣称，托拉斯正是通过"抢劫"使人民"陷入贫困"。[89]霍尔议员声称，垄断定价是"一项以勒索社会为直接目的的交易……本应在全社会普遍分配的财富"。[90]另一位议员抱怨道："他们通过敲诈为自己增加了巨大的财富……"[91]

"偷窃"、"抢劫"、"敲诈"、"被盗的财富"这类词听起来像配置低效率吗？难道不更像是国会实际上将我们今天称之为"消费者剩余"的产权授予消费者，并且在反托拉斯法下，卡特尔对消费者剩余的攫取构成盗窃？[92]

为深入比较效率和财富转移目标，考虑为什么偷窃是违法的。为什么对人们来说，社会认定将他们的手伸入别人钱包偷取钱财是违法的？

偷窃是低效率的。毫无疑问如果偷窃是合法的将导致低效。[93]但是，我们是因为偷窃的低效而谴责它吗？我们谴责偷窃的真正理由难道不是因为它构成了在未经许可和未付补偿条件下对财产的不公平获取？偷窃是财富的不公平转移，这也就是为什么从别人钱包中偷钱是——而且也应该是——违法的。

而且，尽管国会对于托拉斯的主要抱怨——即它们被发现向买方提价——

92

不能等同于对配置低效率的担心，国会主要的担心是企业生产效率吗？国会当初通过《谢尔曼法》主要是为了帮助企业节省成本或者提高企业生产效率吗？

尽管制定反托拉斯法的会议确实认同企业效率，[94]但是它们通过了在很多方面抨击这些高效率组织的反托拉斯法。[95]如果它们想做的仅仅是激励当时最具生产效率的产业组织形式，它们本应赞赏托拉斯，而不是在立法讨论中谴责托拉斯并制定一项谴责托拉斯诸多行为的法律。国会一定还考虑了其他目的。这使得财富转移的解释与证据最为一致。

II. 判例法

最近几年，判例法大量采用了反托拉斯法的最终目标是保护消费者而不是提高效率的观点。尽管多数判决并未点明这个问题，但讨论这一问题的案例几乎都指出，反托拉斯的根本目标是提高消费者福利。而且，当法院用"消费者福利"这一词语时，似乎并不是指经济效率。法官们几乎不会将反托拉斯的目标描述为增进效率，而且，更重要的是，他们从没说过在相关市场上伤害消费者但提高经济效率的行为是正当的。尽管法院可能像博克那样使用"消费者福利"一词，但最近的观点却并未证明这一点。相反，大多数法官似乎都认为，反托拉斯的目的是阻止某些行为，这些行为使消费者无法从竞争中获益，并将他们的财富转移到具有市场势力的厂商手中。[96]

在 A 部分，我们将通过解释为什么大多数法院，即使使用含混不清的"消费者福利"一词时，也很有可能相信反托拉斯法的最佳目标是保护消费者而不是增进效率来概述判例法。接下来我们会研究案件本身。在 B 部分，我们将关注最高法院和受理上诉的法院的判决，这些判决阐明了反托拉斯法的终极目标。在 C 部分，我们将审视法院常常要面临的保护消费者和增进效率之间的冲突——合并案。

A. "消费者福利"和消费者的福利

"消费者福利"一词模棱两可，因为它既可以指相关市场上消费者的福利又可以指经济效率。这种模棱两可源自博克把"消费者福利"等同于市场效率，[97]并且最高法院声称《谢尔曼法》的立法历史表明它是一种"消费者福利良方"时引用了博克的话。[98]结果，法院今天在使用"消费者福利"一词时，就可能是在照搬博克提出的概念，但并不是这个词字面上的意思，因此就意味着他们的确关心的是总福利而不是消费者的福利。然而，我们有四条理由来质疑这一说法。[99]

首先，一些判决明确采用了反托拉斯法的最终目标是使消费者受益而不是提高效率的观点。正如我们将要看到的，在布鲁克集团有限公司一案中，[100]最高法院将"消费者福利"等同于消费者的福利而不是总福利，并将前者放在首位。

其次，尽管大多数观点都不明晰，但他们似乎都支持反托拉斯法以消费者为主的观点，因为他们关注的是对消费者的影响而不是效率。在评定有争议的行为时，他们特别审查其中与消费者相关的影响，例如价格、质量或选择，但是他们几乎不审查对总福利的影响。

再次，近几年鲜有判决显示反托拉斯法的目标是效率的某个领域，那些有关的仅仅是指配置效率。如果这些法院当时遵循了博克的观点，那么他们同样会提及生产效率。[101]而且，将配置效率视为一项目标的判决总是把它看做与消费者影响有相互关系，而非独立的重要性。

最后，也是最重要的，当法院在解决消费者福利和效率之间实际的或潜在的冲突时，总是优先考虑消费者利益。正如C部分将要阐述的，最近还没有判决采纳增进经济效率比起对消费者的不利影响更重要的观点。

B. 阐述最终目标的判决

与博克和波斯纳的立场相反，现今的反托拉斯判决很少将反托拉斯法的最终目标描述为提高效率。然而，近几年，许多判决表明反托拉斯法的目标是保护消费者或增进消费者福利。[103]

1. 最高法院

在布鲁克集团案中，最高法院将对反托拉斯法的"传统的考虑"描述为"消费者福利和价格竞争"。[104]而且，最高法院并未将消费者福利等同于经济效率，而是等同于消费者在相关市场上得到的利益。在分析不成功的掠夺性定价是否违法时，最高法院指出，低于成本的定价有时会造成配置低效率。可是，最高法院宣称，不成功的掠夺性定价"会降低市场总体价格，增进消费者福利"。[105]在以市场价格水平而非配置效率来衡量消费者福利的情况下，最高法院表示，反托拉斯法的最终目标是增进相关市场上消费者的福利而不是使经济效率最大化或使低效率最小化。[106]因此，最高法院指出，不成功的掠夺行为"一般而言是消费者的福利"。[107]

在最近的一起考察掠夺性竞标而非掠夺性定价的案例，即惠好公司案中，[108]最高法院反复比较这两种行为对消费者的影响。总的来说，惠好公司案中的观点涉及了影响消费者的十二个方面（例如，"消费者福利"、[109]"对消费者来说更低的价格"、[110]"对消费者的伤害"、[111]"对消费者价格的影响"[112]），而并未涉及经济效率方面。尽管法院最终采取了对供给者而不是消费者的行为影响来检验掠夺性竞标，但这与立法历史对财富从无辜方（买方或卖方）向有市场势力的厂商转移的考虑是一致的。因此，正如国会通过《谢尔曼法》一样，惠好公司一案关注的是对这些市场参与者的伤害而非经济效率。

在创意皮革公司案中，[113]最高法院陈述了推理原则"是在对消费者有害且不利于竞争效应的限制与对消费者最有利且刺激竞争的限制之间作出区分。"[114]在表述竞争的影响和对消费者的影响之间一对一的联系时，法院指出反托拉斯分析的指导原则是对消费者的影响。在其他地方，法院确实表示过，用本身违法原则来对待转售价格维持时，会使制造商从事"低效率"的行为，[115]它同时也指出，垂直的价格固定常常是"有效率的"。[116]然而，总的来说，最高法院强调的是消费者福利。它再三提到消费者关心的事情，如价格水平、产品质量和选择。[117]它从未提及"总福利"或"总剩余"，即使是在解释为什么低效率的垂直行为不受欢迎时。相反，最高法院称低效率的行为损害了"消费者福利"因为它们迫使消费者支付更高的价格。[118]

2. 上诉法院

同样对消费者福利而非经济效率的关注明显体现在最近上诉法院的观点中。例如，第七巡回法院表示："反托拉斯法的首要目标是阻止向消费者过高的要价。"[119]第六巡回法院引用了一份审判法院的声明即"反托拉斯法的真正目的是保证竞争的收益流入因厂商违法而受影响的购买者。"[120]在为哥伦比亚巡回法院写判决书时，金斯伯格法官将判决反托拉斯案件的法院描述为"消费者福利法院"，[121]而且他的观点表明，他指的是消费者福利而非经济效率。当他总结联邦贸易委员会评估横向限制的方法，这最初公布于麻省验光业管理局一案，[122]并解释为什么可以接受这种说法时，他8次提到了对消费者的影响但未曾提及经济效率。[123]最重要的是，当他描述在委员会的方法中被告必须出示什么以证明横向限制的合理性时，他未用经济效率作为度量标准。他并没有说，如果限制对生产效率的促进大于对配置效率的损害，或对生产者剩余的提高大于对消费者剩余的降低时它就是合理的。相反，被告必须证明"限制事实上没有伤害消费者，或者其'促进竞争的价值'超过对消费者负担"。[124]

第二部分 效率是唯一标准吗？

许多其他的上诉判决也表明，对一项行为是否违反反托拉斯法的最终检验标准是这项行为对消费者的影响。在微软案中，[125]哥伦比亚巡回法院宣称，"垄断者的行为必须具有'反竞争的效果'才能被谴责为是排他性的。即，这种行为必须伤害竞争过程并因此伤害消费者"。[126]第十一巡回法院和第四巡回法院都引用了这一声明。[127]第十巡回法院表示，"（行为）必须实际上或潜在地伤害消费者时才能被判定为是反竞争的"。[128]在为第七巡回法院写判决书时，伊斯特布鲁克法官重复了这篇文章的论点："把某种商品部件的选择称之为'搭售'对揭发限制产量、提高价格、并将财富从消费者向生产者转移的行为帮助不大。"[129]

C. 合并案：增进的效率不能成为伤害消费者的理由

在合并案中，法院常常面临经济效率和消费者福利之间实际的或潜在的冲突。[130]如果一起合并有可能节省成本又产生更大的市场势力，生产效率的提高会很容易超过分配效率的损失，带来总效率的净收益，尽管消费者在相关市场上不得不支付更高的价格而受到伤害。[131]但是，没有哪一个美国法院曾允许因为可以促进经济效率而可能会抬高相关市场价格（或减少消费者的选择）的合并。相反，法院一致坚持，除非合并方能够证明合并可以带来巨大的成本节省，并且节省的成本中有足够的部分可以转移给消费者，且消费者可以从合并中获益（或至少不因此受伤害），否则不能成立效率辩护。

例如，在亨氏公司案中，[132]哥伦比亚巡回法院宣称"被告若想推翻计划的收购会大大削弱竞争这一推定，就必须证明将要进行的收购会带来巨大的节约，并且这些节约会最终有利于竞争，并由此有利于消费者。"[133]在瑞典火柴公司案中，[134]霍根法官表示，被告的效率证据不足以推翻不合法的推定，因为他们并未表明所节约成本中的哪一部分会转移给消费者以及"这将如何抑制市场价格的上涨"。[135]上述两项判决都支持这样一种主张，即"降低成本的收购'如果可能带来更高价格'也有可能是不合法的"，[136]其他案例的判决也都与此一致。因此，对迄今为止的合并案件，在评估所谓的效率时，一律采用了对消费者的影响标准而非总福利标准。

而且，在某些此类案件中，这种立场不仅仅是一种声明。法院确实发现过合并所带来的效率，但却由于其中部分或全部不可能有利于消费者而忽略了它们。例如，在斯特普尔斯案中，[139]被告声称他们的合并会产生一系列效率收益，包括从零售商那里得到的更好的价格和降低分销成本。[140]尽管霍根法官指出了上述辩护的无数问题,但他并未得出这一合并不会带来巨额的成本节约的结论。相反,他表示"法院相信这一合并会带来一些效率收益"。[141]然而,他判定,这些节约并不能成为交易的理由,因为节约的大部分不会转移给消费者,[142]因此合并后相关市场上的消费者可能要支付更高而非更低的价格。[143]

结论

芝加哥学派反托拉斯政策的规范基础是有缺陷的。反托拉斯法的立法历史和最近的案例法都表明实施反托拉斯的根本目标不是提高经济效率,而是保护相关市场上的消费者,使他们免受剥夺享受市场竞争好处和将他们的财富转移到有市场势力的厂商手中的行为的伤害。

注释:

1. 美国制定反托拉斯法来控制私人势力;给没有势力的市场参与者以自由公平的进入机会;努力确保"让消费者去决定谁赢得了竞争"。参见欧文·施特尔策:《应对现代市场势力》白皮书,哈德森研究所(2007年春),第12页,参见 www.hudson.org/files/publications/StelzerWhite paper march 07.pdf;埃莉诺 M. 福克斯:《反托拉斯的现代化——一种新的均衡》,66 Cornell L. Rev. 1140(1981)。

2. 参见威瑞森通讯公司诉柯蒂斯律师事务所案 V. 萃科,LLP,540 美国 398 (2004)。

3. 参见德士古公司诉达盖森案,547 美国 1 (2006)。

4. 参见沃尔夫冈·科博尔、尼克尔·J·萨姆:《作为假设检验的竞争:知识产生的市场过程的模拟》,4 J. Artifical Societies & Soc. Simulation no. 3,参见 http://www.soc.surrey.ac.uk/JASS/4/3/2. html (2001)。

5. 参见约瑟夫 J. Brodley:《反托拉斯的经济目标:效率、消费者福利和科技进步》62. N. Y. U L. Rev. 1020(1987)F. M. 谢勒:《反托拉斯、效率和进步》62. N. Y. U L. Rev. 998(1987)。

6. 被排斥性做法挤出市场的生产者的损失通常会被忽视,不管他们是被竞争本身所挤出还是被反竞争行为所挤出。

7. 参见联邦贸易委员会诉印第安纳牙医联盟案,476 美国 444(1986);参见托马斯·B. 里瑞:《反托拉斯分析中多样化的重要性》,68 反托拉斯 L. J. 1007(2001);尼尔·W. Averitte、罗伯特·H·朗得:《将"消费者选择"应用到反托拉斯法》,74 反托拉斯 L. J. 175(2007)。

8. 参见美国诉微软公司案,253 F. 3d 34,第49~50页,65(D. C. Cir. 2001),cert. Denied,534 美国 952 (2001)。

第二部分 效率是唯一标准吗?

9. 参见例如美国诉甲骨文公司（甲骨文/人民软件）案，331 F. Supp. 2d 1098（N. D. Cal. 2004）。

10. 参见联邦贸易委员会诉高等法院庭审律师协会案493 美国 411（1990）；丽晶创新皮革制品公司诉 PSKS 创意皮革公司案，127 S. Ct 2705（2007），布雷耶法官的否决。

11. 虽然如此，某些特定的收购却经常是没有效率的，它们会带来文化非兼容性，降低灵活性和适应性，从而增加企业成本。一个臭名昭著的例子就是美国在线收购时代华纳，参见罗伯·沃尔克：《突然创造的协同》载于《纽约时报》，2002 年 7 月 28 日，C13 版。

12. 在一些少见的情况下，反托拉斯法可以是指导性的。它会强迫开放市场，而不是反对那些通过对竞争有害的行为来封闭市场的做法。在美国，强制性的责任并不受欢迎。参见特克林律师事务所案 540，美国，398；参见马丁·德尔拉希姆《迫使公司分享砂箱：知识产权和反托拉斯的强制许可》，出自英国国际比较法律协会文件，英国，伦敦，2004 年 5 月 10 日，参见 http://www.usdoj.gov/atr/public/speeches/203627.htm。

13. 参见斯蒂格利茨之前的注释 1 at 14。

14. "无商业意义"是现在几种常常被用来作为对主导厂商反竞争行为的掩护和标准检验之一。这类似于博克法官在罗瑟存储公司诉阿特拉斯案（792 F. 2d 210（D. C. Cir 1986））中提出的检验：如果行为或协议不是用来"限制行业产出，那么它一定使厂商的商业行为更有效率。"Id at 221. 其他被提出的检验包括，被告厂商是否牺牲第一阶段的利润来获得第二阶段的垄断利润，被告厂商的行为是否会损害其他同等效率的竞争者。要平衡不利于竞争的损害和有利于竞争的（效率）收益会产生更多的实施行动，但目前的执法者并不支持这一点。

15. 参见肖尔诉雅培案，457 F. 3d 608（7th Cir 2006），cert. Denied，127 S. Ct 1257（2007），伊斯特布鲁克.J.："如果制造商不能通过用更低的产量和更高的价格来损害消费者的利益来获得更多利润，那么反托拉斯法是发挥不了作用的。"612 段标记。

16. 这种规定也引申出了最狭义的违法。这也许会发生，但可能性较小，垂直的或潜在的竞争性合并会达到这种被禁止的效果。

17. 参见对推测的重要作用的描写，安德鲁·J·加维尔，《主导厂商的排斥性分销策略：寻找更好的平衡》72，反托拉斯.L.J.3（2004）。

18. 这个文件是关于反托拉斯法而不是卡特尔法因为以下几点：一百年来反核心卡特尔的强有力的法律（含义：竞争者之间制定价格、产量或市场分配的协议只是为了取消各方的竞争而没有可信的存在意义，例如协同合资）都是反托拉斯法实施的主要内容并被所有的有关反托拉斯的观点所支持。自由主义者或多元主义者支持此法，是因为卡特尔剥削了他们的消费者或供应商而且冒犯了竞争而不是有势力的厂商控制市场的准则。古典自由派或保守主义者可能会支持此法，因为卡特尔效率低下而且限制产量。

所以，那些卡特尔成员没有理由说他们是在对市场做出反应并且在为市场服务，几乎不存在由于禁令产生的错误成本。就卡特尔问题而言，自由主义者和自由意志论者意见是一致的。此法案得到了经济学和社会政治领域的支持。只有产业政策拥护者可能会反对。

19. 注意产出观点要求受法律波及的私人行动，一定（可能）会降低产量。这意味着主导厂商大多数正尝试且其他人正使用这种杠杆，即便不合理，也不会与反托拉斯相违背。影响力"只是"权力的一种应用，并不是权力的增加。参见微软诉委员会案，case - 201/04，Sept. 17，2007。

20. 汉斯·B·托雷利，《联邦政府反托拉斯方针：一项美国传统的起源》566（1995）。注意，萨姆特的观点并非指市场总是运转良好，而是，市场是运转的，任何法律都不能阻止。至于专业的经济学家，"在被知道的范围内"，国会考虑了一个又一个反托拉斯议案而没有征求他们的建议，当时的立法者不信任那些专家们，可是，如果当时国会征求了经济学家的建议，谢尔曼法案就不能指望得到支持了。Id. at 第 120~121 页。

21. 欧文·施特尔策认为在高科技领域，过程和接触机会更重要。"避免'高科技'被主导厂商变成'我的高科技'和有权势的在职者减缓或拒绝优秀科技挑战者的进入。"施特尔策 supra 1 at 11，14. 关于标新立异的重要性，参见乔纳森·B·贝克：《标新立异、企业兼并和排外主义：在反托拉斯法下证明协调的竞争效果》，77 N. Y. U. L. Rev. 135（2002）。

22. 这个过程可能会被认为是反复的。它提供了一个学习、反馈的机制。厂商观察、学习、竞争、创新、应用。参见科博尔，注释4；参见建立在过程/开放市场方法基础上的反托拉斯和标准的描述，E. 福克斯：《主导和垄断的滥用：怎样在不保护竞争者的情况下保护竞争》欧洲竞争法年鉴：《什么是主导地位的滥用？》（哈特，2006）。

23. 参见布朗鞋业公司诉美国案，370 美国 294（1962）。

24. 参见杰弗里·罗森：《majority of one：史蒂文在最高法院》，载于纽约时报杂志，2007年9月23日，第50页。

25. 这不是精确的法庭语言，但是很容易从大多数人的观点推断出来。参见例如丽晶，127 S. Ct. 2705。

26. 参见托马斯·B·里瑞：《不确定的必然性》，3 竞争法 INT'L 27（2007）（国际酒吧协会反托拉斯委员会期刊）：尽管芝加哥革命替换了"single lodestar"——消费者的经济福利——来传播平民化的目标，但是"这并不意味着案件会更容易被确定或受阻，事实恰恰相反。"Id. at 28。

27. 布鲁克集团有限公司诉布朗威廉姆森烟草公司案，509 美国 209（1993）。

28. 加利福尼亚牙科协会诉联邦贸易委员会案，526 美国 756（1999）。

29. 同注释2。

30. 同注释11。

31. 同注释26。

32. 日本松下公司诉齐尼思无线电公司（日本电子）案，475 美国 574（1986）。

33. 509 美国 at 226。

第二部分 效率是唯一标准吗？

34. 参见约翰·麦基：《掠夺性定价再讨论》，23 J. L. & Econ. 289, 第 292~294 页（1980）。

35. 参见约瑟夫·F·布罗德利：《掠夺性价定：战略理论和法律政策》。

36. 然而，在接下来的控告主导厂商以过高的价格过量收购原木企图排挤市场竞争对手并且确实排挤了竞争对手的掠夺性购买案件中，法庭重申了在布鲁克集团有限公司案中的观点，即：掠夺性价格几乎从未发生。法庭宣称掠夺性购买是掠夺性销售的反映，禁止高购买价格会像禁止低销售价格一样给消费者带来同样的伤害，因此对掠夺性销售认证的严格标准也应该应用于对掠夺性购买的认证。惠好公司诉罗斯西蒙斯硬木公司案，127 S. Ct. 1069（2007）。

37. 里格的上诉律师菲利普·阿瑞达称，在特定案件中，对原告的判决本应以消费者福利的损失为基础。

38. 同注释 27。

39. 526 美国 at 第 776~777 页。

40. 参见布雷尔法官，赞同和反对："为什么我必须要讲出这么显而易见的答案？限制有关更低价格的真实广告就好像就价格而言限制竞争，而价格是'经济的中央神经系统'。"

41. 我强调保守主义者而不是保守主义者/自由意志论者。对专业的自我管理和政府的专业管理的怀疑是自由主义者和自由意志论者意见一致的地方。

42. 同注释 2。

43. 竞争对手是美国电话电报公司，美国电话电报公司当时已经与威瑞森通讯公司签订了管制和反托拉斯声明。

44. 这是法院的"阿斯彭除外"的托辞。

45. 540 美国 at 407。

46. 我要区别反托拉斯的原则和这一案件的结果，这是一件管制工业案件，联邦通信委员会已经按照一项促进竞争的法规采取了抵制反竞争行为的措施。

47. 同注释 11。

48. 迈尔斯博士医药公司诉约翰·D·帕克父子公司，220 U. S373（1911）. 推翻了，丽晶，127 S. Ct. 2705。

49. 丽晶，127 S. Ct. 2705。

50. 国家石油公司案 522 美国 3（1997）（一项限制最高转售价格的反托拉斯法律规则本身就是明显低效率的）。

51. 参见欧洲委员会竞争政策年度报告。例如，2005 年至 2006 年报告。

52. 讽刺的是，开放/进程观点是支持美国反托拉斯法的立法起源的，而在美国占优势地位的产出/产量观点却不支持。尽管如此，在美国可以找到很多采用开放/进程观点判案的案例，一个著名的例子是微软案，见注释8。法庭很重视竞争者不受不正当限制，公平进入市场的机会。政府没能证明微软的行为削减了软件的产量，但是，法庭认为微软的"糟糕行为"将竞争者排除在有效的渠道之外且没有给出正当的商业理由，从而损害了竞争。

53. 《罗马建立欧洲社区协议》，于尼斯最后修订，官方期刊，C325，2002年12月24日。

54. 微软诉委员会案，案例 T－201/04，初审法院，619 段，2007 年 9 月 17 日，参见 http：//curia.europa.eu。

55. 654 段的标记。

56. 407 段的标记。

57. 708、709 段的标记。

58. 参见特林克律师事务所案，注释 2。

59. 微软公司诉委员会案，第 666 段。

60. 266 段标记。

61. 670 段标记。

62. 可是，一个效率标准可以消除因原告的胜利而牺牲消费者从而保护低效率的竞争者的案件。同时，也完善了关于什么是有损于竞争的理解。参见福克斯：《什么是有损于竞争》，注释 52。

63. 本文中大量立法历史和部分对此的分析来自罗伯特·H·兰德：《财富转移，反托拉斯最初和重要的考虑：被质疑的效率解释》34，黑斯廷斯 L.J. 65（1982 年）（下文简称《财富转移》）。本文中的许多案例由约翰 B. 柯克伍德收集并最初分析：《消费者，经济学和反托拉斯》in 21 RES. L. &Econ.，反托拉斯法与经济学 1（约翰 B. 柯克伍德编，2004 年）本文是作者正在准备的较长文章的缩略版。参见约翰 B. 柯克伍德和罗伯特 H. 兰德，"反托拉斯法的根本目标：保护消费者而非提高效率"（未出版的草稿，2007 年）。

64. 罗伯特·博克：《反托拉斯悖论：一项自相矛盾的政策》第 50 页，（1978 年）。

65. 罗伯特·博克：《立法意向和谢尔曼法的政策》9 J. L. &Econ. 7（1966 年）。

66. 标记。

67. 标记。

68. 理查德·A·波斯纳：《反托拉斯法》ix（第二版，2001 年）。

69. "消费者剩余"指消费者为某物支付的价格与消费者的价值之差。参见路易斯．M. B. 卡布拉尔：《产业组织介绍》16（2000 年）。

70. "消费者"一词包括所有商品和服务的个人或企业购买者，不管他们是否是最终用户。

71. 本文只讨论反托拉斯考虑情况下的价格和产量的影响，并相应的只对比效率和财富转移途径。然而，有时只考虑价格和与其密切相关的领域如成本和产量的反托拉斯的实施并不能充分地保护消费者福利。"消费者选择"的方法是另一种更复杂的方式，它是在非价格问题备受争议时用来描述反托拉斯法目标。"消费者选择"是一种新兴的范式，本质上也完全是经济学意义上的。它结合了市场势力的财富转移效应。又不同于效率模式，因为

第二部分　效率是唯一标准吗？

它更注重短期与质量和多样性有关的非价格选择以及长期的创新效应。参见尼尔·W·埃夫里特和罗伯特·H·兰德：《将"消费者选择"的方法运用到反托拉斯法》74 反托拉斯 L. J. 175（2007）。

72. 原来的前芝加哥学派关于反托拉斯的社会/政治理论已经不复存在了，不应再死灰复燃。可是，反托拉斯可以有一种严格限制但又特殊的方式来保护小企业。只要不会让消费者支付超竞争价格，反托拉斯政策就应把小企业的福利考虑在内。例如，立法历史表明，国会意欲保护卖方免受买方卡特尔的侵害。参见注释 26 及相关内容。关于买方卡特尔和其他反托拉斯的干预能保护卖方福利但不损害消费者的情形的讨论参见约翰 B. 柯克伍德和罗伯特 H. 兰德的"反托拉斯法的根本目标：保护消费者而非提高效率"（未出版的草稿，2007 年）。

73. 博克，注释 64，第 91 页。

74. 标记，第 111 页。

75. 博克，注释 65，多处。

76. 参见 21 国会记录 . 2457（1890）（谢尔曼议员的陈词：托拉斯易于"向消费者提高价格"）；21 国会记录 . 2460（1890）（谢尔曼议员的陈词：人们有时声称托拉斯会降低消费者所支付的价格，但是"所有的经验都表明节省的成本都进了生产者的口袋"）；21 国会记录 . 2462（1890）（谢尔曼议员要求国会保护公众免受托拉斯"提高商品价格的伤害"的陈词）。

77. 参见案例，21 国会记录 . 2558（1890）（皮尤议员的表述：托拉斯实际上"（损害了）生产中的竞争并由此向消费者提高了价格"）。

78. 博克，注释 65，第 16 页。

79. 为提高价格，垄断者或卡特尔将产出降低到竞争水平以下。不再销售的商品对渴求的购买者来说其价值大于社会生产它们的成本。这部分放弃的产量是一种社会净损失并构成了垄断或卡特尔定价的"分配低效"。例如，假定竞争市场上小玩意的价格是一美元（生产成本加竞争利润），假设一个垄断者将以两美元的价格销售，最多想要支付 1.5 美元的潜在购买者不会以 2 美元的价格购买。由于竞争市场卖出小玩意的价格低于其对于潜在购买者的价值，因此，垄断者降低了的产量会降低消费者的满意度并且不会产生补偿性的社会收益。这种损失称作"配置低效"。关于垄断性定价造成分配低效的更广泛讨论和规范的证据参见埃德温曼斯菲尔德：《微观经济学：理论与应用》第 277~292 页（第四版，1982 年）。

80. 博克，注释 65，第 26~31 页。

81. 标记，第 7 页。

82. 博克，注释 64，第 91 页。

83. 关于《克莱顿法案》立法历史中相似的以财富转移为导向的陈述参见《财富转移》，注释 63，第 128 页；关于《塞勒－凯弗维尔法》立法历史中的相似陈述参见《财富转移》，注释 63，第 135~136 页；关于《联邦贸易委员会法案》立法历史中的相似陈述参见《财富转移》，注释 63，第 112~114 页。

　　84. 21 国会记录，2461（1890）（引自谢尔曼议员）

　　85. 21 国会记录，2461（1890）（引自谢尔曼议员）

　　86. 21 国会记录，2614（1890）（国会议员科克的陈述）

　　87. 21 国会记录，4101（1890）（代理人赫德的陈述）

　　88. 21 国会记录，4098（1890）（国会议员泰勒的陈述）

　　89. 21 国会记录，4103（1890）（代理人菲西安的陈述，那时他正在阅读一位选民的来信，显然是在获得允许的情况下）

　　90. 21 国会记录，2728（1890）（赫尔议员的陈述）

　　91. 21 国会记录（1768）（乔治议员的陈述）

　　92. 国会想要保护所有那些购买商品和服务的人，不论富裕或贫穷，企业或个人。国会似乎也并不关心是购买者自己承担了过高的要价还是将其转移了出去。虽然国会经常提及"消费者"，但它似乎并不只关心最终消费者。换句话说，任何直接购买者都应视作反托拉斯目标中的消费者而不管他们将购买的产品作什么用途。否则卡特尔每一次的提价，如此等等都必须要通过检验来决定到底是影响了最终消费者还是被中间消费者承担了。这是一项非常艰巨的任务。如果反托拉斯只关心最终消费者的福利，就会出现许多复杂情形，这在乔治 J. 韦登的《垄断和谢尔曼法案：新视角下的消费者福利》（第 24 页到第 30 页，2007 年 3 月 23 日）一书中有所分析。参见 http://ssrn.com//abstract=975992。

　　93. 例如，如果将他人财产据为己有是合法的，人们努力工作的动机将会被削弱。

　　94. 参见博克，注释 65，第 26~31 页。

　　95. 例如，标准石油托拉斯从没因为效率低而受到攻击。案例参见艾达·M·塔贝尔：《标准石油公司的历史》，麦克鲁尔杂志，1902~1904。概述参见罗恩·彻诺：《泰坦：约翰．D．洛克菲勒的生活》，SR（1998 年）。政府从未因效率低下而声称标准石油违反了《谢尔曼法案》。有关标准石油案的一个杰出而透彻的分析，参见吉姆·梅：《标准石油公司诉美国的故事》，发表于反托拉斯故事集 7（埃莉诺·M·福克斯和丹尼尔·A·克兰编辑，2007 年）。

　　96. 消费者占有领先地位在反托拉斯法中只有两个例外。第一个是《罗宾逊—帕特曼法》，它的首要目标不是促进竞争（因此有利于消费者），而是在特定情况下保护小企业不因竞争而受到伤害。案例参见约翰·B·柯克伍德：《买方势力与排他行为：布鲁克集团应该为被买方导致的价格歧视和掠夺性出价制定标准吗？》72 期《反托拉斯法期刊》625 页，632~635 页（2005）。第二个例外在较少地涉及买方反竞争行为的案件中出现。在这些案件中，法院旨在保护供应商免受剥削而非消费者。案例参见 Telecor Commc'ns, In. 诉西南贝尔电话公司案，305 F.3d 1124 页，第 1133~1134 页（第十巡回法院．2002）（"最高法院对垄断案的处理深刻表明了供应商……受到反托拉斯法保护即使反竞争行为并未伤害

第二部分 效率是唯一标准吗?

最终用户。")我们不会在本章中阐述这些例外。它们不在讨论范围之内,也并不支持芝加哥学派反托拉斯法的最高目标是经济效率的观点。

97. 参见注释 81~82 及相应原文。

98. 莱特诉索诺顿公司,442 美国,第 330 页,第 343 页(1979)(引自博克,注释 65,66 页)在莱特案中,法院并未采用博克对消费者福利的定义。法院从未解释消费者福利一词是否指的是经济效率而非消费者的福利。

99. 根据丹尼尔·J·吉福德和罗伯特·T·库德莱:《美国,加拿大和欧盟并购标准的浮夸与现实》72《反托拉斯法期刊》第 423、第 432~433 页(2005)(……美国法院并未像博克正式提出的那样在总剩余的意义上使用[消费者剩余]一词。即,美国法院虽然使用这一词组,但遵循的是建立在消费者剩余最大而非总剩余最大预测上的反托拉斯政策)。

100. 布鲁克集团有限公司诉布朗威 & 廉姆森烟草公司案,509 美国 209(1993)。

101. 参见博克,注释 65,第 91 页。

102. 案例参见 rebel 石油公司诉大西洋里奇菲尔德公司案 51F. 3d 1421、1433 页(第九巡回法院.1995):"一项行为'只有在它既损害配置效率又将商品价格提高到竞争水平以上或降低商品质量时'才被认为在谢尔曼法规中下是反竞争的。"(附加的强调)。

103. 不可否认,对法院而言,甚至更常见的是将反托拉斯法的目的表述为促进竞争或竞争过程。参见柯克伍德,注释 63,第 30~31 页。然而,由于法院几乎从未定义过竞争或竞争过程,这些表述并没有提供判断是否违反反托拉斯法的具体指导。在过去的 15 年中——我们研究的范围——许多法院宣布反托拉斯法的目的是保护消费者来解决这样问题。

104. 509 美国第 221 页。

105. 标记,第 224 页。

106. 亚伦·S·艾德琳:《停止高于成本的掠夺性定价》111 Yale L. J. 941,947 n. 24(2002)(布鲁克集团将消费者权益提升到了效率之上因为法院认为"从反托拉斯角度来看,低于成本的价格尽管是分配低效的,却是没有问题的,因为这样的价格提高了消费者福利")。

107. 509 美国第 224 页。

108. 惠好公司案,127 S. Ct. 1069。

109. 标记,第 1077 页(引自布鲁克集团案,509 美国第 224 页)。

110. 标记,第 1077 页。

111. 标记,第 1078 页。

112. 标记。

113. 创意皮革公司案,127 S. Ct. 2705。

114. 标记,第 2713 页。

115. 标记,第 2716 页。

116. 标记,第 2717 页。

117. 参见，例如，标记，第2715页（"转售价格的维持也有可能给消费者更多选择"）。

118. 标记，第2722～2723页。

119. 科克特诉大拉法耶特健康服务公司，463 F.3d 第710页，第715页（第七巡回法院，2006）（引自首要电子建设公司诉全国电子承包商协会，814 F.2d 358，368页（第七巡回法院，1987）（伊斯特布鲁克·J））。

120. 路易斯安那药品批发公司诉德国赫斯特制药公司案，（在 re 地尔硫卓 CD 反托拉斯诉讼中），332 F.3d 896页，904页，（第六巡回法院，2003）。

121. 宝丽金控股公司诉联邦贸易委员会案，416 F.3d 29，37（哥伦比亚巡回法院，2005）。

122. In re 麻省验光业注册管理局，110，联邦贸易委员会，549（1988）。

123. 参见 416 F.3d 第35～37页。

124. 标记，36页（附加的强调）。

125. 美国诉微软公司案，253 F.3d 34（哥伦比亚巡回法院，2001）。

126. 标记，58页（省略的强调）。

127. 参见佛罗里达西班牙语广播公司诉美国清晰频道通信公司（第十一巡回法院，2004）；迪金森诉微软公司案，309 F.3d 第193页，第206页。（第四巡回法院，2002）。

128. SCFCILC 公司诉美国维萨卡公司，36 F.3d 第958页，第965页（第十巡回法院，1994）。

129. 数字设备公司诉独特数字技术公司，73 F.3d 第756页，第761页（第七巡回法院，1996）。其他法院已经表明最终的检验在于行为增进了还是降低了"消费者福利"。例如，在 Rebel 石油案中，第九巡回上诉法院宣称："当然，淘汰对手的行为降低了竞争。但是只有在竞争的降低损害消费者福利时才适用《谢尔曼法》。"51 F.3d，1433页，基于 A 部分描述的原因，这些判决更可能是指消费者的福利而非总福利。

130. 同样的冲突在其他类型的案件中也可能发生。参见乔纳森·A·贝克尔：《作为政治谈判的竞争政策》73《反托拉斯法期刊》483页，517～518页（2006）。然而，据我们所知，近期反托拉斯法的任一领域的判决都不容许能提高效率但可能会伤害消费者的行为。

131. 参见奥利弗·E·威廉姆森：《作为反托拉斯辩护的经济：福利权衡》，58 美国经济评论，18（1968）。检查对买方是否有可能提价的冲突的分析，参见阿兰·A·费雪，弗雷德里克·乔纳森和罗伯特·H·兰德：《横向合并的价格效应》，77《加州法律评论》777页（1989）。

132. 联邦贸易委员会诉 H·J·亨氏公司案，246 F.3d 708（哥伦比亚巡回法院，2001）。

133. 标记，第720页（引自联邦贸易委员会诉大学健康公司（第十一巡回法院，

第二部分 效率是唯一标准吗?

1991))。

134. 联邦贸易委员会诉瑞士手表公司案,131 F. Supp. 2d 151 (D. D. C. 2000)。

135. 标记,第 172 页。

136. 胡椒博士/七喜公司诉联邦贸易委员会,798F. Snpp. 第 762 页,第 777 页 (D. D. C. 1992) 基于其他理由评论,991 F. 2d 859 页,(哥伦比亚巡回法院,1993)(引自联邦贸易委员会不同意收购的信函)。

137. 案例参见联邦贸易委员会诉阿齐煤炭公司,329 F. Supp. 2d 第 109 页,第 153 页 (D. D. C. 2004)(在评估效率时,相关的是"消费者对从成本降低和增进的竞争中获得的潜在收益");美国诉富兰克林电动公司,130 F. Supp. 2d 第 1025 页,第 1035 页 (W. D. Wis. 2000)("被告方还没有作出必要的证明,以显示合并会带来效率增加且同时会使相关市场中的消费者受益")(原文中的强调)。

138. 相比之下,尽管可能会伤害到消费者,加拿大还是允许了高级丙烷公司和 ICG 丙烷的合并,因为合并会带来总体福利的显著提升。参见竞争委员诉高级丙烷公司〔2003〕3F. C. 529。

139. 联邦贸易委员会诉斯特普尔斯案,970 F. Supp. 1066 (D. D. C. 1997)。

140. 参见标记,第 1089~1090 页。

141. 标记,第 1092 页。

142. 标记,第 1090 页。

143. 标记,第 1091 页。同样的,在胡椒博士/七喜一案中,地区法院发现收购可能会产生巨大的经济效率。参见 798 F. Supp. 777 页。但是这些成本的降低并未使得收购得到批准,因为有相当多的证据表明,该收购会提高相关市场上的价格。标记。

第三部分

芝加哥学派与支配厂商行为

引言

自谢尔曼法1890年实施以来，不合理的垄断行为或企图垄断的尝试已经明确地被法令[1]和司法决定[2]宣布为非法。而近年来最明显的发展之一是保守派学者对谢尔曼法第二部分执法方面所表现出的敌意，这在相关司法判定的用词中也表现了出来。例如，在威瑞森电信控告萃科法律部案中[3]，在大多数人认为是正确的驳回垄断指控的判词中，斯卡利亚法官写道："收取垄断价格的机会，至少在短期，是吸引'商业敏锐力'的原动力；它诱发产生创新和经济增长的冒险精神"[4]，这是一个不寻常的有关垄断地位良性作用的观点。在判决书的后面，他将垄断厂商拒绝交易行为与"虚假肯定"（即错误惩罚）联系起来，原因是这种虚假肯定会减弱促进竞争的效应。挑出垄断执法作为虚假肯定例子的做法非常奇妙，在萃科案之前的数十年中，政府或私人原告在最高法院赢得了几乎所有的垄断指控案件。赫伯特·霍温坎普（Herbert Hovenkamp）与哈维·高德斯密德（Harvey Goldschmid）在这一章中考察了这些新发展。

霍温坎普通过比较"芝加哥学派"和时间上更早、更自由化的"哈佛学派"的分析方法引出了他的文章，他认为不同学派在反托拉斯的不同领域具有主要影响力。他辩称，就影响而言，在案例法领域而不是学术方面哈佛学派更受欢迎。如果更为保守的芝加哥学派具有影响力，它是在"矫正"方面，即使哈佛学派对强力执法的偏好有所缓和。

霍温坎普接着转向了是否存在垄断的"一般理论"这一问题，这正是保

第三部分　芝加哥学派与支配厂商行为

守的反托拉斯官员近来萦绕于心的关切问题。他得出结论，所有已提议的检验，虽然它们通常包含着对法律特定区域的有效洞察，但都难以达到"一般理论通论"的目标，这是由于它们无法分析不合理排他行为的特定形式并且常常缺乏威慑力。他在文章中对已包含在现有法律中的检验进行阐述，这些检验方法是他自己在其著作中提出的。

最后，霍温坎普探索了两个当前法庭最有争议的领域：（1）误用政府程序，特别是欺诈专利办公室；（2）排他性折扣或为惩罚竞争对手和将其驱离市场所设计的折扣。虽然他指出了当前的司法解释可能偶尔会缺乏威慑力，但他平衡的评论也指出，这些领域中激进执法的危险可能会阻碍促进竞争的行为。

高德斯密德则认为，近年来最高法院对案件的评述（特别是萃科案）[5]以及针对谢尔曼法第二部分严格执法的缺失更令人不安。对斯卡利亚法官在萃科案判决中有关进攻性行为导致垄断势力的优点的详细论述，虽然高德斯密德认同斯卡利亚法官的观点有其道理的一面，但他指出，斯卡利亚法官的观点中完全缺少了对垄断势力伤害消费者的关注，即"过高的价格、资源的错误配置，以及动态效率的丧失"。这种被动接受的形式来自保守的经济学分析的基本信条之一：如果垄断厂商试图从其市场地位中获利，进入和市场调节会自动出现，这使得谢尔曼法第二部分的执法很大程度上没有必要了。

高德斯密德倡导一个在芝加哥学派研究基础上的平衡检验，他指出，对于支配厂商的行为阿斯本滑雪公司案和微软案的判词比芝加哥学派所倡议的僵硬被动执法理念更有道理。

作为最近案件的回应，高德斯密德指出，对垄断厂商非正当行为的温和态度使得哥伦比亚特区上诉法院对微软公司违反谢尔曼法第二部分的一致观点[6]处于质疑之中。作为关注执法的学者意见不一的证据，以上两位教授对柯达案的裁定是否正确有着严重的分歧，该案是最高法院判定原告胜诉的最后一个案例。

第8章 哈佛学派、芝加哥学派与支配企业

赫伯特·霍温坎普

引言：哈佛学派与芝加哥学派

芝加哥学派已经为上半个世纪的反托拉斯领域作出了重要贡献。部分归功于芝加哥学派的努力，我们今天的反托拉斯政策更加严密的经济学化，较少的去关注那些不能被确定和衡量的非经济性价值目标，并且对市场在政府不加干涉时自我纠正的能力更加自信[7]。这一芝加哥学派革命是以20世纪30年代到50年代蓬勃发展的哈佛"结构"学派为代价的。哈佛学派建立在相当僵硬的古诺寡头垄断理论之上，夸大了进入壁垒和阻碍进入的概念，并认为特定的市场结构会或多或少不可避免地导致某种反竞争行为[8]。因此，反垄断的最好方法是去改善市场结构，而厂商的行为会随之自发适应。被矫正的哈佛学派出现于20世纪70年代阿利达（Phillip E. Areeda）和特纳（Donald F. Turner）的著述中，其对反托拉斯目标没有较传统的做法那么雄大，而是更关心企业行为，并且明显对激进的司法干涉持怀疑态度[9]。

然而，这个关于胜利的芝加哥学派和谦和且被修正的哈佛学派的故事是不完整的，反托拉斯案例法揭示了不同的事实。其中最为重要的问题之一是，被矫正的哈佛学派获得了法庭判决和执法机构大致的认同[10]。举例而言，芝加哥学派对掠夺性定价的看法大致是，掠夺性定价是一种非理性的行为，因而对这种行为的指控应马上驳回[11]。略为温和的芝加哥学派成员，如理查德·波斯纳教授（Richard A. Posner），则认为检验的标准应该是低于长期边际成本并意在伤害竞争对手的定价行为[12]。相比之下，由阿利达和特纳1975年开创的哈佛学派文献认为，判定掠夺性定价的法则由两个要素组成：第一，证明价格低于某个给定的成本指标，即短期边际成本或平均可变成本；第二，在作出掠夺性定价决定时，被告意识到低价格所带来的亏损以后将被充分补偿的前景[13]。在

第三部分 芝加哥学派与支配厂商行为

其重要的布鲁克集团案判决中,最高法院引用了芝加哥学派和哈佛学派的学术成果[14],但在掠夺性定价检验中最高法院完全采取了哈佛学派的方法:为了展示非法的掠夺性定价,原告必须证明存在补偿阶段,并且价格必须低于某个给定的考察成本[15]。最高法院2007年对惠好案的判决重新阐述了以上要求[16]。

也许芝加哥学派与哈佛学派关于掠夺性定价的区别在于,芝加哥学派偏好于先考虑"补偿"的存在,而哈佛学派偏好于考察价格—成本关系。但事实上,在哈佛学派的方法中,这两者对于掠夺性定价的诉讼都很重要。此外,哪个更"基本"或需要首先检验主要是由事实决定的。在进入容易或存在大量可扩大产出的竞争对手的情况下,缺乏补偿很容易被测度并应导致诉讼被快速驳回[17]。但是其他的情况,包括布鲁克集团案,则需要相当强的关于寡头行为的假设去评估补偿的可能性。在布鲁克集团案中,法庭以即使是相对自律的寡头企业也偶尔会恢复激烈竞争状态为理由,拒绝对一个长期无市场进入且有长期寡头定价惯例的市场(卷烟市场)中的明显低于成本的定价行为作出惩罚。

价格—成本关系的情况也相同。在一些案件中测量它们是极度困难的,特别是被告以共同成本生产多种产品时。而在另一些情形下,比如当价格明显高于一切测定的成本或价格低于直接投入品成本时,测量就很简单了。总而言之,掠夺性定价案的"基本原则"是补偿还是价格—成本关系完全取决于具体情况。

单边拒绝交易的情况也大致相同,芝加哥学派主张本身合法性,而哈佛学派采取更细致的方法审视所交易的设施或投入品的性质以及拒绝交易对竞争的影响。在阿斯本案的判决中,最高法院所采用的单边拒绝交易的标准比芝加哥或哈佛学派推崇的标准更加不友好[18]。然而,在萃科案中,最高法院完全忽视了芝加哥学派的研究成果,而无数次依靠哈佛学派的研究成果对拒绝交易原则施以严格的限定[19]。

在关于纵向限制的反托拉斯政策方面,芝加哥学派的强硬立场是它们应该是本身合法的[20]。现在看来非常清楚,这一观点是从芝加哥消除搭便车是纵向限制的一个重要解释[21],快速跳跃到了"搭便车"是纵向限制几乎唯一解释的结论。哈佛学派的观点更为细致,他们发现有势力的经销商可以通过维持转售价格(RPM)为自己创造一个价格保护伞[22]。在1997年的国家石油案中,最高法院对最大化的RPM采用了合理原则而不是本身合法原则;在2007年的丽晶案中,意见不一致的最高法院推翻了接近一个世纪以前的迈尔斯医药案的判决并对最小化的RPM采用了合理原则[23]。没有人拥护芝加哥学派"本身合法"

的立场。代表大多数的肯尼迪法官（Kennedy）采用了合理原则但也承认RPM可能损害竞争。代表四个不同意见者的布雷尔法官（Breyer）则认为，放弃本身合法原则太晚了。

在搭售和独家交易方面，过去20年中责任的范围已大大缩小了。芝加哥学派因其批判搭售法推翻了"杠杆"理论且对搭售和独家交易的惩处缺乏根据而闻名[24]。哈佛学派有着更多的保留，关注垄断的或有利于垄断的市场结构的潜在危害[25]。哈佛学派的思想带来的一个完全合理的发展是将谢尔曼法第二部分更多地应用到排他性合同中，微软案和登士派齿科公司案正是这样判的[26]。由于下游参与方或出于无奈，或参与意愿是基于为获取其他收益而参与独家交易，因而反竞争的搭售和独家交易总是被分析成"单边"操作[27]。此外，对于反竞争的搭售和独家交易的市场份额要求是重要的，这使得基于谢尔曼法第二部分的评估更为适当。当前关于搭售和独家交易的案例法主要被哈佛学派的方法主导着[28]。

总之，尽管芝加哥学派努力将"封锁"从反垄断值得考虑的因素中剔除，案例法仍旧继续承认市场封锁这一概念。该概念自20世纪50年代由贝恩（Joe Bain）在关于进入壁垒的著作中提出以来就成为哈佛学派反托拉斯政策的支柱，虽然在后来的年月中它被在相当程度上修正了。

关于救济方面，至少芝加哥学派有一些成员主张对反托拉斯执法严格限制，包括实质上消除竞争对手的诉讼[29]，并对反垄断法测算赔偿的方法做出明显的改变，包括按照最优威慑而不是按照原告的损失测算赔偿，而且至少有选择地取消了三重赔偿的认定[30]。相比之下，哈佛的立场一直是，试图制定一个更有内在联系性、经济学上站得住、保留了更多的传统学说且更加忠实于法定判例的私人救济模型。因此，哈佛学派提出了"反托拉斯伤害"这一概念，以首先确保私人救济原理与反托拉斯法实施原理一致[31]。伴随着这一概念，哈佛学派制定了大量的对于原告更为严厉的规则。总的来说，法院遵循了哈佛学派的方法，拒绝驳回竞争者的诉讼，但对其加以严格限制。

最高法院采用了芝加哥而非哈佛推理的一个重要领域是间接购买者受害规则，此规则授予直接购买者完整的三重加价且对间接购买者无赔偿。最高法院在伊利诺斯砖厂案中基本遵从了兰德斯—波斯纳的方法[32]。哈佛学派的方法与标准的赔偿测量规则和克莱顿法第四部分的表述更为一致。该方法认为，直接购买中间商品者应获得失去利润的补偿，而最终用户应获得加价的补偿[33]。直接购买中间产品者将垄断产品价格传递到了分销链的下端，其加价并不是他们

第三部分 芝加哥学派与支配厂商行为

所维持的伤害的粗略近似[34]。相反,他们的损害主要来自数量的缺失。事实上,间接购买者规则往往将全部的赔偿都给予那些根本就没有被垄断价格损害,或用传统的损害测量方法无法证实遭受损害的参与人。

总体而言,今天法院所制造的托拉斯法更接近于被矫正的哈佛学派的观点表述,而不像芝加哥学派的传统观点。当然,至少芝加哥学派中的某些成员已经移向了左翼,就如同哈佛移向右翼一样[35]。然而,当前的问题是,法庭对谢尔曼法第二部分的执法是否走得足够远。也许哈佛学派的影响只不过是向着芝加哥学派核心观点前进的道路上的一个停顿,在芝加哥学派的观点下,法院会认定掠夺性定价、单边拒绝交易或纵向限制不值得花钱去诉讼而应该立即驳回。如果是这样的话,那么可以说,谢尔曼法第二部分将会继续制造虚假肯定,从而需要从其应用的顶峰(即20世纪40、50年代)进一步进行修正,那时法庭把建造更大的厂房[36]或出租人的价格歧视行为[37]当作垄断来惩处。

我的观点是,最高法院和巡回法院有关谢尔曼法第二部分定义标准的解释基本是正确的。这一论断需要从两方面限定。首先,在下文中详谈的部分领域中,法院的判决似乎是一贯的威慑过度或威慑不足。

其次,法院不断地犯着错误而且还会犯下去。但一个错误并不能必然成为反托拉斯原则根本性错误的信号。例如,第九巡回法院在柯达案中对单边拒绝交易包括拒绝授权专利和版权的检验几乎是完全错误,很大程度上是由于法院或误读或忽视了已有法律[38]。同样的,第六巡回法院对康伍德案的判决不适当地把民事侵权法与反托拉斯法混在一起,而且还不当地认可了一种本来就不应该使用的赔偿方法[39]。还有,第三巡回法院对勒帕吉案的判决错误是,在并不充足的成本—价格关系或市场势力分析基础上,就断定打包折扣是为了排除同样有效率的竞争对手[40]。

但是,这些判决并没有告诉我们多少谢尔曼法第二部分的状况。联邦巡回法院研究了第九巡回法院在柯达案中的判决,最终学术权威是在联邦法院那里[41]。事实上,最高法院在1992年同一柯达案件的判决中否定了简易判决,第九巡回法院在1997年对柯达的判决应该是原告在那以后唯一的胜利[42]。康伍德案似乎最好形容为一个法院被侵权行为的记录淹没的案件,以至于法院忽视了去证明这种行为对垄断势力有什么样的贡献,法院也没有遵循需要专家作证的严格的道伯特标准。勒帕吉案几乎肯定是对一个了解甚少且严格的检验还没有发展出来的商业行为(打包折扣)反应过头了[43]。

势力与行为：是否存在垄断行为的一般理论

势力

谢尔曼法的第二部分包含两部分内容：认定垄断势力、证实非法的排他性行为。因而，此处对势力进行简述看起来是适当的。对于虚假肯定和虚假否定的关注也与垄断势力的不当认定有关。

伦奎斯特法院最为黯淡的决定无疑是其1992年对柯达案的裁定。这一裁定允许法院为那些因先前购买一些复杂耐用设备而被"锁定"的购买者定义狭窄的产品市场[44]。然而，正如前所述，柯达在下级法院中却没有受到过多的牵制。

另一方面，所谓的"玻璃纸谬论"依然存在，并不断地在单一厂商市场势力的分析中制造虚假否定[45]。简而言之，通过观测当前市场价格下的需求交叉弹性来评估单一厂商势力的方法，忽视了厂商可能已经开始索取垄断价格的事实。这意味着，传统的市场划分技术可能会系统性地低估支配厂商的市场势力[46]。

排他性行为：对单一检验的疑问式探寻

关于谢尔曼法第二部分的当前文献着迷于为排他性行为制定单一检验。一些文献支持"牺牲"检验，即反竞争的排他行为建立在厂商牺牲短期收益以获取未来收益的意愿之上，即厂商认为在市场中排除竞争对手后便能够提高价格。而另一些文献则支持"无经济学意义"检验。基于谢尔曼法的第二部分，这种检验只去判罚那些不符合正常经济学原理的行为，除非这些行为可以被理解为充当了排除竞争对手获得垄断收益的机制。还有文献认为，基于谢尔曼法的第二部分，只有能够排除同样有效率竞争对手的行为应被判罚。还有文献认为不合理地引起竞争对手成本增加的行为应被判罚。最后，也有文献认为，没有单一的检验能够捕获全部的人们想要惩罚的非法排他性行为。

"牺牲"与"无经济意义"

非法排他性行为的"牺牲"检验和"无经济意义"检验共同为处罚垄断行为提供了最基本的检验内容。从字面上看，他们避免了平衡，因为任何合理

第三部分 芝加哥学派与支配厂商行为

的垄断预期净收益只要不破坏竞争都会令被告无罪。因此,这些检验避免了定义和测量的复杂性。而定义和测量的复杂性往往使基于净福利的检验无法运行,至少对比较难判的案件是这样。

阿斯本滑雪公司案的裁定惩罚了当被告"不是出于效率考虑和……愿意以牺牲短期收益和消费者商誉来换取可能实现的对较小竞争对手的长期影响"的行为[47]。所谓排他性行为的"牺牲"检验,关注的是被告是否愿意牺牲短期收益或利润以换取在垄断被创造出来后或支配厂商地位加强后收取更大的收益。牺牲测试的理由是,那些看似理性的(利润最大化或损失最小化)并且不会创造或保持垄断地位的行为是完全合理的。由于厂商不应被视为其竞争对手或消费者的福利的受托人,惩罚这种行为很可能会伤及到竞争。

在案例法中,这种检验的最好示例出现在布鲁克集团掠夺性定价的赔偿检验中,尽管它更早地出现在下级法院的意见和学术文献中[48]。牺牲检验也可在单边拒绝交易的案件中应用,在某种程度上来讲,如果我们的法律要制裁拒绝交易,我们必须具有能够鉴别那些占拒绝交易整体中非常小的应被制裁的子集的机制。在萃科案中,政府依照牺牲理论辩称,所指控的拒绝交易不符合谢尔曼法的非法标准[49]。

牺牲检验的一个具体问题是,大多数重要的投资都包含了为在未来某一点收益增加而在短期内"牺牲"掉的金钱。建设新工厂的汽车制造商必定是这种情况。他在新工厂的长时间规划建设期中投入金钱,希望在投产后的几年获得更高的利润。可以确定,新工厂的盈利能力并不必然"依赖"于对竞争对手的有害影响,但在一个集中的市场中,这种有害影响确实可能存在。此外,除非竞争对手被迫减少他们自身的产量,否则新工厂可能不会盈利。虽然如此,在这种情况下建设新工厂几乎总是有利于竞争的。

同样,产品创新对被告来说也总是有成本的,且它们是否能成功很可能取决于是否能在市场中排除竞争对手。但这些因素不在也不应在之后的反垄断诉讼中起决定作用。所有的创新都是具有成本的,一些创新的成功只是因为消费者离开了竞争对手的旧版本而趋向于创新者的新产品。总之,现有的牺牲检验做不到从有利于竞争的"投资"中区分出反竞争"牺牲"。

牺牲检验似乎在谢尔曼法第二部分中与掠夺性定价和拒绝交易无关的行为方面应用的并不成功。某些排他性操作,如独家交易或搭售,可能使支配厂商从操作的一开始就获利,因而短期牺牲和随后补偿都是不必要的。其他操作,如不当的侵权诉讼,无论是否反竞争,通常对于被告在短期内都是代价高昂的。实际上，当违法被告具有辩护资源时，专利侵权的不当诉讼对于支配企业是最为昂贵的；而当违法被告是那些可以被轻易排除出市场的新兴企业时，费用可能不会特别高昂。

与牺牲检验在某些方面相似，"无经济意义"检验拒绝制裁排他性单一厂商行为，"除非这种行为对被告除了企图消除或减少竞争外没有其他经济意义"[50]。"无经济意义"检验为何时单一厂商的进攻行为走得太远这一问题提供了洞见，但若不加入复杂的限制，它可能导致错误的结论。

不是我们希望制裁的所有垄断行为都是"非理性的"。这里"非理性"的意思是，这种行为之所以有利可图的唯一原因是通过破坏和惩罚竞争对手。实际上，垄断行为并不一定对被告代价高昂。例如，提供虚假信息或不披露重要信息给政府官员或制定标准的组织，这并不需要花费比提供真实信息更多的成本，但这样在适当的情况下就可以制造垄断[51]。事实上，提供虚假信息可能比提供真实信息的成本更低，因为制造虚假信息更容易也更便宜。此外，把这些信息提供给政府官员可能是有利可图的（即"有经济意义"），无论它可以破坏竞争对手还是它仅仅导致被告产出增加。例如，通过对专利审查员做出虚假陈述而获得专利，然后对竞争对手提出违法诉讼的厂商可能具有支配地位并决心维护其地位[52]。但这个厂商也可能只是一个产品差异化市场中众多厂商的一员，它只是寻求从一个近似替代品那里保护自己的销售额而已。

排除同样有效率竞争者的能力

波斯纳法官提出的排他性行为的定义要求原告举证：

> "被告具有垄断势力……并且被质疑的行为可能在给定情况下从被告的市场中排除同等或更有效率的竞争者。被告可以抗辩，尽管他是垄断者且其行为是排他性的，但这一行为总体而言是有效率的。"[53]

这一定义在案例法中得到了一些认可。例如，对勒帕吉案中的贴现问题，第三巡回法院指出"即使同样有效率竞争对手也会发现，对它自己不生产的产品的损失贴现进行补偿是不可能的。"[54]"同样有效率的竞争者"检验在掠夺性定价的案件中也被接受，特别是讨论如何将价格定义为掠夺性价格时。这一检验的推理在于，厂商不应该因为成本比竞争对手低并相应地定价而受到惩罚。结果是，只有能够排除同被告同样有效率的竞争对手的价格才是掠夺性价格[55]。波斯纳法官为其排他性行为定义的辩护在定价方面。他写道：

第三部分 芝加哥学派与支配厂商行为

"要求厂商为效率不高的进入者提供价格保护伞是荒谬的……因为要鼓励效率提升,那些只排除效率较低厂商的定价行为,如垄断者将其价格降至成本,是无法被起诉的。"[56]

显然,我们不希望低成本厂商仅仅因为在市场中存在竞争对手就将价格保持在成本之上。在竞争对手不如支配厂商有效率的情况下,上述同样有效率竞争者排他性行为的定义会降低自身的威慑性。考虑欺诈性的知识产权侵权诉讼[57],当诉讼双方承担诉讼费用的能力不相等时,这种诉讼作为阻碍进入机制的价值最大。这通常发生在进入者开始生产之前或开始生产后不久。不同于那些将价格制定在边际成本水平上或略高于边际成本的诉讼,欺诈性的专利侵权诉讼对社会毫无用处。而且,这一策略很可能无法有效对付一个同样有效率的竞争对手,因这样的竞争对手大致能够赢得诉讼。在这种情况下,波斯纳法官的排他性行为定义似乎太宽松,甚至是错误的。当行为很可能具有不合理的排他性的情况下,这一定义仍能使被告免罪。

提高竞争对手的成本(RRC)

支配厂商的许多反竞争活动都可以被很好地解释为通过提高竞争对手的成本而否定其进入市场的努力。在无法完全摧毁竞争对手的情况下,这种提高竞争对手成本的策略可能会成功。一旦竞争对手的成本增加,支配厂商可以提高自价格或增加市场份额[58]。

RRC 理论的真正的价值不是要建立一套非法排他性行为的新体系,而是说明传统上受到反垄断法关注的某些行为可具有反竞争效果,即使这些行为在表面上并不涉及直接打击竞争对手。这种竞争对手留在市场中但其成本增加的情况比竞争对手直接被摧毁的情况可能普遍。此外,成本提高策略可能不太容易被侦查到,也不太可能被起诉。事实上,如果支配厂商提高自己的价格而使小企业能够通过价格的上涨来补偿他们的成本增加,那么提高竞争对手成本的战略从根本上不会严重伤害竞争对手。旧的反竞争排他性行为理论只关注完全封锁或摧毁竞争对手。因此,RRC 理论是对这种旧理论的一种替代。RRC 理论在谢尔曼法第一部分与第二部分的很多案例中已经得到认可[59]。

当然,法律从来没有将完全市场排除作为诉讼的前提条件。事实上,一些成功的谢尔曼法第二部分的相关原告人即使在被排挤的时期内,其市场份额和利润还在增加[60]。

总之,RRC 非常有用但也对排他性操作定义不完全。此外,很多提高竞争对手成本的行为，如通过创新剥夺竞争对手的收益或迫使竞争对手也进行创新，也会提升社会福利。因此，"提高竞争对手成本"不能作为排他性行为的完全检验[61]。人们总是需要对它添加"无正当理由的"这一定语，但这又总是需要进行某种平衡或权衡。

非单一检验

之前讨论的每一个检验对评估某些类型的排他性行为是有用的，但对其他类型行为的用处可能就不那么大。鉴于目前的法律状况，我自己偏好的"检验"是在《反托拉斯法》一书的论述中所提出的：垄断行为包含以下行动

（1）通过损害竞争对手的机会，而能够合理的创造、扩大和延长垄断势力；

（2）这些行动或是（2a）根本不能使消费者受益，或是（2b）行动对于其所产生的特定的消费者利益是不必要的，或是（3c）产生的危害与带来的利益不成比例[62]。

还应该补充一点，执法机构必须能够对这些行为进行合理的控制，这意味着法院必须能够确定那些反竞争行为，并且要么施以罚款以便制造适当地威慑，要么给予公平的补偿以促进竞争。这些考虑来源于一个芝加哥学派和哈佛学派核心立场的命题：管理能力是关键。如果不能有效实施，再复杂的规则也不见得有用。

以上陈述与其说是一个检验，不如说是一系列前提假定。条款（1）要求行为既是排他性的也是"实质上的"，这是从能够合理的创造和延长垄断势力的意义上来讲的。条款（2a）涉及认定反竞争排除的最简单情况，即没有给消费者带来可以被证明的利益。条款（2b）涉及的是企业可以采用对竞争伤害更小些的行为但可以对消费者带来同等利益的情况，及条款（2c）涉及需要平衡损失和收益的少数情况。除了这些陈述，法院仍需要对特定类型的行为开发特定的检验方法，如掠夺性定价的赔偿/价格—成本检验，或是单边拒绝交易的"无经济意义"检验。

存在问题的领域

由于谢尔曼法第二部分对垄断行为的开放性表述，垄断法概念上和执法上的问题可能永远不会解决。有几个问题领域似乎值得注意。

公司对政府程序的滥用将产生垄断，这已成为一个广泛的共识。专利和其他知识产权排他性案件方面尤其存在问题，而且可能已经产生了威慑不足的结

第三部分　芝加哥学派与支配厂商行为

果。举例来说，自最高法院在1965年对沃克设备公司案（Walker Process）的裁决以来，通过不当手段获得或过于宽泛的应用专利来维持或建立垄断的案件一直是反垄断诉讼的重要来源[63]。著名的沃克设备公司一案代表了基于通过"欺诈"手段获得专利的专利人而发起诉讼的侵权案件。今天，法律已经变得更加技术化和程式化。许多诉讼仍旧牵涉专利，而那些专利是在从专利和商标局（PTO）那里通过不公正行为获取的，但并非每一种不公正行为都会致使所获得的专利不能受到保护。对于这个问题，联邦巡回法院考虑两个相关的问题。其一是专利申请人不当行为的性质和其背后的意图；另一个是"实质性"检验，即专利审查员在不当行为没有发生情况下否决专利（或专利申请）的可能性。一般来说，若不当行为越严重，证明专利不能得到保护所需的实质性要求就越低，反之亦然。

在另一些涉及知识产权的案件中，涉及的产权并不一定通过不当行为获得的，但是对侵权行动的诉讼本身有不当之处。在一个专利案中，这可能是因为专利权人有充分理由获知被告的技术并没有侵权（没有被包含在特定的专利之内），或者被告具有有效的专利授权；或是存在一些专利在申请程序之后不能收到保护的理由[64]。最高法院在专业不动产案（Professional Real Estate）中处理过这样一种案件。在此案中，涉及的知识产权是著作权而非专利，侵权被告辩称说，原告是通过对法律中某一问题的不适当解释而曲解其行为从而告上法庭的[65]。

对于沃克设备公司一类的侵权案，联邦巡回法院一直不愿采用较为客观的鉴别是否存在沃克设备责任的不公正行为的检验标准。例如在迪平冰淇淋案（Dippin'Dots）案中，在开始专利申请的一年之前，侵权案原告进行了约800次零售交易[66]。专利法中的销售禁令不允许为在申请专利前已经销售超过一年的产品授予专利[67]。这种情况下，专利权人在申请专利时忽略披露这一信息，并且在专利权声明中包含一份证词说没发生过这样的销售。如果披露了这些信息，专利申请一定会被禁止。

然而，法院还认为，使专利无效的不公正行为的程度不需要像支持反垄断诉讼的程度那么大。在迪平冰淇淋案案中，反映专利权人反竞争意图的唯一证据是它在专利申请前一周中进行了800次销售，但后来却对PTO发誓说这些销售从未发生过。专利权人还是提起了专利侵权诉讼[68]。联邦巡回法院认为，虽然这种信息遗漏显然符合不公正行为，但仍不足以说明这是沃克设备案意义上的欺诈，沃克设备公司一类案件需要意图和实质双方面的表现[69]。为了建立

120 一个沃克设备的反垄断案件,"必须有能够将意图从简单的遗漏事实中区分出来的证据。"法庭阐述道:

> 也许有人这样认为,由于遗漏的信息对获得专利如此重要,DDI(专利人)必然已经知道它们的重要性,且有意识的决定不披露它们。这一辩驳虽然有力,但过分坚持这一说法则会在实质性检验和证明专利人的欺诈意图平衡之间忽视了后者。在评估专利人的起诉行为是否公正时,将实质与意图一起权衡是恰当的。然而,当索赔人挥舞沃克设备案这把"剑"取得反垄断损害赔偿,而不是把它当作"盾"去对付不正当专利时,他们必须独立证明欺诈意图的存在。[70]

法庭的这种思维方法重新制造出如同松下案(Matsushita)之前的反托拉斯诉讼那样的恐怖气氛,而那些诉讼是基于对简易判决的牵强条件。它要求通过从专利人的文件中发现反竞争"意图"存在的证据,而不是专利申请中已自身表现出的"意图"。此外,它使得被告的反垄断反抗辩依赖于专利人奇特的文件保留政策或其抑制有罪信息的努力,这通常是早于诉讼很多年的申请专利之前的活动。例如,在迪平冰淇淋案中,导致专利无效的销售记录发生在1987年,而这起专利违法诉讼则发生在大约13年后的2000年4月。[71]

另一个存在问题的领域是策略性定价法律,包括各类折扣政策。掠夺性定价的"赔偿"检验和AVC检验都不完善也都威慑不足。布鲁克集团案中发展出的"赔偿"检验,低估了双寡头间相互惩罚行为的作用。在集中度高的产业中,竞争的程度差别很大;在有些行业中惩罚定价对市场领导者来说是相当有价值的,但危害消费者。具有悠久锁步定价(lock-step pricing)历史的香烟业,很可能就是这样一种产业。

AVC检验基本上是将短期边际成本作为衡量掠夺的基线,而阿利达—特纳方法指出,高于平均可变成本的价格基本上可以作为掠夺诉讼的安全港。人们普遍承认AVC检验的威慑力量可能不足,特别是在固定成本很高的情况下,而这种情况下的市场结构则容易产生垄断。[72]

涉及折扣的定价政策在近几年尤其容易产生问题。相关的法律似乎与20世纪70年代和80年代的掠夺性定价法大致相同。早期的陈述偏重于意图,成本检验只起次要作用,以至于某些裁决把高于任何成本测算的价格作为掠夺而惩处。

121 单一产品和"加总"多产品贴现可能构成了不同的问题[73]。在单一产品折

第三部分 芝加哥学派与支配厂商行为

扣政策下，如果购买者从被告那里购买他们所需要产品的一定比例则可享受到折扣。一些案例是有关这种所谓的"市场份额"折扣政策。这些定价方式在若干方面不同于独家经营政策，且比独家经营对竞争的危害小。首先，由于特定的比例小于100%，它们对市场的封锁程度比具有同样市场份额的卖方实行独家经营要小。其次，也是最重要的是，对低于特定比例的处分只不过是不享受折扣，这意味着，买方在任何时候都可以通过支付较高的价格给卖方来逃避合同规定。最后，也是最重要的是，一个同样有效率的竞争对手可以同样给出一个高于被告成本的完全贴现价格[74]。

惩处高于成本的市场份额折扣定价的最常见理由是，它们可能通过剥夺竞争对手达到等同于被告的规模经济的足够销售量，而使竞争对手成本增加。这里，相同的考虑也出现在法院关于掠夺性定价的处理中，如布鲁克集团案。第一，人们或许可以设想，高于成本的单一产品贴现可以用来减少竞争对手的规模经济，社会福利也可能会在这个过程中减少。但是，第二，人们会怀疑法院能否在这一理论下执行诉讼，而不产生无法容忍的减弱竞争行为的风险，其结果可能是更大的社会代价[75]。显然，有关掠夺性定价的法律并没有立足于反竞争性的高于成本的定价策略是不可能的这一前提之上。事实上，这种理论为数众多且各式各样[76]。相反，这一法律是基于一项观察，那就是法院，特别是陪审团，无法充分明确地区分这些策略，以避免惩处利于竞争的行为。

加总多产品贴现的情况更为复杂，这是由于一个生产相同产品或相同商品束子集产品的同等有效率的竞争对手可能无法抗衡一个加总贴现。假设被告是市场中生产产品 A 与 B 的唯一厂商。竞争对手只生产其中的一个却不生产另一个。如果被告对一起购买 A 和 B 实行捆绑贴现，一个只生产 B 的同样有效率的竞争对手可能只能应对对 B 的贴现，但由于买方无法购买必要数量的 A 和 B，它无法应对对 A 的贴现。

这些贴现定价行为是否应以高于成本价格惩处？如果是的话，在什么时候？由此会引起一些非常有趣的问题，这些问题已经在文献中得到了相当深入的研究，但在判例法中探讨较少。

第一，如果至少有一个重要的竞争对手也生产 A 和 B，那么不能仅仅因为只生产一个产品的原告不能应对这一价格折扣，就去惩处这种定价行为。

第二，这种折扣不会排除一个同样有效率的单一产品竞争对手，除非当全部折扣应用于这一单一产品时，被告该产品的价格低于成本。抑或应用不同的陈述方式：人们要问，当两种产品捆绑在一起时，它们的增量价格是否足以支付生产捆绑产品的增加成本。哈佛学派和芝加哥学派目前都认为需要有基于成本的检验，这种检验可以同时提供相对简化的行政过程和避免那种观察被告意图的而非依据成本的检验所带来的过度威慑。就像第九巡回法院在级联健康案（Cascade Health）裁决中指出的那样，属性检验（attribution test）方法其实是一种妥协，它并不要求证明整个产品集合的价格低于其生产成本，但又不像那些完全放弃成本考虑或要求对规模经济这样的指标做出精确测定的那些不能够实施的做法[77]。

第三，即使不满足增量成本检验的捆绑通常也是有利于竞争的，事实上，它可能是导致寡头结构不稳定的重要途径。例如，在一个集中性的市场中的卡车经销商可能因害怕报复而不愿意减少名义价格，但是，它可能把车辆加装的成本1 000美元的空调按300美元增量价格出售。这种定价行为可能将一个只销售汽车空调但不销售卡车的厂商排除，但如果卡车加空调的整体价格仍然超过它们的成本，那么很难证明限制卡车市场的竞争以保护空调厂商这一规则的正确性。

第四，对补救措施给予简短的说明。谢尔曼法的第二部分的效力，取决于补救措施是否成功[78]。在几十年来应用结构补救的积极性已经让位于对行为性补救措施的偏好。哪一种补救措施具有比较优势视情况而定。在诸如登士派齿科公司案中，被告通过一系列独家经营操作维护了其支配地位，对这些做法发出禁止令可能就足够了。但非结构补救措施往往不超过价格管制，这很少能够满足反垄断的目标[79]。与之相反，在像微软案这类案件中，行为是多方面的，且被告曾多次被惩处[80]，那么，精心定制的结构性补救措施可能是必要的，它包括但可能不限于强迫知识产权共享。使结构补救措施更加积极的时机似乎已经成熟，尤其是对于屡犯者。

第三部分 芝加哥学派与支配厂商行为

第9章 对赫伯特·霍温坎普和支配企业的评论：芝加哥学派使得我们对于虚假肯定及谢尔曼法第二部分施用的态度过于谨慎

哈维·高德斯密德

自美国建国之初，对集中化的经济势力和支配企业的关注就已经出现。但在内战之后的时期，正如历史学家理查德·霍夫施塔特所指出的那样，"大型化来势凶猛且看似势不可挡。没人知道它将何时或以何种方式结束[81]。"1890年生效的谢尔曼法第二部分原本是国家对于支配厂商错误行为的回应。

多年来谢尔曼法第二部分的施用或严格或犹豫，而今，霍温坎普认为"最高法院与巡回法院对谢尔曼法第二部分标准的定义基本是正确的。"霍温坎普的文章相当复杂，分析有力且富有智慧，但是，即便考虑到他所陈述的"限定"，我认为他对于现行法律和支配企业太过于乐观。事实上，无论是将当前的放任归因于芝加哥学派，或是归因于芝加哥学派和那些霍温坎普所说的"被矫正的哈佛学派"的混合作用，其底线在于法律对于谢尔曼法第二部分的施用过于谨慎并且对于所谓的虚假肯定过于关注。

对于支配企业的传统关注和谢尔曼法第二部分的合理演化

为了理解上文所表述的观点，请和我一起回到1945年去回顾兰纳德·汉德法官经典的关于美国铝业案的观点[82]。汉德法官描述了三种与垄断势力和支配企业相关的基本罪恶。第一，支配企业可能具有定价方面的过度势力。第二，过度价格总是导致资源的错误配置；在现代术语中，这将减少配置效率并产生福利净损失。第三，动态效率有可能遭受损失。正如兰纳德·汉德用他那极富色彩的语言解释的那样："无以挑战的经济势力诛戮能动性……压抑活力；……免疫于竞争是一种麻醉剂而争夺才是兴奋剂。"

美国铝业案及其后相关案件的问题不在于这种政策方法。其问题在于美国铝业案中关于支配厂商的何种行为能够被允许的视角过于狭窄。汉德法官要求只有支配厂商的垄断势力是被"强加于"其上的，其才能够在反垄断诉讼中胜诉。为了避免被发现"滥用"，厂商必须是"被动受益者"，举例而言，在扩张市场时厂商不能"一再提高其产能水平"。

1964 年美国铝业案中的方法被最为强势的联邦审判法官之一的查尔斯·怀赞斯基应用到了极致。怀赞斯基认定，在判定支配地位时，对违反谢尔曼法（如违反该法第二部分的不当行为）行为应有一个"可反驳的推定"。怀赞斯基认为，只有在非常少的情形下这一推定才可以被反驳[83]。

汉德与怀赞斯基的检验看上去是要求支配厂商为避免谢尔曼法第二部分的责任而去被动的、无效率的行事。很明显，这些检验如果被推广后使用将导致全然有害的经济结果。

1966 年，最高法院驳回了"可反驳的推定"这一理念并同时行文定义了垄断罪，这建立了直至今天的分析谢尔曼法第二部分案件的框架：

"谢尔曼法第二部分的垄断罪行具有两个要素：第一，在相关市场中占有垄断势力；第二，故意获取或维持其势力，而这一势力有别于优等产品、商业敏锐或历史巧合所带来的增长或发展。"[84]

在 1985 年的阿斯本滑雪公司案中，最高法院建立了一套合理的现代框架来评估可允许的行为和不可允许的行为。我把这种检验归纳为，判定违法标准是相关行为是否是"非正当排他性行为"[85]。研发投入、创新和其他动态竞争性活动都是可以接受的；只有那些非正当伤害竞争者的活动，即无充足的正当商业理由的活动，才属于滥用。

近期关注的原因

在这一点上，我与霍温坎普一样对于谢尔曼法第二部分的发展感到乐观。但近年来谢尔曼法第二部分案例的处境并不好。最高法院最近的不恰当陈述来自 2004 年威瑞森电信控告萃科案[86]。虽然我认为萃科案的判定是正确的，但斯卡利亚法官书写的附带意见严重破坏了谢尔曼法第二部分的传统政策基础[87]。

凡事皆往好处想的斯卡利亚法官断言"仅仅占有垄断势力并随之收取垄断价格不仅不非法，这是自由市场系统的重要组成部分。收取垄断价格的机会

第三部分　芝加哥学派与支配厂商行为

首先吸引着'商业的敏锐'。"如果没有发现非正当排他行为或掠夺性定价，斯卡利亚在格林内尔案检验中关于收取垄断价格可以是合法的认识是正确的。另外，垄断利润的前景一定会激励理性的商业管理者。但垄断势力和垄断利润要求更高的成本。斯卡利亚的观点中没有任何地方提到过对支配或垄断势力的传统罪恶的关注，即过度价格、资源的错误配置以及动态效率的丧失。实际上，因为支配"引发了产生创新和经济增长的冒险"，斯卡利亚认为支配地位是良性的或有益的。

斯卡利亚和芝加哥学派的其他人可能会争辩说对于垄断势力"传统罪恶"的关注导致美国铝业案中检验要求的有害的被动性。我同意对美国铝业行为的检验过于严格，但格林内尔案和阿斯本滑雪公司案的范式，即聚焦于厂商的非正当排他性行为，提供了必要的纠正。在这些范式之下，效率、动态效率和创新行为都不一定是违法的。

芝加哥学派可能会争辩说，新厂商的进入与市场的自我纠正可以减轻支配带来的罪恶。他们可能还会质疑我们的联邦法院处理复杂支配问题的能力。正如斯卡利亚在萃科案中所说的那样："虚假肯定的成本（如错判那些有利于竞争或鼓励竞争的行为）否定了谢尔曼法第二部分责任的不当延伸。"[88]

然而，当前对于谨慎和放任的诉求不必要地危害了潜在的动态市场和自由市场竞争。我将列出以下五点来回应斯卡利亚和芝加哥学派。

萃科案中考虑共享的需要时观点过于狭隘，而考虑对"拒绝交易"威胁的容忍时观点又过于宽泛

斯卡利亚断言，我们必须对"强制共享"非常"谨慎"，他还强调，最高法院从来没有认可过"关键设施"原则。他解释说，"谢尔曼法不限制卖方（引用高露洁一案）在与他方交易时自由实施其自身的独立处置权这一长久被认可的权利。"[89]

支配厂商何时要求共享是个真正的难题。但斯卡利亚的话暗示着近来低级法院对有关谢尔曼法第二部分的关键案件，如登士派齿科公司案[90]、微软案[91]、柯达案[92]的判决是错误的。在登士派齿科公司案中，一个支配厂商作为被告被控使用配额，这一点如同斯卡利亚在萃科案中所描述的"自由实施其独立判断"，并且这个厂商只与其希望的交易伙伴进行交易。登士派齿科公司利用这种配额实施了一个反竞争的独家交易计划。第三巡回法院认定这是违反谢尔曼法第二部分的。对谢尔曼法第二部分违法认定不需协议。为什么不简单地去判

罚那个通过威胁拒绝交易显著地抑制或阻碍了其小型竞争对手产品销售的支配制造商呢？的确，考虑到垄断势力的"罪恶"，为什么在支配的语境下不像华盛顿特区巡回法院在微软案或第三巡回法院在登士派齿科公司案中那样判罚严格显著的进入壁垒或阻碍性的独家交易呢？

同样的，我认为第九巡回法院对于柯达公司在零部件市场中（复印和微拍设备）使用垄断势力，通过拒绝交易零部件伤害和摧毁独立服务运营商（ISO）的判罚是正确的。霍温坎普将柯达案（此案中单边拒绝交易包括拒绝对具有专利的部件给以销售许可）认定为一个"几乎完全错误"的判决，他认为的原因是法院的行为检验"或是误读或是忽视了已有法律"[93]。但是，如果假设第九巡回法院[94]和最高法院关于零部件和服务二级市场消费者"锁定"的市场定义是正确的，为什么在零部件市场具有垄断势力的支配厂商柯达能够被允许在服务市场中拒绝与独立服务运营商交易呢？

应当承认，在这个难解的领域中适度的谨慎是必要的。但最高法院在1992年对柯达案的观点中则说得太过了，最高法院认为："一般情况下一个厂商的确可以拒绝与其竞争对手交易。但这种拒绝交易的权利不是绝对的；只有拒绝交易有合法的竞争原因时这一权利才存在。"[95]

这一表述过于严格了。它会不公平和不明智地对支配厂商造成巨大的伤害。举例而言，为什么一个支配厂商发明、发展和取得了一种药品的专利却必须与潜在竞争对手共享这种药品？支配厂商可以仅以"合法的竞争原因"拒绝竞争对手共享药品的要求吗？避免竞争的意愿是否属有"合法的竞争原因"？如果不是的话，这一规则会给研发、创新和发明带来何种的负向激励呢？

但是在第九巡回法院，柯达承认它将部件提供给那些自己进行维修的买家。这表明没有现实的质量控制理由使柯达拒绝与独立服务运营商交易。没有可信的商业理由，柯达拒绝交易就不是非正当排他行为吗[96]？在我看来，当一个支配厂商错误地应用其垄断势力，如在登士派齿科公司案中那样造成排他性交易的封锁或是在柯达案中那样没有商业理由的转移在一个市场中的势力去支配另一个市场，在谢尔曼法的第二部分下共享也许可以被强制实施。此外，共享应该被强制的情形为：（1）支配厂商控制着一个当前和潜在的竞争对手无法复制的"重要设施"；（2）支配厂商去共享该设施是现实的；（3）权衡而言，强制共享该设施（当然，共享是可以被补偿的）必须同时（a）是公平的，且（b）对于效率的激励是没有反作用的。[97]

在这一范式下，要求共享某个独特的自然资源或共同租用市政体育馆再容

第三部分 芝加哥学派与支配厂商行为

易不过了。因为这些情况下支配厂商的投入较小且能够被完全补偿。而对于那些经过很长时间和大量投入研制的专利药物的共享则比较困难。当然,这一范式取决于我们联邦法院合理而平衡的决定;它也可能会产生某种不确定性。但这一范式只有在垄断势力被发现后才能使用,且以上条件(1)至(3)不会使原告的诉讼历程变得更加容易。

对虚假肯定的关注将联邦执法机构诱入了毫无根据的满意中

在我们的现代经济中,伴随着知识产权所扮演的庞大角色,对支配厂商应更加关注。由于版权、专利、"网络效应"以及相似的因素,至少在知识产权市场中存在向单一厂商支配变化的趋势。

当然,知识产权市场通常是动态的而且也取决于不断的变化,但是,伴随着延伸产品,像微软和英特尔这样的公司仍旧在相当长的时间里保持支配地位。我怀疑萃科案的判词和芝加哥学派的学者已经诱使反垄断执法机构和我们的低级法院进入了对支配厂商满意的错误情绪中。现在在 FTC 的反垄断局或法院关于谢尔曼法第二部分实施的领域里,几乎没有事情发生。

掠夺性定价学说已被芝加哥学派负面影响了

正如霍温坎普所阐述的那样,对于芝加哥学派中的很多人"掠夺性定价是非理性的行为"而且掠夺性定价案件"应该被即刻排除"。虽然较为温和的哈佛学派在这一领域中占有优势,但是,作为对以上两个学派的回应,近期的研究指出了单一厂商掠夺性定价的多个理性原因[98]。在一个具有进入壁垒的市场中,通过掠夺性定价阻止进入或教训竞争对手可能是完全理性的。在一个集中的市场中寡头集团掠夺性定价可能比较困难,但支配厂商可以轻易地完成掠夺性定价并且这种定价在支配厂商的经济考虑上是明智的。事实上,在支配厂商的情形下,我会用布鲁克集团案[99]和惠好案[100],在二者中补偿(包括教训竞争对手带来的收益)都是可能的,来解释需要存在一个一切低于平均成本的定价都是掠夺性定价的假定。在这一领域中,对可行性的怀疑和幼稚已经导致法律太过放任。

对虚假肯定的过度关切已经导致了通过一个单一、狭窄的检验定义支配厂商不被允许行为的无用尝试

霍温坎普对这一领域的处理及其对多种不完美的检验方法的批判充满了优

雅与智慧。举例而言，芝加哥的学者已经拥有了一个"无经济学意义"检验。但如果柯达公司具有拒绝交易的经济上不显著原因，并伴随着将竞争性的独立服务运营商驱逐出市场这一主要目标，该公司是否应被允许这么做？

理查德·波斯纳法官已简洁的指出具有垄断势力的厂商应"与其他厂商一样自由竞争。"[101]但斯卡利亚在柯达案中认为一个具有垄断势力的厂商应该"被放在特殊的（大概更严格）放大镜下检查"[102]。可以问问你自己，在这个问题上斯卡利亚是否正确。举例而言，一个支配厂商的独家交易合同是否应该和一个只占市场百分之五份额厂商的合同同样对待呢？

对确定性和一个单一的、非常狭窄的垄断行为检验的寻求无疑还会继续。但基于我对垄断势力的"罪恶"的关注，格林内尔案检验和阿斯本滑雪公司案检验中的灵活性可以使我大为轻松，我归纳这些检验为"非正当排他行为"。

认同

最后，我完全同意霍温坎普的以下观点，在这个极度重要的领域中，谢尔曼法第二部分之下"采取更激进的结构性救济的时机看似已经成熟"。

注释：

1. 谢尔曼法，第二部分，26 Stat 209（1980）。
2. 新泽西标准石油诉美利坚合众国案，221 U.S. 1（1911）。
3. 540 U.S. 398（2004）。
4. 同上，见第407页。
5. Trinko, 540 U.S. 398。
6. 美利坚合众国诉微软公司案，253 F.3d 34（D.C. Cir. 2001）。
7. 部分较重要的文献包括：Richard A. Posner, Antitrust Law（1976；2d ed. 2001）; Frank H. Easterbrook, Ignorance and Antitrust 119, in Antitrust, Innovation, and Competitiveness（T. Jorde & D. Teece, eds., 1992）; Frank H. Easterbrook, The Limits of Antitrust, 63 Texas L. Rev. 1, 2（1984）; Richard A. Posner, The Chicago School of Antitrust Analysis, 127 U. Pa. L. Rev. 925（1979）; Robert H. Bork, The Antitrust Paradox: a Policy at War with Itself（1978）。
8. 关于哈佛学派，见 Herbert Hovenkamp, The Antitrust Enterprise: Principle and Execution 35–38（2006）. 又见 James W. Meehan, Jr. and Robert J. Larner, "The Structural School, Its Critics, and its Progeny: An Assessment," in Economics and Antitrust Policy（Robert J.

第三部分 芝加哥学派与支配厂商行为

Larner & James W. Meehan, Jr., eds. 1989), at 182.

9. 见注释 8, Hovenkamp, Antitrust Enterprise, 第 37 页; Herbert Hovenkamp, The Rationalization of Antitrust, 116 Harv. L. Rev. 917 (2003).

10. 见 William Kovacic, The Intellectual DNA of Modern U. S. Competition Law for Dominant Firm Conduct: The Chicago/Harvard Double Helix, 2007 Col. Bus. L. Rev. 1 (2007); 又见 William H. Page, Areeda, Chicago, and Antitrust Injury: Economic Efficiency and Legal Process, 41 Antitrust Bull. 909 (1996).

11. 可见于 Frank H. Easterbrook, Predatory Strategies and Counterstrategies, 48 Univ. Chi. L. Rev. 263 (1981). 较温和的评论见注释 7 中 Bork, Antitrust Paradox, 144-55。

12. 见 Richard A. Posner, Antitrust Law 189 (1976); 在其第二版书中, p. 215 (延续了这一主张但给出了限定条件). 对其批评可见 Phillip E. Areeda & Herbert Hovenkamp, Antitrust Law &741e2 (2d ed. 2002); Oliver E. Williamson, Predatory Pricing: A Strategic and Welfare Analysis, 87 Yale L. J. 284, 322 n. 88 (1977). 又见 Richard Posner, The Chicago School of Antitrust Analysis, 127 U. Pa. L. Rev. 925, 941 (1979) (稍显模糊的修正了先前的观点). 最近, 波斯纳明显的修正了他的观点, 也许变为了与 Areeda-Turner 检验相左, 见 Antitrust Law (2d ed. 2001), 第 217~223 页 (形容 Areeda-Turner 检验为"老掉牙的"); 又见该书第 215 页 (边际成本检验的数值).

13. Phillip E. Areeda & Donald F. Turner, Predatory Pricing and Related Practices Under Section 2 of the Sherman Act, 88 Harv. L. Rev. 697, 698 (1975) 中写道:"……对掠夺性定价的经典恐惧在于为把竞争对手逐出市场而故意牺牲当前收益, 之后再在没有竞争的状况下获得高额利润作为补偿." 又见 Antitrust Law treatise: 3 Phillip E. Areeda & Donald F. Turner, Antitrust Law &711b at 151 (1978); 3 Antitrust Law, Ch. 7C-2 (结构问题和补偿); 7C-3 (价格成本关系).

14. 见布鲁克集团诉布朗和威廉姆森烟草公司案, 509 U. S. 209, 233 (U. S. 1993).

15. 书中各处可见 (Antitrust Law 被引用 13 次).

16. 惠好公司诉罗氏硬木材公司案, 127 S. Ct 1069 (2007).

17. 例如 A. A. Poultry Farms v. Rose Acre Farms, 881 F. 2d 1396, 1401 (7th Cir. 1989), cert. denied, 494 U. S. 1019 (1990) (首先验视有着低进入壁垒的竞争性结构的市场中的补偿).

18. 阿斯本滑雪公司诉阿斯本高地滑雪集团案, 472 U. S. 585 (1985); 见 3A Antitrust Law 772 (2d ed. 2002).

19. 威瑞森电信控萃科案, 540 U. S. 398, 411, 415 (2004). 又见 Spencer Weber Waller, Microsoft and Trinko: A Tale of Two Courts, 2006 UTAH L. REV. 901, 915-916 (强调哈佛学派在萃科案判决中的作用); Kovacic, Intellectual DNA, 见注释 10 (指出萃科案背后的指导力量是布雷耶法官在康科德镇诉波士顿爱迪生公司案中 915 F. 2d 17 (1st Cir. 1990)

明显应用哈佛学派的方法)。

20. Richard A. Posner, The Next Step in the Antitrust Treatment of Restricted Distribution: Per Se Legality, 48 U. Chi. L. Rev. 6, 9 (1981); Robert H Bork, The Rule of Reason and the Per Se Concept: Price Fixing and Market Division (part 2), 75 Yale L. J. 373 (1966); Frank H. Easterbrook, Vertical Arrangements and the Rule of Reason, 53 Antitrust L. J. 135 (1984) (认识到只有用于便利横向串谋的纵向安排才是需要惩处的)。

21. 例如 Lester Telser, Why Should Manufacturers Want Fair Trade? 3 J. L. & Econ. 86 (1960); Robert H. Bork, The Rule of Reason and the Per Se Concept: Price Fixing and Market Division (part 2), 75 Yale L. J. 373 (1966); Richard A. Posner, The Rule of Reason and the Economic Approach: Reflections on The Sylvania Decision, 45 U. Chi. L. Rev. 1 (1977)。

22. 见 8 Phillip E. Areeda & Herbert Hovenkamp 1604 (2d ed. 2004)。

23. 国家石油诉可汗案,522 U. S. 3 (1997);丽晶皮具诉 PSKS 公司案,127 S. Ct. 2705 (2007),推翻了迈尔斯博士药品公司诉帕克父子公司案,220 U. S. 373 (1911)。见 8 Phillip E. Areeda & Herbert Hovenkamp, Antitrust Law &1620 (2d ed. 2004)。

24. 如 Bork, Antitrust Paradox, 见注释 7, 299 – 309 (独家交易);第 365 ~ 381 页 (搭售)。

25. 见 9 Phillip E. Areeda & Herbert Hovenkamp, Antitrust Law && 1704, 1705, 1709, 1710 (2d ed. 2004)。

26. 见美利坚合众国诉微软公司案,253 F. 3d 34, 第 66 ~ 67 页 (D. C. Cir. 2001), cert. denied, 534 U. S. 952 (2001) (基于谢尔曼法第二部分将微软公司"混合"平台和浏览器代码作为搭售惩处);美利坚合众国诉登士派齿科公司案,399 F. 3d 181, 191 (3d Cir. 2005), cert. denied, 126 S. Ct. 1023 (2006) (基于谢尔曼法第二部分惩处独家交易)。

27. 当然,很多促进竞争的搭售和独家交易是双边性的,交易双方都能从排他性获益。见 Jefferson Parish Hosp. Dist. No. 2 v. Hyde, 466 U. S. 2. 6 & n. 3 (1984),该案例中被告医院与洛克斯公司有着独家交易并互相承诺在交易中排他。

28. 例如伊利诺伊工具公司诉独立墨水公司案,547 U. S. 28 (2006) (取消了专利产品搭售的市场势力推定并将本质合法原则引入了问题);杰弗逊教区案,466 U. S. 2 (拒绝反对本质合法原则但增加了对严重市场势力的要求);登士派齿科公司案,399 F. 3d 181 (基于谢尔曼法第二部分惩处了支配厂商的独家交易;只引用反托拉斯法);微软案,253 F. 3d 34 (基于谢尔曼法第二部分惩处了"混合"平台和浏览器代码但将搭售控告发回重审)。

29. 见 Easterbrook, Predatory Strategies, 注释 11;Frank H. Easterbrook, Treble What?, 55 Antitrust L. J. 95, 101 (1986)。

30. 见 William M. Landes, Optimal Sanctions for Antitrust Violations, 50 U. Chi. L. Rev. 652 (1983)。

31. 见 Phillip E. Areeda, Comment, Antitrust Violations Without Damage Recoveries, 89

第三部分 芝加哥学派与支配厂商行为

Harv. L. Rev. 1127 (1976)。这一学说被最高法院在布伦兹维克案 429 U. S. 477 (1977) 中采用。见 Kovacic, Intellectual DNA, 注释 10 (TAN 198-200)(描述阿利达文章在最高法院中的影响)。

32. 伊利诺伊砖厂诉伊利诺斯政府案, 431 U. S. 720 (1977)。见 William Landes & Richard A. Posner, Should Indirect Purchasers Have Standing to Sue Under the Antitrust Laws? An Economic Analysis of the Rule of Illinois Brick, 46 U. Chi. L. Rev. 602 (1979); William Landes & Richard A. Posner, The Economics of Passing On: A Reply to Harris and Sullivan, 128 U. Pa. L. Rev. 1274, 1275-1276 (1980). The opinion cited Richard A. Posner, Antitrust Cases, Economic Notes, and Other Materials 147-149 (1974).

33. 见 3 Phillip E. Areeda & Herbert Hovenkamp, Antitrust Law &346k (3d ed. 2007)。阿利达与特纳最初的观点见 3 Antitrust Law &337e, pp. 191-194 (1978)。布伦南法官(及马歇尔、布兰科姆两位法官)基于阿利达的观点的不同意见。见 431 U. S. at 761:"如果(克莱顿法)第四部分的宽泛语言意味着什么,那一定是将被告人的责任范围划定在其分销链上。这的确是'自相矛盾的拒绝补偿最终消费者,却同时允许中间商获得暴利补偿'。"(此处引用 Phillip E. Areeda, Antitrust Analysis: Problems, Text, Cases 75 (2d ed. 1974))。反垄断现代化委员会在其建议中指出间接购买者规则应被废除且各州法律和联邦法律应在赔偿的分配问题上统一。

34. 见 2A Phillip E. Areeda, Herbert Hovenkamp, Roger D. Blair, & Christine Piette, Antitrust Law 395 (3d ed. 2007)。

35. 见波斯纳法官关于掠夺性定价的观点,在注释 12 中已讨论。又见 Spencer Weber Waller, Book Review of The Antitrust Enterprise 2 (2006); Randal C. Picker, Review of Hovenkamp, The Antitrust Enterprise: Principle and Execution, 2 Competition Policy Int'l 183 (2006)。

36. 见美利坚合众国诉美国铝业公司案, 148 F. 2d 416, 431 (2d Cir. 1945)。

37. 见美利坚合众国诉美国鞋业机械公司案, 110 F. Supp. 295, 340, 341 (D. Mass. 1953), affirmed per curiam, 347 U. S. 521 (1954)。

38. 柯达公司诉影像技术服务公司案, 125 F. 3d 1195 (9th Cir. 1997), cert. denied, 523 U. S. 1094 (1998)。

39. 康伍德公司诉美国烟草公司案, 290 F. 3d 768 (6th Cir. 2002), cert. denied, 537 U. S. 1148 (2003); 见 Hovenkamp, Antitrust Enterprise, 注释 8, 175-180。

40. 勒帕吉公司诉 3M 公司案, 324 F. 3d 141 (3d Cir. 2003) (en banc), cert. denied, 542 U. S. 953 (2004)。

41. ISO Antitrust Litigation, 203 F. 3d 1322, 1325-1326 (Fed. Cir. 2000), cert. denied, 531 U. S. 1143 (2001)。

42. Herbert Hovenkamp, Post-Chicago Antitrust: A Review and Critique, 2001 Col-

um. Bus. L. Rev. 257。

43. 这一点，见 Areeda & Hovenkamp, Antitrust Law &749（2007 Supp.）。

44. 柯达公司诉影像技术服务公司案，504 U. S. 451（1992）；见 10 Phillip E. Areeda & Herbert Hovenkamp, Antitrust Law &1740（2d ed. 2004）。

45. 那些由反垄断局聘请的著名经济学家得出的相当悲观的结论，见 Dennis W. Carlton, Market Definition: Use and Abuse, Competition Policy Int'l.（2007）。

46. 最新的案例可能是 HDC 药品公司诉微型技术公司案，474 F. 3d 543（8th Cir. 2007）（单次使用的透析器和成本较高的可多次使用的透析器属于相同的相关市场因为它们的功能相同，至少原告无法提供除价格不同外的其他差异将二者区分在不同的市场中；案件可狭义的解读为原告无法举证产品替代程度不足以制约垄断厂商产品的成本）。又见有线影视公司诉家庭影视公司，825 F. 2d 1559, 1563（11th Cir. 1987）；美利坚合众国诉 Syufy Enters 公司案，712 F. Supp. 1386（N. D. Cal. 1989），aff'd, 903 F. 2d 659, 665 & n. 9（9th Cir. 1990）；美国在线诉交易网络案，49 F. Supp. 2d 851（E. D. Va. 1999）（指出相关市场不限于电子邮件广告，也包括"互联网、直邮、广告牌、电视、报纸、广播、传单等"）。关于这一问题，见 2B Phillip E. Areeda & Herbert Hovenkamp, Antitrust Law &539（3d ed. 2007）; Lawrence J. White, market Definition in Monopolization Cases: A Paradigm is Missing（2005）, in Issues in Competition Law and Policy（Wayne D. Collins, ed. , 2006）; Gregory J. Werden, Market Delineation under the Merger Guidelines: Monopoly Cases and Alternative Approaches, 16 Rev. Ind. Org. 211（2000），又见 Thomas G. Krattenmaker, Robert H. Lande, & Steven Salop, Monopoly Power and Market Power in Antitrust Law, 76 Geo. L. Rev. 241（1987）。

47. 阿斯本滑雪公司诉阿斯本高地滑雪集团案，472 U. S. 585, 610 – 611（1985）。

48. 布鲁克集团诉布朗和威廉姆森烟草公司案，509 U. S. 209（1993）; A. A. Poultry Farms v. Rose Acre Farms, 881 F. 2d 1396, 1400 – 1401（7th Cir. 1989），cert. denied, 494 U. S. 1019（1990）（支持补偿检验）。见 Phillip E. Areeda & Donald F. Turner, Predatory Pricing and Related Practices Under Section 2 of the Sherman Act, 88 Harv. L. Rev. 697, 698（1975）: "……对掠夺性定价的经典恐惧在于为把竞争对手逐出市场而故意牺牲当前收益，之后再在没有竞争的状况下获得高额利润作为补偿"。也可见于 Antitrust Law, &711b at 151（1978）; Richard A. Posner, Antitrust Law: An Economic Perspective 184（1976）。

49. 见 Brief for the United States and the Federal Trade Commission as Amici Curiae Supporting Petitioner, 2003 WL 21269559, at *16 – 17, Verizon Communications, Inc. v. Law Offices of Curtis V. Trinko, 540 U. S. 398（2004）（"……排他性的行为包含牺牲短期利润或商誉，这么做说的通的原因在于这样可以帮助被告保持或获得垄断势力"）; id. at *19 – 20（"如果这种拒绝交易包含了牺牲利润或商业优势而仅仅是因为消除和减少竞争才能带来经济上的意义，它就是排他的和潜在非法的"）。

50. Brief for the United States and Federal Trade Commission as Amici Curiae Supporting Peti-

第三部分 芝加哥学派与支配厂商行为

tioner at 15, Verizon Communications, Inc. v. Law Offices of Curtis V. Trinko, LLP, 540 U. S. 398(2004)。见 Gregory Werden, The "No Economic Sense" Test for Exclusionary Conduct, 31 J. Corp. L. 293(2006); A Douglas Melamed, Exclusive Dealing Agreements and Other Exclusionary Conduct—are There Unifying Principles, 73 Antitrust L. J. 375(2006)。

51. 如沃克设备公司诉食品及化学集团案,382 U. S. 172(1965)(继续对以欺诈手段获得专利侵权诉讼); Rambus, Inc. , 2006 WL 2330117(FTC, Aug. 2, 2006)(涉嫌向非官方标准制定组织提供虚假资料致使该组织在不知情的情况下采用了被告被保护的专利作为标准)。又见 Netflix 公司诉 Blockbuster 公司案,2006 WL 2458717(N. D. Cal. Aug 22, 2006)(NO. C06 - 02361 WHA)。

52. 同上,沃克设备公司案。

53. Richard A. Posner, Antitrust Law 194 - 195。

54. 勒帕吉公司诉3M 公司案,324 F. 3d 141, 155(3d Cir. 2003)(en banc), cert. denied, 542 U. S. 953(2004)。

55. 见怀特集团诉 ITT 集团案,724 F. 2d 227, 232(1st Cir. 1983)(需要指出,一个"可避免的"或"增量的"掠夺性定价成本测试是不合理的,因为它对于停止生产的被告成本较小;此外,"同等效率的竞争者无法长时间跟从这个低价格因而会退出该产业")。又见 MCI 集团诉 AT&T 案,708 F. 2d 1081, 1113(7th Cir.), cert. denied, 464 U. S. 891(1983)(掠夺性定价); Borden 诉 FTC 案,674 F. 2d 498, 515(6th Cir. 1982), vacated on other grds. , 461 U. S. 940(1983)(掠夺性定价); Ortho Diagnostic Systems 公司诉 Abbott Laboratories 案,920 F. Supp. 455, 466 - 467(S. D. N. Y. 1996)("不同于高于成本定价,低于成本定价的威胁在于它会将同等效率的竞争对手逐出市场,从而从消费者那里获得补偿")。

56. Posner, Antitrust Law, 196 页注释12。

57. 见3 Antitrust Law 706(2d ed. 2002)。

58. 见 Thomas Krattenmaker & Steven Salop, Anticompetitive Exclusion:Raising Rivals' Costs to Achieve Power Over Price, 96 Yale L. J. 209(1986); Steven C. Salop & David T. Scheffman, Raising Rivals' Costs, 73 Am. Econ. Rev. 267(1983)。又见 Herbert Hovenkamp, Post-Chicago Antitrust:A Review and Critique, 2001 Col. Bus. L. Rev. 257。

Einer Elhauge 在 Defining Better Monopolization Standards, 56 Stan. L. Rev. 253(2003)提出了一个极具干预特征的 RRC 检验。该检验查询"是否一个涉嫌排他性的行为成功的扩大了垄断势力:(1)只有垄断厂商提升了自身效率;(2)通过损害竞争对手的效率是否提升了垄断效率"。这一检验的第二部分将惩处那些厂商,如果他们在降低自身成本的过程中剥夺了竞争对手的规模经济。见 Elhauge, id. 324(声称即便规模经济非常可观,如超过50%的市场份额,厂商也不能通过排他性合约在一个低成本的区间增加其产出,但可以通过仅调整其价格实现这一目的)。Elhauge 检验也将会惩罚那些通过某种操作使其市场份额超过规模经济上限的厂商，如果该厂商的这种操作剥夺了竞争对手的规模经济。见前注 at 324（显示厂商通过搭售、排他性交易或其他协议要求消费者从其处的购买量占 70% 的市场份额，而其规模经济上限只有 40% 的市场份额）。即便假设这类检验是可取的，它们似乎会要求法庭测量相关规模经济，这也是不现实的。见 2B Antitrust Law &408（3d ed. 2007）。

59. 例如，微软案，253 F. 3d at 70（被告的排他合同使其竞争对手 Netscape 的分销渠道成本变高）；登士派齿科公司案 399 F. 3d 181, 191（3d Cir. 2005），cert. denied, 126 S. Ct. 1023（2006）（类似于前案；被告的独家交易安排使竞争对手的分销替代性变差）；JTC 石油公司诉 Piasa 汽车燃料公司案, 190 F. 3d 775, 778–779（7th Cir. 1999）（卡特尔成员向供应商提供支付使其向其他卡特尔竞争对手收取高价，因而创造了供卡特尔操作的价格伞）；处方药物品牌名称反垄断诉讼, 123 F. 3d 599, 614（7th Cir. 1997），522 U. S. 1123（1998）；Forsyth 诉 Humana 公司案, 114 F. 3d 1467, 1478（9th Cir. 1997），525 U. S. 299（1999）（医疗提供商将贫困的患者转移给其竞争对手的行为可能会产生增加竞争对手成本的影响）；Multistate Legal Studies 公司诉 Harcourt Brace Jovanovich Legal and Professional Publications 出版社案, 63 F. 3d 1540, 1553（10th Cir. 1995）（支配厂商将其课程安排的与其竞争对手冲突可能会提高竞争对手的成本）；Premier Elec. Const 诉 National Elec. Contractors Ass'n 案., 814 F. 2d 358（7th Cir 1987）（根据工会与承包商之间的协议，工会将向所有雇主收取费用无论其是否是工会成员，这可能会增加非成员承包商的成本）。Cf. Ball Memorial Hosp., Inc. v. Mutual Hosp. Ins., Inc., 784 F. 2d 1325, 1340（7th Cir. 1986）（驳回了 RRC 的诉求，蓝十字会迫使医院为获取其病人低价投标，致使向非蓝十字会的病人收取高费用）。

60. 如康物德公司诉美国烟草公司案, 290 F. 3d 768, 784（6th Cir. 2002），537 U. S. 1148（2003）。原告声称若非排他性行为其市场份额会增长更快，其利润会更高。

61. 这显然是波斯纳法官的反对意见的来源。见 Posner, Antitrust Law note 12 at 196，指出 RRC "不是一个欢乐的程式"，其原因在于单向增加竞争者；成本比竞争者更有效率因而可以否认其规模经济。

62. 见 Antitrust Law 651（2d ed. 2002）。

63. 沃克加工设备公司诉食品化学品集团案, 382 U. S. 172（1965）。见 Phillip E. Areeda & Herbert Hovenkamp, Antitrust Law 706（2d ed. 2002）。

64. 例如美利坚合众国诉 Besser Mfg 公司案, 96 F. Supp. 304, 312（E. D. Mich. 1951），aff'd 343 U. S. 444（1952）（侵权诉讼案，专利持有人没有被告的技术侵犯了其专利的法律依据）；美国 Moore 公司诉标准注册公司, 139 F. Supp. 2. 348 W. D. N. Y.（拒绝弃用谢尔曼法第二部分的反诉指控，专利拥有人提出侵权诉讼但知晓反诉方的产品因没有使用某种必要成分而并未侵权）；国际技术咨询公司诉 Pilkington PLC 案, 137 F. 3d 1382（9th Cir. 1998）（基于过期专利的侵权案件，可能是反垄断违法）。

第三部分 芝加哥学派与支配厂商行为

65. 专业地产投资公司诉哥伦比亚电影公司案,508 U. S. 49（1993）（纯粹的法律问题,宾馆房间中播放电影是否算是"放映"而侵犯版权,巡回法院意见不统一,无反垄断违法）。

66. Dippin'Dots 公司诉 Mosey 公司案,476 F. 3d 1337（Fed. Cir. 2007）。

67. 35 U. S. C. 102（b）.

68. Dippin'Dots,476 F. 3d at 1347（基于 Nobelpharma AB 诉 Implant Innovations 案,141 F. 3d 1059,1068 – 1069（Fed. Cir. 1998））。

69. 同上 at 1348。

70. 同上 at 1348。联邦巡回法院根据最高法院的意见认为对主观意图进行调查是必要的。见专业地产投资公司诉哥伦比亚电影公司案,508 U. S. 49,60（1993）（只有被质疑的诉讼客观上没问题时法院才可以审查诉讼人的主观动机。在定义的第二部分,法院应该侧重于是否无依据的诉讼都隐藏了"直接干扰竞争对手商业关系的企图……"）

71. 见 Dippin' Dots 专利权诉讼,249 F. Supp. 2d 1346（N. D. Ga. ,2003）。

72. 见 Antitrust Law note 33 at 第 735 ~ 737 页。

73. 这些讨论很大程度上忽略了辩护,而它是非常重要的且几乎肯定解释了折扣产生的大多数情况。见 Herbert Hovenkamp, Antitrust Law &&1810 – 1814（2d ed. 2005）。

74. 例如 Concord Boat 集团诉 Brunswick 集团案,207 F. 3d 1039（8th Cir.),531 U. S. 979（2000）（拒绝惩罚支配企业高于成本的市场份额折扣,因为相同有效率的竞争者可以随时窃取销售量）。

75. 见布鲁克集团案,509 U. S. at 223：作为一个一般性规则,价格高于相关测量成本的排他性作用或是反映出涉嫌被告较低的成本结构,这正是竞争的优势,或是超越了一个司法法庭的实际控制能力而不招致由大幅合法降价带来的不可容忍的风险……"假定反垄断法保护竞争者不在这样的价格竞争中失去利润,那会使厂商的一切降价以增加市场份额的行为成为非法。反垄断法并不期待这种倒置的结果。"引自 Cargill 公司诉 Monfort of Colorado 公司案,479 U. S. 104,116（1986）。

76. Jean Tirole, The Theory of Industrial Organization 367 – 374（1992）; Frederic M. Scherer & David Ross, Industrial Market Structure and Economic Performance 356 – 366, 405 – 406（3d ed. 1990）; Joe S. Bain, Industrial Organization 269 – 276（2d ed. 1968）.

77. 见 Cascade Health Solutions 诉 PeaceHealth 案,2007 WL 2473229（9th Cir. Sep. 4, 2007）。第九巡回法院依据反垄断法（附录第 749 段）采用了这一检验的一个版本。它驳回了第三巡回法院在丽晶案中所做的那种惩处那些价格高于任何成本的检验；但同时也驳回了要求整个价格束低于被告成本的检验。

78. 例如标准石油公司诉美利坚合众国案,221 U. S. 1（1911）（将标准石油拆分成 34 家公司）。又见美利坚合众国诉美国鞋业机械集团案,110 F. Supp. 295（D. Mass. 1953）, aff'd per curiam, 347 U. S. 521（1954）；最终法令见 391 U. S. 244（1968）。下文讨论了以上

案件和判决：William E. Kovacic, Designing Antitrust Remedies for Dominant Firm Misconduct, 31 Conn. L. Rev. 1285（1999）。

79. 例如科达公司诉图像技术服务公司案，125 F. 3d 1195（9th Cir. 1997），cert. denied, 523 U. S. 1094（1998）. Cf. In re Rambus, Inc., #9302, 2007 WL 431524（FTC, Feb. 5, 2007）（裁定将许可授予特定的兰德版税）。

80. 美利坚合众国诉微软公司案，253 F. 3d 34, 66 – 67（D. C. Cir. 2001），cert. denied, 534 U. S. 952（2001）（惩罚微软公司大量主要针对 Netscape 公司和 Sun Microsystems 公司的操作）；终审并做出竞争影响的声明，美利坚合众国诉微软公司案，59 Fed. Reg. 42, 845（Dep't Justice Aug. 19, 1994）（同意以前主要对针对 IBM 的 OS/2 操作系统"每个处理器"均授权操作的诉讼要求）；并见美利坚合众国诉微软公司案，56 F. 3d 1448（D. C. Cir. 1995）（坚持法令）。

81. Richard Hofstadter, What Happened to the Antitrust Movement?, in The paranoid Style in American Politics and Other Essays 193 – 194（1965）。

82. 美利坚合众国诉美国铝业案，148 F2d 416（2d Cir 1945）。

83. 美利坚合众国诉格林内尔集团案，236 F. Supp. 244, 247 – 248（D. R. I. 1964）。

84. 美利坚合众国诉格林内尔集团案，384 U. S 563（1966）。

85. 阿斯本滑雪公司诉阿斯本高地滑雪集团案，472 U. S 585（1985）。

86. 540 U. S. 398（2004）。

87. 最高法院一致推翻了第二巡回法院的判决，但有三位法官（斯蒂文斯、绍特、汤马斯）不赞成斯卡利亚法官的观点；他们可能是反对原告的立案依据并且没有决定"谢尔曼法第二部分诉讼的优点"。

88. 540 U. S. at 414。

89. 美利坚合众国诉高露洁公司案，250 U. S. 300, 307（1919）。

90. 美利坚合众国诉登士派公司案，399 F, 3d 181（3d Cir 2005）。

91. 美利坚合众国诉微软公司案，253 F. 3d 34（D. C. Cir. 2001）。

92. 图像技术服务公司诉科达公司案，125 F. 3d 1195（9th Cir. 1997）。

93. Herbert Hovenkamp, The Harvard and Chicago Schools and the Dominant Firm, 见前文。

94. 科达公司诉图像技术服务公司案，504 U. S. 451（1992）。

95. 同前。

96. 正如霍温坎普所述，"联邦巡回法院对科达案的判决反应迅速"，但人们自然要问，是否联邦巡回法院如同巡回法院一样只关注该案中的专利和知识产权问题，而没有涉及谢尔曼法第二部分的核心。

97. 见 Pitofsky, Patterson, & Hooks, The Essential Facilities Doctrine Under U. S Antitrust Law, 70 Antitrust L. J. 443（2002）。

98. 见 R. Pitofsky, H. Goldschmid & D. Wood, Case and materials on trade regulation,

第三部分 芝加哥学派与支配厂商行为

869-871（5the ed，2003）。
99. 布鲁克集团诉威廉姆森烟草公司案，509 U.S. 209（1993）。
100. 惠好公司诉希蒙斯硬木公司案，127 S. Ct. 1069（2007）。
101. 奥林巴斯镜头公司诉西部联合电报公司，797 F. 2d 370，375-76（7thCir. 1986）。
102. 504 U.S. at 488。

第四部分

纵向协议会伤害消费者吗?

引言

以实际效果而言,芝加哥学派对美国反托拉斯最深刻的影响是把纵向安排都排除在执法的范围以外。因此,纵向合并和合资企业、搭售、排他性协议、掠夺性定价,以及制订最低零售价格在近年来几乎从没有受到过联邦或州政府执法机关的挑战。针对搭售的本身违法原则虽然没有被明确取消,但已经是差不多如此了。2007年,最高法院以5:4的投票结果宣告,实施了近100年的针对供应商和零售之间的最低零售价格协议的本身违法原则将不再是一个好的法律。对纵向协议执法的大扫除在此时达到高峰。尽管仍然可以使用合理推定原则,许多人认为,运用合理推定的理论来打赢复杂的反托拉斯官司是如此困难、成本如此之高,以至于受害者一般都不尝试。

芝加哥学派理论不仅带来了宽松的反托拉斯执法,它实际上导致了零执法。这一变化的领导者是罗伯特·博克,他最先指出,纵向协议几乎不会具有限制产量从而伤害消费者的效果,因此,采用纵向限制的决策只是为了提高经济效率。[1]

在本部分,斯蒂芬·卡尔金斯和史蒂芬·萨洛普从最基本的层次上分析芝加哥学派论点,对以下理念逐一进行反驳:纵向安排几乎从来不会伤害消费者;纵向排他性行为是良性的或促进竞争的;掠夺性定价(即把价格定在低于某种合理的成本水平下)"很少被尝试更很少成功"。[2]

第四部分 纵向协议会伤害消费者吗?

第 10 章 排他性纵向行为的经济学分析:芝加哥学派在哪里言过其实

史蒂芬·萨洛普

引言

很少有反托拉斯议题的争议性超过排他性纵向行为以及可能反竞争的杠杆作用(leverage)和市场封锁(foreclousre)。这些概念出现在第一部分和第二部分,因为它们和很多行为有关,如搭售、排他性交易、纵向合并、拒绝交易等。芝加哥学派革命实际上是发端于对排他性纵向行为的研究,从此争议至今。

芝加哥学派认为,反竞争的市场封锁和杠杆作用这两个反托拉斯概念,是空洞和不合逻辑的,经不住经济学的分析。关于排他性,他们认为,为获得排他性关系的竞争有利于消费者,就像其他形式的竞争一样。总之,排他性的纵向行为或者是有益的,或者是促进竞争的。因此,对于排他性纵向行为,法律应该非常宽容,甚至承认其本质上是合法的。波斯纳法官(Judge Posner)建议采用相对宽松的法律标准,即同等有效进入标准(equally efficient entrant standard,EEE),这是在布鲁克集团案(Brooke Group)中就掠夺性定价采用的标准。

在本章,我不会回顾关于这些问题的案例法。相反,我将考察这些争议的经济学基础,以此让大家了解争议所在。在我看来,芝加哥学派阐述者(如 Robert Bork)提出的坚实的经济学基础,经不住经济学的仔细推敲。反竞争的市场封锁和杠杆作用这两个概念,并不是空洞的和反逻辑的。为获得排他性的竞争并不是所有排他性问题的万能药。掠夺性定价范式也不是分析和评判排他性纵向行为的合适的分析框架。相反,需要进行更为仔细的分析。本文的分析表明,更好的法律准则应该是合理原则,主要关注消费者的利益损害,而不是同等有效进入标准那样的代理原则。

本章组织如下：在第一部分，我首先说明排他性行为两种一般的范式——掠夺性定价和提高竞争对手成本。我将解释这两种范式的区别，以及为什么掠夺性定价范式不适合作为分析排他性行为的基础。在第二部分，我将分析关于杠杆作用的观点以及对此的批评。我会特别分析现在神圣的单一垄断利润理论（single-monopoly-profit theory），并揭示它应用的局限性。在第三部分和第四部分，我以同样的方法研究反竞争的市场封锁以及为获得独家交易的竞争能够解决所有纵向排他性问题的观点。在第五部分，我将回到关于排他性纵向行为的两种范式，并且揭示同等有效进入标准的根本经济逻辑缺陷。

I. 掠夺性定价和提高竞争对手成本理论在反竞争的排他性方面的根本差异

对排他性行为的经济学和法律分析揭示出关于主导企业排他性行为的两种范式：掠夺性定价（predatory pricing）和提高竞争对手成本（raising rivals' costs）。对最佳法律标准的争论产生的原因是，阐述者或法官采用了这个或那个范式。很多保守的阐述者倾向于将掠夺性定价当作所有排他性行为的适用范式。由于掠夺性定价很少被采用更极少成功这一观点[3]，采用这一范式会导致对排他性行为过度宽松处理的观点，以及对排他性行为的反竞争指控的过度怀疑的观点，而排他性行为并非很恰当的适用掠夺性定价范式。相反，提高竞争对手成本（RRC）的范式，能解释排他性纵向行为如何导致较为显著的竞争关注，并建议应对相关指控采用合理推定原则。

具有范式性的掠夺性定价理论涉及降低价格以将竞争对手排挤出市场，一般通过打赢消耗战来达到这一目的和效果，而后掠夺者提高价格到垄断性水平来获得利润。[4]在布鲁克集团案中，最高法院提出了判定掠夺性定价的两部分责任标准：（1）评估定价行为是否涉及低于成本定价行为；（2）评估补偿牺牲的可能性。[5]这个标准可以适用于所有排他性行为。法庭首先评估被告的价格是否超过其成本。如果超过了，那么这种行为不受谴责。如果价格低于成本，法庭接着评估被告是否可能通过利用将来持续的市场力量来弥补短期的损失。

提高竞争对手成本是另外一个不同的关于排他性行为的范式。[6]RRC 一般涉及的行为是提高竞争对手的成本以使竞争对手提高价格或者降低产出，从而

第四部分 纵向协议会伤害消费者吗？

使得企业通过设定超出竞争水平的价格而获益。[7]与 RRC 范式一致的分析通常适用于能提高竞争对手分销成本的排他性安排。

因为 RRC 行为比传统的掠夺性定价行为更可能损害消费者，所以区分二者是重要的。因此，与掠夺性定价相比，关于排他性行为的法律应该比如今关注掠夺性定价更多地关注 RRC 行为。相对于掠夺性定价来说，法律应该更多地担心对 RRC 违法行为的漏判，而更少地担心对正常行为的误判。

RRC 行为比传统的掠夺性定价行为更可能损害消费者，原因有以下几点。第一，与掠夺性定价不同，至少从掠夺性定价的范式性观点来看，成功的 RRC 行为并不需要最初的掠夺性风险性投资，以及伴随的只能在将来某个时刻加以补偿的利润损失。相反，对于 RRC 行为，补偿常常同时进行。第二，与掠夺性定价不同，成功的 RRC 并不需要竞争对手退出市场，甚至不需要竞争对手生产能力的永久降低。如果竞争对手的边际成本上升了，竞争对手将有激励提高价格，降低产出，即便他们仍然可以在市场上生存。第三，与范式性掠夺性定价不同，RRC 在短期对被告造成的损失并不一定比对受害者带来的损失大。例如，一个威胁可能对犯罪者成本不大，但是能够显著地提高目标企业的成本。这种情况在排他性纵向行为方面显然可以存在。[8]第四，不像掠夺性定价，成功的 RRC 并不经常涉及短期消费者收益，以及相权衡的长期的消费者损失，如果在未来补偿阶段有任何的消费者损失的话。[9]消费者损失常常立即发生。最后，RRC 类似于赤裸裸的价格固定协议。赤裸裸的 RRC 指的是缺乏有效的效率获益的排他性行为，例如，对被告的有关效率的论点只是托辞，并不可实现的。[10]RRC 也有些是有掩饰性的排他行为，但是此时潜在的收益是不显著的。相反，掠夺性定价下的短期低价格必然带来消费者收益，这种收益是必须考虑的。排他性的纵向行为能够被特征化为 RRC 行为。因此，RRC 范式可以用于分析这些限制行为。

由于掠夺性定价和 RRC 是如此不同，因此没有理由认为它们应该由同样的反托拉斯标准来判定。正如前面陈述的理由，RRC 策略更可能被尝试，也更可能成功。因此，反托拉斯法应该就被指控为 RRC 行为的被告，采用比被指控为掠夺性定价的被告更为严格的责任标准。责任标准应该更注重避免对违法行为的漏判，更少地担心对正常行为的错判。[11]这一点可直接应用到有关排他性纵向行为的法律。

通常 RRC 在反托拉斯上与后芝加哥的分析方法相关。然而，重要的是认识到这种分析方法源于芝加哥学派阐述者的经济学分析之中。阿伦·狄莱克特

（Aaron Director）和爱德华·列维（Edward Levi），芝加哥学派分析方法的创立者，在标准时尚案（Standard Fashions）中承认，排他性交易具有潜在的反竞争性后果。[12]戈登·托洛克（Gordon Tullock）和理查德·波斯纳（Richard Posner）承认，垄断利润能够通过浪费性的寻租行为，利用利润设立进入壁垒，导致福利净损失。[13]在《反托拉斯悖论》（Antitrust Paradox）一书中，罗伯特·博克（Robert Bork）强调切断竞争对手进入最有效分销系统的路径将产生反竞争性后果。[14]因此，当保守的法学家将掠夺性定价和RRC等同起来，或者把RRC理论当作非主流，他们已经偏离了源于芝加哥学派的学问。

Ⅱ．一体化、反竞争的杠杆作用和单一垄断利润理论

纵向一体化和搭售（tying）的反对者声称，一体化（通过合并或者搭售）能够将产品市场上垄断者的垄断力量扩展到另一个（下游或者被搭售的产品）市场上。[15]垄断者能够通过拒绝向另一个市场上的竞争对手出售投入品或者为垄断产品设立一个高的价格，来实施这种杠杆（leverage）策略。因此，这些阐述者得出结论：应该限制纵向合并或者搭售以防止这种杠杆作用。

芝加哥学派的批评家反对限制一体化（纵向一体化和搭售）观点，认为这种杠杆作用不会发生。[16]关于纵向一体化，他们认为，上游的垄断者没有激励去一体化以歧视竞争对手，因为一体化并不是获取垄断利润所必需。[17]相反，（非一体化的）上游垄断者仅仅对出售给下游企业的投入品收取垄断水平的价格，就能够获取全部的垄断利润。同样论证应用到搭售，捆绑产品市场的垄断者对产品收取垄断水平的价格，同时允许被捆绑产品市场上的竞争，就能够获取全部的垄断利润。

简而言之，芝加哥学派的批评家主张，只存在单一的垄断利润，垄断者仅一次就已经可以抽取这个利润。通过纵向一体化或者搭售而把垄断力量扩展到第二个市场成为第二个垄断者，是不可能再多获利的[18]。根据单一垄断利润（single-monopoly-profit，SMP）理论，可以进一步推出，纵向一体化必然出于效率的考虑，因为不存在反竞争性的诱因。

如果搭售和纵向一体化不允许行使额外的垄断力量，那么就提出了一个问题，为什么企业会选择搭售或者纵向一体化。对这个问题，这儿有一个现成的答案，即取得促进竞争性的效率收益。确实存在很多效率改进的源泉，其中很多已经在判例法中得到承认。这包括达到较低成本或者更先进的产品

第四部分 纵向协议会伤害消费者吗？

设计，消除那些造成价格超过边际成本的无效产品使用，消除双重边际化。一体化和搭售也能够被用来进行隐性的价格折扣。因此，总而言之，SMP 理论的原理暗示了，一体化和搭售具有促竞争的益处，没有反竞争的危险。

然而，这种对纵向一体化和搭售的经济分析过于简单，它的政策含义也过于乐观。搭售和纵向一体化的确能够用来取得和保持市场势力。[19]SMP 理论仅在有限的经济环境中是正确的。它的有效性需要一些限制性的假设。所以，对 SMP 理论不加批判就轻易接受，导致了对纵向一体化和搭售过度宽容的观念，以及对关于杠杆作用和市场封锁的反托拉斯理论过度怀疑的观念。排他性行为在一些情况下会损害消费者，因此应该以合理推定原则进行分析。

从经济学理论的正规化方面来讲，SMP 理论在以下特定的并非很一般的市场条件下有效：（1）垄断者在一种产品上具有持续的和未被管制的垄断地位；（2）相关产品是以固定比例被使用的；（3）所有消费者具有同样偏好；（4）一体化不能导致效率改进。

当上述条件中的至少一个失效，那么就存在纵向一体化和搭售的经济激励。对于其中的一些条件，一体化可能具有促竞争倾向，然而对于其他一些条件，一体化可能具有反竞争倾向。在现实世界中，一体化可能具有这两种倾向的某些方面。这一分析表明，这种行为本质上不应该是合法的。相反，它应当根据合理推定原则进行评估，以把反竞争的行为同促进竞争的行为分离开来。

一体化具有反竞争效应的情况可以做以下分类。为说明方便，我的分析叙述中以搭售为例。

A. 对只购买被搭售产品的消费者进行垄断性销售

单一垄断利润理论认为，垄断者可以通过提高搭售产品（tying product）的价格并且保持被搭售产品（tied product）市场的竞争性，从被搭售产品的购买者手中抽取全部的垄断利润。假设，一些消费者并不购买搭售产品，只购买被搭售产品。这些消费者将从被搭售产品市场的竞争性中获益。相反，如果垄断者进行搭售，并且从被搭售产品市场中驱赶出所有其他生产者，那么它就处于行使市场力量甚至垄断捆绑产品的地位。这种反竞争的理论需要一个假设，即被搭售产品的市场具有充分的规模经济，使得没有足够数目的企业能够存活下来保持市场激烈的竞争，如果这些企业仅仅限于出售给只购买被搭售产品的消费者。[20]或者，竞争者的数目会下降到某一点，使得企业之间的默契协调有可能成功。

这个例子可以应用到基于个人电脑的操作系统和媒体播放器的假想案例。假设一个企业在个人电脑的操作系统上具有垄断地位，但在无线电话的操作系统中只占有少许份额。再进一步假设，存在一种应用软件，如媒体播放器，在个人电脑和无线电话中都能运行。SMP理论认为，个人电脑操作系统的垄断者没有反竞争性激励去把个人电脑的操作系统和媒体播放器捆绑销售，因为它能够通过提高操作系统的价格，抽取个人电脑市场中的全部垄断利润。

但是，注意到这种抽取并没有影响到无线电话的购买者。媒体播放器的竞争将有利于无线电话的购买者，他们不受制于电脑操作系统的垄断。然而，假设垄断者把个人电脑的操作系统和媒体播放器进行捆绑销售。在这种情况下，其他媒体播放器软件的竞争者就不能够把产品卖给购买电脑的那部分买家。如果无线电话的媒体播放器的市场相对较小，那么无线电话的媒体播放器的竞争可能无法维持。在这种情况下，个人电脑操作系统的垄断者就能够垄断无线电话的媒体播放器市场。这是真正的第二个垄断。[21]

B. 在搭售产品中保持垄断

单一垄断利润理论假设企业在搭售产品中具有持续和受保护的垄断地位。然而，假设并不是这样。那么，搭售可以用来保持在搭售产品中的垄断地位。没有搭售，生产被搭售产品的企业可以进入搭售产品市场，进而打破该市场的垄断。垄断者可以利用搭售来消除这种机会。通过搭售，垄断者迫使进入者同时进入两个市场。相对于先进入被搭售产品市场并站住脚后再进入搭售产品市场，同时进入这两个市场的壁垒可能更高。[22]

前面讨论过的操作系统的假想案例也能够拓展到两个市场的进入的论证中。假设操作系统的垄断者搭售媒体播放器，并且成功地垄断了媒体播放器市场。在这种情况下，个人电脑操作系统的进入者也被迫生产自己的媒体播放器。一般来讲，这将增加进入操作系统市场的壁垒。

这两个例子可以合并起来用于跨时动态分析以产生另外的结论。一旦个人电脑的操作系统的垄断者在媒体播放器市场上获取了垄断地位，也许它还能够进一步获得无线电话操作系统的垄断地位，只要它将媒体播放器和无线电话操作系统进行捆绑销售。它可以通过使播放器与无线电话竞争对手的操作系统不兼容，或者不公布使软件兼容的信息，来实施这个计划。因而搭售被用来创立一系列相互联系的垄断。

C. 促进搭售产品或被搭售产品销售产品市场的默契协调

以上的分析主要集中于分析在搭售产品或被搭售产品市场中取得或保持垄断地位。然而，同样基本的经济力量适用于搭售产品市场中企业不具备垄断地位的情形。搭售可以让市场变得更为集中，让进入变得更加困难。此时，其他企业可能存活下来，不过默契协调因搭售变得相对容易。

D. 规避搭售产品市场的管制

搭售也可以用来规避搭售产品中的价格管制。通过搭售，被管制的企业可以从不被管制的被搭售产品市场中获取垄断利润。例如，回到上面 SMP 理论中固定比例的例子，假设搭售产品被管制，而被搭售产品不受管制。假设搭售产品的价格被管制在垄断价格水平之下。垄断者可以通过提高被搭售产品的价格并且要求消费者同时购买这两种产品来规避价格管制。[23] SMP 理论的这种例外已经得到很好的承认。[24] 然而，最近最高法院在 Discon&Trinko 案的判决中，将这种规避管制移除于《谢尔曼法案》（Sherman Act）的管理范围之外，将对规避管制的监督和执行全部交与相关的监管机构之手。[25]

III. 纵向一体化和反竞争的市场封锁

保守的评论家也对体现在像布朗鞋业案（Brown Shoe）那样较早的案例中的反竞争市场封锁这一概念进行了批评。博克提出，人们指控的纵向合并所带来市场封锁其实仅仅是供应者和消费者关系的重整。他很巧妙地指出，如果联邦贸易委员会（FTC）把给定的行业当作一个社会调和者，而不是对纵向合并进行反托拉斯调查，那么市场竞争可能得到更好的维持。[26] 那些早期案例中并没有解释市场封锁怎样导致了市场力量。

然而，对市场封锁的批评不加批判的接受，将导致对纵向合并以及其他排他性纵向行为和限制过度允许的观点，以及对反竞争的市场封锁的反托拉斯指控过度怀疑的观点。现代经济学分析已经指出了市场封锁和市场力量的逻辑联系。特别的，在特定的条件下，纵向合并可以产生真正的市场封锁，而市场封锁可以在上游市场或下游市场中导致市场势力。[27]

纵向合并能够在下游市场中导致市场势力。假设合并后，一体化企业中的上游部门提高卖给下游非一体化的竞争者的投入品价格，或者甚至拒绝与其交易。假设这些竞争者缺乏同样有效的投入品的供应。或者，假设竞争者仅有一个或两个其他的供应商，而供应商认识到一体化企业的行为增加了它对非一体化企业的市场势力。这种情况下，一体化企业可能提高价格或者拒绝交易，这将提高下游竞争对手的成本。如果在合并后的下游市场中，一体化企业和具有有效供应者的非一体化企业之间的竞争不太充分，那么下游市场中的价格可能上升，进而损害消费者福利。

波斯纳法官在裕廊石油案的判词中（JTC Petroleum）指出了这种市场封锁分析的一个变体。在此案中，波斯纳分析了下游市场的卡特尔为了阻止从卡特尔分离出去的企业进行破坏性竞争，与中间产品的其他供应商一起拒绝与该分离者交易。[28]下游的卡特尔通过付给中间产品超竞争性价格来补偿其损失者，因此能够与这些供应商共享卡特尔利润。所以，可以说中间产品的供应商实施了下游市场的卡特尔。在这个例子中，没有实际上的纵向一体化。但是，存在反竞争的通过合约实施的纵向一体化。

纵向合并也可以在上游市场建立市场势力。假设合并后，一体化企业中的下游部门拒绝从没有一体化的供应商那里购买中间产品，而转而从上游部门购买全部所需的中间产品。如果一体化企业的下游部分具有较大的市场份额，这种拒绝购买可能使得一个或更多的上游竞争者退出市场，或者被逼进入成本较高的细分市场。这样就使得一体化企业上游部门建立了市场势力，从而提高卖给竞争者的中间产品价格。[29]

前面讨论的关于搭售的杠杆理论也适用于对市场封锁的分析。例如，假设上游的垄断者和下游的垄断者进行纵向合并（如果以互补品为例，那么就是生产两种互补品（如热狗和热狗的面包）的垄断者合并）。如果两个企业有激励降低产品价格，这种合并可能是促进竞争的就是著名的消除双重边际的收益。在合并之前，一个企业降低垄断水平的价格将降低自己的利润，不过同时，增加了另外一个企业的市场需求和利润。双方共同的利润会增加，但是没有哪方会这样做。合并之后，一体化企业将会考虑降低价格的总收益，将有激励去降低产品价格。

然而，如果纵向合并降低或消除了潜在进入，它也可能是反竞争的。合并之前，每个企业有激励与另外一个企业所处市场的进入者进行合作，因为另外一个市场的竞争将降低产品价格，因而增加互补品的市场需求以及企业利润。实际上，每个企业是另外一个企业所处市场的潜在进入者。相反，合并后，这种相互独立进入的激励就消失了。结果，进入者需要同时进入两个市场。同时

第四部分 纵向协议会伤害消费者吗？

进入两个市场的要求将增加进入壁垒，从而会提高产品的价格，即使考虑了消除双重边际的正的效应。

Ⅳ. 为获得独家交易的竞争

在最近很多有影响的反托拉斯案件中，有人认为，为获得独家交易的竞争（competition for exclusives）能够阻止反竞争损害。由于相信为获得独家交易的竞争能够限制市场力量，很多美国法庭对短期合约的独家交易采取了相对宽容的观点。[30]

然而，我认为，当存在一个主导企业或者市场高度集中时，为获得独家交易的竞争产生的竞争效应不应被高估。这种竞争过程在很多方面不同于销售物品和服务的竞争，会限制消费者的福利。首先，当一个企业支付给供应商、分销商或者消费者费用以获得与它之间的独家交易时，它并不是仅仅为它自己获得额外的供应源、分销渠道或者消费者，它的付费也是为排除竞争对手获得该供应商、分销渠道或者消费者。实际上，这种排他性是独家交易的全部或者主要的功能。[31]

这并不是说独家交易总是反竞争的。独家交易能够消除搭便车，提高协调性，或者产生其他效率收益。不过，独家交易并不一定总带来效率收益。这种交易可能摧毁竞争对手获取关键投入品的渠道，提高竞争对手的实验成本以及转换成本，这就降低了市场的竞争性。简而言之，企业在购买分销渠道、供应渠道以及额外消费者的同时也购买到了市场力量。

有很多其他的理由让我们怀疑为获得独家交易的竞争能够保护消费者的观点。第一，在某些情况下，并不存在真正的为获得独家交易的竞争。一个在位企业在不存在竞争对手的情况下，可能获取长期的独家交易。当进入者打算进入市场时，关键投入品的供应商可能受制于长期的独家合约。出于下面将要讨论的理由，在这种情况下，不应指望该供应商会做出足够保护消费者利益的决策。

第二，即使为获得独家交易的竞争真正存在，它也不一定发生在公平的环境里。独家交易对一个在位的主导企业的价值往往要大于取消该独家交易对一个同样有效率的进入者的价值。进入者只能赚取双头寡头（或者更低）的回报，而在位的主导企业可以获得垄断利润，如果进入被阻止或者被显著限制的话。例如，假设在位者得到独家交易并因此保持垄断地位，那么它就能够赚取

200美金。如果进入者进入市场打破垄断，进入者和在位者都获得70美金，市场中的总利润为140美金。因为竞争将财富从生产者转移到消费者手中，总利润将会因竞争而降低（即从200美金减少到140美金）。这种情况下，进入者只愿意出价70美金（等于进入者进入后获取的利润）获得分销渠道以打破独家交易。相比之下，在位者则愿意出价130美金（等于它因竞争而减少的利润）以保持现有的独家交易安排以阻止新进入者进入。因此，在位者在与同等有效的进入者的竞标中将获胜，从而延续其垄断地位。垄断者仍然索取垄断性价格，损害消费者福利。唯一的差别是它需要与其分销商分享垄断总利润。

这个结果并不依赖于特殊的条件。我们假设进入者和在位者是同等效率的。导致垄断结果的原因是因为竞争会降低市场利润。这是很一般的条件。这个例子也表明，不能够假设为获得独家交易的竞争一定导致有效率的结果。

这一论证并不假设在位企业具有更多财富或者更容易利用资本市场。在位者的竞标优势来自以下事实，即在位者进入成本已经沉没，而且垄断市场的利润大于进入发生后更具竞争性的市场利润。进入壁垒被提高了，因为在位者为提高了进入成本，进入者必须在竞标中出价更高。独家交易没有真正的效率收益，相反只具有提高进入壁垒的效应，从这种意义上来说，进入者面对的竞标劣势是"假的"。

第三，独家交易增加了转换成本，消除了供应商或者消费者实验性地与进入者交易的能力。这反过来又增加了它们的转换风险。对于进入者，这降低了进入成功的可能性。如果独家合约是长期的并且具有交错到期日期（staggered expiration dates），那么就增加了协调的困难以及进入壁垒。[32]这些因素延长了进入者进入的准备时间。这也加强了消费者或供应商关于进入不会成功的预期，这又反过来使得他们不愿意放弃现有的独家合约而与新进入者来往。结果，他们需要更大的激励才愿意转换到新进入者身上，因此进一步增加了进入者的进入成本。

对试验和转换成本的分析也暗示了为什么进入者面临竞标劣势的另一个原因。零售商可能发现进入者的产品不足以作为自己的专卖产品，而在位者的产品可能会达到其要求。在这种情况下，进入者并不期望（实际上也无法获得）独家交易。相反，它仅需要保持非独家关系。在某些情况下，分销商可能会采用多个进入者的独立品牌来代替在位企业的产品。但是，在竞标的情况下，在与在位企业的竞标中，这些独立企业可能面临协调问题。

第四，即使双方可以自由退出独家合约或者该合约是置于短期合约内的，

第四部分 纵向协议会伤害消费者吗？

独家交易仍然为进入者造成了有难度的协调问题。这增加了进入者的以下风险，即进入者无法获得足够的分销商或消费者以取得最小有效生产规模，并且保持足够的投资激励。故竞标仍然不能在公平条件下进行。进入者（或者所有进入者共同）说服足够的供应商或者消费者同时转换过来是很难的。结果，现有的独家交易使得零售商认为新进入会失败，这就提高了进入者的进入成本。

这并不是说为获得独家交易的竞争根本无法对反竞争行为发挥限制作用。[152] 它的确可以发挥一定程度的限制作用，因为对在位企业来说，购买独家合约也是有成本的，这种成本可以起到一定的阻遏作用。然而，这种限制是有限的，并不能够消除对竞争性的关注。所以，短期的独家合约也不能够被合法得排除于反托拉斯审查范围之外。即使对于短期的独家合约，进入者仍然面对一定的协调问题。更为重要的问题是，独家交易是否真正促进竞争的效率收益？这些收益是否在竞争性的市场中能传递到消费者身上。只有当产品市场中的几个相互竞争的企业共同使用独家交易时，这种情况才可能发生。

上面最后一点提出了一个问题，即为什么零售商或者消费者会愿意让主导企业取得可以导致市场力量的独家交易合同？这种情况之所以能够发生，是因为分销商或者消费者可能忽略了自己决策对他人的影响。结果，主导企业可以在补偿零售商或者消费者的损失后，仍然可以因增加的市场力量从其他人手中获益。而且，如果一个零售商或消费者相信进入可能因其他人授予的独家交易而失败，那么它也授予独家交易而需要求的补偿就不那么大了。这些推理源于同一观点：竞争是公共品。

因此，进入者或者较小的竞争者能够在竞标中击败垄断者这种理论上的可能性，是不应该在反托拉斯案件中当作充分的辩护的。为获得独家交易的竞争在理论上可能说得通，在实践上不一定可行。而且，竞争可能也并不在公平的环境里进行，或必然以保护消费者的福利和效率的方式进行。同样，独家交易不应该是本身合法的。

V. 排除效率较差的竞争者：同等有效进入标准

对排他性行为以及为获得独家交易的竞争的分析和以下问题有关，即反托拉斯在排他性案件而不是掠夺性定价中，是否采用保守派分析中提到的同等有效进入的标准（EEE）。也就是说，如果进入者和其他竞争者在效率上低于进行排他性的企业，它们是否受反托拉斯法的保护？

采用 EEE 标准常常出于行政管理方面的考虑。即，在布鲁克集团案中之所以采用低于成本的价格作为掠夺性定价的判定准则，是因为这种价格判定方法是反托拉斯法庭唯一能够在实践中加以管理的方法。这是一个有争议性的问题，需要进一步分析。不过，对于本文的目的，判定掠夺性定价的恰当标准超出了本文的分析范围。本文集中考虑的问题是，在纵向的 RRC 排他性案例中，采用 EEE 标准是否合适。在我看来，是不合适的。[33]

掠夺性定价范式以及价格和成本比较的判定准则促进了 EEE 标准的采纳。据称，如果主导企业定价超过了它的成本，那么，一个同等有效率的竞争者就不会被排挤出市场。在这个意义上说，判定掠夺性定价低于成本定价的准则，可以保护同等有效率的企业不被驱逐出市场。这种反托拉斯的判定准则原则上可以机械地应用到所有排他性行为中，包括 RRC 行为。例如，波斯纳法官建议对所有排他性行为都要采用这种准则，而不只是掠夺性定价。如果采用同等有效率的竞争对手的准则，原告就需要证明，被告的行为"在这种情况下可能排挤出同等有效率或者更有效率的竞争对手"。[34]

EEE 标准对于排他性的纵向行为，甚至直接的 RRC 行为，都是过于宽松的标准。例如，当排他性行为使同等有效率的企业退出市场或者未能进入市场，它才应该被谴责。也就是说，排他性行为被谴责的唯一原因是：它导致主导企业设定低于成本的价格，在这个价格下同等有效率的企业不会盈利。

例如，如果采用这个标准，那么将会允许主导企业支付给中间产品供应商费用使其不与它的竞争对手交易，除非支付足够大使得被告的总体利润为负，即使支付的唯一目的是提高竞争对手的成本或者边缘化竞争对手。正如上面获取独家交易的竞争的数值例子中表明，在为垄断地位的竞标中，进入者如果获胜必将亏损，而垄断者如果获胜则不会亏损。[35]

同样的，烧毁竞争对手的工厂将不会违反反托拉斯法，只要对纵火犯的惩罚相对适中，而且掠夺者以高于成本的方式定价。对用来保持垄断地位的行为的限制要将比创立市场主导地位的行为宽松得多，因为被告最初的价格设定在利润更高的垄断价格水平上。

将 EEE 标准应用到 RRC 行为的根本缺陷是，低效企业不受限制（或潜在）的进入常常提高消费者的福利和效率。例如，考虑最简单的垄断者进行的限制性定价（limit pricing），其中垄断者通过高超的技巧、远见以及合法的

第四部分 纵向协议会伤害消费者吗?

工业技术获得了垄断地位。假设垄断者的可变成本为20美金,最初收取不受限制的垄断水平的价格50美金,因为它不面临进入威胁。[36]

假设现在存在一个低效企业的潜在进入威胁,例如,低效企业的可变成本为40美金。面临进入威胁,垄断企业有激励降低价格到"限制性定价"的价格水平39美金,以阻止进入。这种限制性定价行为显然有利于消费者。即使潜在进入者根本没有生产,作为感知的潜在进入者(perceived potential entrant)它随时可以进入,从而限制了垄断者的价格。潜在进入将降低价格,提高市场产出,增加消费者福利和总的经济福利。

假设垄断企业采取直接的RRC行为,使进入者的成本高于垄断价格50美金。例如,假设它将进入者的成本提高到52美金。结果,进入者将不再有能力限制垄断者设定不受限制的垄断价格。消费者将受到这种RRC行为的伤害,总经济福利水平也将下降。

但是,在EEE标准下,这种RRC行为并不违反反托拉斯法。因为12美金的成本增加不会阻碍同等有效率企业的进入(即,进入者的成本为20美金)。如果垄断者保持50美金的垄断价格水平,同等有效率企业能够成功进入,即使它的成本从20美金增加到32美金。

EEE标准不能抓住并阻止这种明显反竞争的行为,这一事实体现了该标准的根本缺陷。在对进入壁垒、潜在竞争和市场力量的分析中,感知的潜在进入能够限制垄断者的定价,这一点不可忽视。如果EEE标准在这个简单的RRC例子中都是无效的,那么对其他更为复杂的非价格的排他性行为,它显然也会失效。[37]

这也意味着,采用EEE标准将无法充分阻止反竞争行为。一个更好的反托拉斯标准应满足以下两个条件:(1)当被告的行为显著地提高了竞争对手(即使是低效率的竞争对手)的成本,例如,使得竞争对手无法获取有效的替代性选择;(2)当排他性行为使得被告获取或保持了垄断力量。[38]当然,如果行为在造成损害的同时提高了效率和消费者的福利,那么就需要估计对消费者的净效应。这种分析可以在不采用EEE标准的合理分析框架里进行。

不管竞争对手是否同等有效,提高竞争对手的成本,将损害消费者福利。建立一个合适的标准来禁止这种行为,并不与所有芝加哥学派阐述者的观点相冲突。正如前面讨论过的,罗伯特·博克认为切断竞争对手进入最有效分销系统的路径可以被看作是反竞争的。在阿斯本滑雪公司案(Aspen Ski)也引用了《反托拉斯悖论》中的相关部分。[39]同样的论述也出现在微软公司(Microsoft）案中。[40]

结论

根据本文的分析，芝加哥学派阐述者（如 Robert Bork）提出具有说服力的经济学基础和经济含义，经不住经济学的仔细推敲。反竞争的市场封锁和杠杆作用这两个概念，并不是空洞的和反逻辑的。获得独家经营的竞争并不是所有排他性交易的万能药。掠夺性定价范式也不是分析和评判排他性纵向行为的合适分析框架。相反，需要进行更为仔细的分析。本书的分析表明，一个更好的法律准则应该以关注消费者利益损害为重点，而不是 EEE 标准的合理推定原则。

第四部分 纵向协议会伤害消费者吗?

第11章 独家经营法律的错误发展

卡尔金斯·斯蒂芬

关于排他性交易的法律已经有很长的历史。不幸的是，这一法律并不总是正确的。

罗伯特·博克（Robert Bork）在1978年出版的有影响力的《反托拉斯悖论》一书中，对排他性交易作出了简单的判断：它本质上应该是合法的。他说："有种种理由让人相信，排他性交易和有限制性条款的合同除了增加效率，并没有其他效应。"[41]博克的论证很简单：

> "卖者想获取排他性的话，必须给予买者一些补偿。如果他给买者定了低价，必然是他期望这种安排可以创造效率以支持低价。如果他定低价仅是打击竞争对手，那么他是在有意的低价掠夺对手，而这将是愚蠢和必将失败的行为。"[42]博克尤其轻视很多商店采用的（两年的）短期合同，他写道："作为进入的障碍，这些合同具有筛子的阻挡度和湿纸巾的张力。"[43]

我们现在知道，博克的观点是错误的[44]。当只有一个（或者一对）买者时，买者可以寻找长期合作伙伴，通过合约条款来排除竞争，这并没有增加效率。但是，当有很多买者时，他们之间的集体行动问题[45]（也许因反垄断法对横向协议的反对而得到支持[46]）会阻止他们这样做。后芝加哥时代的经济学家已经辨别出了排他性交易能够损害竞争的一些途径。

不幸的是，法院花了很长时间才理解这个错误。同时，排他性交易被法院认为是非常受欢迎的商业实践。具有讽刺意味的是，如何认识排他性交易的可能效果，是由最高法院在审理最初的排他性交易案件时作出的。正如下面将要讨论的，最高法院最初反对排他性交易，不过随后从这个立场中后退了。地方法院则采取了极端立场，认为排他性交易都是合法的，正如博克建议的那样。在美国政府诉微软案[47]和美国政府诉登士派齿科公司案中[48]，两个上诉法院阻止了这一趋势,回应了对排他性交易的新理解。本文将讲述这个故事,然后对未来的应用提出一些建议。

Ⅰ. 开始阶段:最高法院

正如通常那样,主要争论从一开始就出现了。它们非常清晰地体现在标准石油公司案(Standard Oil Co. V. United States)(标准站案)中[49]。标准站案依据于之前标准时尚案(Standard Fashion)[50]中的法院决定,成为了评估排他性交易的"定量实体性(quantitative substantiality)"检验的来源。虽然定量实体性检验后来没有得到应用[51],但是不久就出现在专题论文中,而且标准站案中强调的论点,是至今关于排他性交易争论的核心。

标准站案中的争议源于排他性的供应协议,它被主要的石油企业和出售他们产品的独立的服务站(有时只出售汽油,有时出售更多产品)所采用[52]。大多数合约每年都得到采用[53]。标准石油公司在相关的区域和16%的零售店签订了排他性供应合约。在那些区域,标准石油公司占据了汽油市场的23%,其中6.8%来自公司自有的服务站,6.7%来自签订了排他性合约的独立服务站。

正如在反托拉斯案中常发生的那样,政府援引卡莱顿法案第三部分的严厉文字,指责排他性协议本身是非法的(第三部分认为,销售或者出租时,以承租人、买者不使用其竞争者的商品作为条件,那么该行为实质上减少竞争或旨在形成商业垄断,是非法的[54])。地方法院对此并不赞同:"相反,排他性本身并不违法。只有在大幅降低竞争时,它才是违法的"[55]。虽然法院认为"协议的潜在或者实际效应,在谢尔曼法中对于判定限制的合理性是重要的,在克莱顿法案中对于判定限制的显著性或者导致垄断的趋势也是重要的"。但是法院也认为,限制的实体性或者导致垄断的趋势在以下条件下是成立的,"(a)市场封锁——这里表现为被控制的个体——和(b)被控制商业的规模,该案中被控制的商业总额达6 800万美元"[56]。

请愿者抱怨政府最后没能胜诉。杰克逊大法官(Justice Jackson)与首席大法官文森(Chief Justice Vinson)以及伯顿大法官(Justice Burton)意见不同,他认为政府并没有证明"被指控的协议实际上或者有可能显著损害竞争"[57]。他很遗憾"克莱顿法案把这些经济争论诉诸司法裁决"(因为"司法程序并不是很适合这种问题"[58]),并认为克莱顿法案要求司法机构进行这种尝

第四部分 纵向协议会伤害消费者吗?

试。法院后来并没有审理,因此杰克逊法官本应该将案件发回到下级审理,但是他认为被指控的合约对于品牌之间的竞争非常重要,这种竞争今天为我们所熟知[59]。

多数法官惊奇地意识到有限制性条款的合同可以促进竞争的潜在效应。法院写道:

> 有限制性条款的合同……可以像有利于卖者那样有利于买者,因此间接的有利于消费大众。对于买者,有限制性条款的合同可以保证供给,提供限制价格上升的保护,消除需求波动时商品短缺的风险。对于厂商而言,有限制性条款的合同能够大幅度降低销售费用,降低价格波动所带来的损失,并提供市场的可预见性,这尤其有利于新进入企业,因为对于它们来说,了解什么水平的资本支出是合适的非常重要。而且,有限制性条款的合同对于一个新进入企业在市场中具有稳固地位的企业的反击中尽力站稳脚跟,也是有用的。[60]

如果有人要求在审判中证明有限制性条款的合同的实际反竞争效应,法院建议,可以看看采用有限制性条款的合同的情况下竞争激烈的事实,以及合同期限的合理性,同时要看被告是"一个拼搏的新进入者还是一个已经存在的竞争者",或者"最重要的是,被告对市场的控制程度"[61]。

在揭示上述观点之后,法院对上述观点有所退后,因为"采用这些检验方法将会遇到很多很多困难"[62]。这就让人想起了阿利达教授的观点[63]——反垄断标准对于普通法院和不完善的司法系统必须是可执行的[64]。所以,如果标准石油公司表明有限制性条款的合同并没有增加它对市场的影响力,那么该怎么办呢?也许采用有限制性条款的合同,它对市场的影响力还有可能下降。如果主要石油企业的市场份额保持不变呢?也许排他性条款限制了新进入者。有兴趣的是,法院注意到,如果宣布排他性合同违法,那么标准石油公司可能直接纵向一体化了[65],或者要求独立的加油站提交特别大的订单,但是,这并不是允许排他性合同的理由,这仅仅是表明,"没有确切的证据显示,采用有限制性条款的合同会使竞争降低到低于市场本来会达到的水平"[66]。法院继续写道:

> 要求把纯粹的推论用实际证据来支持,以证明如果企业不采用相关行为市场竞争将会如何发展,或者要求做出禁止该行为后市场竞争将会增加的坚定的预测,将是求证的标准,但这种标准如果不是不可能达到,至少是无法让法庭来实现的。[67]

最后，法院认为在国会制定的克莱顿法第三部分（比谢尔曼法第一部分更为严厉）的原意中找到庇护，法庭发现"国会权威地决定这些行为在可能会损害竞争的情况下对社会是有害的"[68]。国会宣称，"有限制条款的合同将被禁止，只要它可以显著地损害竞争"[69]（注意这儿强调的是"可以"，而不是杰克逊大法官用的"可能"）。国会的大多数意见是，"把第三部分解释成要求必须证明竞争受到损害，无异于是对法律要禁止的行为采取豁免的一种做法"[70]。面对把法律解释为本身合法规则和谴责排他性合同的一种"定量显著损害"[71]规则之间的艰难选择，法院最终决定莱顿法第三部分适用后一规则。

在判决完标准站案后，法院在坦帕电气公司诉纳什维尔煤炭有限公司案（Tampa Electric Co. v. Nashville Coal Co.）中的观点有所退后[72]。在引用标准站案中的检验之后，法院显然在没有意识到前后不一致的情况下，接着写道：

> 为了在一个案子中决定显著损害竞争性，必须评估合同在相关竞争领域的可能效应，考虑竞争各方的相对力量和市场份额，以及现在的效应和将来的效应，因为先期的市场份额有可能之后带来有效竞争[73]。

一旦市场的错误定义被更正，如果原告无法证明存在显著的市场封锁，那么法院就更可能采用这种检验——后来被称作"定性显著伤害"检验[74]。法院不再强调第三节中的用词"可以"，而是认为，一个合同只有它"在相关市场上具有显著降低竞争的趋势，而不是轻微的趋势"时才是违法的[75]。而且，法院引用了标准案中的观点，即有限制性条款的合同可能是有益的，然后区分了难以辨别的情况：卖者具有主导的地位，或者有限制性条款的合同在整个产业中被采用。结果，电力供应企业领域中长达二十年的长期合同被认为是合法的。

标准站案中也没有提到，要求证明实际竞争效应是无法操作的，这样做的最终结果只能是，有限制性条款的合同本身是合法的。

最高法院关于排他性交易的最近观点，体现在杰弗逊教区第二医疗区对海德案上（Jefferson Parish Hospital District No. 2 v. Hyde）[76]。奥康那大法官（Justice O'Connor）首先阐述了法院是如何处理排他性交易的：

> 在决定排他性交易合同是否合理的时候，关键是看产品或者服务的市场结构，包括市场中买者和卖者的数量，交易的规模，买者和卖者限制交易的难度。只有当很大一部分的买者或者卖者被排除出市场时，排他性交易才是不合理的。见加利福尼亚标准石油公司对美国政府一案，337 U.S.

第四部分 纵向协议会伤害消费者吗？

293（1949）。当卖者很多而且是流动的，买者的数目也很大，那么排他性交易协议并不会导致不好的经济后果。相反，它们通过保证稳定的市场和建立长期的有利关系，可能会大大促进竞争[77]。

奥康那大法官接着写道，不需要详细的分析，人们就能够容易地得出排他性交易协议不会损害竞争的结论：

> 本案涉及一个有四位麻醉专家的企业和一个相当小的医院之间签署的排他性交易……一个有四位麻醉专家的企业仅仅占麻醉专家总数非常小的比例，而且其他企业都能够获得麻醉方面的服务，另外，这个小医院也仅仅是购买麻醉服务的众多医院中的一员[78]。

因为这家小医院具有30%的市场份额[79]，该案以后很多法院把这个份额作为判别可能非法的新临界值[80]。

II. 低级法院的进展

从美国律师协会反托拉斯部在1975年出版的《反托拉斯的法律进展》，以及随后于1984年、1992年、1997年、2002年和2007年的不断更新，我们可以辨别反托拉斯法的演进[81]。对这些出版物的总览，提供了度量反托拉斯演化的模板。

即使在1975年，虽然《反托拉斯的法律进展》只用了三页篇幅关注排他性交易，但是已经意识到排他性交易可能产生的促竞争和反竞争的效应："一般认为，排他性交易协议比搭售协议相对较好，因为不像搭售协议那样，排他性交易协议可以具有促竞争效应，部分卖者采用它，可能并不是出于反竞争的目的"。[82]

因此，法院和FTC"已经初步分析了排他性交易协议的竞争效应"。[83]标准站案和坦帕电气案在认定导致市场封锁的市场份额大小上存在着冲突（标准站案中认定的市场份额为6.7%）。低级法院采用了坦帕电气案的标准，允许一些市场封锁，"只要这个市场并没有降低竞争的可能性"。[84]FTC在《联邦贸易委员会法》的第五节采用了标准站案中的标准，认为只要"证明排他性交易合同的使用者控制了比较大的市场份额"，那么就是违法的。[85]

九年之后，《反托拉斯的法律进展》对排他性交易的关注增加了一页，增加了坦帕电气案后来的一些私人诉讼案件。[86]而且，它还回顾了FTC在贝尔通电子公司案中采用的合理推定原则[87],强调了法院在评估排他性交易协议时考虑的一个重要因素——合同的年限:"一年或者更短时间的排他性交易合同一般是允许的,而更长时间的排他性交易合同可能出于一些原因(包括合同长度),被认为是无效的。"[88]

到 1997 年,《反托拉斯的法律进展》关于排他性交易的内容已经扩充至 11 页。在讨论市场封锁之后,接下来最先考虑的是合同的时间跨度:"短期协议常常是允许的。长期排他性协议也可能在合理推定原则下被认为是合法,只要产业情况使得长期合同更为有效率"。[89]

采用合理推定原则考虑的其他因素还有:销售体系中(零售商或者批发商)受限制的层级、另外的促进竞争的分销渠道、进入的难度、在购买这个产品前消费者是否集中消费、竞争者是否也采用排他性交易协议、排他性交易协议中各方的关系、竞争受损害的程度、促进竞争的辩护。[90]

这些案件中共同之处在于,被告几乎都赢了,尤其在最近的案件中是这样。这点可以从对以下问题的考虑中得到说明:合同年限、排他性与完备性和市场份额。

A. 合同年限

1984 年的《反托拉斯的法律进展》宣称,一年或者更短时间的排他性交易合同一般是允许的。这种说法几乎立即被波斯纳法官在判决罗兰机械公司诉德莱赛工业案(Roland Machinery Co. v. Dresser Industries, Inc.)[91]中采用,他认为:"少于一年期的排他性合同在联邦贸易委员会法的第三部分被推定是合法的"。[92]罗兰机械案的判决随后被很多法院所采用。[93]例如,借助于罗兰机械案的部分判决,第九巡回法庭在欧米茄环境诉基尔巴克案(Omega Environmental v. Gilbarco, Inc.)中指出,较短期的排他性合同是允许的,推翻了陪审团的判决:"因为基尔巴克所有的分销商在一年内都是可以选择的,大部分(根据原告的数据为 90%)在 60 天内都是可以选择的,竞争性的制造商需要的就是提供更好的产品或者更好的交易以获取他们的服务"。[94]布登法官(Judge Boudin)在美国健康保健诉健康之源案(U. S. Healthcare, Inc. v. Healthsource, Inc.)[95]中写道:"三十天期限的排他性条款接近于没有限制(坦帕公司涉及二十年期的合同,一年期的合同有时被认为是仔细审查的触发点)"。[96]实际上,这一权威反托拉斯文献建议,"少于一年期的合同被推定是允许的"。[97]

B. 完全排他性？

一些法院指出存在着躲避市场封锁的替代方法。因此，在欧米茄环境案中，法院驳回了陪审团对500个分销商进行排他性交易的指责，认为："竞争者可以直接销售，或者发展其他的分销商，或者竞争已有分销商的服务"。[98]这一文献宣称："即使更高的市场封锁程度也不会损害竞争，只要没有人被实际排除出这个市场"。[99]类似的语言出现在杰弗逊教区案中，法院要求证明企业"被排除出市场"。[100]地区法院认为："第一款中的责任取决于，网景公司是否被排除出浏览器市场，或者至少它被迫大幅减产"。[101]与此类似，地区法院在登士派齿科公司案中认为："因为直接的营销渠道是可用的，非登士派齿科的交易者也是存在的，登士派齿科的交易者可以随时出现，司法部无法证明，登士派齿科的行为已经或者能够成功阻止'新的或者潜在的竞争者在市场上立足'"。[102]

C. 市场份额

虽然一些法院曾经担心超过20%的市场份额的市场封锁[103]，但是，杰弗逊教区案把拥有30%市场份额的医院比较轻松地描述为"小医院"，并且认为其涉及的排他性协议不构成问题的做法，使得靶子位置很快移动[104]。现在，法院要求证明有更高的市场份额。[105]

评论

关于排他性交易的法律进展与非价格营销限制的法律有些类似。博克和其他人创立了一种观念：排他性交易是良性的，如果不是有益的话；法律提供了一系列方法供被告轻松的逃脱诉讼，而没有提供可操作的方法供原告胜诉；所有这些都源于"合理推定原则"。现在我们知道，排他性交易能够损害竞争，只应用"合理推定原则"（或者"必定的事"，正如我提到的[106]）同列出一系列供被告获胜方法是不够的。我们需要辨别和寻找供原告胜诉的途径。

在美国诉微软案[107]和美国诉登士派齿科公司案[108]中的重要观点，为我们提供了一些乐观的理由。

III. 微软和登士派齿科

很难会过分强调微软案和登士派齿科案中上诉者的观点对排他性交易法律的重要性。一些要点需要注意。

首先,微软案:

第二节案例还是第一节案例。在微软案中,地区法院采用了总体排他性的检验,发现政府证明微软违反了谢尔曼法第一节的论点是无效的[109],但是发现微软违反了第二节。在上诉的时候,微软认为,第一节和第二节中的责任都是相同的,因此它也没有违反第二节。上诉法院并没有同意微软的观点。垄断者采用排他性合同能够导致法律责任,而非垄断者就不会如此。[110]

完全排他性?既然政府没有对第一节的失利进行上诉,上面讨论的地区法院的"完全排他性"检验并没有出现在上诉法院中。然而,法院对此不赞同:"对于第一节,地区法院看起来采用了完全排他性判断,而不是来自案例法中的40%的标准。即使假设这种观点是正确的,我们仍然否定微软的观点"。[111] 对于机敏的读者,这条信息显然揭示了,我们不应该假设完全排他性判断是合适的。例如,在微软案中,有充分证据表明,"微软大幅度地驱逐网景公司,使得网景公司的航海者浏览器无法通过最有效率的分销渠道进入消费者手中,只能通过成本更高或者低效的方法(如用磁盘邮递或者从网上下载的方法)"。[112]

负担的转移问题。法院认为,政府已经"通过论证反竞争效应建议了一个初步案件(prima facie case)"[113],使得举证责任发生了转移,要求微软为自己的排他性合同证明其合理性。不过,政府的论证并没有包括对价格上升或者产量减少的证明,而这些一般认为是证明反竞争效应的必要条件。相反,法院从排他性合同发现了反竞争效应,因为缔结这个排他性合同包括了"北美十五个最大的供应商中的十四个,这就占据了市场的绝大部分"。[114]

主观的证据。作为考查竞争效应的一部分,上诉法院考虑了主观证据。特别地,它引用了事实认定书143(Finding of Fact):"微软公司的决策者担心,仅仅靠研发吸引人的浏览器、免费出售并且强力促销,并不能吸引足够的消费者从航海者浏览器转移过来,也就不能压制航海者成为一个平台"。[115]

辩护。上诉法院清楚地指出,被告成功的渴望并不能作为可能有问题的排他性交易的辩护:"微软对于排他性交易,仅仅解释为它想让开发者集中关注

第四部分 纵向协议会伤害消费者吗?

它的 API 用户,这就是说,微软想保持在操作系统市场的垄断。这并不是一个非法的目的,但是也不能作为一个促竞争的辩护……"[116]

从登士派齿科案需要注意的要点是:

短期并不是充分的辩护。登士派齿科认为最短的排他性合同是合法的:产品是通过个人交易的方式出售的,"这种安排本质上是双方自愿的"[117]。但是登士派齿科占有75%~80%的市场份额,如果分销商销售竞争品牌的商品时,它的排他性条款强迫分销商放弃它的生意。法院没有考查法律,而是观察现实:"登士派齿科大的市场份额以及它的排他性行为,使得它的安排和写入的合同一样有效"[118]。而且,"尽管关系可以随时终止,交易者仍然具有较强的激励去继续采用登士派齿科的产品。交易准则6(排他性条款)并非不起作用"[119]。

完全排他性? 正如上面指出的,登士派齿科的地区法院反驳了政府执法结构,因为它发现存在可行的可以替代的分销渠道。但这是错误的:"如果不考虑其他分销渠道在市场上的总体作用,那么仅仅存在这些渠道是不够的"[120]。

主观证据。登士派齿科的地区法院也大致考虑了主观证据。它引用了一位登士派齿科主管的话,该主管承认登士派齿科竭尽全力增加排他性交易者,以便打击竞争对手[121]。它也引用了登士派齿科的一个前经理关于登士派齿科计划的证词:"'你并不想让你的分销商销售竞争对手的产品。你也不想给你的最终消费者一个选择。他必须买登士派齿科制造的牙齿。这是公司唯一的事情,这就是你的目标'"[122]。

IV. 展望

从罗伯特·博克(Robert Bork)和他的芝加哥同事竭力肯定排他性交易开始,关于排他性交易的法律不断演变,从上面的评论,我们可以得出一些要点。

(1)请记住,短期或可取消的合同也能够损害竞争。这是从登士派齿科案中得出的重要经验。大多数声称短期排他性合同是合法的说法,仅仅是推定而已。问题在于,在合理推定原则下,法庭往往从法律的角度引用一些有关被告者应该赢的推定,来做出简易判决甚至是判决。记住推定和忘记例外是很容易的[123]。令人高兴的是,对于这个问题,《反托拉斯的法律进展》在第2版比第6版,更好地认识到这种推定的缺点[124]。

(2) 不需要完全排他性。这是从微软和登士派齿科案中得出的经验，虽然至少有一个法庭误解了上诉法庭的有关观点。[125]

(3) 对垄断者采用的标准可能会更严格。这是从微软和登士派齿科案中得出的另一经验。相反的情况相对比较棘手。标准站案采用了克莱顿法案中的第三节。后面的案件大部分引用了谢尔曼法的第一节和克莱顿法案中的第三节。在微软和登士派齿科案中，通过放弃采用第一节的条文，政府认为，非垄断者采用排他性交易一定不是非法的。[126]这一观点是否有问题，在很大程度上取决于证明垄断力量是否困难。如果只是用法律来惩罚那些拥有80%的市场份额的企业，而且这个市场很容易定义并具有较高的进入壁垒，那将是很不幸的事情。（法律体系是否应该放弃采用非常清晰的条文来支持一些良好的结果，是另一个问题。）

(4) 要大致考虑主观证据。在标准站案中，没有必要考虑主观意图，因为法院采用了简单规则使得原告容易获胜。如果有价值的案子在现实中能够被辨别出来，而没有依靠主观证据，那很好。但是，如果辨别责任时需要仔细搜寻证据，那么企业管理人员的想法能够有助于理解令人迷惑的行为。[127]即使如审理微软案的经验丰富的法院，仍然考虑是什么想法支配被告行为的。

(5) 有时要仔细审查辩护词。对排他性交易的经典辩护出现在贝尔通电子案（Beltone Electronics）中。一个企业在助听器的激烈竞争的市场中占有16%的份额，FTC允许了这个企业采用排他性交易。[128]贝尔通电子公司的商业模式的一个关键部分是，通过全国广告劝说潜在的顾客去它的交易伙伴那里检查听力（如果合适的话，顾客将被建议尝试使用助听器，虽然那时候戴助听器不被社会接受）。但是，如果交易伙伴能够自由的向这些贝尔通电子公司吸引来的顾客推销别的品牌的产品的话，那么，就会出现广告效益将被摧毁的严重风险，这是被理论和实证所支持的。相反，在登士派齿科案中，被告认为它采用的排他性交易是防止"搭便车"行为的需要，这种辩护是没有说服力的。[129]这是部分原因，最初的没有采用排他性交易的商店并没有劝说顾客购买非登士派齿科的产品，这和以上理论是不一致的，而且，登士派齿科的促销广告完全是针对自己品牌的，因此不可能受是否采用排他性交易合同的影响。有时候，清楚地判断排他性交易是促进竞争还是反竞争的是件容易的事情。

(6) 不需要证明价格上升了。一些法院认为，损害竞争会导致价格上升，因此（他们推断），如果价格没有上升，那么就没有损害竞争。早在标准站案中就显示出的这种观点的问题是，把现实和假想的情形相比较是非常困难的。

第四部分 纵向协议会伤害消费者吗？

主导性企业可能有更大的兴趣来保持更多年的市场主导地位，而不是提高产品价格。

（7）通用的法律标准是重要的。如果美国的反托拉斯法对于垄断采用一个简单的检验方法（如"没有经济理由"或者"同等有效率的竞争者"[130]），并且将其应用于所有的排他性交易的审理中，那么，对于关于排他性交易的法律将会出现不幸的后果。[131]令人高兴的是，我们没有发现这种趋势。[132]

（8）分配举证责任。乔·法雷尔（Joe Farrell）十分雄辩地指出，对于排他性交易案例，哪方具有提供证据的负担，哪方就会败诉。证明实际的反竞争效应或者促竞争效应是非常困难的，是很难做到的。[133]如果这是正确的——这很可能是正确的——那么这提醒我们做出推定一定要正确的重要性。这并不是新的观点。相反，标准站案清楚地表明，起诉反竞争效应是不可能的，要求提供充分的证据几乎等于认可本身合法性。标准站案中的结论很快就被时代忘记。在博克关于排他性交易观点的影响下，我们徘徊于排他性交易本身是合法的边缘。现在，我们回到了舞台的中央，仍然需要把事情真正弄清楚。

（9）实证研究。关于排他性交易对竞争的影响，有很多理论研究，但是实证研究还远远不够。如果我们不采用绝对的标准（如接近本身合法或者本身非法原则），那么我们就需要从现实世界到底如何运作中寻求帮助。

注释：

1. 参见罗伯特·博克：《反托拉斯悖论：一个自相矛盾的政策》，第278页（1978年）。

2. 见布鲁克集团对布朗 & 威廉姆森公司一案，509，US 209（1993）。

3. 同上。

4. 同上。掠夺性定价理论构成了布鲁克集团案中标准的基础，不过这个标准已遭受后芝加哥经济学家的批评。他们形式化了另外的有时更复杂的掠夺性定价理论，这些掠夺性定价产生了与RRC相近的市场影响。见：如，Jonathan B. Baker, Predatory Pricing after Brooke Group: An Economic Perspective, 62, ANTITRUST L. J. 585, 590（1994）；Patrick Bolton et al., Predatory Pricing: Strategic Theory and Legal Policy, 88 GEO. L. J. 2239, 2241（2000）；Aaron Edlin, Stopping Above-Cost Predatory Pricing, 111 YALE L. J. 941（2002）。然而，本文将集中于传统的掠夺性定价理论以及这一理论范式和RRC范式是如何不同的。

5. Brooke Group, 509 U.S. at 222-224.

6. Steven Salop & David Scheffman, Raising Rivals' Costs, 73 AM. Econ, REV, 267（May 1983）；Thomas G. Krattenmaker & Steven C. Salop, Anticompetitive Exclusion: Raising Rivals'

Costs to Achieve Power over Price, 96 YALE L. J. 209（1986）（在下文中简写为，Krattenmaker-Salop, Anticompetitive Exclusion）。RRC 术语优于"非价格掠夺"（non-price predation）术语的几个原因是：第一，行为常常涉及价格，特别是中间产品价格；第二，掠夺这个术语常联想起将受害者驱逐出市场，而 RRC 策略常常仅是降低竞争者的竞争优势，而不是将他们驱逐出市场；第三，法庭可能会机械得从法律上解释"掠夺"这个词，从而采用当今掠夺性定价的法律判定标准。见 Covad Communications V Bell Atlantic, 398 F. 3d 666, 676（D. C. Cir. 2005）（在 RRC 背景中采用了一种牺牲性的标准（sacrifice standard））。

7. 同上。产出缩减可以发生在短期或者长期。产出缩减也可能由于创新缩减。

8. 一体化企业通过加大购买推高投入品的价格，能够更多地提高一个非一体化的竞争对手的成本。例如，假设主导企业更多的一体化或者具有一种技术，可以使用相对较少的投入品。Oliver E. Williamson, Wage Rates as a Barrier to Entry: The Pennington Case in Perspective, 82 Q. J. ECON. 85（1968）; see also Steven C. Salop, Anticompetitive Overbuying by Power Buyers, 72 ANTITRUST L. J. 669（2005）; Susan A. Creighton et al., Cheap Exclusion, 72 ANTITRUST L. J. 975（2005）.

9. 直接产生于低的掠夺性价格的消费者收益可能超过或低于在随后的补偿阶段由较高的价格造成的消费者损失。考虑在这种权衡见于所有关于掠夺性定价的讨论。Kenneth G. Elzinga & David E. Mills, Testing for Predation: Is Recoupment Feasible?, 34 ANTITRUST BULL. 869（1989）。

10. 当然，并不是所有 RRC 行为都是无掩饰的。一些排他性行为导致了成本节约，产品改进，或者消除"搭便车"行为。这些收益的存在，并不必然意味着消费者能从排他性行为中获得正的收益。

11. 关于这些问题的争论，见 Antirust Law Journal 上面的专题论文。Steven C. Salop, Exclusionary Conduct, Effect on Consumers, and Falwed Profit-Sacrifice Standard, 73 ANTITRUST L. J. 311（2006）（以下简写为 Salop）, Flawed Profit-Sacrifice Standard; A. Douglas Melamed, Exclusive Dealing Agreements and other Exclusionary Conduct—Are there Unifying Principles? 73 ANTITRUST L. J. 375（2006）; Gregory J. Werden, Identifying Exclusionary conduct under Section 2: The "No Economic Sense" Test, 73 ANTITRUST L. J. 413（2006）; Mark S. Popofsky, Defining Exclusionary Conduct: Section 2, the Rule of Reason, and the Unifying Principle Underlying Antitrust Rules, 73 ANTITRUST L. J. 435（2006）.

12. Aaron Director & Edward H. Levi, Law and the Future: Trade Regulation, 51 Nw. U. L. REV. 281（1956）; Standard Fashion Co. V. Magrane-Houston Co., 258 U. S. 346（1922）.

13. 净损失是行使垄断力量造成的效率损失，与之相对的是财富由消费者转移到垄断企业的股票所有者手中。例如，见 Andrew Gavil et al., ANTITRUST LAW IN PERSPECTIVE: CASES, CONCEPTS AND PROBLEMS IN COMPETITION POLICY 27（2002）. 寻租理论的分析见 Gordon Tullock, The Welfare Costs of Tariffs, Monopolies and Theft, 5 W. Econ J. 224

第四部分　纵向协议会伤害消费者吗？

（1967）；see also Richard Posner, The Social Cost of Monopoly and Regulation, 83 J. POL. ECON. 807（1975）。

14. 见 Robert Bork，THE ANTITRUST PARADOX 156（1978）。

15. 同样的杠杆作用理论和单一垄断利润的批评也可以运用到其他的纵向约束，如搭售和通过合约造成事实上（de facto）的纵向一体化的排他性交易。

16. 见，如，Ward Bowman, Tying Arrangements and the Leverage Problem, 67 YALE L. J. 19（1957）。

17. Bork，前面的脚注，14 at 229。

18. 这种分析很容易用一个数字例子来说明。假设上游垄断者出售投入品给完全竞争的下游市场的买者。假设，下游企业具有不变的边际成本10美金，以及购买投入品的额外成本。假设垄断者出售的投入品和其他投入品以固定比例的方式被用来生产，也就是说，下游企业生产的每单位产品需要一个固定数量（如1）的垄断者销售的投入品（如，每辆汽车需要一个电池和四个轮胎）。假设垄断者的边际成本等于40美金。假设下游产品市场上的垄断价格为100美金。如果上游垄断者一体化到下游市场，并且拒绝与其他下游企业交易，那么它将为生产的下游产品设定什么价格？这种情况下，它将占领下游全部市场。如果是这样，垄断者显然会把价格定在100美金。如果这样设定价格，纵向一体化的垄断者就可以从每单位产品中获得50美金（100-40-10）的利润。这当然就是垄断的利润水平。

单一垄断利润理论可以被简单明了的论证。假设投入品的垄断者没有进行纵向一体化。假设垄断者对自己上游的垄断地位很满意。那么，它将为投入品设定多少的价格呢？答案是它将价格定为90美金。很容易解释这个答案。价格垄断者设定价格为40美金，那么下游企业的边际成本将是50美金（40+10）。因为下游企业是完全竞争的，下游完全竞争的价格将等于下游企业总的边际成本。（对于任何更高的价格，企业之间相互竞争，直到价格被降低；对于任何更低的价格，企业会亏损并推出市场。）因此，如果垄断者把投入品的价格定为40美金，那么下游市场的均衡价格将为50美金。

当然，垄断者不会愚蠢的将投入品的价格设定为等于它的边际成本40美金。这样做将彻底消除它的利润。相反，假设它把价格定在90美金。如果它这样做，那么下游企业的边际成本将上升到100美金（90+10）。结果，下游市场的均衡价格将为100美金。这个价格水平当然就是垄断价格水平。虽然下游企业是竞争性的，但是他们设定了垄断水平的价格，因为投入品的垄断者人为提高了他们的成本。90美金对于上游垄断者来说是个利润最大化的价格。为什么呢？它从每单位投入品中获得50美金（90-40）的利润，和它纵向一体化获得同样的利润。下游市场的价格也和它纵向一体化时一样，都是100美金。

同样的论证也适用于搭售。假设一个企业在搭售产品（tying product）A 上具有持续的垄断力量，被搭售产品（tied product）B 上具有潜在的竞争。假设 A 和 B 的搭售组合的垄断价格为 100 美金。假设垄断者生产产品 A 和 B 都具有不变的成本，分别为 10 美金和 50 美金。假设生产产品 B 的竞争者的不变成本为 40 美金。这种情况下，垄断者不搭售以 90 美金的价格销售产品 A，和搭售以 100 美金的价格销售 A 和 B，获得同样的利润。总之，上游的垄断者从纵向一体化或搭售中无法获利。垄断者可以仅对投入品设立垄断水平的价格就可以获得同样的垄断利润水平。

19. 搭售和纵向一体化也可以被用来方便价格歧视。经济学的分析表明，价格歧视可能促竞争性、反竞争性，或者竞争中性。这个结论取决于价格歧视影响市场的方式以及反托拉斯标准中的经济福利标准。这是一个复杂的问题，超出了本文的研究范围。

20. Michael D. Whinston, Tying, Foreclosure and Exclusion, 80 AM. ECON. REV. 837 (1990); Dennis W. Carlton & Michael Waldman, The Strategic Use of Tying to Preserve and Create Market Power in Evolving Industries, 32 RAND J. 194 (2002); Frank Mathewson & Ralph Winter, The Economics of Tying in the Microsoft Case (Appendix A of AOLTW Submission to the DOJ on the Microsoft PF) (January 28, 2002).

21. 或者，如果市场比较大，或许就可能成为寡头市场，其中企业能够进行默契协调。

22. 见 U.S. Department of Justice, Vertical Restraints Guidelines (1985) （以下简称为 VRGs）。

23. 运用前面的数字例子，假设搭售产品的价格被管制到等于边际成本 40 美金。垄断者可以将被搭售产品的价格设定为 60 美金，并且要求消费者同时购买这两种产品，这样就能规避价格管制。

24. VRGs, supra note 22.

25. NYNEX Corp. v. Discon, Inc., 525 U.S. 128 (1998); Verizon Communs. Inc. v. Law Offices of Curtis V. Trinko, LLP, 540 U.S. 398.

26. Bork, supra note 14 at 232.

27. 见，如，Krattenmarker-Salop, Anticompetitive Exclusion, supra note 6; Eric Rasmussen et al., Naked Exclusion, 81 AM. ECON. REV. 1137 (1991); Michael H. Riordan & Steven C. Salop, Evaluating Vertical Mergers: A Post-Chicago Approach, 63 ANTITRUST L. J. 513 (1995).

28. JTC Pertroleum Co. v. Piasa Motor Fuels, Inc., 190 F. 3d 775 (7[th]Cir. 1999) (Posner, C. J.). See also Elizabeth Granitz & Benjamin Kein, Monopolization by "Raising Rivals Costs": The Standard Oil Case, 39 J. Law & ECON. 1 (1996).

29. 这种对市场封锁的分析类似于前面对搭售的分析，而搭售在那些只购买被搭售产品的消费者中建立了垄断地位。

30. 见，如，Omega Envtl. Enc. V. Gilbarco Inc., 123 F. 3d 1157 (9[th]Cir. 1997); Paddock Publications, Inc. V. Chicago Tribune Co., 103 F. 3d 42 (7th Cir. 1996); U.S. Healthcare Inc. V. Healthsource, Inc., 986 F. 2d 589 (1[st]Cir. 1993). 不过，芝加哥学派的创立者在他们

第四部分 纵向协议会伤害消费者吗？

的经典文章中分析 Standard Fashions 案时，承认排他性交易的反竞争性质。Aaron Director & Edward H. Levi, Law and the Future: Trade Regulation, 51 Nw. U. L. REV. 281（1956）; Standard Fashion Co. V. Magrane-Houston Co., 258 U. S. 346（1922）。

31. 这是指排他性权利，见 Krattenmaker-Salop, Anticompetitive Exclusion, supra note 6。

32. 对于交错到期日期，是指合约并非同时到期。这提高了进入者的协调问题以及进入成本。如果所有合约同时到期，那么进入者能够启动它自己的合约，协调它的进入。当然，让足够的用户转换本身就是个有难度的协调问题。所以，对于竞争性问题，交错性并不是必需的。

33. 进一步的细节，见 Salop, Flawed Profit-Sacrifice Standard, supra note 11。

34. Richard A. Posner, ANTITRUST LAW: AN ECONOMIC PERSPECTIVE 194 – 95（2d ed. 2001）。波斯纳也要求原告证明被告具有垄断力量。被告可以以它的行为是有效率的来反驳。对这一标准的其他阐述，见 Ken Heyer, A World of Uncertainty: Economics and Globalization of Antitrust, 72 ANTITRUST L. J. 375, 419 n. 64（2005）（quoting Joseph Farrell, "Comments at Antitrust Division Conference on the Developments in the Law and Economics of Exclusionary Pricing Practices"（Mar. 18, 2004））; Andrew I. Gavil, Dominant Firm Distribution: Striking a Better Balance, 72 ANTITRUST L. J. 3（2004）; John Vickers, Abuse of Market Power, 115 ECON. J. F244（2005）。

35. 企业的成本都是 70 美金。如果进入者赢得竞标，那么它的利润等于 70 美金减去它的投标价。如果垄断者赢得竞标，那么它的利润等于 200 美金减去投标价。因此，如果垄断者以 71 美金的投标价赢得竞标，那么它的利润将是 129 美金。

36. 为简便，假设企业没有沉淀资本或者固定成本，可变成本也是固定不变的。

37. Salop, Flawed Profit-Sacrifice Standard, supra note 11。例如，在一个虚假专利索赔案中讨论这个标准时，Hovenkamp 认为，它是"不合理的仁慈，甚至是不合法的。在哪些更可能是不合理的排他性行为中，它却宣告被告无罪。" Herbert Hovenkamp, Exclusion and the Sherman Act, 72 U. CHI. L. REV. 147, 154（2005）。

38. 在第一部分的背景下，排他性行为涉及纵向或横向合约，或者纵向和横向结合的合约，市场力量将成为相关的标准。

39. Aspen Skiing Co. v. Aspen Highlands Skiing Corp, 472 U. S. 585, n. 31（1985）.

40. 见 United States vs. Microsoft, 253 F. 3d. 34. 64（D. C. Cir. 2001）（禁止竞争对手采用"成本低"的分销手段）。

41. Robert H. Bork, THE ANTITRUST PARADOX 309（1978）.

42. 同上，309 页。

43. 同上，306 页（对标准时尚案的讨论）。

44. 见，如 Joseph Farrell, Deconstructing Chicago on Exclusive Dealing, 50 ANTITRUST BULL. 465（2005）（引用的文献）; Jonathan M. Jacobson & Scott A. Sher, "No Economic

Sense" Makes No Sense for Exclusive Dealing, 73 ANTITRUST L. J. 779 (2006); Louis Kaplow &Carl Shapiro, Antirust, Harvard John M. Olin Discussion Paper No. 575 (Jan. 2007) (same); Ilya R. Segal & Michael D. Whinston, Naked Exclusion: Comment, 90 AM. ECON. REV. 296 (2000)。

45. 见 Mancur Olson, THE LOGIC OF COLLECTIVE ACTION (1965)。

46. 见 Warren S. Grimes, The Sherman Act's Unintended Bias Against Lilliputians: Small Players' Collective Action as a Counter to Relational Market Power, 69 ANTITRUST L. J. 195 (2001)。

47. 253 F. 3d 34 (D. C. Cir. 2001)。

48. 399 F. 3d 181 (3d Cir. 2005)。

49. 337 U. S. 293 (1994) (Frankfurter, J.)。

50. Standard Fashion Co. v. Magrane-Houston Co., 258 U. S. 346 (1992) (Day, J., for a unanimous Court)。

51. 见 Antitrust Law Developments 44 – 45 (1975) (下文中为 Antitrust Law Developments (1975)) ("最高法院在 Tampa Electric 案中的方法随后被低级法院在很多案件中所采用")。

52. 只有1.6%的服务站属于 split-pump 站, 出售多家供应商的汽油 (337 U. S. at 295)。

53. 337 U. S. 296 页。(这些合约终止于每个缔约年的前六个月的末期, 或者在年末给予另一方至少30天的时间考虑另外的书面协议)。

54. 15 U. S. C. §14: 商人在其商业过程中, 不管商品是否授予专利, 商品是为了在美国内、准州内、哥伦比亚区及美国司法管辖权下的属地及其他地域内使用、消费或零售、出租、销售或签订销售合同, 是以承租人、买者不使用其竞争者的商品作为条件, 予以固定价格, 给予回扣, 折扣, 如果该行为实质上减少竞争或旨在形成商业垄断, 是非法的。

55. 78 F. Supp. 863 页; 也见同上. 859 页 ("……当我们考虑任何限制性行为 (包括价格固定), 他们的合法性必须取决于在商业中发挥作用的合约的本质")。

56. 同上, 872 页。

57. 337 U. S. 321 页 (Jackson, J, dissenting)。

58. 同上, 872 页。

59. 同上, 322~223 页。杰克逊大法官写到, 初审法庭 (trial court) "并没有允许被告正面地表明这种 (有害的) 效应会来自于这种协议安排" (同上, 322 页)。法兰克福大法官 (Justice Frankfurter) 更清楚地意识到这一点, 他写到, 地方法院 "排除了一些不重要的证词, 集中于'对现有体系的经济上的法律支持与反对, 这个体系与以前的截然不同, 而且以前的体系将会重现, 只要法院宣布现有的协议安排是无效的'" (337 U. S. at 298)。奇怪的是这些话没有出现在地方法院的意见之中。相反, 地方法院写道: "在政府的辩护中, 我允许有很多比较统计数字, 计入法庭记录。这与以下观点一致, 即为了解决这个案件中的争议, 协议的潜在或者实际效应, 在谢尔曼法中对于判定限制的合理性是重要的,

第四部分　纵向协议会伤害消费者吗？

在克莱顿法案中对于判定限制的实体性或者导致垄断的趋势也是重要的"。

60. 337 U. S. at 306–307（省略了引用和脚注）。

61. 同上，308 页。

62. 同上，308 页。

63. 见 William E. Kovacic, The Intellectual DNA of Modern U. S. Competition Law for Dominant Firm Conduct：The Chicago/Harvard Double Helix, 2007 COLUM. BUS. L. REV. 1。

64. 337 U. S. at 310 n. 13 （"克莱顿法对其所带来的双重执法体系设计，一定考虑到采用法院和联邦贸易委员会都能操作的举证标准……因此，我们对克莱顿法的解读应该认识到这样一点，即对联邦贸易委员会来说可行的对经济数据的评估，对缺乏相关经验或技术支持的法官来说可能是不可行的。"）

65. 道格拉斯大法官据此不同意，强烈批评法院设立的规则会排挤掉很大一部分独立的加油站。他认为，有限制性条款的合同与法院鼓励的垄断力量的增长相比，是相当无害的。他预见到，纵向一体化会导致独立的生意人被公司职员所取代，这个结果对国家来说是个可悲的损失。337 U. S. at 320–321 （Douglas, J. , dissenting）。

66. 337 U. S. 310～311 页。

67. 同上，310 页（省略脚注）。

68. 同上，311 页。

69. 同上，313 页。

70. 同上，311 页。

71. 同上，298 页。

72. 365 U. S. 320 （1961）。

73. 同上，329 页。

74. 例如，2 Antitrust Law Development （1984）97.

75. 365 U. S. , 333 页。

76. 466 U. S. 2 （1984）。在 Tampa Electric 和 Jefferson Parish 之间，法院在 Lorain Journal 对美国案中表明了常常不明确的观点。对于 Lorain Journal，法院确认了下级法院对报纸垄断行为的指责，即报纸通知它的广告客户，如果他们在它的上游竞争者无线电台上做广告，那么他们就不能在报纸上做广告。报纸的行为加强了它的垄断行为，威胁了无线电台的生存 （342 U. S. at 150）。法院认为，已经在地区拥有很大的垄断力量的报纸，利用它的垄断地位去摧毁潜在竞争威胁的行为，违反了克莱顿法中的第二款，即"试图进行垄断"。同上，见 154 页。

77. 466 U. S. , 见 45 页。

78. 同上，见 45～46 页。

79. 同上，见第 7 页。

80. Antitrust Law Developments （2007）217。

81. 对于《反托拉斯的法律进展》的历史,可以参阅 Stephen Calkins, The Organized Bar and Antitrust: Change, Continuity and Influence, 14 Loy. Consumer L. Rev. 393, 404 – 06 (2002)。

82. Antitrust Law Development (1975), supra note 51, 见 43~44 页(引用 Standard Oil Co. v. United States, 337 U. S. 293, 306 – 07 (1949));Tampa Elec. Co. v. Nashville Coal Co., 365 U. S. 320, 329 (1961)。

83. 同上,44 页。

84. 同上。

85. 15 U. S. c. § 45。

86. Antitrust Law Development (1975), supra note 51, 见 46 页(引用 L. G. Balfour Co. v. FTC, 442 F. 2d 1, 20 (7th Cir. 1971));也可参阅 Brown Shoe Co. v. FTC, 384 U. S. 316 (1966)。联邦贸易委员会法禁止不公平的竞争手段,这常常认为和反垄断法律是一致的,虽然它被应用的更广泛一些。见,例如 Rambus, Inc., 2006 FTC LEXIS 102 (2007)(Leibowitz, Comm'r, concurring)(回顾了联邦贸易委员会法的历史和法律原理,认为它应该获得更广泛的应用)。

87. Antitrust Law Development (1975), supra note 74, 96 n. 680。完全的披露使得我注意到我是这期的主编成员之一。

88. 100 FTC 68 (1982)。

89. Antitrust Law Development (1984), supra note 74, 见 98 页(引用的案件)。作为支持一年合同的开始,作者们引用了一个判决,FTC v. Motion Picture Advertising Co., 344 U. S. 392 (1953),其中委员会禁止长于一年的合同;United States v. Pfizer, 246 F. Supp. 464 (E. D. N. Y. 1965)(赞成一年的合同,虽然没能定义市场);United States v. American Can Co., 87 F. Supp. 18, 29 (N. D. Cal. 1949),谴责五年期的合同,但是支持一年期的合同。

90. ABA Antitrust Section, Antitrust Law Developments (1997) 223 – 234(引用的案件)。

91. 同上,见 224 – 225 (1997)(引用的案件)。

92. 749 F. 2d 380 (7th Cir. 1984)。

93. 同上,见 395 页。法院也引用了 Lawrence Anthony Sullivan Antitrust 484 – 86 (1977),不过这样有失公平,因为 Sullivan 假设长于一年的合同是非法的,只对一年或者更短的合同进行了深入分析。法院的"cf."引用了 Howard Marvel, Exclusive Dealing, 25 J. L. & Econ 1, 6 (1982),是恰当的,因为 Marvel 仔细论证了短期的排他性合同并没有限制竞争。

94. 见,如 Concord Boat Corp. v. Brunswick Corp., 207 F. 3d 1039, 1059 (8th Cir. 2000)(引用了罗兰机械案的判决,少于一年期的排他性合同被假定是合法的);Bepko, Inc. v. Allied-Signal, Inc., 106 F. Supp. 2d 814, 829("三十天到一年之间的排他性合同并

第四部分 纵向协议会伤害消费者吗？

没有显著的反竞争效应")（引用，如 Roland Machinery）。

95. 同上，见1164。

96. 986 F. 2d 589（1st Cir. 1993）。

97. 同上，见596。

98. XI Herbert Hovenkamp, Antitrust Law 1821d3（2d ed. 2005）。

99. Omega Environmental v. Gilbarco, Inc. 127 F. 3d 1157, 1163（9th Cir. 1997）。

100. Hovenkamp, Supra note 99, at 1821d2。

101. 466 U. S.，见44页（O'Connor, J., concurring）（"排他性交易时不合理的，只要一大部分买者或者卖者被排除出市场"）（引用标准站案）。

102. United States v. Microsoft Corp., 87 F. Supp. 2d 30, 53（D. D. C. 2000），Vacated, 253, F. 3d 34（D. C. Cir. 2001）。

103. United States v. Dentsply Int'l, Inc., 277 F. Supp. 2d 387, 453（D. Del. 2003）（引用 Lepage's Inc. v. 3M, 324 F. 3d 141, 159（3d Cir. 2003）(en banc)），rev'd, 399 F. 3d 181（3d Cir. 2005）。

104. 见 Twin City Sportservice v. Charles O. Finley Co., 676 F. 2d 1291（9th Cir. 1982）(24 percent)；Luria Bros. v. FTC, 389 F. 2d 847（3d Cir. 1968）(21 to 34 percent)。

105. 466 U. S. at 46（O'Connor, J., concurring）（"一个有四位麻醉专家的企业仅仅占麻醉专家总数非常小的比例，而且其他企业都能够获得麻醉方面的服务"）。

106. n. 1267（reviewing cases）；也见 JBDL Corp. v. Wyeth-Ayerst Laboratories, Inc, 2005 U.S. Dist. LEXIS 11676（S. D. Ohio 2005）。

107. Stephen Calkins, California Dental Association: Not the Quick Look But Not the Full Monty, 67 Antitrust L. J. 495（2000）。

108. 253 F. 3d 34（D. C. Cir. 2001）。

109. 399 F. 3d 181（3d Cir. 2005）。

110. United States v. Microsoft Corp., 87 F. Supp. 2d 30, 51（D. D. C. 2000）（无法充分先占最有效率的销售渠道）（"法院发现，当下的协议没有完全封锁相关产品的销售渠道，他们一致拒绝认定违法责任。法院之前观察到，案例法暗示，除非有证明表明微软把网景排除出50%以上的浏览器市场份额，法院应该拒绝这些协议违反了第一节。"）（忽略了引用）。

111. 252 F. 3d，见70页。上诉法院提出了一个违法第一节责任的相对较高的临界值，"我们同意原告的观点，垄断者采用排他合同，在一些情况下，可能会违反第二节，虽然少于40%或50%的市场份额的封锁合同违反了第一节。"

112. 同上，见70页。

113. 同上，见70页（忽略了引用）。

114. 同上，见57页。

115. 同上，见71页（引用发现的事实）。

116. United States v. Microsoft Corp.，84 F. Supp. 2d 9，46（D. D. C. 1999），引用了部分，253 F. 3d，见71页（"通过确保让 IE 作为默认浏览器或者唯一的浏览器提供给绝大多数 IAP 用户的，微软和 IAP 用户之间的交易显然具有维持垄断的效应；他们这样就可能促使航海者的使用率下降到较低水平，使得航海者或者其他任何竞争对手无法威胁微软的垄断地位"）（引用事实认定书143）。

117. 253 F. 3d，见70页。

118. 399 F. 3d，见193页。

119. 同上，见193页。

120. 同上，见194& n. 2（注意它发现短持续期的情况是可以辨别的）。

121. 同上，见196页。

122. 同上，见195页（"而且，记录显示登士派齿科增加 Darby 作为交易者，是为了'防止 Vita 获得关键的分销渠道'。根据登士派齿科的主管，关键的因素是'Vita 潜在的营销体系'。他解释道，Vita'过去艰难地向顾客销售牙齿。他们主要弱点之一就是他们的营销体系'"）。

123. 同上，见189~190页。

124. CF.，例如，Hovenkamp，supra note 99，见1821d3（"我们提出，少于一年的排他性合同假定被允许的，这种情况下转换交易伙伴相对容易，而且同一分销体系中的交易者的确在转换。然而，我们说假定，是因为短期合同对于上游竞争买家存在转换的可能性，但是并不能保持一定可能。"）。也见，Richard Posner，Antitrust Law 229（2d ed. 2001）。

125. Antitrust Law Development（S2007），supra note 80，见219–220。（"短期协议或者短期终止的条款，经常被允许的原因是，假设短期条款或者容易结束的市场封锁损害竞争的程度很小，虽然最近的案件表明，短期条款也被判为非法的。"）（忽略引用）。

126. 见 J. B. D. L. Corp. v. Wyeth-Ayerst Laboratories，Inc.，2005 U. S. Dist. LEXIS 11676（S. D. Ohio 2005）（同意微软和登士派齿科案中地区法院采用的完全排他性的用法，忽视了上诉法院的观点，不过注意到了政府并没有就关于第一节的判决上诉——虽然审理微软案的上诉法院清楚地表明它的看法并非局限于第一节，审理登士派齿科案的上诉法院并不赞同 J. B. D. L 引用的语言），aff'd on other grounds，485 F. 3d 880（6thCir. 2007）。

127. Accord Posner，Supra note 125，见265页。

128. 对于采用主观证据的辩护，见 Marina Lao，Reclaiming a Role for Intent Evidence in Monopolization Analysis，54 AM. U. L. REV. 151（2004）。

129. 100 F. T. C. 68，209–18（1982）（Clanton，Comm'r）。

130. United States v. Dentsply Int'l，Inc.，277 F. Supp. 2d 387，442–48（D. Del. 2003）；也见 Dentsply，399 F. 3d 196–97（根据地区法院的讨论）。

131. ANTITRUST MODENNIZATION COMMISSION REPORT AND RECOMMINATION 91–

第四部分 纵向协议会伤害消费者吗？

93（2007）回顾了主要的单一标准的候选者。"没有经济理由"的检验是说，"一项行为并不是排他性的或者掠夺性的，除非它对于被告没有经济上的理由，但是有消除或者损害竞争的趋势"，Gregory J. Werden, The Antitrust Enterprise: Principle and Execution: The "No Economic Sense" Test for Exclusionary Conduct, 31 IOWA J. Corp. L. 293（2006）美国政府和 FTC 简洁的引用，作为 Amici Curiae Supporting Petitioner at 15，Verizon Commc'ns, Inc. v. Law Officers of Curtis V. Trinko, LLP, 540 U. S. 398（2004）（No. 02 - 682）（检验被限制于 duty-to-assist-a-rival cases）；也见 Gregory J. Werden, Identifying Exclusionary Conduct Under Section 2: The "No Economic Sense" Test, 73 ANTITRUST l. J 413（2006）。"同等有效率的竞争者"检验需要原告证明"被告的行为是否有可能把一个与被告同等或者更有效率的竞争排除出被告所处的市场"，POSNER, supra note 125, 见 194 - 95。

132. 见，如 Jacobson & Sher, supra note 44。

133. 见，如 ANTITRUST MODERNIZATION COMMISSION REPORT, supra note 132, 见 93 页（"因此，对于一个检验是否可以判断所有与第二节有关的行为，是不存在共识的"）。

134. Transcript, United States Federal Trade Commission and United States Department of Justice, Sherman Act Section 2 Joint Hearing: Understanding Single-Firm Behavior: Exclusive Dealing Session（NOV. 15, 2006），见 145（remarks of Joseph Farrell）（"当你分配提供证据的负担时，一定小心"），见 http://www.usdoj.gov/atr/public/hearings/single_firm/docs/222438.htm。

第五部分

纵向协议的"搭便车"解释被不切实际地强调了吗？

引言

最高法院在 1911 年的迈尔斯医药案（Dr. Miles Medical Co. V. John D. Park & Sons）[1]中裁定，维持最低转售价格是违法的，无论卖方的市场势力、目的和效果如何。这一判决的原因是，最低转售价格操纵对于建立一个由厂商监督的零售商之间的横向卡特尔有很关键作用，并且，所有随后的研究也已经表明，最低维持转售价格会导致顾客支付的价格水平上涨。1960 年，一个反托拉斯芝加哥学派的发起人，莱斯特·特尔瑟（Lester Telser）对于为什么生产商要求其零售商不要以低于它们规定的最低价格销售其产品提供了一个开创性的解释。

莱斯特·特尔瑟的贡献是引入了以下新的观点：生产商提高零售价格以保证零售商的高盈利，从而来引诱零售商提供更好的广告、销售人员、信用、修理和购物环境等方面的服务。如果零售商可以自由定价，那么，高端的零售店就会被那些不提供服务但价格便宜的打折店抢走生意，这样就没有任何零售店愿意提供服务。法官博克（Bork）和波斯纳（Posner）不久加入了特尔瑟的队伍。波斯纳认为，把最低转售价格维持定为本身违法不仅是错误的，而且由于"搭便车"问题，最低转售价格反而应该是本质合法的[2]。

本章作者沃伦·格莱姆斯（Warren Grimes）和玛丽娜·劳（Marina Lao）承认，"搭便车"问题偶尔是会发生。但是他们指出，在对纵向约束的判决

第五部分 纵向协议的"搭便车"解释被不切实际地强调了吗?

中,"搭便车"已经变成了保守者对所有纵向分销进行质疑的条件反射,即使在服务和产品销售不相关时,或者即使相关但可以由厂商和零售商之间的合同给以规范的情况下也是这样。不管怎样,还没有事实(只有经济理论)表明"搭便车"是产品销售渠道中常见的问题。

格莱姆斯(Grimes)认为,"搭便车"说法是一个借口。他对商用电子诉夏普案(商务电器 V. Sharp Electronics)[3]中高等法院的裁定的相关事实和法律进行了详尽的分析。在该案中,斯卡利亚(Scallia)法官忽略了事实根据和一个陪审团的建议,对一个折扣店降价的案子做出了审判。虽然并没有这个折扣店"搭便车"方面的证据,斯卡利亚把以上基于"搭便车"理论的辩护视为"箴言",而不是作为有待证据验证的一个概念。作者劳的观点是,即便该案涉及的不仅仅是一个概念,法庭正确的做法是采用当前最高法庭针对横向价格操纵的办法,也就是,首先确定"搭便车"问题是否是一个严重的问题。只有当问题严重时,再采用所谓的充分合理推定原则来分析厂商和零售商的做法。如果零售商的服务根本不是一个考虑因素的话,法庭则应该使用本身违法原则。

第12章 西尔韦尼亚案对下游势力纵向约束 "搭便车" 问题的解释：真相还是制造借口

沃伦·S·格兰姆斯

发生在30年前的大陆电视公司诉GTE西尔韦尼亚公司案（Continental T. V., Inc. V. Gte 西尔韦尼亚）[4]，是一个非常好的分析纵向约束的框架。它在丽晶案（Leegin Creative Leather Products Inc. v. Psks, Inc.）[5]中得到了认可和发展，后者作为一个有争议的裁决，使用了前者的逻辑，并完成了废除纵向协议本身违法原则的过程。[6]

法官鲍威尔执笔的西尔韦尼亚案的判决，推翻一个只是十年前的纵向约束案（United States V. Arnold Schwinn & Co.[7]）。推翻一个还没有十年的最高法院的案例是一个不寻常的事件，而且可能促使法庭重新审判。鲍威尔法官使用的语言激起了很强烈的批评，[8]虽然法庭的判决没有改变。

本章讨论针对西尔韦尼亚案的一个特别的判决：即纵向约束是对"搭便车"的零售商（不提供生产商想要的零售服务）的一个合理的反应。众所周知，"搭便车"概念是由传统的经济分析得来的。本文会解释这一分析，然后证明这个概念在很多方面有漏洞，脱离实际，值得批判。

一些零售商确实对其他零售商的促销服务免费搭车。当供应商想要鼓励零售商进行大量相关投资时，"搭便车"可能成为一个很大的问题。但是，生产商经常也在一些"搭便车"不是很严重的工业中和环境下实行纵向约束。而且，上下游企业也可使用合同条款来很好地解决"搭便车"问题。与建立在经济分析上的观点相反，用防止"搭便车"作为纵向约束解释的做法没有坚实的基础。

文中得出一些更加具体的关于"搭便车"的结论。上游势力带来纵向约束，如捆绑销售和纵向最大价格操纵是由拥有势力的上游厂商实行的。这些约束不是由于担心零售商"搭便车"现象而驱动的，并且这些约束本身也不能

| 第五部分　纵向协议的"搭便车"解释被不切实际地强调了吗？

防止售前服务方面"搭便车"行为。

关于下游势力纵向约束，如独家零售区域限制或者纵向最低价格操纵，生产商使用这些约束来激励零售商促销他的品牌产品。这些约束主要有两类：(1) 限制生产商品牌分销的约束，如独家零售区域或者零售商地域条款；和 (2) 与零售商品牌的无限制分销一致的约束，如纵向最低价格操纵或者最低广告价格。限制生产商品牌分销的约束，由于限制了零售商间品牌内的竞争从而可能会防止"搭便车"现象。当这些约束是零售商促销生产商产品的辅助措施时，有可能是恰当的。

但是，与无限制分销一致的约束，如纵向最低价格操纵，被用来预防零售商在售前服务方面"搭便车"行为是不适当的。这些约束在鼓励纵向一体化投资方面不是特别有效，并且对于零售品牌之间的竞争有一个潜在的更加难测量的负面作用，更有可能与零售商想要回避价格竞争有关。

Ⅰ. 什么时候"搭便车"会降低效率和竞争

广义上来说，"搭便车"或者占其他主体劳动的便宜是普遍存在的。在商业、艺术或者体育界中，仿制他人的新的、好的或更有效率的办法都属于"搭便车"。市场竞争在本质上假设企业家在知识产权约束下模仿并创新有效产品、生产技术、服务和分销方法。

产权法、公平竞争法和反垄断法都通过限制侵权来保护创新及企业进行有效率操作的积极性。在国际新闻案（International News Service V. Asociated Press）中，高级法院给出了一个像圣经里的句子，虽然是泛泛的，却捕捉到了限制"搭便车"的法律精神：立场不同的最高法院法官们谴责一个演员"不劳而获"。[9]

这一案中的笼统的语言促进了很多后来的发展。在公司是否应该拥有尽可能多的自由来应用其产权或使用其市场支配位置的争论中，产权的讨论成为了讨论的起点。例如，有人认为，捆绑一个专利产品的价格歧视是合法的，可用来推动回馈创新[10]。或者大公司可拥有绝对权力来拒绝许可其专利。[11]同样的，斯卡利亚在一个案子（Verizon Communications, Inc. V. Trinko）中写道"垄断和制定垄断的价格，不仅合法，还是自由市场体系中的一个重要部分，"因为这些垄断价格吸引"商业反应"并且引导"产生创新和经济增长的冒险"。[12]这个观点好像给仿效和复制留下了很小的余地，虽然仿效和复制能更好地推动进步和知识的传播。

"搭便车"已经被广义和狭义地在很多反托拉斯案例中解释过了。狭义上（指借助竞争对手的营销投入）的"搭便车"已经成了合资经营和协作中的一个严重问题。在崇越科技案（United Staies V. Topco Associates Inc.）中，[13]独立的零售商联合起来，以崇越科技的名义提供更加有效的买卖。法庭认为，限制一个成员店的服务区域是对于谢尔曼法第一部分的本身违反行为。但是没有区域保护，崇越科技可能受广告和营销的"搭便车"现象的威胁。在高级法院裁定后，司法部明确认识到这个"搭便车"解释的正确性，于是允许崇越科技通过建立区域以消除"搭便车"问题。[14]

一个更加同情合资经营的观点出现在罗瑟存储诉阿特拉斯案中（Rothery Storage and Van Co. v. Atlas Van Lines）。[15]Atlas是一个纵向一体化的企业，拥有一个全国范围的运输公司和独立的地方代理体系。PLAINTIFFS曾经是ATLAS网络的一部分，但因为使用ATLAS的名字和装备用于自己在当地的运输而被关闭。博克法官认为，关闭"搭便车"的地方代理不构成违法行为，他认为，

> 一个运营商使用Atlas的声誉、装备、设备和服务就是对Atlas开支的"搭便车"。问题是当运营商取得的好处不鼓励他在声誉、装备、设备上进行投入的时候，系统有效性就会降低，消费者就得不到他们期望的产品和服务。最严重的时候，整个系统可能会崩溃。[16]

补充性和无掩饰限制之间的区别最初是由塔夫特（Taft）法官[17]提出并由博克提倡的，它决定什么时候限制"搭便车"行为会与竞争目标相一致。罗瑟（Rothery）建议，当限制"搭便车"是对于有效的纵向一体化的补充时，反托拉斯执法可以给这些纵向限制留出空间。

这个判断的界线是由另外两个上诉法庭建议的。在通用租赁案（General Leaseways, Inc. V. National Truck Leasing Asoc）中[18]，130个小的卡车租赁公司的会员之间，通过相互提供修理服务与拥有全国范围的修理店的竞争对手进行竞争。效仿崇越科技一案，波斯纳法官对于会员之间不能进入别人领地的协议应用了本身违法原则。

在宝丽金控股案（Polygram Holding, Inc. V. Ftc）中，[19]两个公司同意生产一个由三个著名音乐家表演的音乐会的唱片。他们用"搭便车"作为一个理由来暂停推销这几个音乐家以前的两个唱片（每一个合资经营加入者都曾经发行了一个这样的唱片）。这些公司表示，如果不这样，他们加入这个合资经营的积极性会降低，因为每个公司都会试图对这个新唱片的广告"搭便车"。

第五部分 纵向协议的"搭便车"解释被不切实际地强调了吗?

这个广告会导致一些顾客购买老一些的唱片而不是这个合资经营的唱片。金斯伯格(Ginsburg)法官同意 FTC 的观点,即这个"搭便车"理论不能作为公司对非合资经营产品之间的竞争加以限制的理由。如果接受了这个理论,那么,纵向限制可能使得合资经营的产品更加有利可图,但同时也可能使得合资经营者停止同竞争对手在更大范围的产品之间的竞争。[20]

这些合资经营案子,包含横向联合的因素,同时也包含着纵向因素。总的来说,这些案例体现了补充约束测试方法的应用。罗瑟认为,限制合资经营内部成员使用内部资源来做非合资经营(和潜在的与合资经营形成竞争的生意)是合法的。这种限制是补充性的并且对坚持一个有效的合资经营来说是必要的。剩下的三个案例缺少约束和合资经营之间的直接联系。在宝丽金案中,一个对不属于合资经营内产品竞争的限制被判定是违法的。崇越科技和通用租赁案的决定,则建议把合资经营内部成员之间竞争的限制扩张到合资经营外是本身违法的。但是,这些决定并不一定排除使用较温和的必要手段来限制"搭便车"和维持合资经营,如经营区域或者地域条款。

如在第三部分和第四部分介绍的一样,补充性约束测试方法在传统的下游势力纵向约束案例中可以发挥作用。

Ⅱ. 特尔瑟的关于为什么生产商使用纵向约束的解释

1960 年,莱斯特·特尔瑟提出了一个关于为什么一个生产商使用纵向约束(如转售价格维持)的经典解释。[21]特尔瑟认为,厂商使用纵向限制,旨在保证其零售商可享受较大的单位利润,以用来支付各种销售厂商产品的服务开支。这些服务包括广告、促销、运送、信用和维修。特尔瑟承认,这些服务中的一些,如信用或者售后服务,零售商可以单独收费。但是,他认为,在售前广告和促销方面可能存在传统的"搭便车"问题:

> 销售从价格较高并提供特殊服务的零售商转移到了定价较低但并不提供特殊服务的零售商。顾客因为一个零售商提供的特殊服务而决定买这个产品。但是他从另一个定价较低的零售商那里买。这样,不提供特殊服务的零售商就搭了那些劝顾客购买该产品的零售商的便车。[22]

特尔瑟认为,这个结果使一些原本提供全套服务的零售商为了反对"搭便车"者,而停止了提供厂商所希望的全套的服务。

罗伯特·博克（Robert Bork）对特尔瑟的模型给出了一个推理，认为只要销售（由货币测量）最终会增加，实行纵向约束就是有效率的。[23]在回答产出可能会下降时，博克说，

> 错误在于没有把零售商在提供维持转售价格中所付出的努力也计算为一种经济产出。消费者得到的不仅仅是一个单一商品，而是一个复合的商品。它的一部分是商品本身，另一部分是由转售者提供的如信息、展示和服务等。店铺中的衣物价格包含店铺装修；饭店的食品价格包含气氛和服务；加油站的油价包含厕所、擦车窗和打气等。说这些附加的价值不是产品的一部分是非常错误的。[24]

理查德·波斯纳在施温公司案（Schwinn）中帮政府辩护一些年后，加入了博克的行列。他认为生产商的利益和消费者的利益是一致的，而且纵向约束的存在是因为其有效性。波斯纳同意博克的观点，即认为当产出（以货币衡量）上升的时候，实施纵向约束就会提高效率。[25]

虽然有反对的声音，[26]生产商只会在提高效率条件下才使用纵向约束的观点在鲍威尔法官裁判西尔韦尼亚案时得到支持。这个判决说，"通过允许生产商进行一定的有效的产品分销，纵向约束提倡了品牌间的竞争。"[27]它还建议，一个新进入的生产商可以使用纵向约束来吸引"有能力或有较进取的零售商"在新产品的分销中投入资本和劳动。[28]法庭在该案中因而建立了下述纵向约束的"搭便车"原则：

> 生产商可以使用纵向约束吸引零售商加入促销活动或者提供必要的修理和服务。服务和修理对很多产品是至关重要的。例如汽车和主要的家庭电器。这些服务的提供和质量影响了一个厂商的声誉和竞争力。由于市场的不完全竞争，比如"搭便车"现象，这些服务可能不能由零售商在纯竞争的情况下提供，尽管当所有零售商在都提供这些服务时比都不提供时能得到更高的利润。[29]

法庭这一对"搭便车"问题的描述太过粗略，缺少对特尔瑟理论的提炼。与特尔瑟不同，这个案子的判决没有认识到当提供服务的零售商可以收取售后服务费用时，"搭便车"便不是一个问题。法庭也没有把它所说的"搭便车"问题和西尔韦尼亚案（或者以前决定的案子）中的任何证据联系起来，来说明消除"搭便车"是实施纵向约束的动机，还是结果。

还有一些其他的批评特尔瑟的"搭便车"解释和西尔韦尼亚案判决的声

第五部分 纵向协议的"搭便车"解释被不切实际地强调了吗?

音。经济学家本杰明·克莱因(Benjamin Klein)和凯林·墨菲(Kevin Murphy)向来主张对纵向约束实行宽松的反托拉斯审查。但他们也指出"搭便车"的理论基础是有缺陷的,因为一个"搭便车"的零售商可以用很多方式使用由维持转售价格带来的较高利润,而不需考虑厂商的愿望。卖方可以不提供厂商期望的售前服务,但仍然得到较高利润。[30] 罗伯特·佩托夫斯基(Robert Pitofsky)和其他人指出,很多使用维持转售价格的简单的产品并不需要信息或者展示那种容易被"搭便车"的服务。[31] 佩托夫斯基强调不管有没有纵向约束,都有不同的卖方向顾客提供很多的零售选择,从完全服务到简单的销售。[32] 阿利达(Areeda)和霍温坎普(Hovenkamp)指出,很多服务(比如奢侈的气氛)并不适用"搭便车"理论或者并不是给定品牌所特有的服务(而是零售商销售多种品牌所需要的)。[33] 罗伯特·斯坦纳(Robert Steiner)指出,一个厂商获得零售商售前服务最有效的方法是和它们签订合同,并对提供服务的进行奖励。[34]

如果认真研究最高法院的商务电器诉夏普电子案(Business Elctronics Corp. V. Sharp Electronics Corp),[35]我们会看到,特尔瑟的"搭便车"论点有悖于一个市场营销方面的事实。大多数的零售商都知道复杂或者高端的产品可以受益于销售服务这一事实。厂商和卖方的利益可能在这个问题上是一致的。拒绝提供这些服务的打折的公司可能有一个价格的好处,但是他们也会由于他们的营销战略而丢失生意。一些有效的零售商既提供售前推销服务,同时又对价格打折,并且发现这一策略才可以带来最高利润。[36]

认识到"搭便车"在狭义上不能作为大多数纵向约束的理由,经济学家霍华德·漫威(Howard Marvel)建议用一个更宽泛的促销服务原则来判断纵向约束。[37]漫威(Marvel)和麦卡弗蒂(Mcafferty)也认为,"搭便车"行为不利于高形象零售商的品牌保证地位。但漫威没有给出让人信服的解释为什么合同规定的促销奖金不能保证零售商提供服务。即使是高形象零售商的品牌保证地位也可以通过使用促销奖金来保护,必要的时候,还可以同时使用对竞争的损害较小的专营的地域条款限制。

Ⅲ. 为什么生产商使用纵向约束

经济学家罗伯特·斯坦纳的文章中提供了很多关于纵向约束的本质的观点[38]。其中有一个很强的实证的部分。在做经济学家之前,斯坦纳是一个玩具生产公司的管理者，曾使用了促销奖金和各种其他的办法来吸引零售商销售其玩具。斯坦纳的文章支持了直觉上的假设，即纵向约束是厂商激励零售商营销厂商品牌的办法。一般来说，它会是一个零售商不愿卖的相对弱的品牌，除非有纵向约束能提供的有保证的较高利润。这个对纵向约束的解释比特尔瑟的更全面，因为它不依靠"搭便车"问题存在，也不假设纵向约束具有解决这些问题的能力。相反，它认为纵向约束被生产商用来诱惑零售商销售和推广产品，无论后者选择什么样的售卖方式。对于很多产品，仅仅存放和摆在货架上就是零售商努力的体现。

斯坦纳的另一个观点是关于厂商和零售商之间的竞争。一个较强品牌的厂商享受能带来较大利润的纵向市场势力。一个生产商的纵向市场势力是对某个特定产品或品牌的很强的需求造成的。[39]这个纵向势力经常与传统的横向市场势力同时存在，但是并不总是这样。当一个厂商拥有这个纵向势力，一个顾客可能会更换店铺，以更理想的价格获得这个强的品牌。

纵向市场势力可以由一个零售商和生产商利润边际的比率衡量。[40]一般来说，当零售商的利润边际上升，生产商的利润边际会下降，反之亦然。如斯坦纳所言，这个两层的纵向市场势力测量是一个对超过两层，并且每层有多个选手的分销系统的真实市场的过度简化。但是，测量厂商和零售商的利润边际比只看横向市场势力的一层分析提供了一个更有原则性，更准确的和具指导性的模型。[41]

在纵向关系中市场势力的大小强烈影响着产品分销系统中的竞争产出。在每一个纵向约束案例中，一个基本的问题是，谁拥有这个势力？这个约束是上游势力的结果，还是下游势力的结果？或者是差不多的势力通过双方协商的产品。这些问题的答案可以很好地帮助法庭判断案件是否有反竞争效果的风险，确定合适的规则和剔除不太可能有反竞争作用的约束。反竞争风险的类型与谁拥有势力直接相关。

上游势力约束包括捆绑销售和最大纵向价格操纵。当上游供应商拥有势力时，供给商一般不担心"搭便车"问题，因为所有销售商都希望卖这个品牌。这些约束的潜在的反竞争作用来源于供给商迫使销售商购买不想要的产品或者支付高于竞争水平的价格。这些约束不防止"搭便车"。事实上，在一定程度上，一个上游势力约束挤压了销售商的零售边际利润。这些约束可能刺激产生更多的关于售前服务的"搭便车"。

事实上，"搭便车"的理论已经被用做实施上游约束的理由。但是它们不是特尔瑟和西尔韦尼亚案子中所说的"搭便车"。在柯达公司诉图像技术服务

第五部分 纵向协议的"搭便车"解释被不切实际地强调了吗?

公司案（Eastman Kodak Co. V. Image Technical Services. Inc.）中,[42]最高法院拒绝接受KODAK所说的捆绑行为是为了预防服务KODAK机器的独立服务提供商的"搭便车"行为的观点。这些服务提供者经常从KODAK得到服务，使用他们的专家和培训，并开始成立一个与KODAK竞争的公司。法律给予雇员一定的自由在新工作中使用以往的工作中学到的知识。[43]

下游势力约束包括排外区域限制、卖方地域条款和纵向最低价格操纵。一般来说，缺少上游势力的生产商可能发现提高积极性不高的零售商的利润的纵向约束是有好处的。在这里，评估反竞争效果的要点集中在下游市场，假设生产商之间不存在横向上的卡特尔行为。下面是一些下游势力约束的潜在的反竞争效果：(1) 零售商横向的竞争和进入可能被施以限制——新的和有效的零售商可能因为纵向约束而损坏了它们的竞争力；(2) 参与限制的零售商可能会使用其市场势力来打压规模较小的同样有效率或甚至更加有效率的零售商；(3) 由纵向约束带来的高的零售利润边际可能鼓励销售商利用消费者的信息差异，并以很贵的价格卖给他们不是很好的品牌产品。[44]

下游势力纵向约束的确会促进品牌销售。但是这个促销可能会也可能不会促进竞争。西尔韦尼亚案有关纵向约束"提倡品牌内竞争"的说法是简单化的，因为它没能认识到纵向约束促进一个品牌的市场定位营销，却可能降低品牌间的竞争的可能性。而且，它没有认识到，纵向约束中促进的在分散地点的促销服务是很难监督控制的，并可能误导或欺骗消费者。当一个纵向约束保证一个较高的卖方利润时，其中包含的经济激励会毫无歧视地促使零售商选择可能提高销售的任何方法。在20世纪70年代和80年代，古典车蜡案生产商宣布使用纵向最低价格操纵来营销一个品牌带来了很大成功。这个品牌在消费者杂志上被评为好过一般的一个品牌（很好的光泽，但不是很耐用且比较难上蜡），但是比其他测试的品牌贵很多。[45]西尔韦尼亚法庭也没能提到当一个特殊的品牌独一无二，以至于顾客不会使用不同的品牌的时候的品牌内竞争的重要性。这个现象是有可能发生的，例如，一个顾客想寻找一个有版权保证的书籍、歌曲、录像或者计算机程序等。

A. 下游势力纵向约束与其他促销方法比较

一个较弱品牌的厂商，不得不提供给零售商一些好处使得后者愿意经销其产品。该厂商可能选择下面的几个办法：

- 价格优势（提供较低的批发价从而使得零售商得到较高的利润边际）

- 使用厂商支持的广告促销系统，建立顾客对品牌的忠诚
- 派遣生产商代表去零售商处执行促销服务
- 同意回购零售商未售的存货，以减少零售商的风险
- 使用促销奖金来回馈零售商提供的促销服务，包括当地的广告，卖场演示，产品长期展示等
- 建立一个下游势力纵向约束，比如排外的零售商领地、卖方地域条款、或者零售价格维持，以提供给零售商较高利润水平
- 建立一个零售商点的特许经营网络
- 收购该零售店（纵向一体化）

这些方法不是同等有效的。哪种最有效是由环境决定的。如果厂商者的确要选择依赖一个或多个下游势力约束来提供零售商激励，它还要考虑额外的因素。一个中心问题是，是选择那些会显著限制分销的纵向约束（如排外区域或者地域条款），还是选择更加开放的分销约束（如维持转售价格或者最低广告价格）。

B. 严重限制分销的纵向约束

限制分销的纵向约束对于一个卖复杂产品的厂商可以有效率的。Arnold Schwinn Corporation 在 20 世纪 50 年代实行有限制的分销方法，从而减少了大量的和效率低的零售商之间的行政和交流成本。[46] 限制的分销也激励较好的零售商来投资促销活动。由于限制的分销，零售商之间的交叉减少了，售前服务的"搭便车"对于这些零售商不再是一个大问题。这里的观点可能是，如果厂商想要零售商做更多的投资来销售和推广厂商的商品时，对"搭便车"的控制便更加重要。但是不是所有的限制分销约束都包含零售商来做这个投资的要求。一方面，一个有地域条款的特许经营合同一般包含这个重要投资的条件。另一方面，对一个综合品牌零售商来说，一个厂商品牌的成功中部不太重要，即使是有地域条款的保护。

受限制的分销下游势力约束在西尔韦尼亚案之后的法律判决中被宽松地对待。当零售商对厂商品牌需要进行大的投资时，这种宽松的对待可能是合理的。在补充约束测试下，区域限制可以被判定为对零售商通过投资而获得的纵向一体化的补充。当然，区域限制确实提供给零售商一定程度的保护以预防来自其他零售商的"搭便车"行为。像特尔瑟和博克的理论所说，纵向约束可以被解释为用来避免零售商被"搭便车"。但是这个描述只是强调了约束的第

第五部分 纵向协议的"搭便车"解释被不切实际地强调了吗？

二层次的一种好处，而且这种好处可能带来相反结果。所有的零售商都想逃避竞争。只有当零售商对厂商产品做大的投资时，该约束的合法性才最强。

C. 与开放式分销一致的纵向约束

与开放式的分销相一致的纵向约束——这里纵向最低价格操纵是主要例子——很少能限制"搭便车"行为。当存在很多竞争性的零售商时，其中一些提供全面服务，一些不提供是很正常的现象。和一个写进合约里的促销奖金规定不同，纵向最低价格操纵是促使零售商提供好的售前服务的不可靠机制。[47]

在丽晶（皮革商）案（Leegin Creative Leather Products）中，最高法庭总结道，纵向最低价格操纵"缓和""搭便车"问题。[48]在补充约束测试下，使用纵向最低定价是不合理的，这是因为这个限制对于售前服务合同的执行不是必要的，而且这个约束不是任何有效的经济一体化的补充。纵向最低价格操纵对于零售竞争也是很大的威胁，因为它可应被用在开放式的分销系统中。如果容忍纵向最低价格操纵，它会促使很多品牌的零售价格固定，并使得新的有效的零售商进入更加困难。

Ⅳ. 西尔韦尼亚案后的"搭便车"法律：夏普案的经验

在商务电器诉夏普电（Business Electronics v. Sharp Electronics）一案中[49]，最高法院陈述了关于厂商和零售商之间最低经济一体化的纠纷。开始于1968年，夏普，一个电子计算器生产商，通过一个零售商（商务电器）在休斯敦地区销售产品。在这个时期，电子计算器是新产品并且价格高，要求零售商投入足够的促销和演示服务以吸引消费者放弃传统的机电计算器。夏普电子计算器的售价高达1 000美元，大多数购买者是商业用户。

在1972年，夏普引入哈特威尔作为第二个零售商，并向哈特威尔保证它将成为休斯敦地区的专营商。随后的两年中，夏普管理层拒绝停止商务电器的销售，允许两个零售商在此地区竞争。1974年，哈特威尔，这个较大的零售商，警告夏普如果还要和商务电器竞争，它将不再售卖夏普产品。在哈特威尔给出了30天的期限后，夏普很快地停止了商务电器的生意。后者把夏普告上法庭。

法庭上争论的重点是商务电器被终止的原因是什么。在整个审判过程中，夏普认为商务电器被停止是因为它不够好的表现和因为它搭了哈特威尔的销售服务的便车。夏普认为，商务电器在哈特威尔成为零售商之后曾减少了自己的销售人员和促销服务。夏普依靠哈特威尔的目击者，称并不担心商务电器的价格水平，而是担心与哈特威尔接触过的消费者被商务电器"抢夺"过去。[50]

商务电器辩称，在哈特威尔成为竞争零售商之后，它一直继续提供广告和促销服务，在其被终止零售权之前，并没有大量减少销售人员。商务电器的创立者 Kelton Ehrensberger 先生，被哈特威尔形容为一个"难对付的对手"，非常"善于他所干的事情"。他一直不断地邀请顾客，并且进行计算器展示活动。[51]虽然两个零售商的价格有时候都明显低于夏普建议的零售价水平，法庭接受了商务电器使用了更低价格的证据。[52]另外，夏普在停止商务电器销售合同之前双方曾有过有关定价问题的争辩，这方面的证据是无可争议的。[53]哈特威尔认为商务电器是一个"搭便车者"的观点，也被一些证据削弱了。这些证据是，哈特威尔曾经试图获得由商务电器发展的客户账户资料，而且曾试图通过收买从一个商务电器前销售员那里拿到商务电器的消费者清单。[54]

陪审团发现，商务电器被停止经营不是因为"搭便车"，而是因为它降价销售夏普计算器。然而，代表法庭起草判令的斯卡利亚法官，却重复地以西尔韦尼亚案的理论为理由，拒绝应用本身违法原则来判定纵向最低价格操纵。法庭引用西尔韦尼亚法庭的语言，认为纵向约束是消除所谓的"搭便车效应"的一个工具。[55]Scalia 在好几个地方都重复引用这个"搭便车"理论，每一次引用都只是对特尔瑟假设的推理，而没有引用夏普案中的任何事实或者陪审团的意见。下面是法庭的一些陈述：

> 降价行为和一些减少服务的措施经常是同时发生的。[56]
>
> 纵向非价格约束只具有 GTE 西尔韦尼亚案中的好处，因为他们减少了品牌之间的价格竞争，使得零售商的利润允许他们提供好的服务。[57]
>
> 生产商的行为通常是基于两种考虑，即鼓励零售商提供服务的合理愿望，以及降价行为经常是在"搭便车"条件下才成为可能的现实。[58]

夏普案的观点把西尔韦尼亚的"搭便车"抗辩看作是箴言，而不使用证据调查它的正确性。在一点上，可能是作为对陪审团意见的一个让步，法庭抱怨史蒂文（Steven）大法官的异议不合适地忽略了"纵向约束的比较可信这样一个的目的，即以促使哈特威尔在特许经营合同下提供更好的服务。"[59]不管这种说法的可信度如何，陪审团并不认为"搭便车"考虑是商务电器被终止合同的基础，无论最高法庭还是申诉法庭也都没有对陪审团的观点直接提出异议。

"搭便车"理论是建立在厂商要求零售商提供售前促销服务的愿望之上。

第五部分 纵向协议的"搭便车"解释被不切实际地强调了吗？

但此案中有证据表明，商务电器确实提供了售前促销服务，夏普本想继续让商务电器作为经营商，而且夏普并不反对商务电器的销售方法。商务电器被停止零售协议仅仅是因为规模较大的哈特威尔向夏普发出了最后通牒。

夏普案体现了特尔瑟的"搭便车"分析中的另一个缺陷。当售前演示和促销对于一个产品销售很重要时，零售商和厂商都会看到这一现实。在夏普案中，新一代电子计算器的高成本带来一个营销挑战，因而需要售前促销。证据表明，商务电器通过它的创始人非常有效地提供了这个售前服务。[60] 为了最大化利润和销售，一个有效率的零售商在没有厂商的激励时也会提供这种售前服务。售前促销和降价销售将会是很多想获得竞争优势的零售商的选择。

夏普案的逻辑是西尔韦尼亚搭便车案例的最坏应用。商务电器搭便车的观点和来自商务电器的证据是不相符的。事实是，商务电器持续提供了产品演示和售前服务活动，而且夏普没有清楚的证据表示它反对过商务电器的售前服务策略。陪审团可能已经很好的认识到，哈特威尔的搭便车理论是个借口。西尔韦尼亚案的判词要求建立在事实之上的理性分析，而夏普案明显更强调了这个必要性。

斯卡利亚法官提供了另一个辩护理由，认为商务电器合同被终止不属于本身违法范畴。法庭认为，"降价和一些减少服务的措施经常是同时发生的，"一个停止"不能提供合同规定服务的零售商的厂商的真正动机可能是为了剔除一个降价者"。[61] 当然，夏普案中没有证据表明，有合约规定商务电器要提供任何售前服务。不管怎样，如史蒂文大法官在异议中强调，法庭在此案中表示出的对司法程序分辨合理与非合理合同终止的威严的缺乏信心，是不对的。[62] 如果合同中包含有售前服务的要求，那么，以违反此要求来终止合约才是一个坚实和可信的理由。

但是，尽管反对夏普案中法庭的逻辑，此案却提出了一个困难的法律上的分类问题，值得进一步的思考。夏普的行为只是一个不是特别强的品牌厂商在休斯敦地区执行有约束的分销吗？在西尔韦尼亚案后，法庭已经基于大致合理的理由对这类分销约束进行了评估。这类分销约束对有效率的多品牌零售商的威胁较小，包括刚进入市场的新的零售商。

但是，哈特威尔的行为可以被看作为一个露骨的排斥性的做法，目的是排除规模较小但效率水平差不多或更有效率的竞争者。如果在这个案例中有一个坏的角色，那就是哈特威尔，而不是夏普。对于这种行为，反托拉斯调查应该集中在拥有势力的零售商，而不是生产商。如果哈特威尔可能使用免于处罚的行为来消除其他竞争对手，那么，这个国家很多的大零售商可以仿效使用相似的办法，包括来自不同厂商的多种品牌。

高级法院在丽晶案中的决定增强了这里表达的很多担心。就像在夏普案中，没有证据表明被停止的零售商是一个"搭便车者"。相反，PSKS 已经投资了丽晶的产品，并且很好的促销了这个产品，并已收到了丽晶销售利润中的很大的一块。不过像亚种的售前服务是促销皮制品和饰品必需的。丽晶案使用了"搭便车"作为理由，推翻了限制纵向最低价格操纵的本质原则。[63]

V. 结论

一个厂商想要限制其零售商"搭便车"的愿望不能作为上游市场势力或下游市场势力实施纵向约束的借口。

限制分销的下游势力的纵向约束，包括排外区域限制和零售地域条款，可以是有效的限制"搭便车"行为的办法。这是因为这类分销约束能使零售商之间的竞争交叉达到最小化。这些约束之所以合理，不是因为它们限制了"搭便车"（这可以通过对竞争影响较小的促销奖金合同来实现），而是因为这些约束可以促使零售商有效地进行厂商希望它们进行的投资。

下游势力约束，如纵向最低价格操纵或者最低广告价格，对零售环节的竞争产生更大的威胁，而且对防止"搭便车"无效。具有开放式分销网的厂商可以通过使用促销奖金合同来限制"搭便车"行为的负面作用。

西尔韦尼亚案的逻辑在其后的夏普案和丽晶案中被重复使用并进一步加强，它这一逻辑公开唆使被告使用"搭便车"作为托词。这三个案例都是来自未经证实的特尔瑟理论的推断。"搭便车"问题在西尔韦尼亚案并没有讨论，也不是丽晶案的重点（因为事实根据不足）。在夏普一案中，陪审团直接拒绝了基于"搭便车"理论的抗辩理由。审查夏普案的法庭直接接受了"搭便车"逻辑这一事实，似乎与早先西尔韦尼亚法庭给出的"现实必须高于判断……反托拉斯法规注重事实"的警告完全不符。[64]

法庭应该更改这一记录。"搭便车"不太可能会成为大多数纵向约束案例的核心问题。一些为零售商投资提供激励的下游势力纵向约束会带来经济效率，而且这些效率才正是评估这些纵向约束合理性的重点所在。

第五部分 纵向协议的"搭便车"解释被不切实际地强调了吗？

第13章 "搭便车"——对转售价格限制的一个夸张、不足信的解释

玛丽娜·劳

导言

建立在近50年前的莱斯特·特尔瑟（Lester Telser）的"搭便车"理论，给出了纵向限制的一个理性效率解释，[65]其理论为保守经济学有关纵向限制的普遍观点提供了基础。这种观点认为，纵向价格限制，包括纵向价格固定（通常称为转售价格限制或"RPM"），一般来说会提高流通效率，增进品牌间竞争从而增进消费者福利。[66]

在大陆电视公司对GTE希尔瓦尼亚公司（Continental T. V. , Inc. v. GTE Sylvania Inc.）案中，最高法院推翻了一个判案前例，并采用了非价格流通限制的合理推定原则，其中很重要的原因就是该理论的应用。[67]同时，在丽晶创意皮革制品公司对PSKS公司（Leegin Creative Leather Products Inc. v. PSKS Inc）案[68]中，法院意见无法统一，于是将此理论作为主要基本原理，从而推翻了Dr. Miles制药公司对John D. Park父子公司（Dr. Miles Medical Co. v. John D. Park & Sons Co.）案[69]的判例，并从此终止了本身违法原则在最低转售价格限制判决中的适用性。

在本文中我认为，虽然在特定条件下"搭便车"概念在理论上是正确和有效的，但这并不能支持最低转售价格限制只有作为对"搭便车"的效率反应才能得到解释的观点。[70]如某些评论者所观察到的，"搭便车"理论在其原始形式下的适用性是很有限的，因为很少有商品需要依靠零售者提供实体服务来保证有效的营销，而且也很少有销售商提供实体服务。[71]

意识到了特尔瑟的传统"搭便车"理论在现实世界中适用性很小，许多经济分析师拓展了这个概念以提高理论的相关性。拓展的分析不再像特尔瑟那样

仅仅关注实体的、特种类型的销售点服务对有效流通的重要性,而且包括了一般性的非实体服务,如环境和能够提供愉悦购物体验[72]的其他因素,以及信誉或"质量认同"的"搭便车"行为[73]。实际上,Leegin 公司的辩护人和法律顾问正是部分地依赖于该拓广后的"搭便车"理论,来反对最低 RPM 的本身违法原则。

我认为,"搭便车"理论的广义版本是存在缺陷的。即使发生了"搭便车"行为,这也不需要进行反托拉斯调查,除非全服务销售商因此受到了侵害以至于不再有动力来提供优质服务了。毕竟在现实经济中"搭便车"行为随处可见,但是法律一般并没有予以禁止。[74]此外,这里讨论的销售服务必须能增加消费者福利,否则即使缺少这种服务也不会造成损害。相应地,相关的对纵向限制,整体来讲,必须使消费者受益才行。对"搭便车"观点的进一步分析表明,这些条件很少能够得到满足,并且,"搭便车"行为也不经常成为需要用最低转售价格限制来解决的经济问题。

在推翻 Dr. Miles 一案时,由于不存在关于"搭便车"问题的普遍性或严重性的良好实证经验(或说一致意见),[75]尤其是存在着 RPM 有严重反竞争效应的不争事实时,[76]丽晶公司案的多数人都认为,对可能促进竞争的任何行为而言,本身违法原则都是不适用的。这种思路看起来同现代决策理论相左。并且现代决策理论不那么关注某些行为是否能带来竞争性收益(或反竞争的损害),而是一并关注着这些收益或损害发生的频率和相对程度,以及是否存在着不那么损害竞争的方法来获取相应收益。[77]

在丽晶案之后,对反竞争的转售价格限制进行批驳显然将会十分困难了。但是这个案件的完整诠释还依赖于低级法院将如何理解这种观点和应用合理推定原则。如果采用希尔瓦尼亚案的判决标准,RPM 就会成为实际合法的,因为完全合理的原则在诉讼中成本过大,在实际中原告几乎不可能获胜。如果法庭如现在在水平限制案件中经常采用的"初步评定"(或缩略版)的合理原理,那么消费者就会得到更好的保护。[78]

在初步评定标准之下,对反竞争的最低转售价格限制的认定和禁止就会变得更为可行。采用初步评定标准对 RPM 的应用同丽晶案的判决是相一致的,因为该案中大多数法官人都认为,合理推定原则应该是真正意义上的合理原则,而不应该是实际上已变为本身合法原则的合理原则,至少在纵向限制领域中是这样。

198　　本文开头将在第一部分对丽晶案进行分析。随之在第二部分对"搭便车"理论进行反思,并指出对纵向限制的"搭便车"解释被严重误用了,尤其是

第五部分　纵向协议的"搭便车"解释被不切实际地强调了吗？

该理论的拓展版变体本身也存在着缺陷。第三部分中,我将从一个更积极或者中性的视角来论述"搭便车"行为,并将其视为拥有正的外部性。因此,"搭便车"并不应当被视为是无论何时出现都必须(采用 RPM 来)进行解决的问题。在这种观点下,"搭便车"的损害可能并不是那么频繁发生,因此最低 RPM 也很少能提供相应观点所论述的促进竞争的效果。在第四部分中,我将对最低 RPM 的潜在反竞争效应进行简要论述。第五部分中我将讨论丽晶一案的政策启示,并论述在丽晶案后的案件中对最低 RPM 应该采用初步评定的合理原则标准。

Ⅰ. PSKS v. Leegin Creative Leather Products 一案

丽晶（Leegin）是布莱顿（Brighton）品牌系列女性饰品生产商,在全国范围内有超过5 000家独立的商店和70家下属商店在销售其产品。[79]几年前,丽晶公司制订了一个零售价格政策,那些低于公司建议销售价出售布莱顿牌商品的零售商将被断货。[80]此后这个政策又变本加厉,与零售商们达成协议令其遵照最低零售价格出售。[81]

凯伊衣柜（Kay's Kloset）是一个布莱顿品牌的零售商,曾自费大量资金来宣传该品牌,[82]但它却由于一项销售违反了该协议而被丽晶公司除名[83]。凯伊衣柜在低级法院对丽晶提起了诉讼,声称其违法了谢尔曼法案第一部分,依据是 Dr. Miles 案中确立的本身违法原则。[84]

在向最高院的上诉中,丽晶公司并不否认存在最低转售价格限制的事实,[85]但是却认为"现代经济学分析"要求推翻 Dr. Miles 的判例并采用合理原则标准来进行判决。[86]其最主要的论证在于认为最低转售价格限制可以促进竞争,因为它可以吸引更多的零售商销售该商品,并鼓励在位者保有更多存货和向消费者提供更多服务和愉悦的购物体验。[87]它还声称,打折行为有损于该品牌的形象。[88]"搭便车"理论在这里意味着,如果不存在最低转售价格限制,那么零售商将不会有动机提供上述服务。[89]

最终,在推翻 Dr. Miles 判例的多数派判决中,"搭便车"理论起到了重要作用。[90]肯尼迪法官在5-4多数判决报告中总结道,本身违法原应当只应用于那些"总是或几乎总是倾向于限制竞争和降低产出"的行为。[91]尽管肯尼迪承认"实际的证据……是很有限的"[92],但他广泛引用了经济学（和基于经济学的）文献[93]说明,经济学中一般一致认为最低转售价格控制可以产生促进竞争的效应。[94]他还指出了两种好处:RPM 可以(1)解决"搭便车"问题,鼓励提供零售服务和促进品牌间竞争;[95]（2）帮助新企业或新产品进入市场,[96]这中观点本质上是"搭便车"理论的一中变体。[97]

同法官苏特、金斯伯格和史蒂文斯（Souter, Ginsburg, Stevens）一样,法官布雷尔（Breyer）不同意这种观点,但他同时也承认了最低转售价格限制有时是有益的。[98]但是他却并不同意推翻 Dr. Miles 案判例的观点,他认为并不能在缺少证据表明收益发生的频繁程度和"将有益的绵羊与需要进行反托拉斯的山羊区分开来的"[99]困难程度时顺理成章地推翻该判例。

布雷尔强调说,缺少数据表明"搭便车"是普遍存在的可能会产生严重的后果,而且在这个问题上经济学家之间也存在分歧。[100]他明确质疑了"搭便车"是一个重大问题的观点。他观察到"毕竟,在我们生活的经济中,尽管有着 Dr. Miles 案中的本身违法判例,但仍有许多企业在向消费者出售技术复杂的设备（以及昂贵的香水和鳄鱼皮皮夹）"。[101]如果"搭便车"并不是频繁发生的或者其效应是可以忽视的,那么经济学文献中讨论的最低转售价格限制所拥有的促竞争作用就很自然不成立了,尤其是对照于这些限制行为对消费者造成的损害来看。

针对这些损害,多数法官指出并描述了一些容易辨别的类型：RPM 在生产商或零售商层面都可以帮助维持卡特尔,[102]它也可以帮助主导生产商或零售商来阻碍创新和竞争。[103]然而,虽然有不争的事实表明最低转售价格限制几乎总是会提高消费者支付的价格,[104]但肯尼迪仍然不认为其具有反托拉斯的必要性,因为较高的价格同促进竞争抑或反竞争的理论都可以是一致的。[105]反对意见则正好相反,将反托拉斯的重要性同事实联系起来,[106]并暗示较高的价格可以为最低转售价格限制的反竞争理论提供证据支持。[107]

在最终分析中,多数派及反对派对"搭便车"问题采用了不同视角。多数派的观点严重依赖于一种经济理论,该理论推导的结果是"搭便车"问题可能会导致零售商服务供给不足,而最低转售价格限制能够予以补救。反对派则并不与这些理论较劲,他们关注的是良好现实数据的缺乏,对现实世界进行了更多观察,并质疑对该问题的判断到底是应该看理论还是应该看事实。

Ⅱ."搭便车"理论

A. 传统"搭便车"分析及有限应用

现在所有的经济学家和反垄断评论家都同意,特尔瑟几十年前建立的"搭便

第五部分 纵向协议的"搭便车"解释被不切实际地强调了吗?

车"假说在其模型设定的参数基础上拥有理论意义。[108]对某些产品来说,分析表明有效的营销需要经销商自愿提供展区,进行产品展示或提供其他专业化的服务。但是只有在相应的成本能够得到弥补的情况下,经销商才可能自愿去提供这些花费颇高的服务。而在大批消费者享用了他们提供的服务后,但却惠顾其他不提供服务的折扣店时,弥补相应成本就不容易了。通过防止在同一品牌中的过多折扣,最低转售价格限制能够消除经销商对"搭便车"的担心,并促使他们通过提供服务来相互竞争,从而促进品牌间的竞争。[109]

在希尔瓦尼亚一案中和丽晶案推翻 Dr. Miles 判例时,普遍接受的"搭便车"分析的理论有效性提供了判决的中心理据。但是,如布雷尔法官在丽晶案中所指出的一样,在"搭便车"的频繁程度、其影响的深刻程度、RPM 是否必定能带来获益的问题上经济学家往往存在分歧,而且在这些问题上也少有经验数据用以参考。[110]即使某些倾向于支持最低转售价格限制的评论家也承认,传统的"搭便车"理论假说虽然在理论上是有效的,但其原始形式的适用范围却是有限的。[111]假说适用的范围大多是一些较为复杂或新奇的产品,这些产品要求培养消费者群体,或者需要通过店内展示来说明产品的特点、质量及一般属性。

传统理论可能适用的一个例子就是希尔瓦尼亚案[112],在该案中一个不甚知名的电视机品牌制造商对其经销商进行了地域限制以使其提供促销服务。[113]由于品牌无甚影响以及产品本身的特点,要想进行成功地营销就必须要求经销商将电视画面及其他特点展示给潜在消费者。在这种情况下,如果没有地域限制,那些在提供服务的经销商处获知希尔瓦尼亚电视机优点的买家就可能被提供低价折扣的经销商夺走。如果"搭便车者"夺走的销售量很大,那些全服务经销商就不再有动机继续提供促销服务,而这些服务对提高希尔瓦尼亚电视机的销售是非常有效的。[114]

另一个经常提及的合法"搭便车"的例子涉及复杂的音频和视频设备。为了促进销售,经销商对这些设备复杂性能的展示是非常重要的。[115]此外,由于这些产品价格相对高昂而且耐用,消费者普遍会通过价格比较来选择购买。[116]如果许多买家从全服务经销商处获取了相关知识但却转向折扣商进行购买,那么全服务经销商最终可能停止提供所需的展示,并导致产品销售的整体减少。在此环境下,分销渠道某种形式的限制可以缓解"搭便车"问题并因此提高经济效率。[117]

但是在这些产品之外,传统"搭便车"理论对大多数流通限制就不再具有解释力了。如罗伯特·佩托夫斯基(Robert Pitofsky)等人所指出的,很少有产品为了有效营销需要经销展示、消费者教育、专业操作技艺、特殊展厅等要求,而且也很少有经销商会提供这样的服务。[118]但是在大范围的产品销售中我们都能看到最低转售价格限制,如化妆品、非处方药、宠物食品、维生素、洗发水、男士内衣、小型电器、各种盥洗用具、牛仔裤[119]以及时尚女性饰品等。对这些产品而言,传统"搭便车"理论没有解释力可言。

即使对于那些需要附加特殊销售服务的商品而言,虽然"搭便车"问题可能会存在,但是问题的严重程度仍然值得商榷。尽管 Dr. Miles 案件确立的本身违法原则反对最低转售价格限制,我们仍然可以看到有零售商出售复杂的技术设备,[120]而且也没有什么证据表明类似商品供给减少了。

许多赞同纵向限制的人倾向于自动假设折扣商是搭便车者,于是相应地任何观察到的最低转售价格限制就都源自于效率考虑了。举个例子,商用电子对夏普电子集团公司(Business Electronics v. Sharp Electronics Corp)案[121]是一个终止销售的案件,据说其中涉及了计算器销售中的转售价格限制。[122]尽管法庭在口头上仍然诉诸本身违法原则来反对最低转售价格限制(驳回了陪审团支持原告的判决),[123]但是由斯卡利亚(Scalia)书面写下的法庭意见却明确地倾向于芝加哥学派的信仰,其中包括认为最低转售价格限制通常是出于效率考虑对"搭便车"作出的反应的观点。[124]

斯卡利亚简单地假定"搭便车"理论的假说是适用的,[125]于是她没有任何证据佐证的情况下总结说,"减价和某些服务的缩减通常是同时发生的",[126]"这种限制的一个相当合理的目的是为了促使哈特韦尔(Hartwell)来提供更好的服务……"[127]。本质上斯卡利亚的话暗示着任何折扣商都必然是"搭便车者",而实际上一些折扣商可能只是将其成本节约的部分收益转于消费者而已。尽管在这些现实下"搭便车"理论的解释看起来行不通,但是法庭仍然没有考虑到一种可能性,即折扣商之所以能收取较低价格可能只是由于它经营的高效率而节约了总成本,而并不是由于劣质服务或者"搭便车"。[128]

这种将折扣商直接等同于"搭便车者"的倾向源于一个假设,理性生产商不可能更偏好于较低效率的零售商。[129]因此,只有当折扣商是"搭便车者"的时候,那些支持高价零售商的流通限制才是合理的,此时为了福利增进必然要求限制折扣商。但是实际上我们还可以想到一个同样可能的理性解释。高价的传统零售商可能拥有较大的运营范围,比折扣商的承担的销售量更多。[130]在这种情况下,对生产商来说较为经济的选择就会是偏好于较低效率的高价零售商,而非效率较高但市场份额较小的折扣商了。

第五部分　纵向协议的"搭便车"解释被不切实际地强调了吗？

在丽晶案中，被告并没有像通常情形一样提出传统的"搭便车"申辩，它可能认识到了无论在某些情形下这个理论多么有效，但现实却并不支持该申辩。凯伊衣柜公司自费对布莱顿品牌进行了大量广告宣传，因此它并没有搭其他零售商促销活动的便车；也不能说凯伊衣柜公司提供的服务比其他零售商少，或者说它没有为布莱顿产品分配足够的货架空间。通过常识我们也可以知道，女式包袋和时尚饰品并不是信息密集的产品，不需要消费者教育、营销展示或其他特殊的销售技巧，因此也就不存在"搭便车"的可能。

B. 扩展的"搭便车"理论

一些最低转售价格限制的支持者长久以来已经认识到传统"搭便车"理论的缺陷，于是扩展了该理论。在扩展模型中，营销服务不仅包括特尔瑟所考虑的有形服务，而且还包括（1）一般无形服务，如愉快的职员、环境氛围等等；[131]和（2）信誉的"搭便车"或称"认可"的"搭便车"。[132]

1. 无形服务

无形服务"搭便车"观点的要旨在于假设消费者都希望有一个愉快的购物体验。[133]因此，优越的店址、豪华的环境和其他无形内容都会增加产品对消费者的价值。[134]这个观点还认为"搭便车"可能导致零售商减少对这些服务的投入。[135]纵向最低价格限制可以改善或消除这个问题，因此是有效率的。[136]

丽晶公司在对最高法院提交的诉书中就提出了这个理论或说该理论的变种。它说"诱人的陈设和消费者服务对购物经验而言是主要的内容"[137]，而它设定的最低价位是为了鼓励经销商们对布莱顿的潜在消费者给予特殊关注并提供"高质量服务"[138]。它还指出，对最低转售价格限制最常采用的理据在于"保证经销商提供能够创造需求的服务"[139]，而由于"搭便车"的存在经销商会不倾向于提供这些服务。[140]

在一份支持丽晶公司的法院临时顾问简报中，一群经济学家也提出类似观点：对女性饰品而言，"搭便车"可能涉及一些营销服务，如"更长的经营时间、更便捷或优越的店址、训练更有素和更热情的员工、货架上更显著的摆放位置"[141]。他们争辩说，由于"搭便车"的存在，零售商提供的此类服务可能会少于社会最优水平。[142]通过消除"搭便车"行为，最低转售价格限制能够鼓励提供这些无形服务并使消费者获益。[143]

然而，这个论点在本质上存在着缺陷。至少对某些消费者来说，一般的愉悦事物确实能够增加产品的价值，但是这并不能明确推导出"搭便车"行为的必然发生，更遑论造成一个非常严重的问题以至于需要通过分销限制来予以补救了。从现实来讲，如果一个买家实际上是从另一家商店购买的，那么他就不可能由于第一家商店愉快和高效的雇员、便捷的营业时间和选址、良好的环境、充足的库存或大方的退货方针而获益了。如果这些服务不太容易被"搭便车"的话，那么品牌内竞争就不会对这些服务的提供造成负面影响。

美国政府似乎考虑到这一观点，于是在其向法庭提供的支持丽晶公司临时顾问简报中，并没有给出类似的"搭便车"论证。相反，它指出，即使不存在"搭便车"行为，最低转售价格限制也可以促使这类服务供给增加，从而增进品牌间竞争。[144]尽管该案的法官多数接受了这个解释，但该论证的逻辑仍然很让人费解。[145]

只要"搭便车"行为不再成为威胁，那么我们预期在自由市场上不需要转售价格限制经销商也会自愿提供那些真正被消费者认可的服务。那些认为愉悦购物体验很有价值的买家就很可能愿意花较高的价格购买商品以获取这些附加的价值。而经销商则会通过尽量有效地提供消费者所欲的附加价值来相互竞争。

假设此处讨论的服务并不会受到"搭便车"行为的威胁，那么如果经销商选择不提供这些服务的话，从逻辑上我们可以得出结论，即一些消费者并不认为无形服务会增加价值，因此他们更倾向于支付较低的价格来购买未经装饰的产品。如果说"搭便车"不再成为一个问题，那么我们就很难解释最低转售价格限制怎样会使消费者获益了：这种限制只能防止某些零售商仅仅服务于那些不需要无形服务的消费者，而无法保证那些享受这些服务的消费者获得额外的收益，因为这些服务本来不受"搭便车"的威胁。最终的净结果将会是，消费者的选择变少了而相应的消费者获益却没有显著提高。

此外，丽晶案中政府向法院提供的临时顾问简报中提出，这些无形服务的提供能够"将消费者从其他品牌中争取过来"并且增强品牌间竞争。这种因果关系也不是很明确。[146]上文提到的无形商品[147]并不是只针对于受到最低转售价格限制品牌的，实际上现在很多零售商都是多品牌经销商。诱人的店面、愉悦的员工和其他提供购物体验的服务并不会只由受到价格限制保护的品牌所享有，任何光顾商店的消费者都能享受这些待遇。因此我们很难赞同这个逻辑，即认为最低转售价格能够通过鼓励这些服务的提供来促进品牌间竞争，即使在不存在"搭便车"行为的时候。

2. 信誉或形象"搭便车"："认可"或"信号""搭便车"

一些评论家所提出的在理论上更可信的一个"搭便车"扩展理论，包括

第五部分 纵向协议的"搭便车"解释被不切实际地强调了吗?

了信誉或形象的"搭便车"行为。这里的主要论点在于,特定零售商会花大价钱来建立和维持其高品位、高质量或专业化的声誉。这就要求为优越的店址支付高昂租金,维持适当的装潢,支付高薪水雇佣精明的员工,等等。由于它们本身的信誉,这些零售商一旦决定销售某种品牌就会使得该品牌产品价值增长,而且也会使消费者认可(或获得信号)这些商品的品质符合有辨别能力消费者的要求。[148]

这里的"搭便车"论点就是,如果折扣商允许低价提供同样品牌的商品,那么当消费者从这些优越的零售商处得到商品信息之后,他们可能会从这些折扣商处进行购买,[149]销售量就因此转移给了折扣商。此时有信誉的零售商就可能失去动机来维持其信誉或承担某品牌的销售,这样消费者也就不可能从它们那里获取相应的信号,最后所有相关主体都将遭到损失。[150]因此通过最低转售价格限制,"搭便车"行为得到消除,有信誉的零售商就能保证获得相应的收益,从而也会继续维持其形象和承担发出信号的功能。丽晶公司声称,其最低转售价格限制由于能保护品牌形象而具有促进竞争的作用,这就为我们提供了该论点的一个现实版本。[151]其法院临时顾问报告也同样地声称,这种限制政策能够保护优越的零售商不受信誉"搭便车"的危害。[152]

这种扩展的"搭便车"论点虽然在理论上是可行的,但仍然看起来很薄弱。信誉"搭便车"行为确实是可能发生的。例如消费者可能会由于布卢明代尔(Bloomingdales)①销售某种品牌的牛仔裤而希望购买;这样如果没有最低转售价格限制的话,他们可能会在折扣店搜寻并进行购买。但是从经济的和反垄断的角度来看,除非这种"搭便车"行为严重到影响了服务或产品的可获得性,否则并不会对社会福利造成损害。而实证上我们很难确定信誉"搭便车"是否会频繁发生,自然也没有证据表明其确实时常发生。

如果信誉"搭便车"行为想要严重到上述程度,大多数关注形象从例如布卢明代尔获取信息的消费者就必须愿意花费时间来翻阅布卢明代尔的产品选集,以明确了解什么商品正流行,然后到特惠店去搜寻相应产品以获得折扣价。但是这个假设是否现实呢?许多消费者会珍惜自己的时间并(或者)看重其购物体验,他们将不会通过这种方式来"搭便车"。那些购买来当作礼物的商品也很少会出现"搭便车"现象,因为,且不管对错,礼物上高档商店

---

① 布卢明代尔是美国一家著名高档奢侈品零售商,整个由梅西公司(Macy's Inc.)所有。梅西公司也是梅西百货的母公司。——译者

的标签、其包装或礼物收据经常是很重要的，这样如果从折扣店购买同样的商品就不太能达到目的了。只要有足够多从布卢明代尔的信号获益的消费者会从布卢明代尔购买商品，使其能够补偿其建立信誉所付出的投资，那么即使现实中存在某些"搭便车"行为也是无关紧要的了。[153]

即使假定在精选产品中存在大量的形象"搭便车"行为，那么除非会影响高档零售商提供服务或商品的意愿，否则这些行为也没什么意义。现在并没有经验证据支持或反驳这种说法，看来信誉"搭便车"不太可能存在重大的影响。首先，高价优越商店在我们考察的时尚或高质量商品的销售上往往领先于其他商店。[154]例如，在评估过商品的时尚品位或质量之后，布卢明代尔决定销售该产品，但是对该商品的认可需要经过一段时间才能在消费者中达成，此后其他经销商才能根据消费者反应来实施行动。在这必然存在的时滞中，布卢明代尔完全可以收取较高的价格而不用害怕被折扣店抢了生意。等到针对某种商品的大规模信誉"搭便车"行为真正发生的时候，名誉零售商可能已经回收了其树立形象进行的投资。

其次，对零售商来说，建立信誉所引发的成本往往并不能归于特定品牌，而更类似于一般的固定成本。[155]对经营品牌较多的零售商来说，少数品牌的"搭便车"行为不太可能会导致名誉零售商放弃对信誉的投资。[156]换一种说法就是，除非信誉的"搭便车"行为在大量品牌中严重发生，否则布卢明代尔并不会因为"搭便车"而放弃维持其形象，而是继续在零售市场承担认证的角色。那么，从经济学角度来看，信誉的"搭便车"行为并不应当用来为反垄断的变通进行辩护。在我们的经济生活中，显然没有证据表明奢侈品或高端商店供给的减少。也并不存在精品商店经营失败的倾向或者向优惠店形式转化的趋势。

此外，在"搭便车者"对流通限制的辩护（虽然很少提及）中有一个暗含的前提条件，即那些要求保护的服务能够增进消费者福利，否则它们就不值得受到保护了。在传统"搭便车"理论适用的范围内这个前提条件是可以大体成立的。例如，当20世纪80年代早期当个人电脑被引入市场时，经验老到的营销展示有效地使消费者了解了其功用和操作的简便，这使得电脑能够迅速而成功地遍布市场并成为现在大多数人不可或缺的产品。[157]

但是，一旦我们把眼光从信息集中的服务上转开，尤其是不再考虑传统理论最为适用的复杂电子产品的时候，我们会发现并不是所有"服务"都会明显使消费者获益。例如，布卢明代尔决定销售某品牌的牛仔裤，这在消费者看来自然是提升该品牌的形象，于是生产商就可以收取更高的价格；转售价格限

第五部分　纵向协议的"搭便车"解释被不切实际地强调了吗？

制则会维持提升的形象。虽然这种"服务"对生产商和布卢明代尔来说显然是有益的，但带来消费者的好处却并不明显。

类似地，布卢明代尔对某品牌牛仔裤的认可揭示了有品位消费者可能的选择，从而对消费者来说提供了有价值的信息。消费者也可能知道，如果他们也购买这些认可的品牌，那么他们也可能会被认为是有品位的。然而我们仍然不能确定，这些服务对消费者福利的益处是否有这样之大，以至于需要通过最低转售价格限制来防止"搭便车"效应的损害。

我明白，在反垄断法的执行过程中，我们通常并不对消费者选择的主观价值做出判断，而是必须接受我们所看到的消费者选择。但是，这里的法律问题并不在于反垄断法是否应当管制那些旨在说服消费者为他们所感知的附加价值（可能存在或不存在客观基础）支付更高价格的营商策略；我同意这并不是反垄断法应当做的事。相反，问题在于，是否应当允许生产商以提升品牌形象并使消费者了解产品形象为理由，来排除其经销商之间的价格竞争。我的观点是，不应当允许这样做。虽然信誉"搭便车"行为可能造成损害，但却并不足以要求限制一种主要的竞争方式——价格竞争，尤其是考虑到已知的最低转售价格限制的反竞争效应。

C.① 促进市场进入

在至今为止提出的赞同放松最低转售价格限制本身违法原则的观点中，最具说服力的一个可能是认为这种做法可以促进新的市场进入。[158]打算将一种新的产品推向市场（或将现存的产品推向新的地域）的生产商通常需要经销商的支持。但是如果不能保证经销商从这些投入中能够得到足够补偿，那么很难让他们进行必要的投资。

如果没有最低转售价格限制，经销商就可能没有这种保障。因为后续的经销商由于没有在早期市场中进行投资而具有较低的价格，他们一方面可以从早先进入的经销商的努力中获益，另一方面又可以通过降低价格来增加销量。[159]早先进入的经销商就被迫必须降低其价格，从而更难收回早期产品推介过程中付出的成本。在最低转售价格限制能够帮助制造商获得经销商的支持的情况下，我们可以说这种操作是有效率的。在这种情形下，严格的本身违法原则就不合适了。

---

① 原文标题为 B.，疑为原文印刷错误，更正为 C.。——译者

Ⅲ. "搭便车"的视角:什么情形下可用于支持法律变通?

尽管上面的讨论认为对最低转售价格限制的"搭便车"解释被严重夸大和滥用了,但是"搭便车"行为确实存在。这就造成一个问题,即什么情况下"搭便车"能够用来支持法律行为或法律变通。很不幸的是,"搭便车"这个词已经获得了一个轻蔑的内涵,使人联想到游手好闲的人不公平地通过他人的努力而变得富有。[160]这种表现在知识产权法中尤其如此。在知识产权法中,"搭便车"被狭义地认定为侵权人在没有支付发明使用费用的情况下通过使用而获益。这就导致了一种成见,要求消除所有的"搭便车"行为。[161]

知识产权法中对"搭便车"的厌恶态度被传递到了反垄断法中。一些评论家现在近似采用知识产权视角来看待反垄断法中的"搭便车"的概念,将最低转售价格限制看作是赋予生产商或经销商合法权利,来完全获取其促销或零售投资所产生的价值,并防止任何人不劳而获。[162]在这种观点中,一个折扣商如果以低价销售同布卢明代尔销售的完全一样的商品,它就会被看作是不可欲的"搭便车者"。这仅仅是因为布卢明代尔的声誉提升了对该商品的欲求,而折扣商在没有补偿布卢明代尔的情况下就从中获益了。

这种观点有些不必要并且不可取的消极。在现实中,"搭便车"并不是"人人得而诛之"的弥天大罪。正相反,我们完全可以把它看作是一个人的行为溢出并导致另一人获益的正外部性。如布雷尔在丽晶案的反对意见中所说的,"搭便车"在我们的经济活动中无处不在。[163]其影响总起来说可以是有益的;而且法律一般而言也容忍其存在。[164]例如,许多人作为房主会修整漂亮的花园,而邻人也可以欣赏,但是没有人认为我们有权利要求邻居补偿我们。[165]或者如梅西百货(Macy's)①这样的知名百货商店可能会使得周边不那么有名的商业的顾客(或销量)增加,但是法律并没有要"保护"梅西百货以使得周边小店不能从其外部性中获益。

在我们的经济中自由竞争被广泛认同为基准。其背后的逻辑是,除非当存在市场不完全使得自由竞争无效的时候,为了纠正市场失灵并且仅在此目的之内才能允许偏离自由竞争的准则。尽管知识产权法现在得到了扩展,但是知识

---

① 梅西百货(Macy's)是纽约市最老牌的高档百货公司,在美国有很高知名度,以生活购物为主,主要经营服装、鞋帽和家庭装饰品,以优质的服务赢得美誉。——译者

第五部分　纵向协议的"搭便车"解释被不切实际地强调了吗？

产权的保护传统上也是建立在类似的原则之上的。对于作品符合特定要求的作者或发明者，专利法和商标法给予他们在有限时间和范围上的权力，以此来鼓励进行发明创造。[166]

从经济角度来看，只有当"搭便车"行为普遍到已经威胁到经济主体进行有益活动的动机的时候才能将其视为对社会有害的，也才能支持法律变通。[167]在专利和商标法的情形中，国会本质上认定"搭便车"行为会对创新造成严重威胁，因此通过法令在一定时间内禁止"搭便车"行为。[168]但是在知识产权法情形之外，法律并不进行如此假设，也不自动将"搭便车"视为必须进行补救的伤害。例如，社会并不假设若非法律保证我们的劳动被完全内部化则我们将不会在自己花园种花了。[169]或者说如果允许梅西百货吸引来的消费者在不补偿梅西的情况下转而惠顾其他商店，那么梅西百货就会缺少足够的激励来进行广告宣传或投资信誉了。

将同样的逻辑应用于纵向关联的情景中来，我们不应当这么快就同意最低转售价格限制由于可以弥补"搭便车"行为而对社会是有利的。价格是竞争的一个重要方面，[170]而我们的经济原则上是赞同竞争的，只有当存在着严重的"搭便车"行为，某种对竞争的限制能够有效解决这个问题，而且又不存在其他负面效果更小的方法时，该限制才可以被看作是有益的。这也预示着存在一些必须满足的条件。

第一，"搭便车"问题至少应当是可以辨识的。这意味着此处讨论的由经销商提供的服务必定是消费者所欲求的，并对有效的市场营销是重要的。这些服务也必须是容易被"搭便车"的。第二，"搭便车"的影响必须足够大，以至于能够大规模减少全套服务经销商的收益，并损害其在自身未构成垄断的情况下提供服务的动机。第三，通过流通限制来鼓励提供的服务在逻辑上必须能使消费者获益，相应的限制也必须能是消费者和整体经济获益而非受损，否则流通限制就无法增进消费者福利。

在前面对"搭便车"理论的分析中我们可以看到这些条件并不总是能得到满足。同时也没有经验证据支持"搭便车"是个严重问题的论点。即使在丽晶案中的多数法官也只是说"有限的"经验证据"并没有表明协议的有效运用是不常发生或是纯粹假想的"[171]。在缺少良好的经验证据的条件下，对以下假设提出质疑是非常合理的："搭便车"一般会造成严重经济问题以至于需要用最低转售价格限制来解决。如布雷尔在丽晶案中明确指出的，"我们可以很容易想象一个经销商为避免消费者'搭便车'而拒绝提供重要的售前服务……

但是这样的事经常发生吗?"[172]由于在现实经济中我们显然可以观察到销售复杂设备和精致商品的商店存在,他暗示这样的事并不常发生。[173]

丽晶案所提出的真正问题在于,经济学家一致同意认为"搭便车"有时可能合理,而且最低转售价格限制有时可能会促进竞争,那么,本身违法原则是否还适用呢?法官多数认为不应当适用,反对者则认为应当适用。在我看来,反对派的论点更加确切。最低转售价格限制能够促进竞争的情形很大程度上只是理论构建,为其提供支持的经验证据充其量也是很单薄的。而 RPM 的反竞争效应则正好相反,它是实际存在的、显著的,而且有时被很好地记录了下来。[174]在现代决策理论下,在某些情形中最低转售价格限制是否能导致福利增进的论点并不应当用来决定反垄断原则的形式。更为重要的是,应当确定相应收益与损害发生的频率和深远程度,以及是否存在其他较少妨碍竞争但却同样有效的替代策略。

Ⅳ. 潜在反竞争效应与弱限制替代策略

A. 支持制造商或经销商之间的卡特尔,或排除竞争者

即使那些同意采取最低转售价格限制的人也同意它具有被广为认知的潜在反垄断效应。在丽晶案中,多数法官认为,最低转售价格限制能够被用来支持卡特尔协议,或者保持在制造商市场上或经销商市场上价格的稳定。[175]他们也同意,在不存在协同行动的情况下,如果转售价格限制源于主导经销商施加的压力或者一个或多个单独行动的生产商,那么该操作也是妨碍竞争的。[176]

通过消除参与者的"欺骗"动机,RPM 也可以帮助制造商们达成价格固定协议(明示或默示的)。在一个"标准化的"市场中,卡特尔内的每一个生产商都倾向于秘密地向零售商降低价格,因为零售商此时可能会相应降低转售价格从而扩大其产品销量。但是如果存在最低转售价格限制,零售价格就无法降低了。此时生产商降价的诱惑也就不存在了,因为他知道除非限制价格水平也降低,否则对零售商做出任何的价格让步都不可能导致销量的增加。此外,由于零售价格是透明的,一个生产商进行秘密批发价格让步和降低价格限制的尝试都能够很容易地被其他成员观察到。在了解这些之后,单个生产商就很难通过欺骗来动摇制造商之间卡特尔协议的稳固性了。[177]

最低转售价格限制还可以用来支持经销商卡特尔。[178]知名经济学家沃德·

第五部分 纵向协议的"搭便车"解释被不切实际地强调了吗？

鲍曼（Ward Bowman）在一篇原创性文章中指出，经销商集团经常迫使制造商通过貌似转售价格限制的方式来帮助他们实施价格控制协议。[179]历史证据表明，由经销商发起的 RPM 并不仅仅是理论内容而是确实存在的。[180]确实，有充分证据表明在迈尔斯博士一案中的转售价格限制实质上是一群药物零售店要求制造商实施的，目的在于维持其内部的水平价格控制协议。[181]丽晶案的多数法官认识到，RPM 具有这些有害的影响，他们认为这些影响可以按照合理原则来进行判决。[182]

对丽晶案的判决也承认，即使没有集体行动转售价格限制也可以妨碍竞争，只要该限制是由一个或多个单独行动的强力经销商强制实施的，其目的往往在于预先阻止效率更高或更具创新性的经销商的创新或竞争。[183]由于有力经验证据表明自 1975 年以来零售市场越发集中[184]，在未来这种妨碍竞争的 RPM 造成的风险只可能越发增加。

由单独行动的单个强有力的上游生产商所施加的 RPM 也同样可以妨碍竞争。这种 RPM 可以通过为零售商保证优厚的收益而诱使他们不去承销规模较小、富于创新能力、精明能干的竞争者的商品。[185]这种考虑并不是纯粹的理论考察，有数据显示在过去的三十年间在许多生产商市场中至少部分市场已经变得愈发集中起来。[186]

B. 提高价格

毫无疑问地，RPM 几乎总是会导致消费者支付价格的提高。[187]在 45 年的时间内，国会同意各州推翻迈尔斯博士案判决且通过了"公平贸易"法以使 RPM 合法化。[188]有些州对"公平贸易"法进行了试用，而有些州则根本没有试用，[189]于是我们对这种结果进行了研究。通过比对 RPM 合法的州和不合法的州境内相似产品的价格，我们得到了可靠的经验数据。[190]数据结果很明确：在"公平贸易"的州消费者支付价格比"自由贸易"的州要高出 19~27 个百分点。[191]最近，联邦贸易委员会（FTC）对一家主导性音乐公司提起了 RPM 诉讼，该案件刚刚审结。FTC 预计，由于被告的价格限制操作，音乐 CD 的购买者额外多支付了 4.8 亿美元。[192]

多数派和反对派对这个明显高价格的现实有不同的看法。对反对派而言，最低转售价格限制几乎不可避免地造成高价格的事实至少应该是值得担心的；[193]反之，多数派则并不认为有反垄断的必要。[194]高价格也可能源于向消费者提供了更多的服务，而这可能由于增加对商品的需求而促进了竞争。

确实，即使数据表明 RPM 往往伴随着高价格，但是也并不能回答消费者是否获得了与增价对应的附加价值。[195]因此，虽然事实上最低转售价格限制下消费者几乎总是会支付较高价格，但并不能证明转售价格限制就必然是妨碍竞争的。然而，既然价格是"经济活动的中枢神经系统"[196]，而且基本的反垄断规则假定消费者应当允许在价格—质量上作出权衡，那么由私人企业对价格竞争进行的限制导致的大规模价格上升至少蕴含着一定的反竞争效应。例如，购买音乐 CD 的时候由于存在纵向价格限制而支付了较高的价格，但我们很难看出消费者究竟获得了什么相应的附加价值。

C. 限制品牌内价格竞争的负面效应

品牌内价格竞争的价值比 RPM 支持者所声称的要大，而限制竞争造成的损害也超过他们的预期。在品牌内引入价格竞争，尤其是在流行品牌中，将会鼓励新的或者在位的多品牌经销商开发出新的成本节约的零售方法，或者提供差别化的（但并非劣质的）零售服务。[197]但是如果大部分产品的价格竞争都受到限制，他们就不再有动机进行创新了。最低转售价格限制不允许有效率的零售商将其效率收益部分通过降价转移给消费者。如果好市多（Costco）不能（通过降价）增加流行品牌的销量，那么它将没有理由来采取大型仓储式薄利多销的销售模式，而事实上它正是因为这种营销模式而获得了成功。[198]我们的零售业经济也会因此而陷入困境。

最低 RPM 明确限制了品牌内竞争，而芝加哥学派经济学家倾向于忽略品牌内竞争的重要性。他们的观点大大影响了纵向约束方面法律的制定。希尔瓦尼亚和丽晶公司都接受了芝加哥观点，认为品牌间竞争才是"反垄断法所应当关注的主要方面"[199]。其他的案件也类似地赞同保护品牌内竞争"不是反垄断法应当关注的"[200]。然而，反对的声音则强调说，事实上，流通过程的任何水平上的竞争都能促进消费者福利。[201]

特别是经济学家罗伯特·斯坦纳（Robert Steiner）在其作品中大力争辩说，活跃的品牌内竞争事实上可以刺激和完善而不是会削弱品牌间的竞争。[202]他解释说，某流行品牌内的激烈竞争会减少该品牌的零售利润，随之也会降低多品牌零售商所承销的其他竞争品牌产品的零售价格。[203]

实际上，当同一市场中的一个或多个品牌产品存在大范围差异化的时候，品牌内竞争是非常重要的。[204]强力的品牌认可能够使一个品牌在一定程度上不会受到品牌间竞争的影响。在这种情况下限制品牌内竞争尤其是有害的，因为

第五部分 纵向协议的"搭便车"解释被不切实际地强调了吗？

此时丽晶和希尔瓦尼亚的芝加哥学派推定不再成立，"品牌内市场势力的实施"[205]无法通过品牌间竞争得到限制。

D. 弱限制性替代策略

考虑到这些潜在的反竞争效应，即使 RPM 可以解决搭便车问题，我们仍然需要考虑是否存在着同样有效、耗费不高且反竞争效应较弱的手段可以用来达到同样的目的。在某些情形中，生产商可以允许经销商进行某种促销活动以利于其提供附加服务。或者，生产商也可以和经销商就销售服务单独签订合同，或者直接自己负责提供服务，如进行全国性广告宣传。在这样做可行的时候，生产商可以让经销商为这些服务独自向消费者收费。沃伦·格莱姆斯教授和其他人已经就这个问题进行了广泛的讨论，[206]此处笔者就不多说了。值得一提的是，在丽晶案中法庭似乎并没有将这个因素纳入考虑之中。

V. 政策启示

A. 充分合理原则

如果不是由于反垄断诉讼中的求证困难，对最低 RPM 采用合理原则就不会显得十分激进。毕竟，如果我们能在经济文献中达成一致，认为搭便车确实存在因此最低 RPM 可能起到促进竞争的作用，那么采用一种能综合考察一切与该限制相关因素的标准来确定其总的来说到底是反竞争还是促竞争的显然就是一种明智之举。

然而，对于完全合理原则来说，问题在于在实施过程中该原则往往会变为一个实际合法（de facto legality）原则，尤其是在希尔瓦尼亚案件之后的纵向限制案件中。采用充分合理原则来求证的耗费过高，难度也很大。[207]原告除了要证明限制的存在，还必须依靠经济专家来界定相关市场，计算市场份额，测量需求或供给弹性，检验和测算进入壁垒；等等。诉讼过程往往变成在这些问题上持有不同经济理论观点的经济专家之间的决斗。

某个评论家将采用合理原则的案例描述为"被告的天堂"[208]。另一个评论家则将其十分恰当地描述为"利用无尽的经济问询来婉言要求做出对被告有利的判决"[209]。特区上诉巡回法院的法官道格拉斯·金斯伯格（Douglas Ginsburg）曾经担任过联邦司法部长助理，在里根政府时期领导过反垄断部门，他曾经将希尔瓦尼亚案中的合理原则标准定性为实际合法（de facto legality）[210]。

在这种现实中，如果希尔瓦尼亚案中的合理原则在后丽晶时期应用于最低 RPM 的话，那么消费者福利将会受到巨大损害。在此等可怕的标准之下，大多数私人的原告（往往是被断货的折扣商）将不太可能去挑战任何的转售价格限制安排，即使该限制是极度可疑的。尽管联邦反垄断法仍然在审理这类案件，但是联邦资源显然是有限的。转售价格限制可能将很少遇到法律的质询，后丽晶时期的一些制造商和经销商就可能更大胆地进行更多反竞争的纵向价格安排。[211]

采用合理原则标准也可能导致经销商驱动的转售价格安排增加，那些不愿参与的制造商对抗强大经销商压力的力量被削弱了。在丽晶案之前，不情愿的制造商至少还能通过声称该安排本身违法来予以抗拒。一旦采用了充分的合理原则，尤其是我们看到现实世界中的结果往往是偏向于被告的，那么本身违法的论点将不再成立，弱势的制造商更难以对抗这些强大的经销商，无论他们是单独行动还是集体行动。

B. 初步评定的建议

虽然丽晶案的判例使得最低转售价格限制在今后很难受到制约，但是我们也不必然会看到这种限制成为本身合法的现实。在构建一个最低 RPM 的合理原则的法律检验时，丽晶案中的多数派费了很大工夫来促使法庭识别和禁止 RPM 的反竞争作用。[212]他们列出了需要考虑的几个因素，其中包括 RPM 安排中制造商的数量[213]以及限制的来源[214]。此外他们还建议，法庭可以"根据提供的证据或者甚至证明了的推测来更改规则"，以保证合理原则能够有效执行。[215]很显然，多数派并没有想要构造一种实际合法原则，如希尔瓦尼亚案后纵向非价格限制的合理原则所变成的那样。

鉴于法庭给出的这些指导，与丽晶案相一致的应当是在最低 RPM 案件中采用初步评定的合理原则，如现在在许多水平限制案件中采用的一样，而非采用完全的合理原则。[216]在初步评定原则下，如果在相关市场的许多制造商中只有一到两个非主导厂商自愿采用最低转售价格限制，那么该行为就几乎不会造成反竞争的影响，此时就可以按照完全合理原则来进行判决。或者如果初步判定的评估显示一个制造商是新进入者，于是转售价格限制可以采取搭便车理论来进行解释，此时也可以参照完全合理原则来进行判决。

但是，如果初步评定的结果显示并不存在明确的搭便车问题，而且相关制

第五部分 纵向协议的"搭便车"解释被不切实际地强调了吗?

造商也不是需要诱使经销商进行投资的新进入者,那么就既不需要进行正规的市场分析也不必要求反竞争影响的经验证据了。如此一来,原告就不再需要参与到既费事又费时的求证程序中,不需要自己的经济专家同被告的专家互相竞争,通过定义市场属性、建立和应用抽象的技术模型来分析定义不完全市场以试图证明反竞争的效应。

这也使原告不需要再去证明实际的反竞争效应,例如证明最低RPM是为了用来支持横向卡特尔。具有横向效应的转售价格限制往往具有很强的反竞争性,初步评定原则也减少了其因求证困难而免受惩罚的可能。在采用RPM来维持横向协议的时候,协议往往是默示的故而难以证明。此外,要想证明RPM的来源也具有异常的挑战性。[217]在初步判定合理原则下,只要原告能够证明存在固定高价格的纵向限制,而且该协议并不存在明显的促竞争性,初步证据就已经构成了。

这种思路同第七巡回上诉法院在玩具反斗城对联邦贸易委员会(Toys "R" Us, Inc. v. F. T. C)[218]和通用租赁公司对国家卡车租赁联盟(General Leaseways Inc. v. National Truck Leasing Association)[219]两个案件中采用的原则相似。这两案中,法庭听取但却很快推翻了被告做出的搭便车申诉,其判决方式很像初步判定的合理原则。在两案中法庭都没有要求进行正规的市场分析或者出具反竞争效应的详细证明。

在玩具反斗城(TRU)案中,联邦贸易委员会对玩具反斗城提起诉讼,原因是后者发起了制造商对其竞争者的贸易限制,出售给反斗城的玩具不允许出售给其竞争者。[220]玩具反斗城并没有直接挑战联合抵制本身违法原则适用性,而是间接提出了某种合理原则的主张:它提出了一个搭便车论点,并宣称联邦贸易委员会没能证明其市场势力从而不能证明其行为具有反竞争效应。[221]

戴安·伍德(Diane Wood)法官并没有因为其挑战同本身违法原则无关而简单地予以否决,她在否决其主张之前进行了考虑。对于搭便车问题,她观察到玩具反斗城确实为玩具制造商提供了其竞争者没有提供的各种服务——广告宣传、仓储、整年存货,但是制造商却对这些服务支付了相应的对价。[222]因此,伍德得出结论说:"在这里没有或几乎没有可能出现搭便车行为"。因为制造商们为玩具反斗城的服务支付了对价,这些服务就"难以成为搭便车的对象"。[223]

至于联邦贸易委员会没有能证明被告市场势力的说法,伍德法官认为"并不需要进行详细的市场分析"[224]。联邦贸易委员会只需要表明玩具反斗城发起的贸易限制导致制造商减少了对其竞争者的产出，且"产出的减少保护了玩具反斗城不必将价格降到仓储会员店的水平"[225]。

类似地，在通用租赁一案中，理查德·波斯纳（Richard Posner）法官参照初步评定的合理原则对被告的搭便车申辩进行了仔细考虑，判决其申诉无效[226]且横向市场分割行为本身违法。被告是地方性卡车租赁公司联盟，其核心任务是在其成员之间就互惠服务进行协调，使其成员在其他成员的用户租用的卡车在附近出故障的时候提供紧急维修服务；由用户相关成员支付服务费用。[227]该联盟同样对其成员进行了区域和其他限制，有效防止了成员之间的互相竞争。[228]面对声称这些限制违法的反垄断指控，该联盟提出了一个搭便车的抗辩，争论说这些限制是用来阻止成员之间搭彼此的便车，并以此增进联盟的商标和成员的维修服务。[229]

通过细节的分析，波斯纳根据几方面原因否决了搭便车的解释。[230]由于成员企业为其客户所接受的紧急服务支付了对价，因此不存在对这些服务的搭便车行为。[231]此外，尽管经营地点较多的成员（因此也有较多的卡车处于行驶状态）潜在要求更多的服务，但是较多的经营地点使得它们也潜在提供着更多的服务。[232]因此拥有较多经营地点的成员并不能定义为搭便车者。最后，波斯纳指出联盟的成员对宣传联盟商标[233]付出的努力极其微弱，因此并不能说有人会通过其他成员的促销努力不劳而获。

证实了搭便车抗辩没有法律依据，波斯纳又进一步分析了被告是否有足够的市场势力以造成反竞争影响。尽管原告并没有提供一份正规的市场分析报告，波斯纳认为已有的证据——本地市场上较高的价格与较少的竞争企业——已经足以证明其实质的反竞争可能。[234]波斯纳认为由于被告的搭便车抗辩不具有说服力，按照合理原则这些证据已经足够用来进行判决。[235]

玩具反斗城和通用租赁两个案件展示了在丽晶案之后对RPM采用合理原则的一个合理路径；充分合理原则在这个问题上并不适合。法庭首先应当考虑转售价格限制是否拥有一个可信的促竞争理由。确切来说就是是否存在明显的实质性搭便车问题需要用垂直价格限制来解决。制造商是否是市场的新进入者，或者是否引入了一种新产品，又或者在向一个新的地域性市场进行扩张。

如果显然不存在实际搭便车问题或者不具有促竞争的理由，那么只要存在对品牌内价格竞争的私人限制，就足以要求实施惩罚。原告不再需要进行一个费时费事的经济性市场分析。即使假定丽晶案可以解读为要求提供反竞争效应的重要证据，我们也不必然需要提供一份正规的市场势力分析，市场势力的证

第五部分　纵向协议的"搭便车"解释被不切实际地强调了吗？

据只不过是用来说明反竞争效应的一个代用品而已。[236]相反，原告的责任必须是其能承担的，例如说明转售价格限制造成了品牌的较高利润边际但却没有造成产品价值的增加。

结论

自从希尔瓦尼亚一案之后，对纵向约束的搭便车解释就被过于广泛地滥用了。尽管我们可以很容易地想象"搭便车"造成的可怕后果，但是经济现实中却并没有出现复杂电子产品或奢侈品、时尚商品或者高质量商品供给的减少。这说明搭便车行为虽然确实时不时地发生，但却并不经常造成消费者或者社会经济损失。即使搭便车行为会造成一些负面的效果，但是这个在经济生活中无所不在的现象并不必然会损害消费者福利，我们也不必随时随地要求消灭它。因此，在缺少良好经验数据支持的情况下，我们没有足够的理由假定最低RPM往往会造成消费者利益的实质增加。

尽管如此，最高法院已经做出了姿态。今后最低纵向价格限制将不再以本身违法予以禁止，而是需要采用合理原则加以分析。由于最低RPM所可能引起的反竞争的危险，我们不能错误地采用完全合理原则，该原则在现实的反垄断审判中往往等同于实际合法原则。相反，在横向限制案件中经常采用的初步评定的合理原则就比较合适，这个原则可以使法庭更容易辨别和制止最低RPM的反竞争性作用。这个检验标准同丽晶案中对合理原则的态度相一致，通过这个标准我们可以将"坏的"RPM同"好的"RPM分离开来。

注释：

1. 220 U. S. 373 (1911).
2. Richard A. Posner，对限制分销的下一步的反垄断对策：本身违法原则，48 *217 U. Chi. L. Rev. 6 (1980).
3. 485 U. S. 717 (1988).
4. 433 U. S. 36 (1977).
5. 127 S. Ct. 2705 (2007).
6. 捆绑，这个上游势力的纵向约束，适用于一个变通的本身违法原则。但是，这个原则要求原告能证明市场势力的存在，或者需提供一个经济证据来表明捆绑和被捆绑产品应被视为分别的产品，以及强制捆绑的存在。所以这个原则已经被等同于一个"结构化的合理原则"。Lawrence A. Sullivan & Warren S. Grimes, Antitrust: An Integrated Handbook, at 419

页（第二版．2006）（描述了这点）。

7. 388 U. S. 365（1967）.

8. 一个首批和最有见地的对于西尔韦尼亚案的批评来自经济学家 Robert Steiner，西尔韦尼亚案的经济讨论，60 Antitrust L. J. 41（1991）.

9. 248 U. S. 215, 239~240（1918）. 这句引自新约全书马太福音，25: 26（You wicked and lazy servant, you knew that I reap where I have not sown, and gather where I have not scattered seed.）.

10. Benjamin Klein & John Shepard Wiley Jr.，竞争价格歧视，作为知识产权拒绝交易权的反垄断理由，70 Antitrust L. J. 599, 617（2003）（"……价格歧视使得知识产权拥有者获得更大的经济收益。这会提高创新的回报，因此鼓励创新."）.

11. 司法部长助理 Masoudi 的演讲，知识产权和竞争：四个鼓励创新的原理（2006 年 4 月 12 日），见 http://www.usdoj.gov/atr/public/speeches/215645.pdf.

12. 540 U. S. 398, 407（2004）.

13. 405 U. S. 596（1972）.

14. United states v. Topco Assoc.，1983 CCH Trade Cas. 74391（E. D. Il1. 1972）（允许 Topco 设定销售范围，并且，当出现一个成员在另一个成员的主要范围内销售的情况时，可以要求进行促销开支的赔偿）.

15. 792 F. 2d 210（D. C. Cir. 1986），cert. denied，479 U. S. 1033（1987）.

16. 792 F. 2d. at 221.

17. United States v. Addyston Pipe & Steel Co.，85 F. 271（6ath Cir. 1898）（Taft, J.）modified and aff'd，175 211（1899）.

18. 744 F. 2d 588（7th Cir. 1984）.

19. 416 F. 3d 29（D. C. Cir. 2005）. 更多建立在类似事实上的情况，见 Yamaha Motor Co. v. FTC，657 F. 2d 971（8th Cir. 1981）（不是合资企业产品的竞争限制被视为非法）.

20. Polygram，416 F. 3d at 37–38.

21. Lester G. Telser，为什么厂商想要公平交易？3J. L. & Econ. 86（1960）.

22. Id. at 91.

23. Robert H. Bork，《反托拉斯悖论》291–298（1978）.

24. Id. at 296.

25. Richard A. Posner，反垄断政策和最高法庭：一个限制分销的分析，水平合并和潜在的竞争决策，75 Colum. L. Rev. 282, 283–288（1975）.

26. 见 William S. Comanor，纵向约束和消费者限制：White Motor 案及后续，81 Harv. L. Rev. 1419（1968）.

27. 西尔韦尼亚案，433 U. S. at 54–55.

28. Id. at 54.

第五部分 纵向协议的"搭便车"解释被不切实际地强调了吗?

29. Id.

30. Benjamin Kelein & Kevin Murphy,作为契约机制的纵向约束,31 J. L. & Econ. 265,266(1988)("……零售商可能仅仅使用纵向约束带来的多余的钱,而持续搭便车")。

31. Robert Pitofsky,为打折辩护:关于反对纵向价格固定的本身违法原则的No-Frills案,71 Geo L. J. 1487,1493(1983).(如果预售服务"与产品的成功相关很小,厂商应该不在意它能否被提供。"); F. M. Scherer & David Ross,工业市场机构和经济表现552(第三版,1990)("相对较少的产品适用……Telser的搭便车理论")。

32. Id.

33. Philip E. Areeda & Herbert HoenKamp,《反托拉斯法》,1601e, at 13(第二版, 2004)。

34. Robert L. Steiner,厂商的促销津贴,搭便车和纵向约束,36 Antitrust Bull。383(1991)。

35. 485 U. S. 717(1988). 见第四部分中对夏普案的讨论。

36. Pitofsky, supra note 31, at 1493(如果零售商意识到预售服务很重要,它会选择提供这个服务,否则生意会下滑。)

37. Howard Marvel,预售价格固定的争论:超越传统观点,63 Antitrust L. J. 59,62 - 73(1994)。

38. 在Steiner的研究中,有Robert L. Steiner,西尔韦尼亚案的经济讨论,60 AntitrustL. J. 41,59(1991); Robert L. Steiner,厂商的促销津贴,搭便车和纵向限制,30 Antitrust L. Bull. 383(1991)。

39. Robert L. Steiner,演变和双层次思考的应用,49 Antitrust Bull。877,890 - 990(2004)。

40. Id.

41. Steiner也承认,在某种工业结构中,零售商和厂商的利润是正相关的——在这种情况下,总市场力量可能相对消费者的利益很低,或者对它们的损害很高。例如,Steiner写了一个案例,其中一个大品牌和它的零售商的联合带给了二者更高利润。Rober L. Steiner,排他零售 + 再销售价格维持:一个有力的反竞争合并,33 Sw. U. L. Rev. 447(2004)。

42. 504 U. S. 451(1992).

43. 另一个搭便车的讨论是关于有专利的捆绑产品。Kelin和Wiley认为这种情况的捆绑提供了一个对IP权利的更好的回报,并且促进创新。见note 10, supra。他们的观点遭到了异议。Lawrence A. Sullivan & Warren S. Grimes,《反托拉斯法:一个综合手册》431 - 438(第二版,2006)。在任何情况下,这个论点和西尔韦尼亚案的Telser的搭便车理论是无关的。

44. 关于这些潜在反竞争作用的讨论,见 id. 341 - 349。

45. Warren S. Grimes,打扮,装饰手段和消费者需求的质量,再谈纵向价格维持,80 Cal. L. Re. 815,832 - 834(1992)。

46. Warren S. Grimes，从施文案到西尔维尼亚案再到哪里去？现代纵向限制政策的历史根基，来自《反托拉斯故事》一书 145, 147-148（Eleanor M. Fox & Daniel A. Crane, Eds. 2007）。

47. Bork 认为，对手零售商会在抱怨一个搭便车的零售商的时候制造一个实施机制。Bork, supra note 23, at 291。

48. 127 S. Ct. at 1715-1716。

49. 485 U. S. 717（1988）。

50. 商业电器公司，Respondent Shaprt 报告，1987 WL881326, at 7（Hartwell"不想看到由他发现和教育的顾客被抢走）。

51. 商业电器公司，Petitioner 商业电器公司的回复，1988 WL1031912, at 4。

52. 485 U. S. at 721（Petitioner 的零售价格经常低于 Respondent 建议的零售价格，而且经常低于 Hartwell 的零售价格）。

53. 商业电器公司，对 Petitioner 商业电器的回复，1988 WL 1031912。

54. Id. at 4。

55. 485 U. S. at 724-725，引自西尔韦尼亚案，433 U. S. at 55。

56. 485 U. S. at 727-728。

57. Id. at 728。

58. Id. at 731。

59. Id. at 729。

60. 如果商业电器真是提供了打折的价格以及售前展示服务，那么就会有一个问题：即为什么夏普在1972年在休斯敦增加了一个零售商，而且在1974年停止了商业电器业务。尽管 Hartwell 是一个有着更高销量的更大的零售商，夏普本来并没有想要终止与商业电器的合约，可能因为认识到商业电器还是一个有效的零售商。合约的终止只是发生在 Hartwell 发出最后通牒之后。

61. 夏普案，485 U. S. at 727-728。

62. Id. at 7251-7252（Stevens 法官的反对）("……主要部分表明这个司法过程对于真相的调查缺乏说服力")。

63. Leegin 案，127 S. Ct. at 2711（PSKS "promoted Bighton" [the Leegin brand]，"做 Brightong 广告"，而且获得 "其利润的40%~50%"。关于 Leegin 的搭便车的更具体的讨论，见 Marina Lao，搭便车：一个对再售价格维持的过度强调的和不可信的解释。

64. 433 U. S. at 46-47，引用 Hughes 法官在 Appalachian Coals, inc. v. United States 案观点。288 U. S. 344, 360, 377（1933）。

65. Lester G. Telser, Why Should Manufacturers Want Fair-Trade?, 3 J. L. &Econ. 86（1960）。特尔瑟的理论是基于沃德·鲍曼和 B. S. 亚美（Ward Bowman and B. S. Yamey）的早期工作抽离和构建出来的。参见 Ward Bowman, The Prerequisites and Effects of Rasale Price

第五部分 纵向协议的"搭便车"解释被不切实际地强调了吗?

Maintenance, 22 U. Chi. L. Rev. 825 (1955); B. S. Yamey, The Economics of Resale Price Maintenance 3 – 17 (1954)。

66. 参见 Robert Bork, The Rule of Reason and the Per se Concept: Price Fixing and Market Division (pt. 2), 75 Yale L. J. 373 (1966)。鲍克(Bork)认为纵向限制必定是促竞争的,因为制造商只有在限制能导致销售量和收益增加的时候才会想要实施限制。与此同时,消费者也只有当附加服务的价值超过了相应成本的情况下才会增加购买量。因此我们就得到结论:纵向限制必定是增进效率的。同上第397~405页。

67. 433 U. S. 第36, 54~55页(1977)[推翻了美利坚合众国对阿诺德·施文公司的判例, 388 U. S. 365 (1967)]。

68. 127 高等法院第2705页(2007)。

69. 220 U. S. 第373页(1911)。

70. 对于强调流通限制会产生福利和赞同其合法性的文献,可以参见 Bork, 上文注释66; Richard Posner, The Next Step in the Antitrust Treatment of Restricted Distribution: Per Se Legality, 4 U. Chi. L. Rev. 6 (1980); Franklin Easterbrook, Vertical Arrangements and the Rule of Reason, 53 Antitrust L. J. 135 (1984); Howard P. Marvel and Stephen McCafferty, Resale Price Maintenance and Quality Certification, 15 Rand J. Econ. 346 (1984); Howard Marvel, The Resale Price Maintenance Controversy: Beyond the Conventional Wisdom, 63 ANTITRUST L. J. 59 (1994); Benjamin Klein & Keviin M. Murphy, Vertical Restraints as Contract Enforcement Mechanisms, 31 J. L. & Econ. 265 (1988). Frank Mathewson & Ralph Winter, The Law and Economics of Resale Price Maintenance, 13 Rev. Indus. Org. 57, 67 (1998). 对于反对意见,参见,如:William S. Comanor, Vertical Price Fixing and Market Restrictions and the New Antitrust Policy, 85 Harv. L. Rev. 983, 990 – 98 (1985); Peter C. Carstensen, The Competitive Dynamics of Distribution Restraints: The Efficiency Hypothesis Versus the Rent-Seeking Strategic Alternatives, 69 Antitrust L. J. 569 (2001); Warren S. Grimes, Brand Marketing, Intrabrand Competition, and the Multibrand Retailer: The Antitrust Law of Vertical Restraints, 64 Antitrust L. J. 83 (1995); Robert F. Pitofsky, In Defense of Discounters: The No-Frills Case for a Per Se Rule Against Vertical Price Fixing, 71 Geo. L. J. 1487 (1983); Robert L. Steiner, How Manufacturers Deal with the Price-Cutting Retailer: When are Vertical Restraints Efficient?, 65 Antitrust L. J. 407 (1997)。

71. 参见如 8 Philip Areeda & Herbert Hovenkamp, Antitrust Law ¶ 1601e, 第13页; Robert Pitofsky, Why Dr. Miles Was Right, I Regulation 27, 第29 (1984); S. Orsteinm, Resale Price Maintenance and Cartels, 30 Antitrust Bull. 401, 428 (1985); F. M. Scherer & David Ross, Industrial Market Structure and Economic Performance 522 (3d ed. 1990); F. M. Scherer, The Economics of Vertical Restraints, 52 Antitrust L. J. 687 (1983); Kevin Arquit, Resale Price Maintenance: Consumers; Friend or Foe?, 60 Antitrust L. J. 447, 452 (1991). 赞同 RPM 的评

论家中赞成该观察的包括 Benjamin Klein 和 Howard Marvel。参见如 Benjamin Klein, Distribution Restraints Operate by Creating Dealer Profits: Explaining the Use of Maximum Resale Price Maintenance in State Oil v. Khan, 7 Sup. Ct. Econ. 1, 7 – 8（1999）; Howard Marvel, 前注释 70。

72. 参见如对复审判决申诉书 6~7 页的法庭顾问经济学家简报, Leegin 创意皮革织品公司对 PSKS 公司, No. 06 – 480, 127 高等法院第 2705 页（2007）（顾问经济学家简报下文）。

73. 参见如 Marvel & McCafferty, 前注释 70; Marvel, 前注释 70, 第 65~67 页; Thomas R. Overstreet, Jr., Resale Price Maintenance: Economic Theories and Empirical Evidence 第 56~62 页（经济研究局, 联邦贸易委员会 1983）。

74. 参见 Leegin, 127 高等法院, 第 2729 页（Breyer, J., 反对意见）; 另见 Brett M. Frischmann & Mark A. Lemley, Spillovers, 107 Colum. L. Rev. 257（2007）（争论说在知识产权领域溢出效应是很正常的, 并且在许多情形下对社会有好处）。

75. 参见 Leegin, 127 高等法院, 第 2729~2730 页（Breyer, J., 反对意见）（详细讨论了对搭便车发生频率缺乏经验数据以及经济学一致意见的问题, 并对认为搭便车是个严重问题的观点提出质疑）。

76. 同上, 第 2717 页 [指出"（RPM 的反竞争作用的）历史案例表明（反竞争的）可能性是一个法律问题"且"纵向价格限制的潜在反竞争后果不能被忽视或低估"]。

77. 参见 C. Frederick Becker, Ⅲ & Steven C. Salop, Decision Theory and Antitrust Rules, 67 Antitrust L. J. 第 41 页（1999）; 另见 Arndt Chistiansen & Wolfgang Kerber, Competition Policy With Optimally Differentiated Rules Instead of "Per Se Rules vs. Rule of Reason", 2 J. Comp. L. & Econ. 第 215, 238 页（2006）（讨论了"谬误成本方法"并指出仅仅在一些案件中能看到 RPM 的"积极福利效应"并不足以推翻针对最低 RPM 的本身为法原则）。

78. 参见如以美国反托拉斯所（AAI）作为顾问支持被告的简报第 28~30 页, Leegin 创意皮革制品公司对 PSKS 公司, No. 06 – 480, 127 高等法院第 2705 页（2006）（AAI 法律顾问的简报之后）（要求保留 Dr. Miles 一案的判决标准, 但是建议法庭根据是否存在法律判定的反驳性推测来决定是否放弃本身违法原则）; Robert Pitofsky, Are Retailers Who Offer Discounts Really "Knaves"?: The Coming Challenge to the Dr. Miles Rule, Antitrust, 2007 年春（相同）。

79. Leegin, 127 高等法院第 2710 页。

80. 同上, 第 2711 页。

81. 同上。

82. 同上; 另见 PSKS 公司对 Leegin 创意皮革制品公司, 171F. 附录 x 第 464, 465 页（2006）。

83. Leegin, 127 高等法院第 2711 页。

第五部分 纵向协议的"搭便车"解释被不切实际地强调了吗?

84. 同上,第2712页。

85. 同上。

86. 上诉申辩简报第一页,Leegin创意皮革制品公司对PSKS公司,No.06-480,127高等法院第2705页(2006)(参见申辩简报下文)。申诉者的立场得到了美国司法部和联保贸易委员会的支持,二者共同提交了一份支持申诉者的法院顾问简报。美国政府作为法律顾问支持重审申诉的简报,Leegin创意皮革制品公司对PSKS公司,No.06-480,127高等法院第2705页(2006)(参见美国政府提交的顾问简报下文)。

87. 申辩简报,前注释86,第3~4,20~21和22~24页。

88. 同上,第3~4页。

89. 同上,第15~16,19~20页。

90. 在否决Dr. Miles一案判例的时候,多数派同时拒绝了判例原则和认为本身违法原则是保证监管便利的要求的观点。127高等法院第2720~2725页。实际上,考虑到判例原则,多数派争辩道法庭只是在Dr. Miles一案之后"继续推进了对纵向限制曾经严格禁止操作的调和、限制以及反驳",并认为在Leegin案中坚持本身违法原则同Dr. Miles案后的案件判例是不一致的。同上第2721~2722页。

91. 同上第2713页(援引Business Electronics Corp. v. Sharp Electronics Corp.一案485U.S.第717,723页(1988))。多数派还指出本身违法原则"只有在法庭能确切预测在所有会几乎所有情形下按照合理原则都能使[讨论的限制]无效"的情况下才是合适的。同上(引文省略)。

92. 同上第2717页。

93. 参见如Mathewson & Winter,前注释70,第74~75页;Klein & Murphy,前注释70,第295页;Raymond D. Deneckere, Howard P. Marvel & James Peck, Demand Uncertainty, Inventories, and Resale Price Maintenance, 111 Q. J. Econ. 第885,911页(1996);Marvel & McCafferty,前注释72,第6~7页("在理论文献中,基本上毫无争议的是最低[RPM]能造成促竞争的效果并且在多种市场条件下不会造成反竞争的后果");美国政府作为顾问的简报,前注释86,第9页("一个得到广泛认同的观点是允许制造商控制商品的销售价格可能促进品牌内竞争并使消费者福利通过各种方式得到增进")。

94. 参见丽晶案,127高等法院2710页("此外,权威经济分析师得出的结论认为纵向价格限制可以造成促进竞争的结果");同上,第2714页(指出"经济学文献充满了对制造商采用RPM会造成促竞争效果的判断"以及相关文献);同上,第2715页("即使那些对RPM高度质疑的人也同意其可以造成促竞争的结果")。

95. Leegin案,127高等法院2715-2716页;Sylvania案,433U.S.第55页。

96. Leegin案,127高等法院2716页;Sylvania案,433U.S.第55页。

97. 参见下文[第Ⅱ部分C节]。

98. Leegin案,127高等法院2719页(Breyer, J.,反对意见)。

99. 同上。

100. 同上。("我在这一点上看不到任何经济学上的统一判断。在文献中存在着一个一致判断,即'搭便车'是会发生的。但是'搭便车'往往发生在没有相应的法律来组织其发生的经济中");同上,第2730页(援引了Leegin案的一份顾问简报,指出"在经济文献中对[搭便车]到底发生得频率如何存在质疑")(引文省略)。

101. 同上,第2730页。

102. 参见同上 2716-2717;另参见 Richard Posner, Antitrust Law 172 (2d ed. 2001); Overstreet,前注释73第13~23页;Marvel & McCafferty,前注释70第373页(提供了一个案例,其中RPM被用来协助支持零售药店的横向卡特尔联盟)。

103. 参见Leegin案,127高等法院2717页;Toys "R" Us, Inc. v. FTC, 221 F. 3d 第928, 937~938页(第7巡回法庭, 2000);Overstreet,前注释70第31页;8 Areeda & Hovenkamp,前注释71第47页;Marvel,前注释70,第366~368页。

104. 关于RPM几乎总是会提高价格观点进行研究、分析以及相关文献参见如Overstreet,前注释73第160页(指出价格调查显示[最低RPM]在多数情况下会提高商品的销售价格。8Areeda & Hovenkamp,前注释71 ¶1604b,第40页("在这一点上存在有说服力的证据");William S. Comanor 和 Federic M. Scherer 作为法律顾问的简报第4页,Leegin案127高等法院第2705页(2007)(下文来自该简报)("我们一致同意[最低RPM]以及其他纵向限制会导致消费者价格的提高。");内务委员会负责垄断和商法的分委会召开的关于司法制度的 H. R. 的听证会2384,第94次国会第一次会议,第122页(1975)(反垄断部门,助理副部长 Keith I. Clearwaters 的声明);参议院司法委员会主管反托拉斯和垄断的分委会对 S. 408 的听证会,第94次国会第一次会议,第174页(1975);Robert L. Steiner, Sylvania Economics-A Critique, 60 Antitrust L. J. 41, 56 (1991);Willard F Mueller, The Sealy Restraints: Restrictions on Free Riding or Output?, 1989 Wis. L. Rev. 第1255, 1293~1296页。即使那些认为纵向限制总体上能促进竞争的评论家也含蓄地同意RPM倾向于提高消费者支付的价格。参见如 Esterbrook,前注释70,第156页("如果不提高经销商的利润空间,制造商就无法使其做出更多贡献");但是参见 Marvel,前注释70第69~71页(主张RPM未必会造成消费者价格的上涨,因为经销商的利润空间可能会受到较低的批发价格的压缩)。

105. Leegin案,127高等法院第2718~2719页。

106. 同上,第2727~2728页(Breyer, J.,反对意见)("同横向价格安排一样,RPM安排也会减少或消除单品牌经销商之间的价格竞争,[如果制造商普遍实施该安排]也会减少多品牌经销商之间的价格竞争")。

107. 同上,第2727~2728页(指出经济学家和其他评论家一致同意RPM会导致消费者价格的提高,并援引研究结论指出在RPM安排下价格会高出19~27个百分点)。

108. 即使对搭便车解释深表怀疑的人一般也同意该假说在有限的情形中是可以成立

第五部分 纵向协议的"搭便车"解释被不切实际地强调了吗?

的。参见如,Robert Pitofsky,Why Dr. Miles was Right,前注释71,第29页;另参见 Arquit,前注释71,第452页;Orstein,前注释71,第428页。

109. 大体参见 Telser,前注释65;Posner,Antitrust Law,前注释102,第172~173页;Robert Bork,The Antitrust Paradox 第290~291页 (1978)。

110. 参见如,Comanor 和 Scherer 的法院顾问简报,前注释104,第6页("在经济学文献中对[搭便车]有多经常发生的问题存在着质疑。")参见 Scherer 和 Ross,前注释71,第551~555页(指出"在特尔瑟理论下……只有相对很少的产品符合要求"并且对 RPM 进行的搭便车申诉所存在的"严重缺陷"进行了解释)。

111. 参见前注释71。

112. Continental T. V.,Inc. v. GTE Sylvania,Inc.,433U. S. 第36页(1977)(不再采用之前对所有纵向限制所采用的本身违法原则,对纵向非价格限制应用了合理原则)。

113. 参见同上第38页。在采用被控诉的纵向地域限制之前,希尔瓦尼亚公司占全国电视销量的1~2个百分点,而领导性企业 RCA 则拥有60~70个百分点。同上。

114. 参见同上(指出希尔瓦尼亚公司在采用了新的附加地域限制的流通政策后,其在全国电视销售市场所占份额从1~2个百分点上升到了5个百分点)。

115. 参见 Pitofsky,Are Retailers Who Offer Discounts Really "Knaves"?,前注释78。

116. 参见 Klein,前注释71,第6~7页(指出经典搭便车理论最经常设计的是"昂贵的耐用消费品,如"电子类消费品"因为"对于消费者来说,进行大额购买的时候先花费时间和精力在一个全服务经销商处获取信息然后在少服务的折扣商处购买产品是成本节约的")。

117. 参见 Sylvania,433U. S. 第55页。

118. 参见 Pitofsky,Why Dr. Miles Was Right,前注释71,第29~30页。

119. 同上第29页;另参见 E. Corey,Fair Trade Pricing: A Reappraisal,30Harv. Bus. Rev. 42(1952年9~10月)第47页(指出在化妆品、香水、非处方药、烟草制品及附加用品、简易摄像器材、药房所售手表和钟表以及小型仪器的销售中存在设置最低转售价格的情况,而这些商品都不需要经销商提供附加服务);Sharon Oster,The FTC v. Levi Strauss:An Analysis of the Economic Issues,FTC 纵向限制案件的影响评价47(Robert N. Lafferty 等编辑,1984)(对 Levi's 牛仔裤的 RPM 进行了讨论)。

120. 参见 Leegin 案,127 高等法院第2705、2730页(2007)(Breyer, J.,反对意见)。

121. 485U. S. 第717页(1988)。

122. 对该案的一个详细、深入的讨论可以参见 Warren S. Grimes,The Sylvania Free Rider Justification for Downstream-Power Vertical Restraints: Truth or Invitation for Pretext?,前注释。

123. 法庭认为,如果要适用 Dr. Miles 案的本身违法原则,除了要表明由于商业电子公司削价而在夏普和哈特韦尔之间存在一个协议终止与商业电子的合作之外,商业电子公还必须表明存在"进一步的协议对其他剩余的经销商所收取的价格或价格水平进行限制"Business Electronics 案，485 U.S. 第 726 页。

124. 参见同上第 725~731 页。多数派观点也反复重申了芝加哥式的观点，即由于理论说明品牌间竞争能够有效制约制造商的反竞争倾向，因此保护品牌内竞争是不重要的。参见同上第 725 页。

125. 参见同上第 725、727~728、729 页。

126. 同上第 727~728 页。

127. 同上第 729 页。

128. 这个观点并没有就夏普计算器销售过程中提供的服务——如果有服务的话——内容进行讨论，似乎直接假定了一般的搭便车假说适用于该案例。

129. 参见 Continental T. V., Inc. v. GTE Sylvania, Inc., 433 U.S. 36, 56, 56n. 24 (11977)（指出"在经济考虑上，制造商对维持足够的品牌内竞争的兴趣与促进其产品有效流通的想法是一致的"）。

130. 参见 Steiner, How Manufacturer Deal with the Price-Cutting Retailer, 前注释 70, 第 407、416~417 页。

131. Leegin 案，经济学家的法院顾问简报，前注释 72，第 5~7 页。

132. 参见 Marvel, 前注释 70，第 65~67 页; Marvel & McCafferty, 前注释 70，第 347~349 页; Overstreet, 前注释 73，第 56~62 页; Ronald N. Lafferty 等人, FTC 纵向限制案件的影响评价 34~35（FTC1984）; Leegin 案, 经济学家法院顾问简报, 前注释 72，第 7~8 页; Leegin 案，美国政府的法院顾问简报，前注释 86，第 14 页。

133. Leegin 案，经济学家的法院顾问简报，前注释 72，第 6 页（"时尚商品……可能会通过较长的营业时间、更便利和优越的商店选址、训练良好和更加热情的雇员或者货架安排上的突出位置而得到价值增加，"但是搭便车问题可能会使得零售商提供的此类服务少于"对制造商和消费者的最优量。"）

134. 同上［"从经济学的角度来看，所有这些服务都能够增进产品的品质（真实的或者感受到的），因为它们然对消费者显然是有价值的。"］

135. 同上第 7 页（"搭便车问题会造成外部性，从而导致每个零售商——进而零售商整体——为提供服务实际花费的少于最优量。"）

136. 同上第 5~8 页。

137. Leegin 案，上诉请求简报，前注释 86，第 3 页。

138. 同上第 3~4 页。

139. 同上第 19~20 页（"对 RPM 最常采用的申辩理据是通过设置一个价格最低限，制造商能够保证经销商提供创造需求的服务。在不存在转售价格限制的时候，搭便车问题可能会削弱经销商提供这些服务的动机，从而对制造商造成损害并抑制品牌内竞争。"）（引文省略）。

第五部分 纵向协议的"搭便车"解释被不切实际地强调了吗?

140. 同上。

141. Leegin 案,经济学家的法院顾问简报,前注释 72,第 6 页。

142. 同上。

143. 同上第 5~8 页。

144. Leegin 案,美国政府的法院顾问简报,前注释 86,第 15 页。

145. Leegin 案,127 高等法院第 2716 页。

146. Leegin 案,美国政府的法院顾问简报,前注释 86,第 15 页。

147. 参见如同上(提及"零售店的吸引力和店址、零售商完成消费品交易的速度和效率"作为无形服务可以用来促进品牌间竞争)。

148. 参见前注释 132;另参见 Victor P. Goldberg, The Free rider Problem, Imperfect Pricing, and the Economics of Retailing Services, 79Nw. U. L. Rev. 第 136、744~746 页(1984)(争辩说制造商可以用最低转售价格限制来购买优势经销商对其产品的"支持")。

149. 参见如 Leegin 案,127 高等法院第 2715~2716 页("消费者可能会由于在一个拥有出售高品质商品的零售店看到某种商品而决定购买它。")

150. 参见同上第 2716 页。

151. 参见前注释 87~89 及对应正文。

152. Leegin 案,美国政府的法院顾问简报,前注释 86 第 14 页;经济学家的法院顾问简报,前注释 72 第 7~8 页。

153. 参见 Leegin 案,127 高等法院第 2729~2730 页(Breyer, J., 反对意见)(强调了不仅要弄清楚搭便车行为是否发生了以及 RPM 是否由于消除搭便车效应而造成了增益,而且还要弄清搭便车发生的频率以及其效应是否严重到会减少经销商提供服务)。

154. 参见 Scherer,前注释 71,第 695 页。

155. 参见 8 Areeda & Hovenkamp,前注释,第 162 页。

156. 参见同上。

157. 一些评论家颇具说服力地争辩说,即使对复杂或新奇产品来说这些类型的服务也未必会使所有消费者获益:对于边际以下的消费者来说这些服务可能是多余的,他们并不需要或欲求附加服务,但是由于流通限制的存在他们并不能要求放弃这些服务而获取比较低的价格。参见 Comanor,前注释 70,第 990~1000 页;Scherer & Ross,前注释 71,第 547~548 页。

158. 参见 Leegin 案,127 高等法院第 2716 页。

159. 参见 8 Areeda & Hovenkamp,前注释 71,¶¶1617a, 1631b,第 193~196、308 页。

160. 参见 Mark A. Lemley, Property, Intellectual Property, and Free riding, 83 Tex. L. Rev. 第 1031/1068 页(2005)(讨论并批评了知识产权法通过这种方式看待搭便车问题的倾向)。

161. 参见同上("搭便车的概念集中于所谓的搭便车者所获得的经济上的效果——受

到控诉的侵权人是否通过适用某发明而获益，如果获益了又是否支付了相应对价。"）

162. 参见如 Alan J. Meese, Property Rights and Intrabrand Restraints, 89 Cornell L. Rev. 第 553 页（2004）；Marvel，前注释 70，第 62 页："RPM 可以用来创造经销商对其为制造商的产品进行的促销投资所拥有的产权。"

163. Leegin 案，127 高等法院第 2729 页（Breyer, J.，反对意见）（"但是经济生活中'搭便车'经常发生而且没有任何法律力量会予以制止。很多去加利福尼亚州的游客都在太平洋海滩公路上搭便车。我们都免费得受益于某些想法，如建立第一个超级市场的想法。在其他经销商已经建立起一种产品的名声和信誉的时候，经销商也经常会搭这些投资的'便车'。"）

164. 参见同上；另参见 8 Areeda & Hovenkamp，前注释 71，第 152～153 页；Wendy J. Gordon, On Owning Information: Intellectual Property and the Restitutionary Impulse, 78 Va. L. Rev. 第 149、167 页（1992）（"如果所有的搭便车行为都遭到禁止，那么文化也就不复存在了。"）。

165. 8 Areeda & Hovenkamp，前注释 71，第 153 页。

166. 参见 Marina Lao, Unilateral Refusals to Sell or License Intellectual Property and the Antitrust Duty to Deal, 9 Cornell J. Law & Pub. Pol'y 第 193、213～214 页（1999）（争辩说知识产权法"是想要用来通过解决知识产权的'公共品'问题促进创新的"并且"最优的选择是只有当社会福利超过了保护知识产权花费的成本时才应当认可知识产权"）。

167. 参见 Leegin 案，127 高等法院第 2729 页（Breyer, J.，反对意见）（主张要弄清楚的合适的问题不在于搭便车是否发生了，而在于"'搭便车'问题到底多经常会严重到足以使经销商打消投资的念头"）；Lemley，前注释 160，第 1050 页（争辩说，在知识产权情境下，"正外部性的国际化一点也不必要，除非产权的有效应用需要进行大量投资，而该投资如果不进行国际化就无法收回。"）。

168. 35 U. S. C.（美国法典）§§101, 154（授予专利权所有人专有使用权，或者使其利用其专利并在一定时间内禁止他人进入该发明所处的领域"）；17 U. S. C. §106（授予商标所有人专有生产权或者令其在一确切时期内使用其商标）。

169. 参见 8 Areeda & Hovenkamp，前注释 71，第 153 页。

170. 参见如 United States v. Socony-Vacuum Oil Co.，310 U. S. 150, 226 n. 59（1940）（"价格是'经济的中枢神经系统'。"）。

171. Leegin 案，127 高等法院，第 2717 页。

172. 同上第 2730 页（Breyer, J.，反对意见）。

173. 同上。

174. 参见同上第 2729 页（"我已经描述了一些研究和分析，它们指出（尽管不能证明）RPM 会规则性地造成损害——当然是在经销商是推动力量的时候。但是收益又会如何呢？比如说法庭所指的这些利益，现实中它们又多经常会发生呢？在这一点上我找不到经

第五部分 纵向协议的"搭便车"解释被不切实际地强调了吗?

济学上的共识。")。

175. 同上第2716~2717页。

176. 同上第2717页。

177. 参见 Pitofsky, In Defense of Discounters, 前注释70, 第1490~1491页。

178. Leegin案, 127高等法院第2717页。尽管多数派举出的两个实证研究看起来表明最低RPM很少用来支持制造商或经销商卡特尔, 同上(引文省略), 反对派通过指出这两个研究中共同存在的缺陷予以了回应。同上第2732页。例如其中一个研究分析了1975到1982年间就RPM问题进行诉讼的案例, 结论是由于控诉中并没有对横向串谋的指控, 因此这些案例都没有涉及经销商或制造商卡尔特。参见 Ippolito, Resale Price Maintenance: Empirical Evidence from Litigation, 34 J. L. & Econ. 第263, 281~282, 292页(1991)。布雷尔法官观察到横向串谋往往是隐蔽的, 她认为当RPM已经是本身违法的时候, 原告没有理由去声称并证明这样一个困难的指控。因此对RPM控诉的案件中虽然没有对横向串谋的指控, 但这充其量只不过是"对多数派观点的轻微支持"。Leegin案, 127高等法院第2732页(Breyer, J., 反对意见)。

179. Bowman, 前注释65。

180. 参见Leegin案, 127高等法院第2717页。即使纵向限制的强力支持者也同意这一点。参见 Marvel & McCafferty, 前注释70, 第13页。

181. 参见 Herbert Hovenkamp, The Antitrust Enterprise 第186页(2005)。

182. 参见Leegin案, 127高等法院第2717页("只要纵向协议中设置了用于支持[制造商或经销商]卡特尔的最低转售价格, 那么根据合理原则它本身就应当被视为是违法的。")。

183. 参见同上; 另参见 Toys "R" Us Inc. v. FTC, 221 F.3d 第928, 937~938页(第七巡回法庭2000); 8 Areeda & Hovenkamp, 前注释71, 第47页; Overstreet, 前注释73, 第31页。

184. 参见如Leegin案, 127高等法院第2733页(Breyer, J., 反对意见)(援引了大量研究)。

185. 甚至Leegin案中的多数派也同意这一观点。参见Leegin案, 127高等法院第2717页; 另参见 Marvel, 前注释70, 第366~368页。

186. 参见Leegin案, 127高等法院第2733~2734页(原因研究表明在某些市场存在着制造商集中度的上升)。

187. 参见前注释104。

188. Miller-Tying法案, Pub. L. No. 314, ch 690, Title III, 50 Stat. 693(1937), 废止于1975年消费品定价法案(The Consumer Goods Pricing Act of 1975), Pub. L. No. 94-145, 89 Stat. 801。

189. 参见参议院司法委员会主管反托拉斯和垄断的分委会举行的S. 408听证会, 第94

次国会一次会议，第 173 页（1975）（反垄断部门，助理部长 Thomas E. Kauper 的证词）（证明在听证会召开时，在 36 个州根据其州"公平贸易"法最低 RPM 是合法的，而在 14 个州不存在这样的法律，最低 RPM 也是不合法的）。

190. 对这些数据的总结，参见 Overstreet，前注释 73，第 160 页（指出，经过价格调查，在"自由贸易"环境下价格更低）。

191. 参见 Leegin 案，127 高等法院第 2727～2728 页（Breyer, J., 反对意见）；内务委员会主管垄断和商法的分委会举行的 H. R. 2384 听证会，第 94 次国会一次会议，第 122 页（1975）（反垄断部门，助理副部长 Keith I. Clearwaters 的声明）；F. M. Scherer, Comment on Cooper et al.'s "Vertical Restriction and Antitrust Policy", 1Comp. Policy Int'l, 2005 年秋，第 65，72～74 页（援引研究表明在照明灯泡、非处方药、牛仔裤和其他商品流通中消除了 RPM 之后出现了大幅的价格下降）。

192. 参见 FTC, Record Companies Settle FTC Charges of Restraining Competition in CD Music Market, 2000 年 5 月 10 日。

193. 参见 Leegin 案，127 高等法院第 2727～2728，2729 页。

194. 参见同上第 2718～2719 页。

195. 参见 Overstreet，前注释 73，第 106 页（价格比较的数据"并不能必然告诉我们任何关于［RPM］的福利效应的结论性内容"）。

196. United States v. Socony-Vacuum Oil Co., 310U. S. 150, 226 n. 59（1940）.

197. 参见 Joseph C. Palamountain, Jr., The Politics of Distribution（Greenwood Press ed. 1968）（提供了大量关于不同类型零售模式之间的竞争造成的效率收益的例子）；Robert L. Steiner, How Manufacturers Deal with the Price-Cutting Retailer，前注释 70，第 419～424，439～440 页（讨论了新的零售模式的演化过程，如百货公司；连锁店、邮购商店和超级市场；利用许多例子展示了每一种新模式的效率和引入的不同的服务类型；并争辩说 RPM 倾向于阻碍创新和更有效的零售模式的成长）。

198. 参见美国消费者联盟的法院顾问简报第 5 页，Leegin Creative Leather Products, Inc. v. PSKS, Inc., No. 06-480（2006）（认为如果没有 Dr. Miles 判例那么大型的折扣商就不可能存在，并且警告说最低 RPM"通过稳定价格水平和防止低价竞争，建立起了一个潜在的无法翻越的进入壁垒来阻挡这样的低价创新者"）；另参见 Lawrence A. Sullivan & Warren S. Grimes, The Law of Antitrust: An Integrated Handbook §6.3a2，第 335 页（2d ed. 2006）（谈到品牌内竞争"为新的零售商以及新的零售模式［保留了］进入机会"）。

199. Sylvania 案，433U. S. 第 52 页 n. 19（1977）。Leegin 案，127 高等法院第 2718 页（"反托拉斯法主要是用来保护品牌间竞争的，从这种竞争中能产生出较低的价格"）；State Oil Co. v. Khan, 522U. S. 3, 15（1997）；Business Elecs. Corp. v. Sharp Elecs. Corp., 485U. S. 第 717，724，726 页（1988）另参见美国政府的法院顾问简报，前注释 86，第 9 页（"允许制造商控制其商品的销售价格可能会通过各种方式促进品牌间竞争和消费者福利增

第五部分 纵向协议的"搭便车"解释被不切实际地强调了吗？

进。") 对这个结论背后潜藏假设的一个广泛批评可以参见 Steiner, Sylvania Economics, 前注释 104, 第 42~45 页。

200. Exxon Corp. v. Superior Ct. of Santa Clara Cty., 60 Cal. Rptr. 2d 195, 200（加州上诉法院 1997）。另参见 Crane & Shovel Sales Corp. v. Bucyrus-Erie Co., 854 F. 2d 802, 807（第六巡回法庭 1988）（原告必须主张品牌间竞争的反竞争效应以免被 12（b）（6）条例所驳回）。

201. 大体参见 Grimes, Brand Marketing, 前注释 70; Steiner, Sylvania Economics, 前注释 104, 第 59 页; Robert L. Steiner, Manufacturers' Promotional Allowances, Free riders and Vertical Restraints, 36 Antitrust Bull. 第 383 页（1991）; William S. Comanor, The Two Economics of Vertical Restraints, 21 Sw. U. L. Rev. 第 1265 页（1992）。

202. 参见如 Steiner, How Manufacturers Deal with the Price-Cutting Retailer, 前注释 70, 第 440~442 页。

203. 同上第 441 页（援引了涉及 Levi's 牛仔裤的案例研究）；Robert L. Steiner, Jeans: Vertical Restraints and Efficiency, Industry Studies 第 182 页（Larry L. Duetsch ed., 1993）。

204. 参见 Grimes, Brand Marketing, 前注释 70, 第 93~96 页。

205. Sylvania, 433 U. S. 第 52 页 n. 19。

206. 参见如 Grimes, Brand Marketing, 前注释 70, 第 100~102 页; Steiner, Manufacturers' Promotional Allowances, 前注释 201。

207. 参见 Pitofsky, In Defense of Discounters, 前注释 70; Hovenkamp, The Antitrust Enterprise, 前注释 181, 第 105 页（做出了广为认可的观察报告, 即起诉一件合理原则的案子是"反托拉斯实践中耗费最高的程序之一"）。

208. Stephen Calkins, California Dental Association: Not A Quick Look But Not the Full Monty, 67 Antitrust L. J. 第 495, 521 页（1999）。

209. Maxwll M. Blecher, Schwinn-An Example of Genuine Commitment to Antitrust Law, 44 Antitrust L. J. 第 550, 553 页（1975）。

210. Douglas H. Ginsberg, Vertical Restraints: De Facto Legality Under the Rule of Reason, 60 Antitrust L. J. 第 67 页（1991）。

211. 参见 Leegin 案, 127 高等法院第 2731 页（Breyer, J., 反对意见）（"由于执行资源的有限性, 该损失可能会使得一些制造商或经销商加入到总体来说反竞争的协议安排中去。"）。

212. 同上第 2719~2720 页（"如果将合理原则应用到纵向价格限制中, 那么法庭将不得不费尽心血将其反竞争的作用从市场中清除出去。"）。

213. 同上第 2719 页（"相反, 如果许多相互竞争的制造商都采用 RPM 的话, 那么 RPM 就应当被置于更仔细的审查监督之下。"）另参见 Scherer & Ross, 前注释 XX 第 558 页。

214. Leegin 案, 127 高等法院第 2719 页（"如果有证据表明是零售商推动着纵向价格限制，那么该限制就更有可能用以协助构建一个经销商卡特尔或支持一个占主导地位的低效率零售商。"）另参见 Comanor & Scherer 的法院顾问简报，前注释 XX 第 7~8 页。

215. Leegin 案，127 高等法院第 2720 页。

216. 参见如 Broadcast Music, Inc. v. Columbia Broadcasting System, Inc., 441U. S. 第 1 页（1979）；National Soc'y of Professional Engineers v. United States, 435U. S. 第 679 页（1978）；NCAA v. Bd. Of Regents of the Univ. of Oklahoma, 468U. S. 第 85 页（1984）；另参见 Marina Lao, Comment：The Rule of Reason And Horizontal Restraints Involving Professionals, 68Antitrust L. J. 第 499, 502~507 页（2000）（讨论了在这三个案例中采用初步评定的情形）。

217. 参见如 Leegin 案，127 高等法院 2730 页（Breyer, J., 反对意见）（解释了区分 RPM 协议安排背后"推动力"的困难，比如几个小型的制造商设定价格底线可能是由于"几个大型多品牌经销商都销售转售价格限制的产品"，这些小制造商害怕如果他们不这么做的话"大型零售商就会偏好（比如通过分配给更好的货架位置）其他那些实施 RPM 的制造商。"）。

218. 221 F. 3d 第 928 页（第七巡回法庭 2000）。

219. 744 F. 2d 第 588 页（第七巡回法庭 1984）。

220. Toys "R" Us, 221F. 3d 第 930, 931~932 页。

221. 同上第 933, 937~938 页。

222. 同上第 933, 938 页。

223. 同上第 938 页。

224. 同上第 937 页。

225. 同上。

226. 参见 General Leaseways 案，744F. 2d, 第 592~593 页。

227. 同上第 589 页。

228. 同上第 590 页。

229. 同上第 592 页。

230. 同上第 593 页（"［被告］并没有给出一个可信的搭便车申辩。"）

231. 同上第 592 页。

232. 同上。

233. 同上第 592~593 页。

234. 同上第 596 页。

235. 同上第 597 页。

236. 参见 FTC v. Indiana Federation of Dentists, 476U. S. 第 447, 460~461 页（1986）（发现对实际反竞争效应的证明并不需要证明市场势力）。

第六部分

重振因保守经济分析而放松了的并购执法

引言

对直接竞争对手之间的并购（横向并购）的反托拉斯执法的减少，是芝加哥经济学派在许多方面最重大和最不幸的影响。乔纳森·贝克和卡尔·夏皮罗一文研究这一执法减少背后的问题，展示了政府在最近几年并购执法的低水平，并阐述了一个具有非凡创造力的路线图用以描述应该如何实施并购执法。

作者回顾了20世纪后半叶横向并购领域里反托拉斯的过度执法与执法不足两个方面，并将近些年来并购执法宽松的原因归结为对理论经济学的过度依赖，比如所谓并购企业提高价格将会降低进入壁垒的理论，以及关于效率提升的论断。这些论点大多源自保守的经济分析，并常常被一些公开对私有经济活动持不干涉态度的保守法官们所引用。

为了强调他们关于近期执法力度不够的论断，贝克和夏皮罗比较了近期和先前阶段反映执法力度的统计数据，并发现最近的执法水平——尤其在司法部反托拉斯局——是近几十年中最低的。他们还公布了对经历丰富的反托拉斯实务参与者的调查结果，这些参与者压倒性的认为，现在的反托拉斯执法者会接受那些在早年会被否决的并购反驳论点，并且认为当前比过去25年更容易说服执法机构批准并购。

在文章结尾部分，作者提供了一个创新的路线图，用于指导横向并购分析应该如何进行，以及如何避免近期的反托拉斯执法中极端经济理论分析所带来的过度执法和僵化。

第 14 章 重振横向并购的执法

乔纳森·贝克　卡尔·夏皮罗

过去的 40 年见证了美国横向并购执法的巨大变化。虽然基本法规——克莱顿法——并没有发生变化，但市场集中度的权重在联邦法院和联邦反托拉斯机构那里急剧下降。相反，更多的权重给予了并购方为并购进行辩解的三条论据：进入、扩张和效率。我们记述这种变化并提供案例来说明法院基于有限的进入和扩张证据批准了高市场集中度的并购。我们应用并购执法的数据并通过对并购参与者的问卷证明反托拉斯执法正在减弱，在当前的司法部中这种现象尤甚。我们进而支持重振横向并购执法，主要通过部分恢复结构性推定和获得确凿证据解决政府的那些初步成立案件。我们提出了若干方法以帮助政府确立哪些交易足以构成案件，并区分那些具有协调或单边反竞争效应的案件。

引言

半个世纪以来，美国的横向并购法规建立在对市场集中度的关注之上。然而，由于产业经济学家组织了新的证据并修正了市场结构和竞争的理论，近 30 年以来对市场集中问题的关注度不断受到侵蚀。正如在法学的很多其他领域那样，芝加哥学派的法经济学智慧对横向并购的法律演进产生了巨大影响[1]。

芝加哥学派观点主导的反托拉斯评论家建议，用来推定横向并购对市场竞争带来不利影响的市场集中度提高的幅度应该放宽。他们还采用了更为灵活的经济学分析。这些分析方法通过提供市场或交易其他方面的证据，给并购方提供了反驳并购会导致市场集中从而损害市场竞争这一推定的能力，这些证据包括新竞争者易于进入、非并购参与方的产出扩张可能性以及并购所带来的效率等。

这些分析的创见引起了执法机构和法院的关注，并且导致了反托拉斯并购审查的重大改进。但是，某些法院和并购执法者过度宽松，基于一些关于市场集中度、进入、扩张和效率方面并不严谨的经济分析做出批准并购的决定。

第六部分 重振因保守经济分析而放松了的并购执法

Ⅰ.横向并购分析的趋势

在20世纪60年代,最高法院对克莱顿法第七章——即1950年修订的反并购法令——进行了解释,要求基于市场集中度推定并购会损害竞争。根据法院的说法,"国会对美国经济中市场集中度趋势的强烈关注"致使"在特定案例中排除了对市场结构、市场行为或可能的竞争效应的详细证明"。[2]相应地,最高法院在1962年费城国家银行案中认为,"一桩并购产生的厂商在相关市场中控制了过多的市场份额,并且导致该市场中厂商的集中度显著上升,那么这一并购将具有大幅度降低竞争的趋势,在没有证据能够清晰地证明这一并购不会产生反竞争效应的情况下并购必须被禁止。"[3]法院对这一法规的解释——现在常被称为"结构性推定"——"这一推定只会减轻对那些并购参与方的规模本来已有嫌疑的并购举证违法的责任。"[4]法院同时认为,这一检验"完全符合经济学理论,"因为"绝大多数经济学家已经取得共识",竞争最有可能在市场中有很多卖家且没有一家厂商拥有显著的市场份额的情况下才最激烈。[5]在法院看来,这一基本的经济学命题"无疑是国会论证反并购条例的前提。"[6]

20世纪60年代中,为分析横向并购而构建的强结构性推定的实际效果是阻止了几乎所有竞争对手之间的并购。根据芝加哥学派评论者的观点,并购执法过程中过度强调结构的典型案例体现在1966年最高法院在冯氏百货(Von's Grocery)并购案中的判决。[7]此案中,法院阻止了洛杉矶的两个零售连锁商之间的并购,而它们的市场份额之和仅为零售市场销售额的7.5%,且那时没有一家厂商占有超过8%的市场份额。即使经过了一轮零售店合并浪潮后,在那个地区中仍然存在着超过3 500家独立的零售店。我们非常怀疑类似的并购在今天是否还能够引起执法机构的兴趣。

结构性推定在市场集中度偏低的水平下被使用是一个问题。根据芝加哥学派评论者罗伯特·博克(Robert Bork)的观点[8],禁止小厂商之间的并购"显然过度损害了并购的效率问题"。另一个实际问题是,冯氏百货并购案的涉案厂商无法用博克称之为"一个极端竞争的市场"[9]的证据来反驳结构性推定,也无法用另外一位芝加哥学派的评论者理查德·波斯纳(Richard Posner)所描述的"简单而又迅速地进入"——这将会阻止或者抵消产业内价格上升的可能性[10]——为并购进行抗辩。正如那个时代的冯氏并购案或者其他案件那样,结构性推定实际上具有决定性作用,这导致了法官波特·斯图尔特(Potter Stewart）在他否定冯氏并购案的著名报告中所提起的，那时并购的一个普遍特点是"政府执法部门总是打赢官司"。[11]博克声称，冯氏并购一案导致横向并购"几乎从经济活动中消失了。"[12]

这些对于冯氏并购案的批评正中要害是因为它们根植于当时正在变化的经济思维。20世纪60年代，"结构—行为—绩效"（SCP）分析模型是产业经济学领域的主导范式。[13]这种方法基于一种简单的理念，认为具有市场势力的产业可以通过简单的、便于观测的指标识别，尤其是通过参考市场集中度（至少在那些被市场壁垒保护的产业）。然而出于一些原因，多数经济学家放弃了这一简单的范式。从经验分析看，来自跨部门的大量证据显示，市场集中度与价格、利润率、利润以及市场绩效之间的联系受到质疑。[14]从理论上看，即使在寡头垄断市场中默契串谋也并非不可避免的已经成为共识。[15]从概念上看，占有较高市场份额的厂商能够获得较高利润或许是因为它们运用市场势力，但也可能是它们具有较低的成本或者其他效率优势的共识正在形成。[16]

法院通过削弱结构性推定来回应芝加哥学派的对冯氏百货案以及其他结构性推定时代中案件的批判。首次这样做是在1974年对通用动力案的判决中，最高法院允许并购厂商通过证实市场集中度未被正确测算来反驳结构性推定。[17]用建立成历史销售数据上的市场份额预测被兼并企业于未来市场上的竞争重要性是有误导性的。当采用适当单位（基于煤炭储量的生产潜能而不是过去的销售额）衡量市场份额时，会发现并购后厂商未来的竞争能力"极度有限"，这"充分证明了"下级法院关于通用动力被竞争对手购买将不会显著降低市场竞争的结论。[18]

当时，通用动力案并没有被视为是重要改变。两年之后，罗伯特·博克将该案以及同期最高法院对几起相似的银行业并购案的判决描述为"在不改变现有教义的情况下强调个案的特性"，而不是当作"具有普适性并且改变先前案例所造成危害的新规则。"[19]但通用动力案无疑提供了一个基础，允许进行更广泛的分析以证明市场份额是否能准确反映并购公司的竞争能力，使得下级法院通过解读高等法院的这个判决来改革并购法。

1982年助理检察长威廉·巴克斯特（William Baxter）发布的并购指南给法院展示了如何进行并购执法[20]。《并购指南》（1982）认为，市场集中度的影响虽然很大但在评估横向并购时并不具有决定性作用。这显示出司法部在行使自由裁量权，即允许并购方使用一系列因素来反驳并购对市场竞争危害的推

· 218 ·

第六部分　重振因保守经济分析而放松了的并购执法

论，这些因素包括证明市场进入容易或者并购后市场特性使厂商难以形成默契串谋。[21] 利用这一灵活性的优点，里根时代晚期的司法部对横向并购采取了比依照案例法宽松得多的态度。

同一时期，受芝加哥学派对结构性推定时代并购政策批判的影响，下级法院抓住了通用动力案和《并购指南》（1982）所带来的机会。例如在20世纪80年代中期，两个法院和联邦贸易委员会裁定，可以通过证明市场易于进入来推翻结构性推定。[22] 到了90年代，华盛顿特区巡回法院在贝克休斯公司（Baker Hughes）并购案中宣称，"最高法院采用了与传统完全不同的方法……通过权衡多种因素确定特定交易对竞争的影响"。[23] 这一具有影响力的论断出自后来的大法官克拉伦斯·托马斯（Clarence Thomas），并由另外一位后来的大法官露丝·金斯伯格（Ruth Ginsburg）参与完成的。结构性推定被限制在一点，即"市场集中度作为证据仅仅为未来市场竞争的更全面调查提供了一个方便的起点。"[24] 相应地，"赫芬达尔—赫希曼指数（Herfindahl-Hirschman Index）不能确保诉讼胜利。"[25]

这一发展趋势导致了历时30年的并购执法重点的转变，从证明市场集中度转向讲述一个并购如何会真正减少竞争的具有说服力的故事。简单来讲，相对于证明竞争效应来说，市场界定和市场份额变得远不那么重要了。

在贝克休斯案的启发下颁布的《横向并购指南》（1992）提出了两类竞争效应理论，即协调效应理论和单边效应理论，也概述了联邦执法机构决定使用这些理论时需要参照的若干因素。[26] 但是，市场集中度在竞争效应分析中仍然很重要。其他条件相同时，较高的市场集中度更可能导致协调效应和单边效应。同时，对相同产业进行的对比分析实证研究也显示，高集中度和高价格是正相关的。[27] 于是联邦执法机构在分析并购的竞争效应时仍然依赖市场集中度。即使在近几年，市场集中度仍旧是决定执法机构意见的重要先导因素。[28]

我们相信，具有15年历史的《横向并购指南》（1992）提供了良好的分析横向并购的一般性框架，尤其对于那些基于协调效应进行竞争伤害分析的案例。在反托拉斯现代化委员会的最终结论中反映了对现有反托拉斯分析框架的满意：

> 委员会并不建议改变谢尔曼法或者克莱顿法的第7章的法律条文，尽管针对特定的案例或许存在不同意见，但普遍认为这些法律中规范厂商行为的基本法律规范是合理的。[29]

然而从本质上看，这一现代分析方法常常涉及一些主观判断和许多对证据的权衡，这给予执法机构很大的酌情权。同样，这种"综合考虑各种因素"的评估方法也给了法院很大的酌情裁量权。倾向性和举证责任在应用这个分析框架时非常重要。

对采用高深的经济学分析和基于具体事件来评估企业兼并这一方法的有效性的关注并不新鲜。将近半个世纪以前，德里克·博克（Derek Bok）在解读克莱顿法第7章时就预见到了这一问题：

> 经济学理论为我们提供了许多稍微有些复杂的东西，我们可以用以识别和衡量市场势力，理解大型的、具有势力的厂商间的相互依存关系和其重要性。第7章的目的和应用已植根于这些概念中。但如果认为在没有其他帮助下就可以应付过关是过于自大的。同时我们也不能屈服于将我们置于"所有相关因素"丛林中的经济学家们，他们很少告诉我们丛林深处有什么，但是却含糊的许诺他们将尽全力将我们带到终点……将越来越多的经济学理论的细节加入到反托拉斯诉讼中来，既不能解决这一问题，也不能让经济批评家得到安抚。除非我们能够确定我们的法律系统吸收新学说的极限，否则试图引进新理论的尝试实行起来成本高昂且会滑稽地失败。[30]

下面本节将详细考察对横向并购个案特定效应的预测能力的极限，及其对确定举证责任和说服责任的启示。与博克不同，我们并不质疑建立在经济学基础上的进行大量事实证明的方法，而是探究这些已在反托拉斯机构和法院实施的方法是否被正确应用，即是否与现有经济理论和经验证据相符。[31]

Ⅱ. 一些法院和执法机构的领导已经走得太远

自通用动力案以来的30年中，并购法规和政策已经有了重要的改进。它们反映了新的经济学知识并且纠正了结构性推定时代的某些过分激进成分。总体来讲，从一个基于市场定义和市场份额的公式化方法转变为更少基于市场结构，更加关注由小供应商以及市场中新的进入可能导致的市场扩张，并且对并购的效率展现更少的敌意，这已经向着更有效的并购控制政策迈进了一大步。像大多数经济学家那样，由于现代方法更为严谨，并且运用大量事实对竞争效应的机制进行探究，我们支持现代的方法。但是，我们担心规制的钟摆在不干

第六部分 重振因保守经济分析而放松了的并购执法

预的方向已经走得太远。

A. 基于不严谨经济学推理的司法决定

现代横向并购的法律倾向于减少对市场集中度的关注，这并不意味着厂商可以不经过反托拉斯审查就并购其竞争对手。现代的方法只是将基于市场集中度的强假定替换为更为宽泛的竞争效应可能性的事实分析。但是一些法院可能过多地被芝加哥学派对结构性推定时代极端做法批判所影响，已经过分偏离了靶标。

20世纪90年代的一个典型案例是赛福（Syufy）上诉案中的判决，该判决支持联邦地方法院以拉斯维加斯的电影市场进入壁垒低为由拒绝禁止一项导致垄断的并购。[32] 从程序上看该案件并不很有名。但是反映法官亚历克斯·科津斯基（Alex Kozinski）理念的推理显示，当一个已经抛弃结构性推定的法院选择纵容自己的不干预偏见，而不是通过严谨的经济学探究和反托拉斯分析进行判断时，就可能对执法造成伤害。

该案件是由司法部挑战电影院老板赛福所进行的三次收购引起。三次收购使赛福实际上控制了拉斯维加斯所有的影院。[33] 赛福唯一剩余的竞争对手是罗伯茨（Roberts），是以第二轮放映为主的小影院。司法部并没有指控该项并购导致了观影者所支付的电影票价和爆米花价格上涨；而是指控赛福在首发电影市场上对发行商应用垄断势力，利用拉斯维加斯唯一主要放映商的地位付给发行商比竞争市场少的放映费。审判法院和上诉法院接受赛福的主要辩护是竞争并没有受到伤害，因为进入拉斯维加斯的电影放映市场非常容易。[34]

第9巡回法院接受了下级法院的观点，认为进入容易且竞争未受到损害，主要因为罗伯茨在赛福并购其最后一个主要竞争对手后的一年内规模仍得以扩张。[35] 仅仅基于该案例中竞争对手获得了微弱扩张[36]，法院没有调查其他公司按照罗伯茨模式进入市场的动机和能力。相反，法院竟然否定了进行这种分析的必要性。法院未经严谨的考虑就驳回了一个论点，而任何严谨的经济学家都会认为这个论点是合理的[37]。执法机构断定，大规模地进入市场以降低成本会是无利可图的，因为此举会挤压市场价格，从而降低进入企业的利润率。[38] 赛福案中法庭只考察新的企业是否能够进入市场，并没有认识到考虑这些企业是否愿意进入的可能性也是必要的。[39]

在解释这一判决时，科津斯基法官公开表示了其对执法反托拉斯条例的价值的怀疑。[40] 这一观点突出了政府执法的方式可以形成"抑制市场竞争和创造力的真正危险，"并且认为，在自由商业系统中，并购决定"应当由市场参与者依照对市场力量的反应来做出，而不是由政府官僚按照他们所认为的市场应当如何运作的理念做出的"。[41]科津斯基法官似乎没有考虑到这样一种可能，即反托拉斯法包括有关并购的法律可以通过防止或纠正导致竞争下降和形成市场势力的商业行为而使社会受益的可能性。[42]

另外一个对20世纪60年代并购政策批判过度反应的司法案例可以在地区法院最近拒绝禁止甲骨文（Oracle）公司收购仁科软件（PeopleSoft）公司的判决中找到。[43]这一案件的主角是厂商资源规划软件领域两大领导者，他们的软件被大型公司用于内部数据整合和管理。

司法部将二者的并购视作具有威胁性的负面单边竞争效应，这是因为两大差异化产品生产商之间的竞争将会由于并购而消失。[44]作为一个经济学问题，单边效应的发生不依赖于市场定义。不论是限定在狭小相关市场上导致高集中度的并购，还是集中度低的较广阔的相关市场上的并购消除了并购厂商之间的直接竞争，对单边效应的经济学分析是相同的。[45]司法部选择了前者，宣称并购在高性能金融管理系统和人力资源管理软件市场上会伤害竞争。司法部认为商业软件领域由3个公司主导——包括参与并购的厂商和SAP公司——且甲骨文公司和仁科公司是许多客户的首选。并购厂商则宣称市场十分广阔，因此若干其他的公司也应被认定为竞争对手，包括劳森（Lawson）、AMS和微软（Microsoft）。法院判决认为，司法部门没有能够证明相关市场是他们所宣称的那样，因此拒绝禁止并购。

甲骨文公司的并购案引出证明单边效应的3个问题：厂商客户的证据价值、法律标准以及并购模拟的作用。法官沃恩·沃克（Vaughn Walker）作为甲骨文案件判决的撰写者，宣称他接受单边效应理论，但是当讨论上述这些问题时，法院用详细的反托拉斯分析暴露了对单边效应的深刻敌意。

为了支持自己的论点，司法部引进了有关客户意见的证据。客户观点的确是反映买方替代的重要来源，而买方替代正是进行单边效应分析时所要研究的经济因素（不管这些分析是从法律的角度解读为市场界定问题还是解读为经济效应问题）。[46]事实上，兼并企业下游客户的投诉一般来说显著提高了反托拉斯机构审查并购案件的可能性。[47]

但是，沃克法官对此案中的客户意见持怀疑态度。他指出，对来自客户的证词必须要检验其证明价值。[48]在这个过程中，沃克法官认识到，由司法部提供的客户证人是具有"几十年购买经验"的"极端精明的买家"。[49]他拒绝采

第六部分 重振因保守经济分析而放松了的并购执法

信这一客户的证言,因为这些证词没有为该案件引出广泛的新的分析。[50]沃克法官承认客户的观点与分析买方替代相关,但是他明确表示不会相信那些观点,除非这些观点是以现实商品世界中所少有的形式呈现的。[51]如果甲骨文案例中的标准被采用,那么,客户的观点在证明单边竞争效应的实际执法中将很少能得以使用。

沃克法官在评估单边效应的相应法律规范中持有的立场同样反映了他对单边效应概念的敌意。甲骨文案的判决一方面要求政府证明在并购在一个窄小的相关市场中将导致垄断或者近似垄断,[52]而同时又表达了对此市场的怀疑,将其看成是任意的或者无原则的子市场。[53]不幸的是,沃克法官没有理解单边效应的基本经济学含义。"在单边效应案例中,"沃克法官写道:"原告试图证明并购方可能会单方面提高价格。[54]相应地,原告必须证明并购方在合并后具有垄断地位或者处于支配地位,至少在一个'局部性竞争'空间中是这样。"这一陈述是不正确的,并且犯了一个明显的经济学推理错误。即使是常用的横向差异化模型中上述观点也不对,而沃克法官思维中所使用的似乎就是这类模型:实际上,只要并购某一方的某些客户认为并购另一方的产品是他们的第二选择时就会出现单边效应,即使该厂商有更多的其他客户认为合并双方以外某一厂商的产品才是他们的第二选择。此外,严重的反竞争效应在需求的 logit 模型中也容易出现,而这种模型对竞争厂商的空间位置或者接近程度根本没有要求。[55]因此,当沃克法官声称"为了论证一个基于差异化产品单边效应的论断,原告实际上必须证明并找到这样一个相关市场,在此市场中并购双方是垄断者或者具有支配地位"时[56],他错误地应用了现代经济学对单边竞争效应的理解。沃克法官又一次创立了一个分析方法,该方法为证明单边竞争效应存在竖起了不必要的障碍。

沃克法官还考虑了第三种证明单边效应的方法:并购模拟。[57]考虑到司法部经济学家在模拟研究上的学识,虽然法院从理论上认可这种方法,[58]但是仍然以数据不可靠为由没有允许使用这种方法的申请。[59]以我们的经验来看,现实世界中的价格、成本和产出等应用于模拟研究的变量数据肯定是不完美的,尤其是当产品在差异化市场销售时,同时每个厂商提供一系列复杂的产品,而且产品以协议价格捆绑销售并随着技术进步而不断变化。所有这些条件都出现在甲骨文案例中。人们不禁要问,现实世界中的数据是否永远有可能达到审理这一案件的法院要求的水平。

甲骨文案的判决令人深感不安,因为该案显示,执法机构用于证明差异化产品市场上并购产生单边竞争效应的三个重要工具——客户证言、证明并购双方在一个包含其他竞争对手的市场中存在显著的直接竞争关系和并购模拟——在现实中可能不被法庭接受。另外，甲骨文案的判决通过使原告除了市场份额极低的极端广阔市场外很难界定任何相关市场，从而可以在多种情况下基本上使结构性推定趋于无效。

因为其他法院也采用沃克法官在证明单边效应时所采用的敌视方法，反托拉斯执法机构依靠单边效应理论的能力将会受到严重削弱，即使单边效应理论在经济学中非常成熟，并且在过去也曾被反托拉斯机构大量用于反击反竞争并购执法中。[60]通过企图为被指控会产生单边效应的企业并购提供了一个安全港，除非市场集中度上升到了接近垄断的水平，甲骨文案主审法院在方向上偏离了靶标。不幸的是正如我们在下面分析中将见到的，有证据显示甲骨文案已经带来了司法部在并购执法努力上的松懈。

B. 反托拉斯机构并购执法的减少

2007年1月，《华尔街日报》曾经报道说"联邦政府几乎已经走出反托拉斯执法事务，留待厂商按照自己意愿决定配对并购。"[61]相应地，"这将向那些涉及反托拉斯问题的兼并传达的信息是，要么现在进行兼并，要么永不。"[62]同样，《纽约时报》在2007年3月宣称，在反托拉斯方面有争议的合并双方"有理由乐观"地相信它们的计划会得到司法部门的批准，"因为布什政府在反托拉斯问题上比现代任何一届政府都要松。"[63]

在现今政府之前，现代并购反托拉斯执法的最低点是由反托拉斯局在里根政府第二任期里建立的。[64]正如下文所述，那时反托拉斯局起诉并购的比率非常低，高级官员经常推翻工作人员关于反对并购的建议，[65]而被起诉的那几个并购案是典型的具有高集中度的案例。[66]由美国反托拉斯法律师协会建立的专责小组在1990年起草的文件中，强调了在里根第二任期内"公众的一般看法是，反托拉斯局正在追求以比《反托拉斯并购指南》（1984）的规定更为宽松的执法"，[67]该文件还提醒政府，"任何对《并购指南》（1984）标准的明显偏离都是不明智的"。[68]

里根第二任内反托拉斯局对并购的不作为在并购执法记录统计数据中表现得十分明显。关键数据是哈特—斯科特—罗迪诺（Hart-Scott-Rodino，HSR）申报内容中一小部分关于反托拉斯机构执法的数据。[69]托马斯·利里（Thomas Leary）委员应用这一方法辩称，并购政策更多的是以随时间连续性变化为特

第六部分 重振因保守经济分析而放松了的并购执法

点而不是剧烈摇摆。[70]根据反托拉斯局的执法数据和 HSR 的申报数据，利里构建了表6.1。[71]

表6.1 并购执法

	挑战并购占经调整的 HSR 申报数的百分比				
	1982~1985 里根Ⅰ	1986~1989 里根Ⅱ	1990~1993 布什	1994~1997 克林顿Ⅰ	1998~2000 克林顿Ⅱ
联邦贸易委员会	1.0	0.7	1.5	1.1	0.7
司法部	0.8	0.4	0.8	0.9	1.1
合计	1.8	1.1	2.3	2.0	1.8

利里按照总统上任延后一年分配数据（例如，里根总统的第二任期在1986年开始，但是那年的数据被指定为他第一任期内的），因为这些数据是会计数据（比日历年份早三个月），也因为新政府配置高级职员也需要时间。[72]数据中的执法行动包括法院案件、和解协议，以及在执法机构宣布要进行司法挑战后放弃的交易或调整的交易。表中数据反映了多年平均值每年趋于平缓的变化。（调查表见附录。）

这些数据可以解读为反映政府并购执法的行为信息。有两点需要注意：[73]第一，并购执法率可能受到 HSR 填录内容不可观测的构成方面改变的影响。例如，假定在特定年份，可能因为包括了管理层收购或者投资人被动收购的记录，导致有超过正常水平的并购数据不是横向并购。[74]由于这些交易比一个公司收购另外一个公司所引起反托拉斯问题要少得多，报告的并购执法百分数可能下降很多，即使基本的执法政策实际上没有变化。[75]

第二，更为重要的是，以不同并购交易反托拉斯问题的严重性来说，提交给反托拉斯机构的那部分交易的构成是内生的。厂商从它们的反托拉斯法律顾问那里了解到执法模式的变化，这些特定产业中的顾问具有强烈的经济动机去探寻执法趋势。在某种程度上这些建议是有用的，我们可以看到每年都有相似比例的并购被司法挑战，构成了接近执法底线的"判决要求"，无论执法的底线在哪里。[76]这种调整不太可能是暂时的——律师需要耗费一段时间从执法判决和官方言论里面推测反托拉斯机构观点的变化，也许还要更长的时间说服客户。在一定程度上这种动态变化是重要的，这意味着对统计数据的解读应集中在与平均并购执法率水平的偏离上（表中机构执法的数据显示该平均数为

0.9）。也就是说，不正常的小数字应被理解为标志着最近并购执法的意外减少，而不正常的大数字应被理解为标志着并购倾向执法的意外增加。[77]更广泛地说，执法率随时间的变化并不仅仅代表着执法率的绝对变化，更代表着执法机构政策的变化。

如此解读，利里委员的并购执法表格中的数据似乎可以获得合理的解释。最值得注意的是，在里根政府第二任期内并购执法率在 0.4 的低水平显示助理检察长金斯伯格（Qinsburg）和儒勒（Rule）领导的反托拉斯局对质疑并购缺乏兴趣到了令反托拉斯律师协会惊奇的程度。[78]这些数据与反托拉斯局在那个阶段对横向并购的少见宽容态度是一致的。

为了分析 21 世纪并购执法的趋势，我们对利里委员的统计数据进行了更新。[79]数据方面主要的挑战是解决 2001 年 2 月生效的哈特—斯科特—罗迪诺报告规则所带来的变化，这些变化显著降低了 HSR 统计中的申报的并购数目。[80]我们认为变化后的申报数量占规则变化之前的 40%，[81]并且相应调整了近期并购执法数据，[82]以获得 2002～2005 年小布什政府第一任期 4 年间可比较的并购数据。[83]我们同样获得了小布什第二任期内并购执法统计的初步估计。这些估计是初步的，因为这些数据仅仅包含了 4 年之中的 2 年（2006 和 2007），并且 2007 年的数据是会计年中的 11 个月，而不是整年的。[84]

在小布什政府的第一任期内，司法部质疑并购的比率以及司法部和联邦贸易委员会共同的比率都低于利里委员所报告的平均水平，但是联邦贸易委员会的数据接近平均水平。司法部的数字与里根政府第二任期的并购执法率相等，为近代最低。根据对第二任期的初步估计，司法部并购执法率与之前 4 年一样保持在了低水平。联邦贸易委员会的执法率也同时降低到了平均水平以下，小布什政府第二任期内总的联邦并购执法率降到有记录以来的最低值。[85]

我们可以将这些数字解读为当前政府对并购的执法频率已经低到令人吃惊的程度，尤以反托拉斯局为甚，即使考虑进共和党政府可能比先前的民主党政府在处理案件时更倾向于同意并购等各种可能。[86]如果两个联邦执法机构在 2006 年和 2007 年质疑并购的比率能够达到现政府第一任期内联邦贸易委员会的水平（只是略微低于历史平均值），两家执法机构起诉的并购案数目至少应该增加 24 宗（15 宗在反托拉斯局，9 宗在联邦贸易委员会）。[87]尽管我们不知道哪些特定的并购案会被挑战，假如并购执法接近历史水平且因此靠近反托拉斯圈内的期望，但上述计算方法对案件的数目提供了一个保守的估计。

第六部分　重振因保守经济分析而放松了的并购执法

表6.2　并购执法

	挑战并购占经调整的 HSR 申报数的百分数	
	2002～2005 年乔治·W·布什 I	2006～2007 年乔治·W·布什 II *
联邦贸易委员会	0.8	0.6
司法部	0.4	0.4
合计	1.2	1.0

＊＝初步预计。

笔者通过 20 位经验丰富的反托拉斯实务专家，进一步调查确认了关于现政府并购执法已经更为宽松的观点。笔者在 2007 年 3 月进行了调查，此时的助理检察长是托马斯·巴尼特（Thomas Barnett），联邦贸易委员会主席是黛博拉·梅杰罗斯（Deborah Majoras）。笔者还试图联系华盛顿特区年度调查中列出的最有名的 24 位反托拉斯律师并采访到了这 24 位之中的 20 人，回应率是 83%。[88]20 位律师当中的 8 位曾供职于反托拉斯局，9 名曾经在联邦贸易委员工作过，受访者的 85% 有反托拉斯从业经验。调查表请参见附录。

调查反馈明确一致地告诉我们，横向并购中反托拉斯局和联邦贸易委员会如今比过去 10 年"更容易接受来自并购厂商的论点"。[89]以 5 分为最高分并对应"明显更容易接受，"[90]司法部的调查平均分为 4.8 分，联邦贸易委员的调查平均分为 4.6 分。[91]同时调查反馈一致显示，对特定横向并购而言"对并购厂商审核成功的可能性"明显高于 10 年以前。以 5 分为最高分并对应"明显对并购方更加有利"时，平均分为 4.9。[92]至于对特定并购的询问，该问题的设计是用来纠正提交给反托拉斯机构的混合交易中任何可能的变化。笔者的调查报告了在并购审查过程的各个阶段并购执法发生的变化，调查结果显示：执法机构对并购案件几乎没有进行二次审查；调查被取消的可能性大于走向执法行动的可能；以及在那些有执法行动的案件中表现出补偿弱者的倾向。笔者由此相信调查提供了充分的证据，证明政策在过去 10 年中向着更加宽松的横向并购执法转变。

这种转变在司法部比在联邦贸易委员会明显得多。当受访者被问及当前司法部门和联邦贸易委员会的并购执法是否有重大的实质的不同时，以 5 分为界并对应司法部明显更强硬，平均分为 1.9，说明司法部通常被认为更为宽松。受访者一致认为他们的客户更喜欢司法部而不是联邦贸易委员会审批它们的并购交易。这种偏好是由程序上和实质上的若干考虑共同决定的。并购方基于更为宽松的方法喜欢选择司法部进行评估尤为明显。受访者认为，司法部正逐步从并购执法中撤离。一位受访者说："甲骨文案例是司法部的不起诉立场的主要因素。"另外一位受访者表示："司法部仅仅是走走过场。"如上文所述，与此相反的是受访者认为联邦贸易委员会的并购执法在过去5年中略微增加了。[93]

认为司法部采取的是宽松的并购执法政策的观点，毫无疑问的是由助理检查长巴尼特（Barnett）对2006年惠而浦（Whirlpool）和美泰（Maytag）并购案的判决点燃的，在该案中根本就没有任何并购执法行为。[94]基于下面一系列的原因，这起并购案尤其能够揭示当前司法部有关并购的执法政策，并且在很大程度上影响了反托拉斯律师们给他们客户建议的内容：

- 该并购案的关注度很高，很重要的原因是该案涉及的双方是在美国家喻户晓的两个品牌。
- 该并购案涉及传统的制造业——家用洗衣机和干衣机。因此该案中执法的缺乏相对于历史上制造业中著名的并购执法十分显眼。若是在软件产业中发生类似的并购也许不会有这么大的影响。
- 该并购案导致了在家用洗衣和干燥设备领域市场集中度的急剧上升。根据2004年的公开数据，惠而浦在美国家用洗衣机市场的出货量占到51%，美泰的市场份额为20%。（通用电气（GE）占17%，伊莱克斯（Electrolux）公司占9%位列第4，其他厂商的份额为3%。）而在干衣机领域，惠而浦和美泰的市场份额分别为56%和20%。[95]（通用电气（GE）占13%，伊莱克斯（Electrolux）公司占9%位列第4，其他厂商的份额为1%。）基于这些数据，并购将使市场中的郝芬达尔—郝希曼指数（HHI指数）从并购前的3 400上升到5 400，增加大约2 000，并使惠而浦公司的市场份额上升到70%以上。
- 为了解释不采取任何执法行为的决定，司法部使用了并购厂商常用的三个观点：（1）美国市场中两个新的进入者（LG和三星）有明显的进口扩张能力；（2）洗衣机和干衣机领域批发市场上大买家所占的比例（西尔斯，劳氏，家得宝和百思买）；（3）并购后成本的节约将降低其对竞争伤害的可能性。[96]

在本案中执法行动的缺乏凸显出结构性推定重要性的显著下降。鉴于惠而浦和美泰联合市场份额非常大，为50%加上20%，如果结构性推定还有影响力，应该难以克服如此高的数字。然而司法部的闭案声明对三个足以确立执法行为的重点漠不关心。

第一，声明没有说明为何最近LG和三星的进入足以解决并购导致的竞争

第六部分 重振因保守经济分析而放松了的并购执法

问题。在一个商标很重要并且市场份额通常也较稳定的成熟市场中,假定新进入的厂商经过两到三年的发展并达到市场占有率的5%,为什么这就意味着占市场份额50%的公司并购市场份额20%的公司不会伤害竞争?在这个案例中,LG、三星或者其他外国公司和相关产品是否有足够的产能和商誉说服百思买这样的大零售商销售它们的产品?即使如此,它们的产品是否对以惠而浦和美泰产品为其最优选择的消费者有吸引力?

第二,声明没有阐明惠而浦和美泰之间直接竞争的程度或者说没有阐明并购产生单边效应的程度(在没有进入,产品重新定位或者效率的情况下)。根据《1992年并购指南》中的讨论,分析单边效应的一般方法,我们自然地假设对惠普公司而言并购后单边效应导致的价格上涨是有利的,涨价的幅度是由洗衣机和干衣机的价格—成本边际以及惠而浦和美泰模型的分流比决定的。因为并购双方,尤其是美泰产品的市场份额如此之大,除非惠而浦和美泰在市场中的产品定位差异非常大,常用的差异化产品定价模型的推论结果是,这一并购产生的单边效应将会很大,其具体幅度取决于洗衣机和干衣机产品的边际利润。事实上,由于LG和三星主要着眼于高档滚筒洗衣机的进入,惠而浦和美泰在低端波轮洗衣机市场是更直接的竞争者,这比它们各自总市场份额所反映出来的竞争更激烈。另外,该声明没有认可单边竞争效应在竞争对手拥有过剩生产能力的情况下也仍然会非常显著,因为这些效应是建立在商誉和产品差异化的基础之上,而不是在有限生产能力的基础之上。

第三,声明没有解释根据什么证明并购双方声称的效率,并且足够抵消美泰作为洗衣和干衣机市场独立竞争者的消失所带来的不利影响。媒体广泛报道了美泰是一个高成本的生产商而惠而浦则是一个更有效率的生产商。通常,如果不进行并购,低成本厂商将会与高成本厂商竞相争夺市场份额,从而使消费者受益。这种竞争压力也会迫使高成本厂商提高效率,也同样使消费者受益。总体而言,来自具有显著市场份额(即使份额正在下降)的高成本厂商的竞争通常对低成本厂商施加巨大的压力,促使其降低成本和改进产品。司法部没有解释为什么低成本的厂商(惠而浦)并购高成本的厂商(美泰),从而中止了这一正常的竞争过程会使消费者受益。对此,笔者注意到在2006年7月,惠而浦宣布下半年将提价6%~12%。惠而浦公司在提价的解释中避重就轻地说,这是由于对美泰的收购导致其营业收入降低所致。[97]

笔者对惠而浦案所代表的当今司法部正以过度宽松的方法对待并购执法感到深忧。尽管我们可以理解,甲骨文案中地方法院问题重重的判决导致司法部可能是希望在掌握了更为有力的事实后才开始它下一个新的单边效应案件,但是也从来没有指出该诉讼问题是他们不去挑战惠而浦并购美泰的原因。我们所访问的一位资深从业者把惠而浦/美泰并购称为当今并购环境中"可批准可不批准"的一项交易,但在10年前"本应很难"通过司法部的审查。我们有信心认为,惠而浦/美泰交易如果放到10年前,将会受到助理检察长克莱因的挑战。[98]

我们发现,将惠而浦案与10年前联邦贸易委员会质疑成功的药品批发商的一些并购案进行对比很具有启发性。[99]那些并购会导致高市场集中度,但因为存在一些小的药品批发商扩张的例子,仅有其中部分并购属于可批可不批的案子。联邦贸易委员会首先基于只是有限数目的边缘企业扩张,拒绝采信进入壁垒很低,在经过进一步分析后认为进入幅度不足以消除合并所带来的竞争问题。在法院庭审过程中,联邦贸易委员会争辩认为,边缘企业扩张不足以抵消或者延缓合并对竞争带来的伤害。斯坦利·斯波金(Stanley Sporkin)法官同意这种说法,他认为"庭审中的记录不足以为法院提供证据来证实并购辩护者关于进入和扩张的事实足以推翻政府的初步案件结论。"[100]药品批发合并案件与惠而浦/美泰案之间的区别的核心在于,在合并将会导致市场集中度大幅度上升的情况下,对某个或少数几个只能占领很小市场份额的进入应该给予多大的权重。与联邦贸易委员采取的方法以及与法院在药品批发并购案例中的表现形成鲜明对比的是,司法部在惠而浦/美泰并购案评估中,就像赛福案中的科津斯基法官那样,显示出已经愿意在高集中度并购案例中接受进入和扩张的论点,而不顾进入者仅能获得相对非常小的市场份额这一事实。

上述并购执法数据、对从业人员的调查、甲骨文案例的启发以及惠而浦/美泰交易的处理等各类证据,共同组成了一幕横向并购执法的过度宽松情境,尤其当今的反托拉斯局更是如此。[101]联邦贸易委员会和司法部需要密切关注结构性推定在法院审理中地位的日益下降。虽然如此,我们的一位受访者表达了对反托拉斯机构逐渐显露出的"甲骨文案例后羞于开枪"的担忧。另外一位受访者透露,他/她已经为其客户提出了以下建议:"如果你想进行一桩冒险的并购,最好在2008年总统选举前进行。"这一观点得到了很多其他受访者的赞同。

Ⅲ. 并购厂商喜欢采用的经济学论点

在结构性推定不再受重视的情形下,对并购执法记录进行评估无疑是困难

第六部分 重振因保守经济分析而放松了的并购执法

和存在争议的,原因是每个案件都涉及大量具体实情。执法记录难以评估的更重要的原因是很多相关的证据通常是保密的(除了少数公开的案件)。因此我们不打算对诸多的已被反托拉斯机构审查过但在公开的记录中很难找到有关案情和反托拉斯机构推理过程信息的交易案发表意见。[102]相反,我们通过讨论并购方通常提出的几个论点来支持我们上文提供的证据,这些论点似乎在近些年正在被越来越多的反托拉斯机构(尤其是司法部)接受。我们的讨论从一个命题开始:即反托拉斯机构通常不再认为,在界定清晰的相关市场中只要证明并购导致集中度的显著上升就足够了。相反,反托拉斯机构在评估中一般倾向于建立一个并购导致反竞争效应的特定机制。法院也远不如从前重视结构性推定。

并购参与方经常例行性地提出几个实质性论点为并购辩护,如果反托拉斯机构和法庭例行性地不加质疑地接受这些论点的话,则所有的并购案件都会通过反托拉斯审查。我们围绕三个我们认为过分了的实质性论点构建我们的分析[103]:

- 有效的竞争通常只需要有3个甚至2个竞争对手就足够了。
- 进入的前景通常可以阻止或者抵消并购的反竞争效果。
- 并购通常通过提高效率来促进竞争并使消费者受益。

接下来笔者将按顺序点评这些论点。

A. 结构性推定变成了什么

并购控制政策中的不干涉主义主要建立在以下命题基础之上:市场集中度不能反映出有关竞争程度和产业绩效的一般性信息。该命题更晋级的版本认为,有效竞争通常只要求市场中有3个甚至2个强劲对手相互竞争就足够了。相对的,一个更为中立的说法首先认为市场结构从下列方面来说也很重要:在缺少进入和并购效率的情况下,导致市场集中度大幅度上升的并购将会引领价格上涨,损害消费者利益,降低经济效率。[104]换句话说,并购不仅仅是一个简单的影响并购后厂商数目的事件,同时也会影响并购后的市场结构。在分析一起交易的潜在竞争效应时,我们应考虑的不仅是厂商的数量少了,还有一个具有潜在破坏竞争效果的特定商业行为——并购,我们必须同时考虑并购和由此导致的市场结构。

调查结果证实,在过去10年间结构性推定对机构执法政策的约束力下降了很多。我们的受访者认为,反托拉斯机构明显比10年前更容易接受"市场集中度不是衡量竞争的良好基础"的观点。以5分为界并代表"明显比以前容易接受",20位受访者的平均分是4.6。

作为一个实际的问题,并购控制政策中关于市场结构的关键问题是,是否需要给结构性推定赋予高权重。来自寡头垄断理论的明确观点是,市场集中度在前文提及的特定意义上是重要的。[105]从博弈论的本质上讲,也存在市场集中度不重要的特殊案例,但是这些例子通常并不具有足够说服力。然而危险的是,这些特殊的案例或许具有比本身应有的更大的影响力。

为了说明这一点,我们考察一个差异化产品独立定价的寡头垄断模型中并购如何影响均衡价格。这样的模型具有一个一般性的结论,即并购将提高市场价格,除非并购能触发新厂商的加入或现有竞争对手对产品进行重新定位,又或是并购能产生特有的效率。[106]然而,在该模型一个特例中,只要并购后至少还有两家厂商竞争,厂商出售相同的产品,具有相同的成本,那么并购对价格就没有任何影响,这即是静态的同质产品伯川德(Bertrand)竞争模型。在这个特例中,只要并购后保留两个厂商,市场价格就等于边际成本。但在现实中,几乎在所有并购中很容易发现这种特例并不适用;通常我们可以直接观察到价格并不接近边际成本,主要是因为厂商出售的产品有差异或者商标具有重要性,现实世界的价格成本差应该足够大,以弥补像研发费用这样的固定成本。同样的,在拍卖市场并购通常导致价格上升,除非并购厂商之一被认为是没有效率的竞争者,因而它没有成为所有消费者第一或者第二选择的真正机会。然而,这并不会阻止并购厂商和非干预主义者声称市场有"两个厂商就足够了。"[107]此外,当一个"不合群"的竞争者被对手收购时所产生的协调效应会导致更大的危险。[108]我们并不主张回到机械的唯市场集中度的并购执法政策。我们只是建议,应在并购分析中大幅度地给予市场集中度的上升以真正的重视,并且任何诸如"两个厂商就足够了"(甚至三个)的推定都是不符合经济学原理的。

那种只有导致垄断或者接近垄断的并购才应该考虑反托拉斯执法的观点最早至少可以在1978年罗伯特·博克的一本影响很大的书中找到,名为《反托拉斯悖论》。[109]这种观点主张基本上除了导致只有一家垄断企业的并购以外,几乎其他所有合并都应该得到允许。请注意这一思路与沃克法官在甲骨文案中观点的相似之处。尽管在一些只有两个主要厂商的市场中,两者间毫无疑问地有着激烈的竞争(案例包括在商用飞机领域的波音对空客以及在微处理器领域的英特尔和AMD),但是没有任何经济学理论和实证分析可以证明横向并购在

第六部分　重振因保守经济分析而放松了的并购执法

不导致垄断的情况下是无害的（或者有益的）这一推定。

一个否认市场集中度上升效应的更为震撼的夸大的案例可以在最近汤姆·坎贝尔（Tom Campbell）的一篇文章中找到。坎贝尔主张即便并购方的产品只存在一位买家，或者当多数买家有利于并购时，生产商应被允许并购。[110]坎贝尔认为，因为双边议价模式下的销量总是等于完全竞争情况下的销量，基于双边议价将会导致有效率的产出，因而坚持在双边议价前提下赞同并购，即使并购会导致垄断业也在所不惜。[111]坎贝尔的理论与现代经济学有关信息不对称议价的理解不一致。现代经济学认为，信息不对称情形下的议价均衡产出通常是没有效率的。[112]他的论文显示出把重要的政策建议建立在不可靠的、缺乏经验验证的简单理论模型上的危险性。

B. 评估进入和扩张的论点

上文中提到，在赛福案和惠而浦/美泰并购案中，法庭基于有限的例子接受关于进入和扩张的论点，但该观点在药品批发并购诉讼中却没有被采纳。

问卷调查结果证实，反托拉斯执法机构现在比10年前更愿意接受进入论点。调查对象认为，反托拉斯执法机构现在比10年前更容易接受"新的进入会抵消或者改善竞争问题"这一论点。在一个5分为上限的问卷调查中，并以5分代表"明显比以前容易接受"，20位受访者打出的平均分为3.9。

的确有简单的经济学模型显示，未来的进入确实可以抵消或者缓解并购导致的竞争问题。这种模型假定，新进入者在当前市场价格下完全具有弹性的供给特性。这是标准的完全竞争模型的一种变形，即市场中有很多小厂家尽管在规模上要小很多，却都具有并购公司同样的效率。该模型也许可以应用于分析同质产品的市场竞争，但却是一个极端特殊的模型，并不适合作为并购政策的一般性推定基础。

这一模型的一种形态可以用来分析在有进口时外国厂商的产能对美国市场中并购的影响。在该特例中，假定价格稍微上升就会诱使外国厂商把产能全部都用于供给美国市场在经济学上无疑是错误的。[113]相反，并购的效应依赖于并购前的价格水平或高于该水平时的进口供给弹性。由于外国厂商的部分产能本来也是用来支持其他国家的消费市场并获得利润，那么将产能转移到美国市场的成本通常将会上升。另外，任何逻辑严谨的分析必须考虑到，外国厂商在并购发生前的进口量也是其利润最大化的结果。所以，仅仅简单地认为外国厂商具有充足的产能就足以制约并购方的提价行为（或者由并购方和其他国内供应商共同引导的价格上升）将是一个不完整且具误导性的说法。

另一个模型中，潜在进入强而有力且并购不会产生任何反竞争效应：这即是可竞争市场模型。该模型假设进入市场没有任何沉没成本。这一模型可以十分方便的应用到具有规模经济的产业分析中。然而，该模型并不适合做并购分析。[114]首先，在可竞争市场模型中，并购方（无论规模多大）和潜在进入者不存在策略上的差别，因此，并购是否是营利性的并不清楚。更重要的是，该模型忽略了厂商特有的诸如商标或商誉等资产及其他特定能力，比如那些与专利或者商业秘密有关的。该模型也没有考虑到新进入者的内部成长速度是有限的，反而假设新进入的厂商可以瞬间达到其有效率的生产规模，无论规模有多大。一旦人们理解了该模型背后存在如此之多的不符合实际的强假定，就会很容易理解为什么该模型几乎不能用于指导现实世界的并购分析。

在现实中，并购方喜欢用特定的案例来说明进入市场很容易。通常，确实会存在一个或两个过去进入市场的例子。但是以过去的市场进入作为证据无疑具有双面性。这些例子既能证明以前进入壁垒很低（允许进入）又能证明市场势力的存在（吸引进入）。在真正成功的市场进入中，进入者获得了（或者推测很快就会获得）较大的市场份额并且给其他厂商较大的竞争压力，这当然是细致的市场进入分析的基础，以关注其他厂商采用相近的策略是否也会获得成功，且这种进入是否会抵消或者阻止并购后市场势力的运用。但是，仅仅因为有一些市场进入的例子，进入者没有（或还没有）退出市场，并不能由此推断进入能够消除并购导致的竞争问题，尤其是当并购厂商的市场份额很大而进入者的份额很小时。[115]

在评估市场进入问题时一些重要的论点经常会出现，其中许多论点与惠而浦/美泰并购案有关。作为一般性的命题，我们质疑这些论点在当今的并购政策中是否受到了足够的重视。

- 即便存在成功进入的典型案例，并购导致的竞争程度的降低仍然不可忽视。一个进入者的竞争作用可以比较合理的以其现有市场份额为基础来评估，必要时根据将来短期市场的变化对其份额进行适当调整。

- 某个厂商能够进入市场的事实并不必然意味着其他厂商进入同样可以获利。不管过去进入市场的情况如何，未来的进入或许是非营利的，尤其当需求停滞或者下降时更是如此。另外，如果过往进入者得益于拥有某种有利于进入的特定资产，我们需要研究将来其他潜在进入者是否同样拥有类似的资产或者其他对进入有价值的资产。[116]

第六部分　重振因保守经济分析而放松了的并购执法

- 进入或许在市场的某些部分更容易发生。在差异化市场中，市场的某些局部有进入发生，比如在低价格的部分市场，这并不意味着在市场其他部分的进入是有利的。例如，在高价格或者高性能的局部市场，商标和商誉或许更重要，但他们需要很长时间去建立，或者技术要求很高。又或者，运输成本也许在低端市场部分更为重要。如果并购方各自所处的市场中还没有进入行为出现，那么进入将不太可能解决并购带来的竞争问题。[117]

- 进入通常需要一定的时间。在进入者专注于赢得足够规模、范围和信誉从而弥补并购带来的竞争损失，例如像并购者中较弱的厂家那样有效地竞争时，竞争可能已经受到伤害。[118]

C. 对并购方声称的效率的评估

1997 年，《横向并购指南》中加入了一个关于并购效率的新章节。[119]这确实是一个进步，因为恰当的竞争效应分析应当考虑并购产生的高于"安全港"中假定水平的那部分效率，而"安全港"一直是《横向并购指南》的特性之一。实际上，单边效应理论的一个优点是它将效率分析融入竞争效应分析之中，使得我们可以定量地去比较竞争减少导致的提价的动机和各类成本降低导致的降价的动机。[120]修订后的指南提供了一个评价并购效率的良好框架。在这里着重强调该框架中笔者认为尤其重要的两个方面：（1）效率的并购特有性；（2）效率可抵消并购反竞争效应的可验证性。如果这两方面要求标准降低了，一些不实的效率将被采信，从而导致执法的过度宽松。

调查结果证实，反托拉斯机构比 10 年前更愿意接受效率论点。受访者认为，执法机构比 10 年以前更愿意接受"并购导致的促进竞争的好处超过了其对竞争的危害，"以 5 分为界并对应"明显比以前容易接受的"，20 位受访者的平均分数为 4.3。尽管我们的受访者整体上证实了一个明显的趋势，但是他们中的一些人认为，两个反托拉斯机构中仍旧有一些人怀疑并购方常常提出的效率论点。

此外，还有大量证据说明，并购中的吞并一方对其收购所能带来的效率存在系统性的过度乐观。[121]来自金融、管理和经济学文献的证据表明，很多并购效果并不理想，不管从股东收益还是从企业组织方面来看都是这样。这些证据支持了以下观点：许多并购是由企业管理层的狂妄自大导致的，也许同时由于扭曲的管理层酬金补偿安排而更加恶化，且管理者往往低估并购后的整合问题。这些证据当然不能支持那种认为并购会普遍带来特定效率的观点，也不支持并购方提出的效率观点通常是可信的认识。有一些并购无疑确实是由追求真正效率的初衷发动的,并且并购确实也带来了这类效率。但是,笔者要提醒执法机构,对并购厂商自己提出的并购效率可以提高他们竞争的能力和动力,由此导致价格降低和新产品数量增加的论点要审慎对待,不应该只是由于这些论点可能有道理就接受它们,而是应该进行仔细的分析。[122]

Ⅳ. 在后芝加哥时代构建并购分析

追求有效率有原则的并购执法政策的人面临的挑战是构建一套包含分析步骤的稳健的路线图:依靠市场份额分析但又不过度依赖,且在未经实践证实的严格检验之前不盲目接受所谓的"3 E论点",也就是有关进入、扩张和效率三方面的论点。这样一种稳健的路线或过程必须包含一些经过谨慎推敲的推定,且这些推定必须是有力的,即要有很强的证据方能否定它们。

在横向并购的分析中,推定和举证责任非常关键。多数并购审查都具有预期性,要求预测并购将来会如何影响竞争。[123]这些预测无疑非常难做出并受多种不确定性因素的影响,这是复杂的社会和经济系统的特性。因此,在许多案例中(如果不是绝大多数),无论是政府还是并购方都无法提供并购将如何影响竞争的牢不可破的理论证明。除非政府有某种简单而有判断力的方法建立对竞争造成伤害的、且与现有经济学分析相符合的推定,使并购方必须推翻这些推定以说服法院批准交易,否则,几乎没有并购会得到有效的质疑和阻止。尽管一些人会欢迎这种结果,但是如此宽松的并购执法方式与有效的反托拉斯政策并不相符。受访者同意笔者关于过去10年并购执法的减少伤害了有效竞争的观点。笔者询问受访者过去10年中机构执法政策的改变"完善了竞争政策"还是"对有效竞争造成了伤害",以5分为界,5代表"显著改善了竞争政策,"受访者的平均给分为2.2,明显小于3.0这一中性数据。[124]

此外,如同其他明确的规则那样,从决策理论的角度看,结构性推定的使用在并购分析中拥有许多优点。它们为厂商遵守法律提供指导,为基层法院审查案件提供如何应用法律的指导,也使并购法更容易实施。也就是说,他们通过构建和简化法庭使用的分析方法,以判定厂商行为是否是在法律允许的范围内,从而降低了反托拉斯执法和判决的交易成本。推定的主要缺点是,应用推定判断商业行为是否是对竞争有害,相比使用较少的结构性分析和在更大范围进行的评估方法可能会产生更多的误差。为了使其缺点最小化,并购审查中使用的推定必须有牢固的经济分析为基础，这一点至关重要。这些推定必须建立在现实中观测到的市场结构基础之上，而且经济学理论表明这种市场结构与竞争伤害是密切相关的。[125]

从历史上看，在分析横向并购时中，法院一直依赖于建立在市场集中度基础之上的推定。前文对结构性推定的使用随着时间的推移而受到了很大侵蚀且这种侵蚀对并购控制政策带来了深刻影响的历史过程进行了跟踪分析。是时候应用经济学的新进展和过去40年并购执法的教训来更新结构性推定了。笔者并不是主张放弃使用结构性推定，也不打算重兴20世纪60年代较为机械的分析方法。我们寻求通过应用实际可行并且建立在牢固的经济学分析基础之上的推定来重振横向并购执法。

V. 后芝加哥时代的推定和责任转移

面对自己的责任，法院应当如何决定是否禁止一项提交的横向并购？应当如何应用现代经济学思想并避免我们所批判的错误经济学推理，同时又尊重已有的并购审查的法律方法？我们的答案是，法庭应该依靠建立在推定和责任转移基础上的熟知的法律框架，且能够按照与先例和推定相符同时又符合现代经济学的横向并购分析的方法。本节内容将阐述我们所建议的方法。[126]当本节提供特定的基准时（比如赫芬达尔—赫希曼指数水平、厂商的数量、价格上升等情况），只是在初步展示我们认为恰当的一种思维方式，也作为进一步讨论特定细节的推动力。

A. 法院进行并购分析的步骤

在已经良好建立的并购分析的法律框架下，[127]政府承担说服的责任，但正如在所有其他案件中那样，诉讼过程中举证责任通常会转移。[128]政府在清晰界定的市场中，通过行使最初的举证责任证明市场集中度较高且将会由于并购而变得更高（通过应用结构性推定认定的初步案件），并论证竞争将受到危害的经济学逻辑，如协调效应理论或者单边效应理论。[129]这一论证将举证责任转移给了并购厂商，他们必须解释为什么市场集中度的改变所产生的看似损害竞争的推论在现实中不会发生。如果并购厂商完成了他们的举证责任，举证责任再一次转移给政府，政府可能不采信厂商的辩护，或者是提供反竞争效应的额外证据。政府在诉讼中的说服责任始终存在。

在这一框架内,结构性推定可以为政府提供其达成举证责任的最低限度的证据,从而将举证责任转移给并购厂商。这样理解的话,结构性推定提供了足以证明违法的因素(违反卡尔顿法的并购)。但是这种观点没有充分领会结构性推定在并购分析中的重要性,因为它没有解释为何同一个假定在20世纪60年代是无可辩驳的而在今天则可以接受质疑。的确,就实际效力而言,该推定随着经济学家理解的市场集中和竞争关系的紧密程度的变化而变化——从一旦确立时就视横向并购本身为违法,演变为只是对并购交易进行综合分析的一个起点。

在本节下一部分,我们将根据现代经济学中并购对竞争影响的认识,概述我们认为足以形成推定的事实,即证明潜在的横向并购产生了不利竞争的协调效应或单边效应。我们期待这些分析能够承担结构性推定在过去扮演的双重角色:为政府提出初始举证提供事实证明,并且使得法院有信心相信,一旦政府说明的要素最终得以确立,市场竞争将确实极有可能受到伤害。按照我们提倡的方法,反驳当然是可能的,但是需要并购方提供强有力的、与并购前的市场条件和经济学理论相符合的证据进行反驳,以证明政府宣称的反竞争效应在并购后并不会发生。[130]

笔者同样试图使本文所提出的推定符合现有的并购分析法律框架。这就引出了有关单边效应的一个基本问题。基于市场集中的结构性推定是由最高法院在协调效应基础上提出来的。然而,当市场竞争的危害是由生产差异化产品的厂商所造成的单边竞争效应引起时,市场集中并不是衡量危害竞争的理想指标。原因之一是,在产品差异化且一系列替代产品之间不存在清晰的界限时很难划定区分市场的界限。此外,寡头垄断理论告诉我们,如果在相关市场中并购厂商的产品差异性较大,他们的市场份额将会高估并购的单边效应。同样的,如果并购厂商的产品在相关市场中差异性较小,它们的市场份额将会低估并购的单边效应。根据寡头竞争理论,单边效应的大小取决于并购厂商们不同产品之间的需求替代程度,而不是它们的市场份额。[131]

基于这些原因,若案件涉及出售不同产品的厂商的单边效应时,允许政府用并购厂商产品之间存在显著需求替代的证据(用转移率或需求的交叉弹性来衡量)来认定初步成立的案件就显得尤为重要。现代经济学理论认为,需求替代与单边效应的相关程度比市场集中度与单边效应的相关程度更加密切,笔者的方法更加合理地强调了市场结构的需求替代这一方面。这种方法也将防止像甲骨文案那样的错误的发生,尽管有很强的证据显示并购方之间存在直接

第六部分　重振因保守经济分析而放松了的并购执法

竞争,但是政府由于难以在一系列缺乏明显不同的替代产品中界定相关市场而输了官司。

笔者相信本节推荐的方法与现代反托拉斯分析一致。自20世纪60年代以来,最高法院就已经在反托拉斯的其他领域里意识到,如果有竞争损害的直接证据,那么就没有必要用市场集中度来推定竞争伤害。[132]的确,关于竞争的直接证据,比如来自买家对过去价格走势的反应或者消费者转换产品的成本等证据,比来自市场份额这种非直接证据更有说服力。因此,我们使用标记而不是市场集中度来界定反竞争效应的做法,符合当代司法体系对市场结构和其他证明市场势力和反竞争效应的经济学证据所起到的作用的理解。

我们同时也讨论我们认为并购方应当被要求履行他们举证责任的方式,如果它们寻求通过证明市场进入或者扩张将抵消或者阻止政府宣称的竞争伤害,或者通过显示并购效率将超过政府宣称的反竞争效应来反驳政府。[133]在实际诉讼中,政府通常会提供使案件成立的证据来表明进入并不会解决并购带来的竞争问题,对于效率问题政府也可以选择这样做。[134]如果政府提供了有关证据,被告通常需要提供更多的证据,来履行他们的举证责任。如果政府没有提供关于并购所带来的进入、扩张和效率的肯定证据,我们讨论什么才算作并购方应当做的最低辩护,其目的仅仅是为了使法院不要轻易采信即使在对并购最有利的环境下也不充分的有关进入、扩张和效率的证据。

B. 协调效应

现代经济学对协调竞争效应的认识集中于协调是否对每个市场参与者有意义[135]。为了在市场中协调成功,厂商必须找到一种方法使协调后的价格对每个参与者来说比擅自降价更有吸引力。因此,必须首先达成有关它们将致力于实现的协调均衡的共识——即选择价格和在厂商之间分配产量或市场份额,它们还必须能够阻止参与者偏离达成的共识,使得单独扩大产量并将价格降至协调共识的价格水平之下的行动无利可图。[136]尽管一些著名的芝加哥学派的评论员认为这些卡特尔问题是无法克服的,然而,现代经济学家普遍接受协调可以且真实存在的观点。[138]而且,协调很可能是不完备的或不完整的。[139]在这种情况下,可以预见某些厂商在协调和欺骗之间保持中立,而其他厂商则强烈倾向于协调的结果。在反托拉斯辞令中,如果协调和欺骗对一个厂商来说基本没太大分别,但它选择不协调从而阻止协调协议更为有效,这样的厂商被称为"不合作者"。[140]

在这一框架下，横向并购通过改变不合作厂商施加的约束来影响协调发生的可能性和有效性。如果并购一方是不合作厂商，那么，并购后的厂商对协调构成的约束很可能较并购前小，从而导致价格的上升。[141]不涉及不合作厂商的并购可能会对竞争产生各种各样的影响。例如，如果市场中不合作厂商的动机没有改变的话，并购对竞争可能不会产生影响；并购产生的效率可能会使并购企业变成产业中一个新的不合作厂商从而有益于竞争，但也可能把原有的不合作者逐出市场从而伤害竞争。[142]

上面关于协调效应的观点导致两种不同的建立有关协调效应伤害竞争的推定的方法。[143]两种方法都首先根据《并购指南》的描述来定义相关市场，接着表明市场中的参与厂商有理由期望能够顺利解决"卡特尔问题"，就协调和阻止背叛达成一致。一开始就定义相关市场的做法与协调效应理论吻合较好，因为它涉及确定市场中的一组厂商，包括并购方厂商，参与协调对这组厂商来说是有利可图的。[144]

第一种方法在界定相关市场后，会确定阻碍协调的不合作者，[145]然后评估并购对相关市场中各厂商协调激励的影响。对不合作者的确认，可以根据厂商过去的限制更有效的协调行为，或根据一个将改变不合作厂商的价格而不改变非不合作厂商的定价的自然实验结果。也可以根据市场结构的特征来推断一个厂商是否是不合作者，即如果该市场结构表明，一个厂商宁愿比其他竞争对手制定一个更低水平的协调价格。

第二种方法在界定相关市场后分析相关市场结构的变化，以求分辨市场结构的某些变化会提高并购减少不合作厂商约束的可能性。即使在无法可靠地确认到哪一家厂商是不合作者的时候，这种方法仍是可行的，在实施第二种方法时，通常会集中于市场中显著厂商的数目是否减少，以及市场参与者的差异度，例如相关市场中厂商的非对称性。厂商数目的减少表明并购涉及不合作厂商的几率会提高，即有可能促进卖方协调的一类并购。当显著厂商的数目很小时，这种概率的上升幅度通常最大。[147]如果并购缩小了厂商之间的不对称程度（比如通过减少它们在产品属性或成本方面的差异），则并购发生后，即相对于竞争对手，不合作厂商偏向于选择一个更低的协调价格的可能性会降低，从而会提高协调的有效性、导致价格上升。[148]

这两种方法提出，为了建立一个横向并购提高了协调的可能性或有效性的推定，政府应该证明什么。无论哪种方法，政府必须首先定义相关的反托拉斯市场并表明这个市场有利于协调，即厂商认为在合并后的市场中能达成协调共

第六部分 重振因保守经济分析而放松了的并购执法

识并避免欺骗行为。后者是一个反托拉斯分析的惯用调查方法。[149]所以，政府必须解释为什么并购使得市场环境更有利于协调，在以上两种方法中都是如此。

按第一种方法去构建有关并购使得市场环境更有利于协调的推定，政府首先界定可能的不合作厂商，并解释并购将如何改变该厂商的动机以使得协调更可能或更有效。如果政府有并购一方就是不合作厂商的证据，这就足以建立并购对竞争有害的推定。

按第二种方法，政府将论证并购后不合作厂商（其身份没有确定）倾向于较高的协调价格的概率会很大，因此使得协调更有可能或更成功。为此，政府应该留意厂商的数目，[151]以及厂商之间并购的不同效应。我们可以想象进行必要论证的几种方法。一种仅涉及显著厂商数目的减少，例如，如果并购降低了显著厂商的数目，比如从4个减少到3个，3个到2个，或2个到1个，[152]仅市场结构的变化可能就足够建立并购使得协调更可能发生或更有效的推定。[153]如果很难确定哪个厂商是显著的，则可以使用一个基于市场集中度的推定，比如，如果并购后的赫芬达尔—赫希曼指数（HHI）超过2 800。[154]除此之外，如果并购前有4家以上显著厂商，或者并购后的赫芬达尔指数低于2 800，如政府仍能证明并购通过减少成本及产品属性的不对称性使厂商更相似，法院依旧可以推定并购使得协调变得更有可能或更有效。如果一起并购后显著厂商数目降至5个、6个或7个，或者并购后的赫芬达尔指数提高到约2 800水平，那么，也可能可以建立一个并购对竞争有害的（较弱的）推定。[155]

与法律框架相符，厂商可以反驳这些推定。反驳的形式可以是质疑假定是否合理，[156]也可以是要表明并购事实上并不能改变相关市场中协调的前景。例如，因为厂商缺乏动机将价格提高到没有并购时所达到的水平，[157]或者因为并购后的不合作厂商对协调的约束较之以前并没有减少；[158]或者，并购厂商可以基于市场进入或扩张可能减少或抵消任何协调的竞争效应来反驳并购对竞争有害的推定；或者，并购产生的效率将使得这起交易的净效果是促进了竞争。

当以市场进入作为反驳理由时，本文的主要焦点是说服法院不要基于发生了的一起进入就推定进入很容易发生，过去某些法院已不恰当地这样做了。这种错误能够通过《横向并购指南》的规范应用而得到避免，这个条例要求承诺的进入是及时的、极有可能的且充分的。[159]当厂商使用效率因素来抗辩有关协调效应的推定时，我们要注意到，效率不会影响协调价格——准确地说不会传输给需求者——除非它们使得不合作厂商偏好较低的价格，或并购创造了一个新的不合作厂商,而该厂商有能力及动力比过去更积极地参与竞争。[160]也就是说,效率的分析必须不仅仅要求它们是合并特有的且能被验证的(即《横向并购指南》中效率可认知性主要标准),它必须同时能够解释效率如何会导致价格下降,给定预测到的市场参与者行为。

我们并不是说,我们已经提供了一份详尽的并购厂商可能采用的反驳协调效应推定的方法列表,我们也不试图去刻画政府为了回应反驳所需要的(作为举证责任基础的)各种证据。然而,很明显,被告厂商有许多反驳推定的方法。但这并不意味着政府提出的有关协调效应的推定是无力的。政府为了建立协调效应的推定而进行有关事实展示,法院不应轻易丢弃这种展示所带来的并购会伤害竞争的推断。特别地,成功的反驳要求基于进入、扩张和效率的抗辩论点必须以与经济理论及并购前产业状况相一致的有力证据作为基础。

C. 单边效应

自从1992年《横向并购指南》实施以来,两个执法机构都一直应用单边效应理论。虽然我们的受访者认为,两个机构在过去十年中对单边效应兴趣有显著下降,但是现在他们见到的单边效应的案例还是多于协调效应案例(不同行业的组合变化很大)。

单边效应的经济学理论直接来源于寡头垄断的非合作理论,包括古诺(Cournot)和伯川德(Bertrand)的寡头垄断理论,这些理论可以追溯到19世纪。[161]在过去25年间,这方面理论的完善和在并购分析的应用方面取得了很大的进步。同时,有关工具开发方面也有很大进展,包括估算需求的更精密的计量经济学方法以及使用参数估定的结构模型来模拟并购效应等。经济学的单边效应理论已得到广泛认识,在此不重复这些理论。[162]

在实际并购案中,单边效应经常出现在供给者出售差异化产品的市场上,且不存在产能约束(至少在中长期是这样)。这里集中讨论这样的市场情形。

在涉及差异化产品厂商的单边效应的案例中,市场定义和竞争效应理论之间的关系就不如在协调效应的案例中那么直接。在协调效应案例中,市场定义可以使我们明确哪些是共同具备协调价格动机的厂商,假定协调是伤害对竞争的机制。在单边效应案例中,竞争损害机制没有直接涉及其他任何非并购厂商。相反,这个理论是建立在并购后并购方动机变化的基础上。理论预测到的单边效应主要取决于并购厂商所售产品的需求交叉弹性以及与产品相关的价格成本边际,但并不直接取决于并购厂商的市场份额。还有,当事实上在产品替

第六部分 重振因保守经济分析而放松了的并购执法

代链中并不存在明显空隙时,定义相关市场会要求划出一条清晰界限,以区分属于市场"之内"和属于市场"之外"的产品。

对建立单边效应案例的竞争推定的建议,应考虑到差异化产品市场中上述内在经济特性。政府能够在下面两种方法中任选一种来建立其初步案件。假定非并购厂商价格水平不变,两种方法均要求政府证明并购能够促使并购厂商有动力显著地提高一种或多种产品的价格。并购厂商（A+B）提高由厂商 A 生产的产品 A 的价格的动机通常主要取决于两个变量：（1）厂商 B 销售的产品 A 和产品 B 之间的分流比,其含义是其损失的 A 产品的销售额流失到其 B 产品的那部分；（2）产品 B 的毛利率。[164]两种方法只集中考虑需求方面的因素；我们将说明在产品差异化产业中能够基于这样的经验数据概括来建立推定的那些因素,这一研究只关注需求替代以确定市场势力,不需考虑供应方的因素（像成本差异和生产能力）,上述概括总的来说是基本正确的。[165]

第一种方法比较传统,在这种方法下,政府沿用并购指南的方法定义相关市场,然后证明并购将显著提高该市场的集中度,同时还阐明并购导致价格上升的机制。[166]这一机制通常沿着单边竞争效应理论的基本逻辑,并参考并购前并购厂商所售相重叠产品的价格成本边际的大小。[167]这种方法与分流比的"预设假定"一致,即假设并购厂商产品间的分流比与各自所占的市场份额成比例,像在 Logit 需求模型中那样。

第二种方法更加直接,而且不要求相关市场的界定和市场份额的估算。根据这种方法,政府必须证明并购厂商产品的分流比和这些产品的毛利率足够大,以给予被并购厂商显著提高一种或多种产品价格水平的动机（例如5%,或者其他合理的数字）。[168]在此阶段,政府可以采用有关并购厂商产品买方替代性的多种证据,进而也是相关的分流比的证据。[169]即使关于买方替代大小的大部分证据是定性的而不是定量的,分流比（或需求的交叉弹性）将以定量的方式反映出这种信息。我们设想政府会基于分流比和价格成本边际提供一个直截了当的计算方法,同时提供一些灵敏度分析,尽管政府也能通过更详细的模拟模型来建立推定。

如果政府确立了初步案例,责任则转移到并购方。反驳的第一组论据旨在直接反驳政府提出的推定。如果政府采取了上面第一种方法,并购方可能会证明政府定义的相关市场不恰当,或政府错误地估算了市场份额,或说明市场份额会误导单边效应的可能性的估算（正如可以通过提交分流比和价格成本边际的证据）。如果政府采取了第二种方法,并购厂商可能会试图证明合并厂商事实上并没有激励去显著提高任何一种产品的价格，为此，他们可证明并购厂商产品的分流比比政府声称的要低，或证明转移销售产品的利润率比政府声称的低。

如果政府的论点能够经得起任何上述反驳，那么并购厂商可证明其他生产类似产品的厂商将会对自己的产品重新定位，以应对政府所断言的并购带来的价格上升，而这种重新定位能够阻止或抵消任何并购的反竞争效应。最后，并购厂商也可以采用传统的三 E 要点的反驳方法：即基于进入（Entry）、扩张（Expansion）和效率（Efficiencies）因素进行反驳。法庭对这类论点的处理，应和上文所描述的协调效应案例中一样。

结论

在动态经济中未来对横向并购的执法对于保护竞争是必不可少的。采取等待并购显示出消极的竞争效应后再试图拆散并购企业的政策来保护竞争的做法是不切实际的。不幸的是，如同预期，对横向并购的执法力度已开始下降，其原因来自两方面的不凑巧的组合，一是更灵活的应用经济方法（我们认同这一观点），另一方面是一些法官和执法官员草率地接受不干涉主义者关于集中度、进入和效率的未经证明的经济学观点。

为重振横向并购的执法实施，我们提议，执法部门和法院更认真地依赖能使政府建立初步案件且并购方仅能通过强有力的证据才能予以推翻的推定。更多地依赖推定的好处是规则更清晰，由此降低执法的交易成本，并为厂商和法院提供指导。另外，将推定建立在现代经济学有关并购竞争影响理论的基础上，可使得并购审查变得更为准确。我们在本文中提出一个使用推定的分析框架，该框架能避免有益的合并被阻碍，或有害的合并得到批准。

我们当然不是主张回到 20 世纪 60 年代的横向并购控制政策或先例。本文讨论的推定并不是不可反驳的，尽管它们会是影响重大的。这些推定基于市场结构，但又不只基于市场集中度，甚至在一些情形下完全不依赖于市场集中度。在此，笔者大致刻画了设想的推定类型，这一框架需要进一步完善后才能真正付诸实施。希望本文的建议会激发关于如何更好地重振并购实施的讨论，并购控制框架改善的细节问题可留在将来进行进一步探讨。

乔纳森·贝克和卡尔·夏皮罗感谢约翰·布里格斯，玛丽安·布鲁诺，丹尼斯·卡尔顿，约瑟夫·法雷尔，安迪·加维尔，肖恩·海尔，汤姆·利里，瑞

第六部分　重振因保守经济分析而放松了的并购执法

克·利贝斯金德，杰米·米克尔森，乔迪·纽曼，史蒂夫·萨洛普和路易斯·西尔维亚，同时感谢柯克帕特里克学术讨论会的参与者。

注释：

1. 要更全面地了解这几年美国反托拉斯政策的演变，参见威廉姆 E·科瓦斯奇和卡尔·夏皮罗，《反托拉斯政策：一个世纪的经济和法律思考》，2000.1.14。
2. 美国诉费城国民银行，美国最高法院判例汇编第374卷第321、363页（1963年）。
3. 同上。
4. 同上。
5. 同上。
6. 同上。
7. 美国诉冯氏食品公司，1966年罗伯特·博克（Robert Bork）将冯氏食品公司称为"克莱顿法案错觉的最好例证"。罗伯特·博克：《反托拉斯悖论：一个与自己战争的政策》，1978（217）。
8. 关于博克，请参阅前注8，第217页。这里博克特别抨击由同一最高法院裁决的与冯氏食品公司类似的案例，美国诉帕斯特啤酒公司，1966年美国案例汇编第384卷，第546页。在柏斯特，法院阻止两家酿酒企业的并购，这两个企业销售量合起来只占威斯康星州的24%，占中西部三州地区销售的11%，低于全国销量的5%。"与我们先前的案件一致"法院认为克莱顿法案违反"在三个地域及其中每一个"，参见552页同上。博克用法院裁决指出问题所在并划定界限。"当法律从100%的并购向下移动范围时，在限制产量和效率之间的权衡问题即刻变得很严峻"。博克，前注219页第8条（1978年）。因此他认为"应该允许并购上升到市场的60%~70%。"参见221页。因此，提出一个并购企业满足的标准远比他所抨击的60年代的并购案例公布的标准更容易。
9. 柏斯特，美国案例汇编第384卷第552页。
10. 理查德·波斯纳，《反托拉斯法：一个经济学视角》1976（106）。
11. 美国诉冯氏食品公司，1966年美国案例汇编第384卷第270、301页，该案于1966年判决（斯图尔特持不同意见）。
12. 博克，第217页注8。
13. 乔·S·贝恩：《新的竞争壁垒》（1956）。
14. 关于这一领域最近的讨论，参见迈克尔·塞林杰，"集中度利润率关系的重新思考"，《1990年关于经济行为的布鲁金斯论文集：宏观经济学》，287。
15. 乔治·斯蒂格勒，"寡头垄断理论"，《政治经济学杂志》，1964年第55期第44页。
16. 哈罗德·德姆塞茨，"产业结构，市场竞争和公共政策"，《法与经济学杂志》1973年第16期，第1页。为了更进一步实证讨论经济学家在评价结构—行为—绩效范式时所面对的问题，参见贝克和布雷斯纳翰，"反托拉斯的经济证据：定义市场和衡量市场势力"

一文，收在保罗·布西罗塞编著的《反托拉斯经济学手册》中（2007年即将出版）。

17. 美国诉通用动力公司，美国最高法院判例汇编第415卷第486页，该案于1974年判决。

18. 同上，第504页。

19. 博克，第218页前注8。

20. 美国司法部，《并购指南》（1982），参见 http://www.usdoj.gov/atr/hmerger/11248.htm。巴克斯特在主管反托拉斯局之前是位德高望重的芝加哥学派法学教授。

21. 然而，《并购指南》（1982）不允许效率抗辩，除非是"非同寻常的案例"，这主要是因为证据的困难。这个指南遵循了理查德·博斯纳和博克的理论，他们俩都建议通过限制高集中度市场中交易的并购要求，而不是允许效率抗辩来解释效率。波斯纳，第112页前注11；鲍勃，第124~129页前注8。自那以来，指南逐渐变得容许且更容易接受有证据支持的效率论点，大部分的转变都是最近发生的。1984年指南修订在认识效率抗辩前进了一小步，成为两个执法机关横向并购指南的1997年的修订版本更加重视效率抗辩。美国司法部和联邦贸易委员会的横向并购指南（1992，1997年修订）参见 http://www.usdoj.gov/atr/public/guidelines/hmg.htm。

22. 美国诉废物管理公司，联邦上诉法院判例汇编，第2编第743卷976页（联邦第二巡回法院.1984）；美国诉卡尔玛股份有限公司，联邦地区法院判例补编第612卷1298页（D. N. J. 1985），埃克林生产公司，联邦贸易委员会第105卷479页（1985）。

23. 美国诉贝克休斯公司（1990）。戴维·森特尔法官也在这三个法官组成的小组中。

24. 同上，然而结构推定并没有消失。法院承认，越是引人注目越受高度关注的案例（基于市场集中），被告越是能够提交更多的证据成功地反驳。联邦贸易委员会诉亨氏公司，《联邦判例汇编（第三系列）》246卷第708页（2001年）（并购企业使用了证据表明，并购带来的效率能使得被并购企业更有效地对抗市场中的主导企业，但没有成功地反驳导致双寡头竞争的这起并购会伤害竞争的推定）。

25. 贝克休斯，联邦汇编案例第二辑、908卷第992页（1990）。

26. 美国司法部和联邦贸易委员会，《横向并购指南》（1992，1997年修订）参见 http://www.usdoj/atr/public/guidelines/hmg.htm。这些指南在1997年被重新修订用来分析效率。

27. 参见乔纳森B·贝克和史蒂文C·沙洛普，"并购指南中集中度要下降吗？"，美国律师协会反托拉斯部工作组报道，第339~354页，载于《关于反托拉斯的基本理论展望》，2001年7月。

28. 联邦贸易委员会，横向并购调查数据，1996~2005，参见 http://www.ftc.gov/os/2007/01/P035603。

29. 反托拉斯现代化委员会，报告和建议（2007年4月）参见 http://www.amc.gov/report-recommendation/toc.htm。委员会为有关并购实施的程序改革提出了一系列建议。

第六部分 重振因保守经济分析而放松了的并购执法

30. 德里克·博克,"克莱顿法案的第七章以及并购法和经济学",《哈佛法学评论》1960 年第 74 期第 226、227~228 页(脚注忽略)。

31. 在乔治 W. 布什刚开始执政时,美国联邦贸易委员会高级长官以"钟摆摆动"为隐喻批评反托拉斯执法。他们提倡自 1980 年以后的两党执法机关连续性的组合,在整个反托拉斯领域和并购控制中都是如此。见威廉 E. 科瓦斯奇,"美国竞争政策实施条例的现代进化论",《反托拉斯法杂志》2004 年第 71 期第 377 页,托马斯 B. 利里,"美国并购政策的本质稳定",《反托拉斯法杂志》2002 年第 70 期第 105 页。我们承认,执法标准有一些连续性,尤其是禁止水平操纵价格和划分市场,然而在另外的反托拉斯的地区尤其是那些涉及排他性的行为,依旧持有不同的观点。我们认为,横向并购执法的实施是介于两者之间的,这不仅对大量的基本经济原则持肯定态度,而且服从实施方法的改变。这些在里根第二任期内和布什执政期内的反托拉斯的简约执法政策尤为明显。基于此,我们抛弃运用钟摆隐喻来讨论并购政策。

32. 美国诉苏菲进入,联邦上诉法院判例汇编,第 2 编第 903 卷第 659 页(联邦第九巡回法院,1990)。在克莱顿法案下政府攻击苏菲的收购,并在谢尔曼法下宣称其是所谓的垄断及试图垄断,同上 662 页。对这种情况的进一步讨论和对并购进入的分析,参照贝克,"贝克休斯公司和苏菲公司的问题:在并购分析中的进入角色",《反托拉斯法杂志》1997 年第 65 期第 353 页。

33. 这起案例在并购后的 4 年才受审,因此某些证据是可追溯的。

34. 法院也不受理政府的证据,即在达成事实上的垄断后,苏菲降低了付给分销商的费用,(行使垄断势力),经表面观察,政府没有控制影响那些付款的其他因素以及经销商并没有投诉。苏菲,联邦上诉法院判例汇编,第 2 编第 903 卷第 669,671 页第 19 条。

35. 罗伯特开放了 3 家多屏幕放映剧院,没有一个像苏菲这样奢华。同上,参见第 665,669 页。当罗伯特将它的影院出售给一个大型国内连锁店时,同上第 665 页,苏菲在拉斯维加斯的首映片票房份额从最后并购的 93% 下降到 3 年后的 75%,同上第 666 页。法院也认为电影分销商是能够自我保护的大玩家,即使在参展商的垄断下也是如此。同上第 670,672 页。

36. 在政府来看,证据表明罗伯特并不是没有成功进入(而是他的设备较差,所占份额小,影院都不赚钱),其他非正式潜在进入者合理的总结认为进入将无利可图。美国的简报在 39~41 页,《美国诉苏菲进入市场》,联邦上诉法院判例汇编第 2 编 903 卷第 659 页,(联邦第九巡回法院第 89~1575 条)(1989 年 4 月 21 日),1989 WL 1129298。

37. 这种可能性构成了《横向并购指南》(1992)中进入"可能性"分析的基础,该指南在苏菲问题两年后由两个反托拉斯执法机构发布。

38. 法院认为没有必要去评估这一观点,因为它并不明白其含义。在法院看来,政府正推进一种"我们认为早已放弃的陈腐的观点:有效率的侵略性的竞争本身就是进入的结构性壁垒"。苏菲,联邦上诉法院判例汇编,第 2 编第 903 卷第 667 页,法院接着陈述,政府没有提供有关一些结构性壁垒可能阻止进入的观点,例如由下面因素导致的结构性壁垒:

"政府规制"、"繁重的前端投资"在位厂商所控制的"稀缺商品",或"为了逐出潜在竞争对手而设计的分销安排"等——法庭看不到对此进行进一步分析的理由。同上参见贝克,307页前注33:"政府的观点是关于进入者有效经营的必要规模以及此规模的进入是否有利可图;但法院听到的和拒绝了的却是关于在位厂商是否有效经营的论点。"

39. 苏菲,联邦上诉法院判例汇编,第2编第903卷第667页:"我们不能也不应该猜测一个潜在竞争者的业绩,我们只需决定是否存在阻碍新面孔进入市场的壁垒。"

40. 这种怀疑可能导致法院没有认真对待政府提出的经济观点。

41. 同上第673页。

42. 参见史蒂芬·卡尔金斯和弗雷德里克·沃伦—布尔顿,"1990年反托拉斯状态"。论文提交给凯托研究所学术会议,《一个世纪的反托拉斯:教训,挑战》,华盛顿特区(1990年4月)("该观点对并购执法流露出厌恶");威廉E.科瓦斯奇,"90年代里根的司法任命和反托拉斯",《佛罗里达法学评论》1991年第60期第112页。

43. 美国诉甲骨文公司,联邦地区法院判例补编,第2编第331卷第1098页(N.D.加利福尼亚,2004年)。

44. 参见卡尔·夏皮罗,"并购与差异化产品",《反托拉斯》1996年第10期第23页;路易斯·开普罗和卡尔·夏皮罗,"反托拉斯"《法和经济学手册》,A·米切尔·波林斯基和史蒂文·夏瓦尔编著,(爱思唯尔2007年即将出版)(工作论文第65~70页),参见http://faculty.haas.berkeley.edu/shapiro/antitrust2007.pdf.。该理论被反托拉斯经济学家认可,在1992年写进了横向并购指南,并在联邦反托拉斯执法机构中经常使用。参见乔纳森·B·贝克,"为什么反托拉斯机构接受了单边效应?",载《乔治·梅森法学评论》2003年第12期第31页。

45. 参见夏皮罗和开普罗,92页前注45,贝克在论文中评估了由并购单边效应产生的诉讼设计中的关于市场定义的另一种解释,即"走出老的布朗鞋案:对子市场的高度赞美",载《反托拉斯法期刊》2000年第68期第203页。最近有经济学家建议由单边效应代替并购中的市场定义,参见约瑟夫·法雷尔和卡尔·夏皮罗,"导致单边效应的并购,对市场定义更精确更简单的另一种解释",参见http://faculty.haas.berkeley.edu/shapiro/simpler.pdf.

46. 参见乔纳森B·贝克,"市场定义:一个分析的回顾",载《反托拉斯法学杂志》2007年第74期第129、139~141页(描述了买方替代的证据)。

47. 联邦贸易委员会,横向并购调查数据,1996~2005,参见http://www.ftc.gov.os/2007/01/p035603.(表4.6和表8.1)根据原始数据大约一半并购者的企业数量从4家减少到3家,除了杂货店、石油、化学、药品行业被质疑没有消费者投诉,在所有市场上如果代理商收到了客户强烈的投诉,4%到3%的并购会被质疑。马尔科姆B·科特和肖恩W·乌利克,"联邦贸易委员会的透明度:横向并购评论过程1996~2003,"参见http://www.ftc.gov/os/2005/02/0502,(表6)4到3的并购的赫芬达尔指数是2000,变动量为

第六部分 重振因保守经济分析而放松了的并购执法

400，（没有客户投诉下质疑的可能性是8%，有客户投诉下上升至62%）。

48. "未经证实的客户疑虑不能代替有利的证据。"甲骨文案，联邦地区法院判例补编第2编331卷第1131页，例如，法院很有可能去调查被调查的客户是否具有代表性，证人是否适合判断他们公司对改变价格的反应，在提议的合并中，顾客的商业利益是什么，证人是否表达了明智的理由。

49. 同上。

50. 沃克法官解释到，证人在做出软件购买决策时没有提交"他们利用或将利用的成本/收益类分析"，同上。

51. 也就是说，对于假设的供应商之间的并购，下游企业在实践中很少进行进货决策的成本/收益分析。

52. 同上第1117～1118，1123页，这一法律声明误解了存在于差异产品销售商的单边竞争效应的经济学，如果该法律观点被其他法院遵循，这将会在合并法中造成不幸的空白。像《1992年横向并购指南》中关于单边效应的清晰论述所述，在较大的相关市场中，市场份额远低于垄断水平的一起并购完全可以通过导致单边效应来伤害竞争。

53. 同上第1119～1121页。

54. 同上第1118页。

55. 在Logit模型中，虽然在单边效应模型中一般不是这样，反竞争效应取决于市场份额，例如参见格雷戈里·沃顿和卢克·福罗博，"横向并购的单边竞争效应"，在保罗·布西罗塞的《反托拉斯经济手册》里（2007）。沃克法官对单边效应理论的排斥在甲骨文案中事实上也受到了质疑。对于存在于并购企业产品中任何给定的分流比（或需求的交叉弹性），当并购前价格—成本收益率大时，单边反竞争效应最大，就像甲骨文案中产品的问题。

56. 美国诉甲骨文公司，联邦地区法院判例补编第2编331卷第1098、1123页（N. D. 加利福尼亚，2004年）。

57. 合并模拟融合了买方替代、竞争对手行为以及数学模型中企业成本的信息，用来推断并购导致价格上涨的情况。这些方法有利于澄清问题找出更多需要的证据，并将买方替代的度量融入有用的标准中。它们不必要求界定市场。大量经济文献中关于这一话题的简要讨论，参见开普罗和夏皮罗，第99～100页前注45。

58. 甲骨文，联邦地区法院判例补编第2编331卷第1122页。

59. 同上第1170页。

60. 根据阿曼达·J·帕金森·哈西德的文章，"甲骨文没有远见吗？美国诉甲骨文公司中原告艰巨的任务"，载《黑斯廷法律杂志》2007年第58期第891页。

61. 华尔街杂志，2007年1月16日，C1页。

62. 同上。

63. 史蒂芬·拉巴顿，"天狼星公司总裁谈论手机交易得到批准的方法"，《纽约时报》，2007年3月1日。

64. 1986年里根政府似乎发出一个朝着并购执法极简主义政策变化的信号，里根政府提议国会用下面条件来取代《克莱顿法》中有关并购的早期原则和竞争测验，该条件要求法院必须考虑"所有经济因素"，且只有当发现并购"有极大可能性""显著提高行使市场势力的能力"时，才去禁止这笔交易。见《反托拉斯和贸易管理报告》，第50卷，（国家事务局）347（联邦地区法院判例特别补编，1986年2月20日）。

65. 参见皮托夫斯基，"未来十年的反托拉斯：一些关于合并执法的预测"，载《反托拉斯法杂志》，1988年第57期第65、71页："参议院司法委员会最近鉴定了十起合并，反托拉斯局部门主管建议将质疑归档，结果发现这一建议被决策人员推翻。并购后的赫芬达尔指数在两种情况下分别为3025和5128"。

66. 1987年约翰DeQ·布里格斯调查了司法部对合并案的同意法令，他发现"这些案件中的大多数集中度非常高，这使人纳闷这些案件怎么没有被禁止。"约翰DeQ·布里格斯，"与并购和收购相关的现行法律和政策的回顾"，《反托拉斯法杂志》1987年第56期第657、721页（引用了12个案例）。根据罗伯特·皮托夫斯基，《未来十年的反托拉斯：一些关于并购执法的预测》(1988)，"至于横向并购，事实上所有案件涉及了高度集中市场上大的并购。"，载《反托拉斯法杂志》1988年第57期第65页。

67. "美国律师协会反托拉斯法工作组对美国司法部反托拉斯的报告"，载《反托拉斯法杂志》，1990年第58期第747、761页。

68. 参见760，这份报告也注明了"面临迅速增加的并购活动，专门用于并购执法的资源总额下降。"同上，参见第755页。从更一般角度来说，这份报告强调了这样一种看法，相对于其执法任务，司法部反托拉斯部"更关注非执法议程——有意地避免一些'坏的'的案例，这些案例可能伤害消费者，以及支持可能限制反托拉斯法的立法修改"。价格操纵领域除外，司法部在操纵价格方面的执法还是非常严格和凶狠。同上，参见第748~749页。

69. 这里我们不考虑第二次提出并购质疑的比例，因为数据是双刃剑：该比例上升可能是因为执法更加严格，也可能是由于政府在合并初步审查时更加有效地打击有问题的并购。

70. 利里，前注31。

71. 同上，第139页（表2）。

72. 利里的数据搜集到2000财政年度，因此克林顿2号记录只有三年的数据。

73. 利里，前注31，121~126页讨论其他诠释的问题。我们采用利里的方法，用得到授权的机构颁布的第二次要求的交易量标准，而不是采用存档的数量；调整的数量略低于解释错误归档、次要归档及同一年有过多次冲突告警归档的文件数据。

74. 90年代后期报告的交易量激增，提高了并购潮流中相对于其他年份不同种类交易出现的可能性，（80年代后期被认为是并购潮流，但相对于我们十年之后观察到的数量，归档的增长已经很小）。笔记证据表明80年代末管理层收购已很常见，私人股权和对冲基

第六部分 重振因保守经济分析而放松了的并购执法

金的金融投资在最近几年变得普及。

75. 类似的,有可能在一些年间,一些产业集中出现存档的并购,这些产业中的交易受到反托拉斯局的特别审查,在另一些年份集中受到联邦贸易委员会审查,如果这样,个别机构可观察到的执法率与任何一个机构的执法率一致,尽管总体执法率没必要改变。我们没有必要解释这种可能性。

76. 这种想法一般发生在任何一个达到特定程序性阶段为基础的数据分析上。早期重要文献,请参见乔治·普里斯特和本杰明·克莱,"因诉讼的争端选择",《法学研究杂志》,1984年第13期第1页。

77. 从理论上说,观察到的执法率的变化可能反而是由打算进行合并的企业的亏损函数变化所导致。比如说,如果企业首席执行官的风险厌恶程度上升,他们就会期望减少那些可能会引致反托拉斯机关关注的并购协议谈判的数目。但是我们认为,这种理论上的可能性不能解释在并购执法比例上的变化。

78. 类似的,这个引人注目的高并购执法比例,在乔治 H·W·布什执政期间(1990~1993)达1.5%,这表明,主席施泰格领导的联邦贸易委员会挑战并购的意愿,让反托拉斯业界感到惊讶。这种解释与关于反托拉斯从业者当时的看法一致,即执法的界线比起他们期望的更偏向于挑战并购。此外,在这种解释下,克林顿执政期执法率的下降并不意味着皮托夫斯基主席领导下的联邦贸易委员会比起他的前任更不关注执法;这仅意味着,皮托夫斯基委员会对并购审查的理念策略并没有让反托拉斯业界感觉惊讶。类似的,联邦贸易委员会并购执法率从克林顿第一届任期到他第二届任期间的下降很可能只是表说明,反托拉斯从业者对于联邦贸易委员会在引人注目地成功地挑战了史泰博与欧迪办公并购之后居然保持平稳,而不是逐渐提高它的评价标准的做法感到惊讶。在克林顿执政时期,本章作者贝克尔在联邦贸易委员会任职,夏皮罗在司法部任职。

79. 关于调整的HSR申报和两部门的执法行动的数量的原始数据来自反托拉斯司,下载资料1997~2006,http://www.usdoj.gov/atr/public/workstats.htm,以及2005年度国会财政报告,附录A,参见http://www.ftc.gov/reports/hsr05/p98931.

80. 合并前的通知,联邦公报第66卷第8680页(2001年2月1日)。

81. 为了确定调整范围,我们从《并购》杂志中收集了并购数量和价值的季度时间序列(从而从数据库里搜集数据)。我们把HSR申报和交易的数量、价值相联系,由于HSR案例申报程序中对并购交易规模以及并购厂商规模的要求不同,HSR申报的个数较少,且交易规模平均来讲较大。利用1990年第一季度到2005年第三季度间的季度数据,我们做了回归分析,因变量是HSR申报数(取对数),自变量包括交易数目(取对数)、交易的规模、代表申报制度变化的一个政策指数变量(2001年第二季度后取值为1,2001年第二季度取值为2/3)、区别一年中四个季度的哑变量、和一个常数。结果显示,用"完成的交易"数目做出的申报数目下降的估计是60.3%,用"提交的交易"数目做出的申报数目下降的估计是59.6%。本章作者可以随时提供相关的回归结果。

·251·

82. 这里需要做两个调整。第一个显示分母过小（实际为2.5），因为HSR报道的数量很大，以前并购的告知规则继续使用。第二个显示分子过小，因为一些并购的规则没有改变以导致执法行动没有发生。（执法机构会注意到并调查这些交易。）为了调整分母，我们观察到大部分并购被小于5 000万美元（交易规模）规则的变化筛选出来，在2000年，在规则改变前的刚过去的财政年度，机构在审查2247项交易后颁布了22条第二阶段的要求，其比例为0.98%。联邦贸易委员会和司法部门，国会的年度报告，2000年财政（表2）。我们同样发现从1990年到2000年的11年中，机构的平均执法效率为61.6%。参见，利里，前注32，137页。为了调整分子，为了与2002年至2005年观测的执法力相称，我们分配了附加的执法行动，美国司法部为1/3，联邦贸易委员会为2/3。

83. 在2002~2005年的原始数据中，还没有对HSR申报规则的变化做出调整，联邦贸易委员会执法率为1.5%，美国司法部执法率为0.75%。在2001年前HSR宣布的规则中，执法率等于0.9%的平均水平。

84. 执法率的原始数据和HSR2006年申报数据可以在美国司法部工作数据和联邦贸易委员会关于HRS项目年度报告中查询。2007年原始数据取自两个机构的国会证据，参见http：//judiciary.house.gov/media/pdf/Barnett070925.pdf（DOJ）和参见http：//www.ftc.gov/ostestimony/p040101lantitrust-laws.pdf（FTC）。尽管联邦贸易委员会证据没有明确说明，我们的理解是HSR的申报是交易的数据。由于小数量问题，我们重视多年的平均数而不是其中一年的数据。

85. 在现任总统任期间，两个执法机构已经力图通过以下途径来提高并购审查的效率：减少并购企业服从法律的成本和特别打击那些出现竞争问题的二次并购申请。托马斯巴内特，"并购回顾：对效率的要求"（2007年1月25日），参见http：//www.usdoj.gov/atr/public/speeches/221173.htm；黛博拉，"并购回顾过程的改革"，（2006年2月16日）参见http：//www.ftc.gov/os/2006/02/mergerreviewprocess.pdf。但是，着重强调效率目标可能会出现负效应，使的执法机构不去调查那些比较困难的案件。

86. 范斯坦在《并购实施在美国最近趋势中：下降但没有退出》（2007）一书中指出："数据显示现任反托拉斯监管部门和联邦贸易委员的领导在执法上没有他们前一届的领导具有进取心——并且在说服法官来相信他们所提出的案例的价值方面可能面临更大困难。"我们也考虑了下面这种可能性，即并购执法案例比例的降低并不是由于执法力度的下降，而是因为目前包括涉及私人股本和对冲基金卖家非横向并购的数据比例较大，而这类兼并一般不会带来竞争问题。基于以下的计算，我们对这一种解释表示怀疑。在2002年至2005年，美国司法部调查了38项兼并案例。按2001年前的平均比例1.8%来推算，这38项案例对应的这四年间并购案例申报总数应该是2011项。在这些年间，实际申报数是5 097项，这表示，这总数中的60%的并购案件（2 986项）是非横向私募投资和对冲基金间的兼并，且这些兼并是在2001年前基础上的增量。这一数字是非常不可信的。根据赫尔伯特"当经理利益与企业业绩联系比较密切时股东会受益"一文（2007年5月13号《纽约时

第六部分 重振因保守经济分析而放松了的并购执法

报》，商务版，第5页）的数据，2002年到2005年间企业并购活动中私募基金交易所占的比例大约只有10%。我们也考虑了执法率下降的另外一种可能性解释，即由于反托拉斯机构执法在这些年间变得更加透明，从而使得反托拉斯律师们预测执法机构决策的能力得以提高，进而使得他们能够说服并购企业放弃那些有竞争问题的兼并交易。我们对用这种理由来解释司法部反托拉斯局低执法率下降也表示怀疑，因为联邦贸易委员会在改善执法透明度方面做出了类似的努力，但它执法率并没有下降。

87. 这些估计基于观察到的并购执法率，没有转换到2001年前观测到的执法统计单位。在克林顿和乔治·W·布什的第一届任期中联邦贸易委员会中并购执法率为1.5%，在美国司法部为1.0%，在第二届任期中执法率分别为1.0%和0.7%。专员利里调查的相应的并购平均率为1.8%，里根执政期间有一个较低的并购执法率，该比率为0.75%。

88. 见2006年美国议院，《客户指引》第426页（哥伦比亚地区反托拉斯专家名录，第1组至第3组）。

89. 1997年，司法部反托拉斯局局长是司法部长助理克莱因，联邦贸易委员会主席是皮托夫斯基。

90. 我们的受访者给出了叙述性回答，为了完善分析我们给出了一个5点的等级。

91. 见问卷问题#1b和#2b。一些调查受访者认为，联邦贸易委员会过去十年在审查石油企业并购中变得更加强硬。就联邦贸易委员会而言，我们受访者观点与联邦贸易委员会两位经济学家的观点不同，基于内部机构备忘录，他们两人发现委员会审查标准在克林顿和乔治·W·布什任职期间没有什么变化，见科特和乌瑞克，前注48。如果只比较5年的阶段，即从布什任职到现在，受访者对两个执法机构持有不同看法，参见问题#1a和#2a。我们的受访者认为，与5年前相比，美国司法部更愿意接受合并方的论点，对该问题回答的平均数为3.9。相反，受访者认为联邦贸易委员会在这5年间没有变化，其平均分是2.8。尽管"显著地比以前容易接受"并购方的论点并不是放松执法的同义词，但是从我们受访者的叙述和他们对其他问卷问题的回应中可以明显看出，这就是他们对问题的理解。

92. 参见问卷问题#9b。当比较阶段只是最近5年，受访者认为，执法机关向有利于并购公司方向的转变是较小的。这一问题（#9a）的平均分数为3.5。

93. 2007年，联邦贸易委员会也显示了可喜的起诉并购的意愿——它居然基于单边效应理论高调起诉联合食品和野生燕麦的并购，尤其是在甲骨文案的背景下。见联邦贸易委员会诉联合食品股份有限公司（2007）。法雷尔和夏皮罗（前注46）对地区法院关于拒绝禁止交易的裁决中所采用的分析框架，进行了详细评论。

94. 笔者其中一人（夏皮罗）被司法部门作为惠而浦和美泰克并购调查的一部分留用。这是我们自身的观点，而且不依赖于任何机密信息。

95. 这些数据来自《家用电器（Appliance）》杂志，2005年9月1日，"2004年市场占有率图像"一文。额外的数据和分析，参见黛安娜·莫斯，"惠而浦提出收购美泰克的反托拉斯分析，"美国反托拉斯协会，2006年1月，参见，http://www.antitrustinsti-

· 253 ·

tute. org/archives/files/477. pdf. 一位代表美泰克公司律师的交易分析，参见，布赖恩·伯恩，"惠而浦和美泰克：你们的交易是什么意思？"，The Threshold 3（2006/2007）。

96. 美国司法部 2006 年 3 月 29 日辩论终结陈述，在 http：//www.usdoj.gov/atr/public/press-releases/2006/215326. pdf. 阿明顿，埃姆什和海尔，《评论时期：反托拉斯局的经济学，2005－2006》，更进一步讨论了美国司法部对该案例的分析。这篇文章在司法部和联邦贸易委员会经济学分析中是一个有益的年度分析数据。

97. 见 Ilan Bart，"因利润率下降到 5.2%，惠而浦计划提升价格"一文，华尔街日报，2006 年 7 月 26 日。价格提高的另一个解释是原材料成本的上升。文章提到，2006 年材料成本上升 1.5 亿美元。但是，这只相当于不超过惠而浦总收入的 1%，2006 年惠而浦收入为 180 亿美元。

98. 因为这个原因，惠而浦与美泰克并购在几年后的回顾分析中将会是一个很好的例子。

99. 见联邦贸易委员会诉卡地纳健康股份有限公司，（1998）。我们其中有一人（夏皮罗）是经济专家为联邦贸易委员会作证；另一个人（贝克）是联邦贸易委员会经济局的监管人员。

100. 同上，第 58 页。

101. 我们不是说当前的反托拉斯监管部门放弃了所有的并购挑战，或者为了避开较困难的分析而是采取分割式的并购审查。我们赞赏反托拉斯监管部门的执法努力，例如，诉甲骨文的单边效应案例；挑战爱克斯龙电力公司和 PSEG 并购（参见竞争性影响声明 http：//www.usdoj.gov/atr/cases/exelon.htm.），并购方后来放弃了这一交易；我们也赞赏执法部门在美国诉普莱德公司中采用的一种创新的协调效应分析（2001，8，28）（竞争影响报告），参见 http：//www.usdoj.gov/atr/cases/f9000/9017.pdf. 我们也不责难美国司法部在甲骨文案失败后选择不上诉。即使上诉法院会纠正 Walker 法官经济推理中的错误，案上诉的结果可能仍会是允许合并进行，因为上诉法院一般不会质疑地区法院发现的事实证据。

102. 对并购执法原则上可以通过大规模回顾性分析进行评估，根据当时执法机构所掌握的所有信息或者并购发生后的几年中行业的发展状况来检验执法机构是否做出了正确决定。在进行这样的研究时，需要研究执法机构调查了的并购，不管交易是否受到挑战，同时也要分析没有调查的并购。然后，这种回顾性分析由执法机构内部人士来做已经是很困难的，对我们这些外部人士而言是更困难。局外人无法得到执法机构作决定时拥有的并购公司、其竞争对手和顾客提供给的有关信息。科特和乌瑞克，前注，48（基于内部检验备忘录，得出联邦贸易委员会审查标准在克林顿和布什任职期间没有变化的结论）。对已经发生了的并购的业绩进行回顾分析同样不容易。例如，若把价格上涨归咎于并购，则必须排除其他解释，包括产品质量改进、对高价产品的需求的上升、沿着上升的边际成本曲线的需求上涨，以及边际成本上升等因素。边际成本特别难以衡量，因为它可以依赖于投入价格和规模经济，但是也依赖于从其他市场中转移资源的机会成本和经济折旧的大小。而且，如果科技进步降低成本，仍可观察到反竞争性并购后的价格下降。由于这些原因，回

第六部分　重振因保守经济分析而放松了的并购执法

顾性分析常常都是针对某一案例进行的,且并一定对并购效果提供清晰的分析结果,这种分析最好还是由执法机构自己进行。由于这些问题的存在,除了针对惠而浦和美泰克的交易提出质疑外,我们未能鉴别出具体哪些并购司法部在现任总统执政期间应该挑战但没有挑战,尽管其中可能有许多这类交易。有关并购回顾分析的文献综述,参见开普罗和夏皮罗,前注45,76~78页。

103. 这不是执法机构对并购公司论点变得过分接受的唯一观点,在惠而浦案例中的所谓"大买家"的观点是另外一个。

104. 一个更宽泛问题是,更集中的市场在总体上的表现是否更差一些。这里所说的是一个不同的命题。芝加哥学派的一个重要和正确的观点,是市场集中可能是规模经济和效率高的企业规模增长所带来的结果。在缺乏令人信服的关于容易进入或并购特有效率的证据情况下,我们提出的论点是关于并购导致的高度集中可能产生的影响,而不是源于内部增长导致的集中所产生的影响。

105. 关于寡头垄断理论中市场集中度和市场业绩的关系文献的综述,参见开普罗和夏皮罗,前注45;夏皮罗,"寡头垄断行为理论"一文;载于理查德和韦利格编《产业组织手册》(1989)。

106. 参见丹克瑞和戴维森,"伯特兰竞争形成联盟的激励",《兰德经济学杂志》1985年第16期473页。

107. 参见克莱姆普尔,拍卖市场(2005年6月),参见 http://ssrn.com/abstract=776524(匿名的反托拉斯顾问批评所谓的竞价市场中不可能有市场势力的观点)。

108. 我们下面讨论不合作企业在协调效应案例中的作用。

109. 根据博克的观点,"寡头垄断结构导致明显的产出限制的可能性不大。"博克,前注8,196页。基于此,他得出"大多数未涉及市场中所有有效竞争者的并购不会把企业的需求曲线斜率提高到会威胁竞争的程度"的结论,"并购所带来的成本下降会抵消这些负面效应"。同上,221页。

110. 坎贝尔,《并购中的双边垄断》(加州大学伯克利分校,2006)。

111. 坎贝尔认为,"当垄断卖方与独家垄断买方交易时,产出等于竞争条件下的水平。"参见2。坎贝尔称"这个道理告诉我们,如果只有一个垄断买家,那么,上游市场中导致垄断的并购对社会是有利的",参见12。坎贝尔在了甲骨文案中作证时采用了同样的观点。

112. 经济学理论文献中有许多研究检验出双边谈判情况下引起的非效率问题,参见罗杰·迈尔森和马克·萨特思韦特,"双边交易效率机制",《经济理论杂志》1983年第29期65页。迈尔森和萨特思韦特得出了双边自愿谈判一般不可能达到有效率的结果。虽然有市场势力的卖方可以利用二步分定价或其他合同形式来提高效率,我们很容易找到这样的卖方与客户进行双边谈判的实证的例子,卖方定价高于其边际成本(从而引起低效率)。微软对待例如戴尔或者惠普等电脑制造商客户就是一个明显的例子。另外,坎贝尔的方法明显地背离了传统的注重消费者福利的并购控制政策。

113. 威廉姆·兰德斯和理查德·波斯纳在他们颇有影响关于市场力量的文章中就犯了这一有关区域市场定义的错误。威廉姆·M·兰德斯和理查德·A·波斯纳,《在反托拉斯案例中的市场力量》,载《哈佛法学评论》1981年第94期第937、963页。关于对兰德斯和理查德论点的其他评论,参见提摩西J·布伦南,"错误的弹性和错误的规则",载《哈佛法学评论》,1982年第95期第1849页;路易斯·开普罗,"传统市场力量分析和替代直接调整的精确度",载《哈佛法学评论》,1992年第95期第1835~1843页。

114. 1992年《横向并购指南》(以下简称《指南》)称之为"无承诺进入",即指进入能够在短时间内发生,并且进入者不需要付出明显的沉没成本,这些新进入者的产能在计算行业市场份额时并不包括在内。我们认为,《指南》提出的对待无承诺进入的方法是合适的,我们也同意《指南》和法庭的下面的观点,即如果有大量的无承诺进入,并购就不会破坏竞争。但是我们想说的是:在并购备受关注的寡头市场中,迅速大规模的无约束进入即使出现过也是很少见,所以,做出寡头市场是可竞争市场的推定是不恰当的。通过研究案例可以发现航空业并不是一个有很多竞争者的行业,这个结果与作者提出理论时的设想是相反的,参见贝克,"不合作的企业,并购企业和排除在外的企业:在反托拉斯发下证明协调效应",载《纽约大学法学评论》2002年第77期第170~171页。

115. 可以说,这种不合理的推理在苏菲案例中被采用了。见前注33。

116. 美国司法部和联邦贸易委员会,《横向并购指南》3.1节(1992年,1997年修订)(通过分析具体的进入选择评价进入);参见3.4节(分析进入的充分性)。

117. 《并购指南》也给出类似的论点:"当竞争效果在相关市场上不是一致时,为了使进入具有充分性,进入者产品的特点和范围应该能对在位企业产品位置附近的销售机会做出回应,包括与竞争效果相关的并购企业产量减少。例如,如果生产差异性产品企业并购导致单边的价格上升,为了使得进入具有充分性,新进入者必须具有与并购企业产品足够近似的产品,以使得并购企业无法将价格上升带来的销售损失内部化,致使提高价格是无利可图。"美国司法部和联邦贸易委员会,《横向并购指南》,3.4节,(1992年,1997年修订)。

118. 可以想象,为了抵消或阻止并购的不良竞争影响,进入者必须能够比并购企业中较弱的一方更有效(或以更低效率)地参与竞争。但是,在构建进入的及时性和充分性分析时,把新进入者与并购企业较弱的一方比较是有用的。

119. 美国司法部和联邦贸易委员会,《横向并购指南》第4节(1992年,1997年修订)。

120. 一个有用而且重要的结论,参见乔治·沃顿,"消费者福利促进差异化产品并购的完善测试",载《产业经济学杂志》1996年第44期第409页。约瑟夫·法莱尔和卡尔·夏皮罗,"横向并购:一个均衡分析",载《美国经济评论》1990年第80期第107页,提供了古诺寡头竞争条件下的一个一般性分析。

第六部分 重振因保守经济分析而放松了的并购执法

121. 开普罗和夏皮罗对这一证据作出了评论,前注45。

122. 例如,其中我们一人作证指出,《并购指南》要求的标准完全满足,参见贝克,"效率和高度集中:亨氏收购比纳一案"(2001);参见约翰 E·卡沃卡和劳伦斯 J·怀特,《反托拉斯革命》,第150页(2004年第4版)。

123. 由于对并购效果进行预测所具有的内在的不确定性,决策理论建议,对大多数并购的挑战,只能推迟到并购完成以后并且它们的效果都显示出来后才能进行。但不幸的是,这样做会给已完成的并购带来极大不确定性,因而不具有吸引力。仅是因为这个原因,我们认为这种方法可能不会受到企业界的欢迎。过多地依赖事后评估的方法也将会带来其他严重问题:竞争在并购发生和执法机关事后评估期间可能已经受到伤害;对将要进行的事后评估的预计会影响并购企业的行为;对市场发展的长时间干预将会影响对并购效应的分离和辨认;若要复原并购,对相关资产剥离将耗费很高的成本;并且,相应的资产剥离对恢复市场竞争也不一定有效。有效的公共政策不可避免地要求,并购评估必须在在并购实施之前进行。

124. 无论受访者是否认为这十年中的改变是促进了还是损害了竞争,他们对过去十年并购政策变化的回答是相同的。由于这个原因,我们相信,我们关于并购减少的调查结果,并不受党派观点的影响。

125. 他们还必须不能容易地被试图掩饰有害并购的企业来操纵,从而来避免触发推定。

126. 为了更加清晰,我们只讨论竞争性卖家之间的并购,买方垄断的情形的分析与之相似,竞争性买方之间的并购将使买方获得额外的买方力量。我们始终假定并购分析是前瞻性的。为了更加简单,我们比较"并购前"和"并购后"的竞争状况。这里的并购前,是指一种如果并购不发生的市场状态。在实际的并购过程中,市场条件可能发生一些可被预料到的变化,此处所指的"并购前"条件与实际的并购发生前的条件可能并不一致。为了简单起见,我们假设政府为原告,这种假设是典型的,但并非在任何情况下都适用。

127. 美国诉贝克休斯公司,(1990);贸易委员会诉亨氏公司,(2001)。

128. 为了满足生产责任,一方必须提供足够的证据来避免总结性的判断或避免有利于另一方的法律性判断。

129. 尽管在结构主义时期,政府只要证明相关的市场份额就已经完成了其的初始责任,在现在,最高法院、下级法院和《1992年横向并购指南》,都希望政府同时也提出一个并购伤害竞争的经济理论(例如单边和协调效应)。严格来讲,这样做不是政府初始责任的一部分,但它已经变成一个实际性的做法。

130. 阐明与推定相符的法律优先,并能使其包含在给陪审团命令中是困难的。一种可能性是,法院坚持反驳必须有"清晰和可信"的证据,这一要求高于一般的证据总体平衡标准。我们在这里要求反驳证据必须是"强有力"的,为的是表达我们这样一种观点,即推定中包含的基本元素足以使人们相信竞争会受到伤害。至于如何将引申出的法律优先包含在法律标准中,我们以后会讨论。

131. 人们一般可能认为，分流比与市场份额成正比（就像在 Logit 需求模型中）。见 1992 年《横向并购指南》，第 2.211 节。但是，已经有额外的信息表明，该默认假定需要调整。

132. 联邦贸易委员会诉印第安纳州牙医联合会，美国最高法院判例汇编第 476 卷 447 页，该案于 1986 判决；国立大学体育协会诉董事会，美国最高法院判例汇编第 468 卷 85 页，该案于 1984 年判决。

133. 这些可能性并没有穷尽被告可能提出反驳的所有方法。例如，被告也能提供证据，削弱政府提供的有关显示单边或协调效应的证据的价值。我们本文中假设，效率因素将被作为一个抗辩因素，即效率是用来反对政府证明高价格或其他竞争伤害，而不是被并购企业主动地作为一个可以抵消价格上涨的因素。

134. 在目前的实践中，政府却在盘问和抗辩中注重效率问题。但是，一个诉讼方总是可以选择超过其举证责任的。

135. 斯蒂格勒，"寡头垄断理论"，载《政治经济学杂志》1964 年第 72 期第 44 页。

136. 关于经济学的寡占型协调，参见开普罗和夏皮罗，前注 45。

137. 博克，前注，在 175 页。

138. 现行的反托拉斯刑事案例显示，公司即使大型的和复杂的公司，确实能够找到串谋定价的方法；实证研究也有显示在一些高集中度行业中的协调行为；另外，重复博弈的寡头垄断经济模型显示，企业的可以达到高于竞争水平的协调定价，即便没有明确的价格协议。

139. 协调企业可能不能达到它们总利润的最大化，这主要由于以下四个方面的原因：第一，他们没能够严惩欺骗行为，另外，它们或许不能令所有人满意的方式分配利润，因为它们可能无法进行转移支付。第三，它们或许需要将协作价格降低在联合利润最大化水平以下，或偶尔进行价格战以防止在不确定的环境中欺骗行为。第四，由于不能相互沟通，它们或许很难确定涉及多种产品的总体利润最大化的产量。

140. 参见 1992 年《横向并购指南》第 2.12 节在一些情况下协调效应被不合作企业——比对手有更大的经济诱因偏离协调条款的企业——阻止或限制（例如，那些在市场中具有不同寻常的破坏性和竞争性影响的企业。）大体参见贝克前注 115。

141. 贝克前注 118 在 177~179 页。还有一种可能是（尽管可能性较小），涉及不合作者的并购可能导致并购企业更愿意减价，这在下属情形中可能发生，并购企业有很强激励愿意将成本节约以低价方式传递给买家。参见 179。

142. 参见 186~188。除此之外，不涉及不合作者的并购可能导致产业不合作者竞争动力比以前下降，比如通过提高对不合作者欺骗行为的惩罚度，但也可能导致产业不合作者竞争动力比以前更强，例如，如果并购使得的买家减小对不合作者的产品或使得其需求更有弹性。参见 186~187。后边的可能性很明显提高了举证的难度。

143. 大体参见，贝克前注 115；安德鲁·R·迪克，"协调的相互作用：合并前的困难

第六部分 重振因保守经济分析而放松了的并购执法

和合并后的效应",载《乔治·梅森法学评论》,2003年第12期第65页。

144. 大体参见,贝克,前注47。

145. 如果并购前的市场提条件不利于协调,即企业相互竞争,这可能由于有许多不合作企业阻止了协调。我们主要关注的情形是,公司有可能对协调条款达成共识并阻止欺骗,但在合并前的协调不充分。在这种情形下,存在多个不合作者虽然可能但可能性很小,除非不合作企业在各方面都几乎相同。

146. 贝克前注115在173~177。

147. 参见198~99,Dick前注144在70~72。

148. 参见迪克前注144在72~76。并购可能通过扩大企业间的多重联系而缩小不对称性。参见道格拉斯·伯伦汉和迈克尔·D·温士顿,"多个市场的联系和串通行为",载《兰德经济学杂志》1990年第21期1页;威廉姆·N·埃文斯和尼斯·N·凯塞得斯,"黄金定律:美国航空业的多重联系",载《经济学季刊》1994年第109期341页;但是大卫·吉尼索夫和华莱士·P·穆林,"规则、联系和串通:来自糖研究所的叙事证据",载《美国经济评论》2001年第91期379,391~393页(串通的精炼糖生产者选择不开发多个市场的联系以提高对欺骗者的惩罚)。

149. 例如,定价策略透明加上交易的小成交额和高频率,被认为是有利于促进企业更容易达成共识、进行检测和规制欺骗来促进协调。参见例如《1992横向并购指南》第2.11、2.12节;安德鲁和贝克,反托拉斯的角度:《案例,定义和竞争政策问题》223~228(2002)。有关合谋下的行业历史研究也提供证据说明,协调可能会出现,尽管相关的结构性因素可能表示这不会发生。

150. 即并购不合作企业可能会改变该不合作企业的激励,从而使得协调可能发生或更有效。《横向并购指南》第2.12节。(所以,并购不合作企业是一种使得协调交易更成功和完美的方法。)

151. 协调效应理论中的显著厂商是指不能被卡特尔忽视的厂商。(例如,参与协调的厂商可能能够忽视无法扩张规模的小厂商,因为这些卖家不能够在实际中破坏协调价格。)如果卡特尔只忽视了两家公司中的一家,而不是全部忽视,那么只有一家可以在认定卖家数目时被计算在内。在分析他们过去的执法政策时,联邦贸易委员会注明显著竞争者至少占10%的市场份额。联邦贸易委员会,"横向并购调查数据",1996~2005,参见http://www.ftc.gov/os/2007/01/p035603horizmergerinvestigationdata1996-2005.pdf。根据小厂商在相关市场上开拓销售量的能力和激励,这一市场份额分界线是可以调整的。

152. 如果并购将显著卖家从2个减少至1个,将竞争伤害归结于垄断的形成而不是并购够产生的协调效应更为合适。

153. 如果只是考虑厂商数目的话,四家厂商变为三家厂商的并购是导致反竞争的协调效应的一个自然分解点。如果一个不合作厂商阻碍了协调效应但这个不合作厂商的身份不确定的话,一个并购随机结合n个在市场上参与的2家厂商,并购一个不合作厂商的概率

· 259 ·

只有 2/n。(并购了在具有协调企图市场中的不合作厂商最有可能会破坏竞争。) 而且，如果并购一个不合作者可以提高厂商的协调能力的话，那么，并购涉及不合作者的概率要比随机选择并购对象时要大。因此，在一个有利于协调的市场环境里，如果并购将市场中显著厂商的数目减少到 3 个或更少，那么，这一并购很可能会通过减少不合作厂商的约束从而伤害竞争。

154. 隐含在这一演示性的用赫芬达尔指数来建立推定的方法的逻辑，与只根据厂商数量减至 3 个或更少的方法是相关的。赫芬达尔指数为 3 333 对应于 3 个厂商，因为一个市场含有三个相同的厂商（即市场份额均为 33.3%）时，赫芬达尔指数为 3 333，尽管这是对三个厂商市场的赫芬达尔指数的保守估计。如果市场上三个厂商的市场份额不相等，在实际中几乎都是这种情况，赫芬达尔指数会更高。在把 2 800 作为可能的分界点时，我们假定市场中有三个相同的显著厂商和一个不显著的厂商（代表 10% 以下的市场份额），相应的市场份额为 30%、30%、30% 和 10%，这时的赫芬达尔指数为 2 800。(如果我们假设有两个而不是一个不显著厂商，相应的赫芬达尔指数将为 2 333。)当厂商数目接近 10 时，用这种方法计算的赫芬达尔指数和用等价数目计算方法之间的差别会逐渐缩小。因此，当我们讨论超过三个显著厂商的市场结构时，我们简单运用等价数目来估计赫芬达尔指数指数。并购后赫芬达尔指数为 2 800 的推定，比 60 年代最高法院实行的推定要宽松些。在 1963～1970 年间中的执法机关在最高法院的成功并购案例中，包括费城国民银行、帕布斯特、凡氏食品等，除一个案例外，并购后的赫芬达尔指数均低于 2 800。贝克和威廉·布卢门撒尔，"《并购指南》(1982) 和已存在的法律"，载《加州法律评论》，第 71 卷 311 期 344 页 (1983)。

155. 例如，赫芬达尔指数为 1667 相当于 6 家厂商。有关厂商在并购发生后能够合理预期到它们能达成共识并阻止欺骗发生的论证越令人信服，法院接受赫芬达尔指数低于 2 800 时并购后市场会出现协调效应的推定的可能性就越大。因此，我们可以想象，在一个市场中，比如说并购后有 10 家厂商（赫芬达尔指数超过 1 000），一旦并购使得市场中的厂商变得更相似时，法院庭也可能会使用协调效应的推定，如果这个市场过去有很久的合谋历史，且没有充分的理由认为有利于合谋的市场特征在并购后显著地改变了。

156. 例如，并购厂商可能寻求证明政府没有正确地界定相关市场、市场份额没有以正确的单位计算、一些厂商被错误地认为是不显著厂商、或者政府忽略了一些市场特征而这些特征不利于协调行为的发生，在此基础上，并购厂商可以质疑推定是否被合理地应用了。

157. 例如，并购的厂商可能会证明，由于下列原因，产业参与者没有激励去将价格定在没有并购时的水平之上：高价格的成本效应（规模经济的损失）、高价格队未来销售获利的效应（如果厂商正在投资于市场占有率）、或者对同一厂商出售互补产品产生的在利润方面的高价格效应（包括在双边市场中其他商品的销售）。

158. 例如，并购厂商可能试图证明不合作厂商并不是政府所宣称的那一家企业，真正的不合作厂商也不会比并购发生以前少制约协调；或证明不合作厂商与并购以前相比并没

第六部分 重振因保守经济分析而放松了的并购执法

有较弱或更强的激励去阻碍协调;或者当政府的推定是以市场集中度为基础而不是以确定不合作厂商时,去证明市场上的确存在不合作厂商,并且其对协调的阻碍在并购发生后并没有减弱。

159. 关于最近在并购指南下的进入分析的讨论,参见贝克(Jonathan B. Bake)"响应经济学和法律发展:并购指南",载《反托拉斯》第71期第189页(2003)。

160. 然而,在总福利标准下,效率可用来支持交易对竞争有利的一面,甚至在效率没有直接使买方受益情况下。

161. 在古诺理论下,厂商通过选择产出水平来竞争,在伯川德理论下,厂商通过选择价格来竞争,参见夏皮罗,前注106,关于寡头垄断的扩展的讨论以及其他理论。

162. 参见韦登和傅伯,前注55,也参见马可伊、布鲁诺、帕特里、保罗和梯若尔"经济学的单边效应",《竞争总局的中期报告》,欧洲委员会,法国图卢兹大学产业经济研究所,2003。开普罗和夏皮罗,前注45,也讨论了这些文献。

163. 单边效应也会在其他模型中出现,包括以下三个:第一,在招投标和拍卖市场,并购厂商通过投标竞争来争取一个或多个客户,或者参与拍卖向一个或更多的客户提供服务。这包括价格歧视市场,即供应商通过竞争来服务于一个客户或一组类似的客户。甲骨文公司一案的竞争即属这种情形。对单边效应在投标及拍卖市场的分析与差别产品定价竞争模型机制类似。第二,在相对同质产品市场上,厂商可能选择数量(产量水平或生产能力)来竞争。在这种情形下,市场份额极度重要,所以古诺的寡头垄断模型也适用,参见法莱尔和夏皮罗,前注121。第三,在一个优势厂商—边缘竞争厂商的市场里,并购会减少边缘厂商的竞争(或在极限情况下产生垄断)。

164. 关于单边效应的简单版本模型,参见夏皮罗,前注45。也见贝克,"并购分析中的单边竞争效应理论",载《反托拉斯》第11卷第21期,第23页(1997)。关于最近的单边效应逻辑的阐述及结合政策建议在单边效应案件中免除市场界定的论证,参见法莱尔和夏皮罗,前注46。关于更多精确复杂的模型推导,参见沃顿和福罗博,前注56,在投标或拍卖模型中,类似的逻辑是否成立取决于并购厂商是买方的第一或第二选择的可能性的大小。

165. 贝克和布雷斯纳恩,前注17,(在工作论文26-7)。贝克和布雷斯纳恩解释了"反托拉斯分析和未来产业组织经济学分析的主要挑战,在反托拉斯领域里的受到的关注不像经济学理那么多,就是通过研究相关产业的相似之处从而为所关注的行业和企业的调查提供借鉴。"他们支持我们所采用的经验研究的观点。

166. 我们不会坚持要求并购厂商具有市场支配地位或有近似支配地位的市场份额(与法院在甲骨文案中的要求相反)。因为当沿着这条思路时,我们不要求任何价格增加的证据(而只是说明一个价格上涨的机制),我们允许并购公司利用《指南》中的安全港协议,即赫芬达尔指数小于1 000。我们也注意到《指南》第2.211节的单边效应安全港规则,即要求并购公司有至少35%的市场份额,只有当通过市场份额展示单边效应机制时才适用。但是,鉴于在过去15年中对单边效应理论不断深入的理解,我们怀疑这35%的分界线是否合理。我们建议，执法机构考虑是否根据价格成本边际大小而调整这一规定或是直接删除它。

167. 这些边际利润越大，可能的单边效应就越强。如果并购企业所有相交叉的产品边际利润都很低的话，政府将无法实现其初始责任。

168. 我们不打算提出任何基于分流比和价格成本边际的定量指标基点。为了说明问题，我们把一个"显著的"价格上涨我们界定为 5%。这一数字可能被认为很偏低，原因是政府会在不考虑考虑非并购后产品重新定位、进入、或效率等使并购后价格降低的因素的情况下采用推定。但另一方面，这一数字可能被认为偏高，原因是如果并购损害了竞争，原则上它就可能违反了克莱顿法，即便价格上升幅度小于 5%。同时，在一个大的产业里，从并购导致的实质性的消费者损失，如 3% 的价格上升，就相当可观。我们这里列举 5% 仅为说明我们的方法。法莱尔和夏皮罗，前注 46，提出了一种在不界定相关市场的条件下评估单边效应的方法。他们强调，如果分流比与毛利率的乘积超过了并购导致的边际成本的下降，那么就有价格上升的趋势。他们因此提出了一个分流比与毛利率乘积的分界值（用并购所带来的成本节约来表示）。沃顿，前注 121，计算出能够抵消单边效应所必需的成本节约的分界值（用在毛利率和分流比来表示）。

169. 证的分类包括客户调查、需求弹性分析、买方转换成本信息、公司文件、对竞争对手的监控等，参见贝克，前注 139~141 第 47 页（讨论市场定义中买方替代的证据来源）。

170. 需要强调的是，在单边效应中（就像上文中所讨论的协调效应），如果价格高于或等于并购前价格时进入厂商的供给函数是弹性的说法说来简单，但难以证明。迈克尔·卡茨和卡尔·夏皮罗，"重要的损失：让我们讲述全部的故事"，载《反托拉斯》第 49 期（2003），解释了在定义相关市场时如何检验并购前证据与并购后价格变化的一致性。这种分析与单边效应的一致性检验直接相关。一般来说，对随意在非并购厂商供给曲线上加入节点的说法，不可轻易相信。

附录

并购执法调查

2007年3月

1. 现在的反托拉斯局（Barnett）与其5年前（James）或10年前（Klein）相比：

1a. 与5年前相比，你认为反托拉斯局在横向并购事宜上，对并购厂商的论点接受的更多了、更少了或是没有变化？

1b. 如果将司法部现在的并购执法与10年前相比，你的回答是否会变化？如果是，那么如何不同？

2. 现在的联邦竞争委员会（Majoras）与其5年前（Muris）或10年前（Pitofsky）相比：

2a. 与5年前相比，你认为联邦竞争委员会在横向并购事宜上，对并购厂商的论点接受的更多了、更少了或是没有变化？

2b. 如果将联邦竞争委员会现在的并购执法与10年前相比，你的回答是否会变化？如果是，那么如何不同？

3. 指出执法过程的变化：只有在上两个问题中认为"更多了"或"更少了"的受调查者需要回答这个问题。

在并购的哪个阶段或并购审查的哪个阶段，你发现了变化？

3a. 执法机构终止调查而非启动第二轮讯问的可能性。

3b. 第二轮讯问之后结束调查而非寻求救济的可能性。

3c. 执法机构寻求避免诉讼或诉讼和解的广度和力度。

4. 比较司法部和联邦竞争委员会：

4a. 在并购执法中，你是否发现司法部与联邦竞争委员会有显著的实质性的区别？如果有，这种区别的特性是什么？

4b. 如果你受雇处理一宗交易，但并不知道这宗交易会被司法部审查还是被联邦竞争委员会审查，你认为你客户的利益更易被司法部实现，或是更易被联邦竞争委员会实现，或是没有区别？为什么？

5. 执法机构对多种观点的接受性。被调查者需要区分司法部与联邦竞争委员会。

以下将陈述并购厂商时常提出的3个论点。对每个论点，请回答与10年前相比，反托拉斯执法机构对该论点的接受是更多了、更少了或是没有变化。

5a. "市场集中度不是预测竞争效应的良好依据。"

5b. "市场进入会抵消或阻吓任何竞争性的问题。"

5c. "并购带来的效率所产生的促进竞争受益可以抵消其对竞争的损害。"

6. 竞争效应理论。被调查者需要区分司法部与联邦竞争委员会。

6a. 在当前的横向并购实践中，你发现反托拉斯机构更加关注竞争效应的单边效应理论，还是竞争效应的协调效应理论，或是对二者同样关注？

7. 单边效应理论：

7a. 与5年前相比，反托拉斯执法机构现在对单边竞争效应更加关注了，没有变化，还是减少了关注？

7b. 若与10年前相比，你的答案是否会变化？

8. 协调效应理论：

8a. 与5年前相比，反托拉斯执法机构现在对协调竞争效应更加关注了，没有变化，还是减少了关注？

8b. 若与10年前相比，你的答案是否会变化？

9. 对前景的评估：

9a. 对于某个横向并购，与5年前相比，你是否可以评估出现在通过反托拉斯执法机构审查的可能性是否有变化？如果有，如何变化？

9b. 若与10年前相比，你的答案是否会变化？

10. 更好还是更坏：

10a. 你所描述的反托拉斯执法政策的变化促进了竞争政策还是损害了竞争政策的有效性？

11. 长时间的回顾：

11a. 在过去20年中，反托拉斯执法机构横向并购审查的主要变化是什么？

12. 为反托拉斯机构工作的状况：

附 录

12a. 你是否为联邦竞争委员会或反托拉斯局工作过？如果是，你最高的职位是什么？你在哪些年为他们工作？

13. 开放式问题：

13a. 你对联邦反托拉斯机构的横向并购执法还有什么观点需要表述？

索 目

293 ABA Antitrust Section, of *Antitrust Law Development*, 160　美国律师协会反托拉斯部,《反托拉斯法的发展》
"aggregated" multiproduct discount, 121　"加总"多产品贴现
Albrecht (1968), 21, 43　阿尔布里奇案
Alcoa (1946), 17　美国铝业案
　dominant firm and, 124 – 125　支配企业与美国铝业
　Hand on, 123 – 124　汉德法官对于美国铝业案
allocative efficiency, 93, 95　配置效率
　as allocation of resources, 37 – 38, 78　作为资源分配的配置效率
　excessive price influence on, 124　价格对配置效率的过度影响
allocative inefficiency, 40, 65n135, 91　配置无效率
　of monopoly, 103n79　垄断的配置无效率
　predatory pricing and, 94　掠夺性定价与配置无效率
American Airlines, price-fixing of, 50　美国航空公司,价格操纵
American Bar Association Section of Antitrust Law, 244　美国律师协会反托拉斯部
American Enterprise Institute, 29　美国企业研究所
amicus curiae brief, in Leegin case, 34, 202 – 204　法庭特聘顾问的意见,关于丽晶(皮革商)案
ancillary restraints test, 191　附带限制测试
anticompetitive behavior, 6n2, 8, 41, 54, 80, 104n96　反竞争行为
　EEE standard and, 154　EEE标准与反竞争行为
　of foreclosure, 141, 148 – 149, 162　市场封锁的反竞争行为
　of leverage, 141, 144 – 145　杠杆作用的反竞争行为
　mergers and, 52, 80　并购与反竞争行为

索 引

RPM and, 85–86 RPM与反竞争行为
seller concentration v., 14–15 卖方集中与反竞争行为
Supreme Court and, 83, 158 最高法院与反竞争行为
vertical integration as, 145–148 作为反竞争行为的纵向一体化
anticompetitive effects, 反竞争效应
of free riding, 209–212 "搭便车"的反竞争效应
competitor exclusion, 209–210 排除竞争者
minimum RPM and, 209 最小RPM与反竞争效应
price increase, 210–211 价格上涨
antitrust, 3–4 反托拉斯
enforcement of antitrust, 反托拉斯执法
boycotts in, 3, 27, 183–184, 215 反托拉斯中的抵制
Chicago School legacy in, 11–23 反托拉斯中的芝加哥学派传奇
for competition, 77 为竞争的反托拉斯
as deterrence-based policy, 13 作为以威慑为基础政策的反托拉斯
distribution practices of, 3, 190–191 反托拉斯的分配实践
doctrine changes, 160–161 学说变迁
for economic efficiency, 13, 65n132, 77 为经济效率的反托拉斯
free market protection of, 4 反托拉斯的自由市场保护
injury, Harvard School on, 112 损害,哈佛学派在反托拉斯中的
innovation suppression by, 77 反托拉斯对创新的抑制
monopoly protection and, 77 垄断保护与反托拉斯
objectives of, 12–14 反托拉斯的目标
policy evolution, 52–56 政策演化
seasonal enforcement patterns of, 52 反托拉斯执法的季节性模式
small business concern by, 43, 89, 102n72 反托拉斯对于小企业的关注
technological innovation/patent, 37–40, 56, 78, 118–119 技术创新/专利
Antitrust Division, of Reagan Administration, 38, 57, 213, 244, 247–248 里根政府下的反托拉斯处
Antitrust Guidelines for Collaborations Among Competitors, of DOJ/FTC, 20 DOJ/FTC关于竞争者间协作的反托拉斯指南
antitrust law 反托拉斯法

consumer welfare, 5, 40, 89-97　消费者福利
development of, 40-50　反托拉斯法的发展
economic efficiency and, 79-80, 88　经济效率与反托拉斯法
economics of industrial organization influence on, 53　产业组织经济学对反托拉斯法的影响
legislative history of, 90-92　反托拉斯法的立法史
for wealth transfer, 90, 92, 94, 102n71　为财富转移的反托拉斯法
Antitrust Law (Posner), 11　《反托拉斯法》（波斯纳）
Antitrust Law Developments, 165　《反托拉斯法的发展》
on antitrust doctrine changes, 160-161　关于反托拉斯学说变迁
on contracts, 162　关于契约
Antitrust Law treatise (Areeda), 118　反托拉斯法条约（阿利达）
Antitrust Modernization Commission, 39, 131n33, 239　反托拉斯现代化委员会
The Antitrust Paradox (Bork), 11, 77, 144, 154-157, 253　《反托拉斯悖论》（博克）
appellate court opinions, on consumer welfare, 95-96　上诉法院意见，消费者福利
Areeda, Phillip, 33, 42, 45, 82, 109, 120, 158, 187　阿利达，菲利普
Arnold Schwinn Corporation, 190　阿诺德施温公司
Aspen Skiing (1985), 108, 110, 114, 124-125, 128, 155　阿斯本滑雪公司案
AT & T monopoly, 41, 83　AT & T 垄断
regulation of, 36-37　AT & T 垄断的规制
patents and, 38　专利与 AT & T 垄断
average variable cost (AVC) test, 120　平均可变成本检验

Bain, Joe, 53, 111　贝恩，乔
Baker Hughes case, 238-239　贝克休斯案
Baker, Jonathan, 53, 233　贝克，乔纳森
Barnett, Thomas, 247-248　巴内特，托马斯
Baxter, William, 36, 238　巴克斯特，威廉
Bell Atlantic, 83-84　贝尔大西洋公司

索 目

below-cost pricing, 142　低于成本定价

　　for predatory pricing, 152　为掠夺性定价的低于成本定价

Beltone Electronics Corp., 45　贝尔通电子公司

　　exclusive dealing law and, 166　独家经营法与贝尔通电子公司

　　FTC rule of reason approach to, 161　FTC对贝尔通电子公司的推理规则裁定

Berle and Means effect, 24　伯利和米恩斯效应

Bertrand oligopoly theory, 264　伯川德寡头理论

Bloomingdales, 204–205, 207　布鲁明戴尔（百货店）

BMI (1979), 20, 45　广播音乐联合会（BMI）案

Bork, Robert, 4, 11, 21–23, 34, 77, 141–142, 144, 154–157, 179, 253　博克，罗伯特

　　on boycotts, 183–184　关于抵制

　　on Clayton Act, 239–240　关于克莱顿法

　　on competition, 14, 48　关于竞争

　　on consumer welfare, 93, 139　关于消费者福利

　　on economic efficiency, 16, 18–19, 89–90, 139　关于经济效率

　　on horizontal mergers, 237　关于横向并购

　　on tying arrangements, 21　关于捆绑协议

　　on vertical mergers, 148　关于纵向并购

　　on vertical restraints, 21, 185, 191　关于纵向限制

Bowman, Ward, 21, 210　鲍曼，沃德

boycotts, 3, 27, 183–84, 215　抵制

Braniff Airlines, price-fixing of, 50　布兰尼夫航空公司，固定价格

Breyer, Stephen, 14, 34, 85–86, 111, 199, 207, 209　布雷耶，斯蒂芬

bright-line rule, 79　明线规则

Brighton, 85, 198, 201　布莱顿

Brooke Group, 26–27, 33–35, 81–82, 93–94, 128　布鲁克集团

　　below-cost pricing of, 152　布鲁克集团的低于成本定价

　　on oligopoly, 110　关于寡头垄断

　　on predatory pricing, 82, 114, 121, 141　关于掠夺性定价

　　recoupment test in, 120, 142　布鲁克集团中的赔偿检验

Brown Shoe (1962), 12, 17, 20　布朗鞋业案

· 269 ·

anticompetitive foreclosure in, 148　布朗鞋业案中的反竞争市场封闭
Brown & Williamson（B&W），81　布朗 & 威廉姆森（B&W）
　　price predation of, 82　布朗 & 威廉姆森的价格掠夺
Brozen, Yale, 36　布罗兹恩，耶鲁
bundle pricing, 27-28, 122　捆绑定价
burden of production, 259-260　生产负担
Burton, Harold, 158　伯顿，哈罗德
Bush, George W., 5　布什，乔治（小布什）
Bush I Administration, 244　老布什政府
Bush II Administration, 37, 246, 269n31　小布什政府
Business Electronics v. Sharp　商务电子诉夏普电子
Electronics. *See* Business Electronics　见商务电子

California Dental, 82-83　加利福尼亚牙医案
California Dental Association, FTC and, 83　加州牙医协会
Calkins, Stephen, 139　卡尔金斯，斯蒂芬
Campbell, Tom, 253　坎贝尔，汤姆
cartel, 80, 90, 98n18, 261, 284n151　卡特尔
　　dealer, from free riding, 209　经销商，由搭便车
　　downstream, 148　下游
　　price fixing, 6, 9, 32　价格操纵
　　RPM facilitation of, 199　卡特尔的 RPM 助长
　　Topco on, 43　崇越科技
Cascade Health decision, 122　（法庭关于）级联健康的裁决
case law, 92-93　判例法
　　consumer welfare and, 93-94　消费者福利与判例法
　　Harvard School analysis and, 107　哈佛学派分析与判例法
Celler-Kefauver Act (1950), 35　塞勒-基福弗法
Chamberlin-Mason-Bain Harvard tradition, 13　张伯伦-梅森-贝恩哈佛传统
Chicago School Analysis, 6-7, 25, 42-43, 50, 81-88.　芝加哥学派分析
　　See also post-Chicago School　亦见后芝加哥学派
　　on antitrust enforcement, 111　关于反托拉斯执法

索　目

antitrust legacy of, 11-23　芝加哥学派的反托拉斯传奇
critical investigation by, 31　关键调查
critics of, 42　对芝加哥学派分析的批判
on deconcentration, 14-15　关于分散化
dominant firm behavior and, 107-137　支配企业行为与芝加哥学派分析
economic welfare and, 12-14, 22　经济福利与芝加哥学派分析
flaws of, 89-97　芝加哥学派分析的缺陷
government regulation and, 46　政府规制与芝加哥学派分析
on horizontal mergers, 235-236　关于横向并购
industrial organization economics in, 53-54　芝加哥学派分析中的产业组织经济学
influence of, 32-36　芝加哥学派分析的影响
on market foreclosure, 141　关于市场封锁
merger analysis in, 257-258　芝加哥学派分析中的并购分析
on predatory pricing, 109-110, 127-128　关于掠夺性定价
price theory and, 46-47　价格理论与芝加哥学派分析
on recoupment, 110　关于补偿
strategic behavior in, 55-56　策略行为
Supreme Court use of, 109-113　最高法院使用芝加哥学派分析
on vertical arrangements, 139　关于纵向协议
on vertical mergers, 20　关于纵向并购
on vertical restraints, 111　关于纵向限制
Circuit Court of Appeals　上诉巡回法院
on burden of production, 259-260　关于生产负担
District of Columbia, 42, 57, 86-87, 95-96, 100n52, 108, 111, 122, 126, 155, 157, 163-166, 212, 238　哥伦比亚特区
Forth/Tenth/Eleventh, 95,　第4/10/11上诉巡回法院
Ninth, 45, 47, 113, 122, 126, 162, 240-241, 263-264　第9上诉巡回法院
Seventh, 95, 184, 214　第7上诉巡回法院
Sixth, 95, 113　第6上诉巡回法院
Third, 111, 113, 116, 122, 126-127, 157, 163-165　第3上诉巡回法院
Classic Car Wax, vertical minimum pricing-fixing of, 189　古典车蜡，纵向最低

价格操纵

Clayton Act, 35, 57, 235, 259, 克莱顿法

 Bork on, 239-240 博克

 on indirect purchase rule, 112 关于间接收购规则

 monopoly and, 158 垄断与克莱顿法

 Section 3 of, 157, 159-160, 165, 172n50 克莱顿法的第3部分

 Section 4 of, 112 克莱顿法的第4部分

 Section 7 of, 35, 57, 236, 239 克莱顿法的第7部分

Clinton, William, 5 克林顿,威廉

Coase, Ronald, 55 科斯,罗纳德

Comanor, William S., 34-35 科曼纳,威廉

competition, See also coordinated competitive effects; interbrand competition effects; interbrand competition; intrabrand competition; unilateral effects 竞争,亦见协调竞争效应;品牌间竞争效应;品牌间竞争;品牌内竞争;单边效应

 antitrust for, 77 反托拉斯

 Bork on, 14, 48 博克

 through creative destruction, 38 通过创造性破坏

 effective, due to rivals, 251 效应,由于对手

 for exclusive territories, 150 排他性区域

 through mergers, 254 通过并购

 policy enforcement, 28-29 政策执行

 as public good, 152 作为公共产品

 U.S courts retreat from process of, 79 美国法院在竞争过程问题上的退让

competition for exclusive, 149-152 为获得排他性的竞争

 consumer protection by, 150 消费者保护

 dominant incumbent in, 150-151 已在位支配性运营商

 EEE and, 152-155 EEE与为获得排他性的竞争

 by efficient entrant standard, 152-155 有效率进入者标准

 from free riding, 209-210 搭便车

 switching cost increasing by, 151 转换成本增加

competitive market, 4, 17, 19, 54 竞争性市场

concentration, seller, 236 集中,卖方

see also market concentration　亦见市场集中

anticompetitive behavior v.,14－15　反竞争行为

Demsetz on,54　德姆塞茨

profitability correlation with,15　盈利能力相关性

conglomerate merger,18　混合并购

conservative economic analysis, See Chicago School Analysis　保守的经济学分析,见芝加哥学派分析

consumer choice,102n71　消费者选择

consumer surplus,78,95　消费者剩余

consumer welfare,47　消费者福利

allocative inefficiency loss to,91　消费者福利的配置无效率损失

antitrust system of law for,5,40,89－97　反托拉斯法系

appellate court opinions on,95－96　上诉法院意见

Bork on,93,139　博克

case law and,93－94　案例法与消费者福利

through mergers,251　通过并购

Microsoft case and,87　微软案

Robinson-Patman Act and,49　罗宾逊—帕特曼法与消费者福利

RPM and 203　RPM 与消费者福利

RRC harm and,143　RRC 损害与消费者福利

Supreme Court protection of,94－96　最高法院对消费者福利的保护

tying arrangement distortions on,33　捆绑协议对消费者福利的扭曲

vertical restraints and,197　纵向限制与消费者福利

contestable markets model,254　竞争性市场模型

Continental T.V.,Inc. v GTE Sylvania,Inc. See Sylvania contracts,172n54　大陆电视公司诉 GTE 西尔韦尼亚公司,见西尔韦尼亚契约

See also exclusive contracts　亦见独家合同

Antitrust Law Development on,162　反托拉斯法的发展

exclusive dealing law and,156　独家经营法

length of contract,162　合同的长度

of Omega Environmental,162　欧米茄环境

short-term/cancelable,as anticompetitive,165　短期/可取消,作为反竞争的

staggered expiration dates of, 170n32 交错过期日期
of *Tampa Electric*, 162 美国坦帕电气
coordinated competitive effects, 260–266, 283n139 协调效应
horizontal mergers and, 260–263 横向并购与协调效应
market concentration and 259 市场集中于协调效应
maverick firm and, 261–262 不合作企业与协调效应
corporate productive efficiency, 91 企业的生产效率
cost/productivity, economic efficiency and, 16, 54, 75 成本/生产率，经济效率
Cournot oligopoly theory, 109, 264, 286n161 古诺寡头理论
Court of Appeals, *See* Circuit Court of Appeals 上诉法院，见上诉巡回法院
creative destruction, competition through, 38 创造性破坏，通过创造性破坏竞争

Daubert standards 113 道伯特标准
D. C. Circuit Court. See District of Columbia Circuit Court of Appeals 特区巡回法院，见哥伦比亚特区上诉巡回法院
dealer location clause, as downstream-power vertical restraint, 189 交易者地域条款，作为下游势力纵向限制
deconcentration 分散化
Demsetz on, 15 德姆塞茨
economies of scale and, 15 规模经济与分散化
Hart for, 14 哈特
Kaysen/Turner for, 14 凯森/特纳
Neal Report on, 32 尼尔报告
"no-fault" legislation for, 14 "无过失"立法
productive efficiency v., 16 生产效率
de facto *legality* rule, 197, 212–213, 216 事实上的合法性规则
Demsetz, Harold, 15, 36, 54 德姆塞茨，哈罗德
Dentsply, 163–165 登士派齿科公司案
dominant firm and, 126–127 支配企业与登士派齿科公司案
exclusive contracts of, 162 独家合同与登士派齿科公司案

索 引

exclusive dealing law of, 111, 122, 157　独家经营法

Department of Justice（DOJ）, 20, 39, 163. *See also Merger Guidelines*　司法部，亦见并购指南

 Antitrust Division of, 233　反托拉斯处

 merger challenges by, 246　司法部对并购的挑战

 merger enforcement policy of, 242, 246–248, 250　司法部的并购执法政策

 during Reagan Administration, 238　里根政府时期

 Whirlpool/Maytag, lack of enforcement by, 248–251　惠而浦/美泰，执法缺失

Dippin' Dots case, 119–220　Dippin' Dots 案

Director, Aaron, 18–19, 31–34, 144　狄莱克特，阿伦

discounter, 201, 204　折扣

discounting practices, 120–121　贴现实践

 above-cost market share, 121　高于成本市场份额

 "aggregated" multiproduct, 121　"加总"多产品

 exclusionary, 108　排他性

 single-product, 121　单产品

 vertical restraints restriction of, 190–191　限制纵向限制

District of Columbia Circuit Court of Appeals, 95, 108, 238　哥伦比亚特区巡回上诉法院

 Ginsburg, D., of, 212　金斯伯格

 Heinz-Beechnut of, 42, 96　亨氏–Beechnut 案

 Microsoft case and, 57, 86–87, 95, 100n52, 108, 111, 122, 126, 155, 157, 163–166　微软案

dominance prohibition, EC Treaty of Rome and, 86　支配禁止，欧共体罗马条约

dominant firm strategies, 77, 80, 107–137　支配企业策略

 Alcoa and, 124–125　美国铝业与支配企业策略

 Dentsply and, 126–127　登士派齿科公司与支配企业策略

 Kodak and, 126–127　科达与支配企业策略

 Trinko and, 126　萃科与支配企业策略

dominant incumbent, in competition for exclusives, 150–151　支配运营商，以排他为目的的竞争

double marginalization, 145, 149　双重边际

Douglas, William O., 17, 173n65 道格拉斯，威廉
downstream-power vertical restraints, 185, 195 下游势力纵向限制
  dealer location clause as, 189 交易者地域条款
  exclusive territories as, 182, 189–190 排他性区域
  promotion methods v., 190 促销方法
Dr. Miles Medical Co. v John D. Park & Sons（1911） 迈尔斯医药公司诉帕克父子公司
  "free trade" laws and, 210 自由贸易法
  Leegin overrule, 21, 49, 85, 198–200, 222n90 丽晶案的影响
  per se rule of, 198, 201, 222n90 本质规则
  on RPM, 34, 85, 111, 179, 196–197, 201, 210, 222n90 关于RPM
drug wholesaling mergers, 250–251 药品批发并购
dynamic efficiency, 78 动态效率

Easterbrook, Frank H., 95–96 伊斯特布鲁克，弗兰克
Eastman Kodak Co. v Image Technical Services, Inc. See *Kodak* 柯达公司诉图像技术服务公司，见柯达
economic efficiency, 22, 46–47, 49, 51 经济效率
  achievement of, 79–81 经济效率的实现
  antitrust law and, 79–80, 88 反托拉斯与经济效率
  as antitrust objective, 13, 65n132, 77 经济效率作为反托拉斯的目标
  Bork on, 16, 18–19, 89–90, 139 博克
  of cost/productivity, 16, 54, 75 成本/生产率
  dynamic/static, 78 动态/静态
  horizontal mergers evaluation of, 256 横向并购评估
  mapping of, 78–79 经济效率的筹划
  mergers and, 96 并购与经济效率
  Microsoft case and, 87 微软案与经济效率
  price theory for, 13 价格理论与经济效率
economic reasoning, faulty, 241–244 经济推理，错误
economic regulation, 48 经济规制
economic welfare, 12–14, 22 经济福利

economies of scale, 54, 56, 146 规模经济
Efficiency Paradox, 88 效率悖论
efficient entrants, 150–151 有效率进入者
Ehrensberger, Kelton, 192–193 埃伦斯伯格，卡尔顿
Eleventh Circuit Court of Appeals, 95 第11巡回上诉法院
Elhauge, Einer, 55 艾尔豪格，英格尔
enforcement of antitrust, 3–4, 8, 52, 57, 111 反托拉斯执法
 complacency of, 127 反托拉斯执法的自满
 in high-tech industries, 10 高科技产业
 horizontal mergers, 235–267 横向并购
 of mergers, 35–36 并购的反托拉斯执法
 on oligopoly, lack of, 36 关于寡头，缺失
entrants, 254 进入者
 AT & T regulatory process abuse against, 36 AT & T管制过程滥用
 efficient, 150–151 有效率
 mergers and, 251 并购与进入者
 price-cutting to discourage, 26–27, 33, 43 降价阻止进入
 rebuttable presumption on, 263 可反驳的推定
entry arguments, 253–254 进入争论
entry barriers, 151 进入壁垒
 Bain on, 111 贝恩
 of tied products, 146–147 捆绑产品的进入壁垒
 vertical merger as, 149 纵向并购
entry freedom of, 47, 54 进入自由
equally efficient entrant (EEE) standard, 141–142 同样有效率进入标准
 for anticompetitive behavior, 154 反竞争行为
 competitors for exclusives by, 152–155 为（获得）排他性的竞争者
 for exclusionary conduct, 153 排他性行为
 Posner on, 153 波斯纳
 predatory pricing motivation for, 153 掠夺性定价动机
equally efficient rival test, 116–117 同样有效率的竞争者检验
 in *LePage*, 116 勒帕吉案

European Commission（EC），86　欧盟委员会
European Court of First Instance，87　欧盟原讼法庭
The European Union，86–88　欧盟
Evans, David，57　埃文斯，大卫
excessive price, allocative efficiency influenced by，124　过度价格，对配置效率的影响
exclusionary conduct，141–142　排他性行为
　EEE standard for，153　EEE 标准
　equally efficient rival test of，116–117　同样有效率的竞争者检验
　IP and，118　IP 与排他性行为
　no single test for，118　非单一测试
　Posner on，116　波斯纳
　predatory pricing as paradigm of，142　掠夺性定价作为排他性行为范式
　RRC and，117–118，142–143　RRC 与排他性行为
　rule of reason for，145　合理原则
　sacrifice/no economic sense test of，114–116　牺牲/无经济学意义检验
exclusionary discounting，108　排他性贴现
exclusive contracts，176–177n125　独家合同
　of *Dentsply*，162　登士派齿科公司
　of *Microsoft* cost，163–165　微软公司成本
exclusive dealing law　独家经营法
　of *Beltone Electronics*，166　贝尔通电子
　contracts and，156　合同与独家经营法
　Dentsply on，111，122，157　登士派齿科公司
　errors in，156–167　独家经营法中的错误
　of *Jefferson Parish*，160，162　杰弗逊教区
　in lower courts，160–163　初级法庭
　Microsoft case on，111，162，163–165　微软案
　of Omega Environmental，162　欧米茄环境
　points on，165–167　关于独家经营法的见解
　of *Roland Machinery*，162　罗兰机械
　rule of reason in，163　合理原则

索 目

of *Standard Stations*, 157–160, 165–166　标准站
Supreme Court and, 157–160　最高法院与独家经营法
of *Tampa Electric*, 161　美国坦帕电气
exclusive territories, 20　排他性区域
competition for, 150　竞争
as downstream-power vertical restraint, 182, 189–190　下游势力纵向限制
expansion arguments, 253–254　拓展争论

"fair trade" laws, of RPM, 210　公平交易法
false positives, 123–128　虚假肯定
Farrell, Joe, 166　法雷尔，乔
Federal Communications Commission (FCC), 83–84
Federal Trade Commission (FTC), 18, 20, 32, 238　联邦贸易委员会（FTC）
AT & T regulation by, 36–37　AT & T 规制
Beltone Electronics Corp. and, 161　贝尔通电子公司
California Dental Association and, 83　加州牙医协会
on drug wholesaling mergers, 250–251　关于药品批发并购
on horizontal restraints, 95　关于横向限制
Reagan Administration and, 36　里根政府与联邦贸易委员会
RPM case by, 210　RPM 案
TRU and, 214　TRU 与 FTC
on vertical mergers, 148　关于纵向并购
Federal Trade Commission Act, 173n64, 174n86
Section 5 of, 161　第 5 部分
Fisher, Franklin, 55, 57　费希尔，富兰克林
Ford Administration, 8　福特政府
foreclosure, anticompetitive, 141, 162　封锁，反竞争
in Brown Shoe, 148　布朗鞋业案
vertical integration and, 148–149　纵向一体化
foreclosure, market, 111　封锁，市场
Chicago School on, 141　芝加哥学派
Jefferson Parish on, 163　杰弗逊教区案

leverage theories of tying and, 149 捆绑销售的杠杆理论
market power and, 148 市场势力
tying arrangements and, 147 捆绑协议
Fortner Enterprises（1969）, 21 福特纳企业案
Fortune magazine, 35 财富杂志
Fourth Circuit Court of Appeals, 95 第4巡回上诉法院
franchise, 34 特许经营
with location clause, 191 包含地域条款
Frankfurter, Felix, 21, 173n59 法兰克福，费利克斯
freedom to deal principle, of monopoly, 84 自由处置原则，垄断
free market, 48 自由市场
antitrust protection of, 4 自由市场的反托拉斯保护
corporation abuse of, 3 自由市场的企业滥用
goal of, 8 自由市场的目标
inequality of income/wealth in, 24 自由市场中的收入/财富不平等
social mobility contribution by, 24 自由市场对社会流动性的贡献
system, 24 体系
free rider/riding, 85-86 搭便车者/搭便车
anticompetitive effects of, 209-212 反竞争效应
Areeda/Hovenkamp/Steiner on, 187 阿利达/霍温坎普/施泰纳
Business Electronics and, 187, 191-194 商务电子
cartel dealer from, 209 卡特尔经销商
competition for exclusives in, 209-210 为获得排他性的竞争
discounter as, 201 折扣
full service cease from, 185 全方位停止服务
Grimes/Lao on, 179 格兰姆斯/劳
International News and, 183 国际新闻
in IP, 207 知识产权
Klein/Murphy/Pitofsky on, 186 克莱因/墨菲/皮托夫斯基
Leegin on, 191, 202-203 丽晶案
legal accommodation for, 207-209 法律交通
Marvel on, 187 马福

索　目

per se rules for, 209　本身违法原则
Polygram Holding and, 184　宝丽金控股
Posner on, 215　波斯纳
restricted distribution and, 101　限制销售
Rothery and, 183–184　罗瑟存储
RPM and, 179, 196–216　RPM 与搭便车
Scalia on, 192–193　斯卡利亚
Sylvania on, 189, 191–194, 197, 200, 216　西尔韦尼亚
Topco on, 183　崇越科技
vertical restraints justified by, 179, 186, 195, 215　被搭便车提供正当性的纵向限制
free rider theory, 196–197　搭便车理论
expansive, 202–206　扩展
intangible services in, 202–204　无形服务
limitation of, 199–202　局限
market entry facilitation in, 206–207　市场进入
policy implications of, 212–216　政策含义
quick look proposal of, 213–216　速览计划
reputation/image free riding in, 204–206　声誉/形象搭便车
Telser on, 189, 196　特尔塞
"free trade" laws. Dr. Miles and, 210　自由贸易法，迈尔斯医药案

game theory, of post-Chicago School Analysis, 55　博弈论，后芝加哥学派分析　300
General Dynamics-United Electric Coal, 35　通用动力——美国煤电
on market concentration, 237–238　关于市场集中
merger enforcement law after, 240　并购执行法
General Leaseways, Inc. v. National Truck Leasing Assoc., 214　通用租赁诉全国汽车租赁协会
free riding and, 184　搭便车
general theory, of monopoly, 107–8　一般性理论，垄断
Ginsburg, Douglas, 42, 95, 184, 199, 212, 213, 245　金斯伯格，道格拉斯
Ginsburg, Ruth, 238　金斯伯格，露丝

Goldschmid, Harvey, 107　高德施密特, 哈维
government　政府
 intervention, 25　干涉
 processes, misuse of, 108　过程, 误用
 regulation, 46　规制
 regulation of IP, 9　知识产权规制
 regulation of monopolies, 36　垄断规制
Griffith, 43　格里菲斯案
Grimes, Warren, 179, 212　格兰姆斯, 沃伦
Grinnell test, 125, 128　格林内尔检验
Grunes, Allen, 56　格鲁恩斯, 艾伦

Hand, Learned, 17　汉德, 兰纳德
 on *Alcoa* decision, 123–124　关于美国铝业案裁定
Harberger, Arnold, 38　哈伯格, 阿诺德
Hartford-Empire Company case, on patents, 38　哈特福德-帝国公司案, 关于专利
Hart, Philip A., 14　哈特, 菲利普
Hart-Scott-Rodino (HSR)　哈特-斯科特-罗迪尼奥 (HSR)
 filings, 244–246, 274n81, 274n82, 275n83, 275n84　立案
Hartwell Co., 192, 194, 201, 219n60　哈特威尔公司
Harvard School analysis　哈佛学派分析
 on antitrust injury, 112　关于反托拉斯损害
 on case law, 107　判例法
 Cournot oligopoly theory and, 109, 264, 286n161　古诺寡头垄断理论
 on predatory pricing, 127　关于掠夺性定价
 on price-cost relationships, 110　关于价格-成本关系
 on RPM, 111　关于RPM
 Supreme Court use of, 109–113　最高法院应用哈佛学派分析
Hayek, Friedrich, 31　哈耶克, 弗里德里希
Heinz-Beechnut case, 42, 96　亨氏案
Herfindahl-Hirschman index (HHI), 35, 238, 263, 285n154, 285n155　赫芬

索 目

德尔-赫希曼指数
Heyer, Ken, 12-13 海耶,肯
Hofstadter, Richard, 123 霍夫施塔特,理查德
Hogan, Thomas F., 96 霍根,托马斯
Horizontal Merger Guidelines, 239, 256, 263-264, 268n21, 280n14 横向并购指南
on unilateral effects, 287n165 关于单边效应
horizontal merger law 横向并购法
adverse unilateral effects and, 241 负面单边效应
judicial decisions for, 240-244 判决
horizontal mergers, 15, 233 横向并购
Antitrust Division/FTC on, 247-248 反托拉斯处/FTC
Bork on, 237 博克
Chicago School on, 235-236 芝加哥学派
coordinated competitive effects and, 260-263 协调竞争效应
efficiency claim evaluation in, 256 横向并购中的效率申辩评估
enforcement of, 235-267 横向并购的执行
market concentration and, 258 横向并购的市场集中
trends in analysis of, 236-240 横向并购的分析趋势
unilateral effects of, 259 横向并购的单边效应
horizontal restraints, 19-20 横向限制
FTC and, 95 FTC与横向限制
Hovenkamp, Herbert, 25-27, 42, 45, 107, 123-128, 187 霍温坎普,赫伯特

Illinois Brick, 112 伊利诺伊砖业
imports, mergers and, 254 进口,并购
independent service organizations (ISOs), 126 独立服务组织(ISOs)
indirect purchaser rule, 112 间接收购规则
industrial organization economics, 53-54 产业组织经济学
infringement, 117 违法
patterns based on patents, 119-120 基于专利的形式

innovation. *See also* technological innovation　创新，见技术创新
　antitrust suppression of, 77　反托拉斯抑制
　intellectual property protection and, 79　知识产权保护与创新
　patent inducement of, 39　专利致使的创新
　intangible services, in free rider theory, 202-204　无形服务，搭便车理论
intellectual property（IP）, 87, 127, 182　知识产权
　exclusions, 118　排他
　free riding in, 207　搭便车
　government regulation of, 9　政府规制
　innovation and, 79　创新
　patent rights for, 207-208　专利权
　protection of, 207-208　保护
rights, 119, 122　权利
interbrand competition, 200　品牌间竞争
International News Service v Associated Press, 183　国际新闻诉联合出版
intrabrand competition, 189, 211-212　品牌内竞争

Jackson, Gregory, 158, 159, 173n59　杰克逊·格雷戈里
Jefferson Parish Hospital District　杰弗逊教区医疗区
No. 2 v Hyde（1984）, 21, 160, 162-163, 174n76
Jensen, Michael, 35　詹森·迈克尔
joint venture　联合经营
　General Leaseways/Polygram Holding/Rothery and, 184　通用租赁/宝丽金控股/罗瑟存储
　Topco on, 43, 184　崇越科技
JTC Petroleum, 148　裕廊石油

Kahn, Alfred, 14　卡恩·阿尔弗雷德
Kauper, Thomas E., 8-9　考普·托马斯
Kaysen, Carl, 14　凯森·卡尔
Kay's Kloset（PSKS）, 85, 198, 201
Kellogg case, 36　凯洛格案

索 目

Kennedy, Henry H., 85, 111, 198, 199　肯尼迪·亨利
Kennedy, Ted, 14　肯尼迪·特德
Klein, Benjamin, 186　克莱因·本杰明
Kodak (1992), 45, 47, 108　柯达
　dominant firm and, 126-127　支配企业与柯达
　on refusal to deal, unilateral, 113, 126, 128　拒绝交易，单边
　on tying arrangements, 189　关于搭售协议
Kozinski, Alex, 240-241　科津斯基·亚历克斯

Landes-Posner approach, 112　兰德斯-波斯纳方法
Lao, Marina, 179　劳·玛丽娜
Leary, Thomas, 244-246　奥利里·托马斯
Leegin Creative Leather Products, Incl v. PSKS, Inc. (2007), 45, 57, 94-95, 181, 194-95, 198-200, 202, 207, 209-210　丽晶皮革诉 PSKS 公司
　amicus curiae brief of, 34, 202-204　法庭特聘顾问的意见
　Dr. Miles overrule by, 21, 49, 85, 222n90　迈尔斯医药案影响
　on free riding, 191, 202-203　关于搭便车
　on intrabrand competition, 211-212　关于品牌间竞争
　per se to rule of reason by, 34, 85-86, 197, 216　本身违法至合理推定
　on RPM, 85, 111, 196-197, 213-214　关于 RPM
　on vertical restraints, 34, 191　关于纵向限制
legislation　立法
　history of Sherman Act, antitrust law, 90-92　谢尔曼法的历史，反托拉斯法
　"no-fault" deconcentration and, 14　无过失分散化
LePage, 113　勒帕吉案
　equally efficient rival test in, 116　同样有效率的竞争者检验
leverage　杠杆作用
　anticompetitive, 141, 144-145　反竞争
　of monopoly, 144　垄断
　theory of tying, 149　搭售理论
Levi, Edward, 18-19, 144　列维·爱德华
Levin, Richard, 38　李文·理查德

location clause, for franchise, 191　地域条款，特许经营
Lorain Journal, 174n76　洛雷恩晚报

Majoras, Deborah, 247　梅杰拉斯·德博拉
mandatory licensing, of patents, 9, 38　强制性许可，专利
Manne, Henry, 35　曼内·亨利
Mansfield, Edwin, 38　曼斯菲尔德·埃德温
manufacturer, vertical restraints imposition by, 187-192　制造商，施加纵向约束
market allocation, 51　市场配置
market concentration　市场集中
　coordinated/unilateral effects of, 259　协调/单边效应
　denial of influence of, 253　市场集中影响的否定
　General Dynamics on, 237-238　通用动力
　horizontal mergers and, 258　横向并购与市场集中
　in merger enforcement, 252-253　并购执法
　mergers and, 253, 265　并购与市场集中
　Supreme Court on, 260　最高法院
　unilateral effects and, 259　单边效应与市场集中
market entry, free rider theory for facilitation of, 206-207　市场进入，"搭便车"理论
market power, 20, 27, 40, 42, 47, 54, 55, 90, 91, 113　市场势力
　foreclosure leading to, 148　市场封锁导致
　state action doctrine and, 48　国家行为学说与市场势力
　tying arrangements and, 146　捆绑协议与市场势力
　vertical integration/tying for, 145　纵向一体化/捆绑
　vertical mergers for, 148　纵向并购
market share　市场份额
　in mergers, 265, 287n166　并购
　profitability correlation with, 54　盈利能力相关性
Marvel, Howard, 187　马福·霍华德
Mass. Board of Optometry, 95　大众眼科
Matsushita, 33, 120　松下电器

索 目

maverick firm, 283n141, 283n142, 284n153　异常企业
　coordinated competitive effects and, 261-262　协调竞争效应
McCormick, Robert R., 31　麦考密克, 罗伯特
McGee, John, 33, 37　麦基, 约翰
McGuire Act (1975), 21, 49　麦圭尔法
merger analysis, 257-260, 278n102　并购分析
　in Reagan Administration, 244-246, 272n64　里根政府
merger cases, 96-97　并购案件
　Syufy, 240　赛福案
　on total welfare, 96　关于总福利
merger enforcement, 244t, 246t　并购执法
　decline of, 244-251　消退
　DOJ/FTC on, 242, 246-248, 250, 274n78, 276n86
　General Dynamics and, 240　通用动力案
　lack of, influence on competition, 257　缺乏, 竞争影响
　market concentration and, 252-253　市场集中
　rates of, 276n87　频率
　reinvigoration of, 266　振兴
　structural presumption in, 252-253　结构推定
　survey, on merger enforcement, 289-291　调查, 并购执法
　Whirlpool/Maytag case, 248-251　惠而浦/美泰案
Merger Guidelines, 17-18, 20, 35, 45, 238, 244, 249, 261, 268n21　并购指南
mergers, 3, 9, 78.　并购
　See also horizontal merger law; horizontal mergers; vertical mergers　见横向并购法; 横向并购; 纵向并购
　analysis, post-Chicago School, 257-258　分析, 后芝加哥学派
　annual rate of exits of, 35　年度并购退出率
　anticompetitive behaviors and, 52, 80　反竞争行为
　competition/customer welfare through, 251　竞争/消费者福利
　conglomerate, 18　混合并购
　contestable markets model and, 254　竞争性市场模型

DOJ/FTC on, 242, 246-248, 250
drug wholesaling, 250-251　药品批发
economic arguments for, 251-256　经济论证
economic efficiency and, 96　经济效率
enforcement/adjudication of, 35-36　执法/裁决
imports and, 254　进口
market concentration and, 253, 265　市场集中
market shares and, 265, 287n166
McGee on, 37　麦基
outcome of, 79　结果
prospect of entry and, 251　进入的前景
rivalry in policy of, 253　对抗性的政策
small business ban from, 12　禁止小企业
unilateral effects stimulation for, 243　单边效应激励
vertical integration through, 144　纵向一体化
Von's Grocery on, 43, 237　冯氏百货
Whirlpool/Maytag, 248-251, 253-255　惠而浦/美泰
Williamson on, 18　威廉姆森

303 *Microsoft* case, 57, 87, 95, 101n52, 108, 122, 155　微软案
consumer welfare/efficiency and, 87　消费者福利/效率
dominant firm and, 126　支配企业与微软
exclusive contracts of, 163-165　独家合同
exclusive dealing law and, 111, 157, 166　独家经营法
outcome/output paradigm, 86　支付/产出范式
Microsoft Corporation, 28, 127　微软公司
Miller-Tydings Act (1937), 21, 49　米勒泰丁斯法
Mises, Ludwig von, 32　米塞斯，路德维希冯
monopoly, 33,　垄断
for *Alcoa*, 17　美国铝业
allocative inefficiency of, 103n79　配置无效率
antitrust protection of, 77　垄断的反托拉斯保护
Clayton Act on, 158　克莱顿法

索　目

Director/Levi on, 18　狄莱克特/列维
freedom to deal principle of, 84　自由处置原则
general theory of, 107-108　通论
government regulation of, 36　政府规制
leverage of, 144　杠杆作用
McGee on, 37　麦吉
patent use to sustain, 38　应用专利维持垄断
price, excessive power over, 124　价格, 超额势力
resource allocation and, 37-38　资源配置
Scalia on, 84　斯卡利亚
Sherman Act and, 107　谢尔曼法
Simons on, 36　西蒙斯
Supreme Court on offense of, 124　最高法院关于垄断过错
tying arrangements of, 144　捆绑协议
tying product maintenance from, 146-147　维持捆绑产品
monopoly power, 3, 54, 91, 113, 127　垄断势力
Hand on, 124　汉德
Posner on, 128　波斯纳
Scalia on, 125　斯卡利亚
Trinko on, 107-108　萃科案
Murphy, Kevin, 186　墨菲·凯文

naked raising rival's costs, 143, 154, 168n10　无掩饰提高竞争对手的成本
National Recovery Administration, 32　国家复兴政府
Neal, Phil C., 14, 32　尼尔·菲尔
Neal Report, 32　尼尔报告
New York Times, on merger enforcement, 244　纽约时报, 并购执法
Ninth Circuit Court of Appeals　第9上诉巡回法院
Cascade Health decision of, 122　级联健康的裁决
Kodak decision of, 45, 47, 113, 126　柯达判决
Omega Environmental decision of, 162　欧米茄环境案判决
Syufy decision of, 240-241, 263-264　赛福案判决

no economic sense test，128，166　无经济学意义检验
for exclusionary conduct，114-116　排他性行为
Noerr doctrine，48　诺尔（Noerr）学说
non-cooperative theories, of oligopoly，264　非合作理论，寡头垄断
Non-Horizontal Merger Guidelines, of DOJ，20　非横向并购指南

oligopoly markets，9，53，252，259　寡头市场
antitrust protection of，77　寡头市场的反托拉斯保护
Bertrand theory on，264　伯川德理论
Brooke Group on，110　布鲁克集团
Cournot theory on，109，264，286n161　古诺理论
enforcement, absence of，36　执法，缺失
non-cooperative theories of，264　非合作理论
Omega Environmental v. Gilbarco, Inc.，162　欧米茄环境诉基尔巴克
Omni，48　奥能案
open-ended distribution, vertical restraints compatibility with，191　开端分配，与纵向限制匹配
operating systems（OSs），86　操作系统
Oracle case，248，250-251，253，260　甲骨文案
faulty, economic reasoning in，242-244　错误，经济学推理
unilateral effects and，241　单边效应
Oracle Corporation，241-242　甲骨文公司
outcome/output paradigm，86　支付/产出范式

Patent and Trademark Office（PTO），119　专利商标办公室
fraud on，108　欺诈
patents　专利
antitrust，37-40，118-119　反托拉斯
Dippin' Dots case on，119-120　迪平冰淇淋案
Hartford-Empire case on，38　哈特福德-帝国公司案
infringement actions based on，119-120　基于专利的侵权行为
innovation inducement by，39　专利引发的创新

索 目

IP rights for, 207-208　知识产权
mandatory licensing of, 9, 38　强制性许可
monopoly sustained by use of, 38　通过使用专利维持垄断
restrictive cross-licensing of, 39　限制性跨许可权
rule of reason on, 39　合理原则
Stigler on, 38　斯蒂格勒
Taylor/Silberston study on, 38　泰勒/塞博尔森研究
tying arrangements and, 37　搭售协议
Peltzman, Sam, 34, 33　佩兹曼，萨姆
per se rules, 4, 6n2, 19, 20-21, 35, 43, 47, 55, 79　本质规则
Dr. Miles and, 198, 201, 222n90　迈尔斯医药案
for free riding, 209　搭便车
Leegin on, 34, 85-86, 197, 216　丽晶案
RPM prohibition, 85, 95, 111, 196, 201, 206
against tying arrangements, 21　反搭售协议
on vertical restraints, 49, 181　关于纵向限制
Philadelphia Bank, 43, 236　费城银行
Pitofsky, Robert, 42, 186, 200-201　皮托夫斯基·罗伯特
Polygram Holding, 184　宝丽金控股案
Posner, Richard, 4, 11, 18, 32, 34, 46, 89-90, 109, 144, 148, 162, 179, 184, 186, 287　波斯纳，理查德
on EEE standard, 153　关于 EEE 标准
on exclusionary conduct, 116　排他性行为
on free rider, 215　关于搭便车
on monopoly power, 128　关于垄断势力
quick-look rule of reason and, 215　速览合理原则
post-Chicago School Analysis　后芝加哥学派分析
game theory of, 55　博弈论
merger analysis, 257-258　并购分析
Powell, Anthony J., 181, 186　鲍威尔·安东尼
predatory bidding, 94　掠夺性竞标
predatory pricing, 8, 9, 25, 167n6　掠夺性定价

allocative inefficiency and, 94 配置无效率
of *American Tobacco*, 33 美国烟草
below cost pricing of, 152 低于成本定价
Brooke Group on, 82, 114, 121, 141 布鲁克集团
of B & W, 82
Chicago School position on, 109–110, 127–128 芝加哥学派立场
Director on, 33 狄莱克特
EEE standard motivation from, 153 EEE标准的动机
as exclusionary conduct paradigm, 142 排他性行为范式
Harvard School on, 127 哈佛学派
Hovenkamp on, 26 霍温坎普
recoupment test for, 114 补偿检验
RRC theory v., 142–144 RRC理论
sacrifice test and, 115 牺牲检验
single-firm, 127 单一厂商
of *Standard Stations*, 33 标准站
Supreme Court and, 82 最高法院
price 价格
allocative efficiency and, 124 配置效率
bundling, 27–28, 122 捆绑
discrimination, 43, 53 歧视
increase, from free riding, 210–211 增长, 来自搭便车
monopoly, excessive power over, 124 垄断, 过度势力
price-cost relationships 价格–成本关系
EEE standard motivation from, 153 EEE标准的动机
Harvard School on, 110 哈佛学派
price-cutting, to discourage entrants, 26–27, 33, 43 削价, 阻止进入者
price discriminations, 5, 53 价格歧视
Robinson-Patman Act on, 43, 53 罗宾逊—帕特曼法
Utah Pie on, 43 犹他馅饼案
price-fixing, 27, 51, 80, See also 价格操纵
vertical maximum price-fixing; vertical minimum price-fixing of American Airlines/

索 目

Braniff, 50 纵向最高价格操纵；美国航空/布兰尼夫航空纵向最低价格操纵
cartel, 6, 9, 32 卡特尔
minimum resale, 179 最低转售
price theory 价格理论
Chicago School and, 46-47 芝加哥学派
for economic efficiency, 13 经济效率
prima facie cases, on unilateral effects, 264-265 初步案件，关于单边效应
procompetitive behavior, 25, 51, 53, 158 促竞争行为
vertical integration/tying benefit from, 145 纵向一体化/搭售收益
Procter & Gamble (1967), 17-18 宝洁
producer surplus, 95 生产者剩余
producer welfare, 51 生产者福利
production, burden of, 259-260 生产负担
productive efficiency, 22, 78, 93, 95 生产效率
Bork on, 16, 18 博克
corporate, 91 企业
deconcentration v., 16 分散化
Demsetz critique on, 16 德姆塞茨对生产效率的批判
Posner on, 18 波斯纳
SMP theorem and, 19, 144-145, 168n15, 168n18 SMP 理论与生产效率
productivity 生产率
advances in, 27 先进性
economic efficiency and, 16, 54, 75 经济效率与生产率
Professional Real Estate case, 119 专业不动产案
profitability 盈利能力
concentration correlation with, 15 与盈利能力相关的集中
market share correlation with, 54 与盈利能力相关的市场份额
promotion methods, downstream-power vertical restraints v., 190 促销方法，下游势力纵向限制

qualitative substantiality test, 定性实体性检验
Standard Stations test as, 159 标准站检验

quick look rule of reason, 79, 213 – 216　速览合理原则

raising rival's costs（RRC）, 117 – 118, 133n58, 167n6　提高竞争对手成本
　See also naked raising rival's costs consumer welfare harm from, 143　亦见消费者福利损害
EEE standard for, 153　EEE 标准
as exclusionary conduct paradigm, 117 – 118, 142 – 143　排他性行为范式
predatory pricing v. , 142 – 144　掠夺性定价
recoupment and, 143　补偿
Ravenscraft, David, 36　雷文斯克拉夫特，大卫
R & D investment, 38 – 39　研发投资
　Microsoft case and, 87　微软案与研发投资
Reagan Administration, 14, 37　里根政府
　Antitrust Division of, 38, 57, 213, 244, 247 – 248　反托拉斯处
　DOJ during, 238　里根政府时期的 DOJ
　FTC and, 36　FTC 与里根政府
　merger enforcement of, 244 – 246, 272n64　并购执法
Reagan, Ronald, 5　里根，罗纳德
rebuttable presumption　可反驳的推定
　on entrants, 263　关于进入者
　Supreme Court rejection of, 124　最高法院驳回
　Wyzanski on, 124　怀赞斯基
recoupment　赔偿
　Brooke Group and, 120, 142　布鲁克集团
　Chicago School on, 110　芝加哥学派
　RRC and, 143　RRC 与赔偿
　test, 114, 120　检验
refusal-to-deal, unilateral　拒绝交易，单边
　Aspen Skiing on, 110　阿斯本滑雪公司案
　Kodak on, 113, 126, 128　柯达
　sacrifice test and, 115　牺牲检验
　Trinko on, 110 – 111　萃科

索 目

Rehnquist Court, 113　伦奎斯特法院

reputation/image free riding, 204-206　声誉/形象搭便车

resale price maintenance (RPM), 21　维持转售价格

　anticompetitive behavior and., 85-86　反竞争行为

　cartel facilitation by, 199　维持转售价格助长卡特尔

　Comanor on, 34-35　科曼纳

　consumer welfare and, 203　消费者福利

　Dr. Miles on, 34, 85, 111, 179, 196-197, 201, 210, 222n90　迈尔斯医药案

　"fair trade" laws, 210　公平交易法

　free rider problems of, 179, 196-216　搭便车问题

　FTC and, 210　FTC 与维持转售价格

　Harvard School on, 111　哈佛学派

　Leegin on, 85, 111, 196-197, 213-214　丽晶案

　per se prohibition of, 85, 95, 111, 196, 201, 206　本质禁止

　rule of reason for, 213　推理规则

　State Oil on, 111　国家石油

　Supreme Court on, 216　最高法院

resources, allocation of, 37-38, 78　资源，配置

restricted distribution　限制销售

　free riding and, 191　搭便车

　vertical restraints and, 190-191　纵向限制

restrictive cross-licensing, of patents, 39　限制性跨许可权，专利

rivalry (competitive structure), 80-81　竞争者（竞争性结构）

　competition effective due to, 251　竞争效用

　discounting practices in, 121　折扣操作

　in merger policy, 253　并购政策

Robinson-Patman Act, 13-14, 104n96　罗宾逊—帕特曼法

　consumer welfare and, 49　消费者福利

　on price discrimination, 43, 53　关于价格歧视

Roland Machinery Co. v. Dresser Industries, Inc., 162　罗兰机械诉德莱赛工业

Rothery Storage and Van Co. v. Atlas Von Lines, 183-184　罗瑟存储诉阿特拉斯

Rubinfeld, Daniel L., 9–10, 57　鲁宾菲尔德·丹尼尔
rule of reason, 6n2, 19, 20, 35, 48, 55　合理原则
  analysis, 161–162　分析
  for exclusionary conduct, 145　排他性行为
  in exclusive dealing law, 163　独家经营法
  FTC in *Beltone Electronics Corp.*, 161　FTC 关于贝尔通电子公司
  full fledged, 212–213　完全训练的
  on patents, 39　关于专利
  quick look, 79, 213–216　速览
  for RPM, 213　对于 RPM
  vertical restraints use of, 57　纵向限制

sacrifice test　牺牲检验
  for exclusionary conduct, 114–116　排他性行为
  on predatory pricing, 115　关于掠夺性定价
  on refusal to deal, 115　拒绝交易
  of *Trinko*, 114–115　萃科
Salop, Steven, 139　萨洛普，史蒂芬
Samuelson, Paul, 30　萨缪尔森，保罗
Scalia, Antonin, 29, 84, 107, 180, 183, 194, 201　斯卡利亚，安东尼
  on free riding, 192–193　关于搭便车
  on monopoly power, 125　关于垄断势力
  Trinko and, 107–108, 125　萃科
Scherer, F. M., 9　谢勒
Schmalensee, Richard, 7–8, 57　施马兰西，理查德
Schumpeter, Joseph A., 38　熊彼特，约瑟夫
Schwinn (1967), 20, 43, 186　施温公司案
Sylvania (1977) overrule of, 20　西尔韦尼亚案
  on vertical restraints, 181　关于纵向限制
Sealy (1967), 19　席伊丽案
Seventh Circuit Court of Appeals, 95, 184　第 7 上诉巡回法院
  General Leaseways, 214　通用租赁案

索 目

TRU, 214

Shapiro, Carl, 53, 55, 233 夏皮罗, 卡尔

Sherman Act, 23, 32, 42, 75, 89, 90, 93, 157-158, 239 谢尔曼法

legislative history of, 90-92 立法史

monopoly and, 107 垄断

Section 1, 44, 117, 159, 165, 183, 198 第1部分

Section 2 of, 107-108, 111-112, 114-115, 117, 121-128 第2部分

Wyzanski on, 124 怀赞斯基

Sherman, John, 90 谢尔曼, 约翰

Simons, Henry, 32, 36 西蒙斯, 亨利

single monopoly profit (SMP) 单一垄断利润

theorem, 19, 144-146, 168n15, 168n18 理论

single-product discounts, 121 单一产品折扣

Sixth Circuit Court of Appeals, 95 第6上诉巡回法院

Conwood decision of, 113 康伍德案判决

small business, 8, 51 小企业

antitrust concern for, 43, 89, 102n72 反托拉斯关注

Brown Shoe and, 12 布朗鞋业案

mergers ban from, 12 禁止并购

Von's Grocery and, 12 冯氏百货案

social mobility, free market contribution from, 24 社会流动性, 自由市场的贡献

Sonter, David, 199 桑塔, 大卫

Southern Motor Carriers, 48 南部汽车案

Standard Fashion, 157, 172n50 标准时尚案

Standard Fashions (Director/Levi), 144 标准时尚（狄莱克特/列维）

Standard Oil Corporation, 159 标准石油公司

Standard Stations (1949), 21 标准站案

exclusive dealing law and, 157-160, 165-166 独家经营法

FTC Act and, 161 FTC法

predatory pricing of, 33 掠夺性定价

qualitative substantiality test of, 159 定性实体性检验

Tampa Electric and, 159　美国坦帕电气
vertical integration of, 159　纵向一体化
Staples, 96　斯达波文具
state action doctrine, 9, 48　国家行为学说
State Oil v Khan (1997), 45, 111　国家石油诉可汗
Steiner, Robert, 187, 218n41　施泰纳, 罗伯特
on intrabrand competition, 211　品牌间竞争
on vertical restraints, 187-188　关于纵向限制
Stelzer, Irwin M., 8　施特尔策, 欧文
Stevens, John Paul, 21-22, 193, 199　史蒂文斯·约翰
Stewart, Potter, 35, 237　斯图尔特·波特
Stigler, George, 14, 16, 31, 35, 38　斯蒂格勒, 乔治
strategic behavior, 55-56　策略行为
structure-conduct-performance (SCP) paradigm, 53, 237　结构-行为-绩效 (SCP) 范式
Stuckey, Maurice, 56　斯塔基·莫里斯
Sumner, William Graham, 80　萨姆纳·威廉
Supreme Court, 3-4, 8, 81,　最高法院
on anticompetitive behavior, 83, 158　关于反竞争行为
Chicago School v. Harvard School use by, 109-113　芝加哥学派或哈佛学派
consumer welfare protection by, 94-96　消费者福利保护
exclusive dealing law and, 157-160　独家经营法
on indirect purchase rule, 112　关于间接收购规则
Leegin amicus curiae brief to, 202-204　对于丽晶案法庭特聘顾问的意见
on market concentration, 260　关于市场集中
on monopoly offense, 124　关于垄断过错
on predatory pricing, 82　关于掠夺性定价
rebuttable presumption rejection by, 124　驳回可反驳的推定
on RPM, 216　关于RPM
on vertical price-fixing, 216　纵向价格操纵
vertical restraints interpretation by, 34-35　纵向限制解释
Supreme Court decision　最高法院裁定

索　目

Albrecht，21，43　阿尔布里奇案

Alcoa，17，123-125　美国铝业案

Aspen Skiing，108，110，114，124-125，128，155　阿斯本滑雪公司案

Beltone Electronics Corp.，45，161，166　贝尔通电子公司

BMI，20，45　广播音乐联合会案

Brooke Group，26-27，33-35，81-82，93-94，110，114，120-121，128，141-142，152　布鲁克集团案

Brown Shoe，12，17，20，148　布朗鞋业案

Business Electronics，45，68nl72，180，187，191-195，201　商用电子案

California Dental，82-83　加利福尼亚牙医案

Dr Miles，21，34，49，85，111，179，196-201，210，222n90　迈尔斯医药案

Fortner Enterprises，21　福特纳企业案

General Dynamics，35，237-238，240　通用动力案

Griffith，43　格里菲斯案

International News，183　国际新闻案

Jefferson Parish，21，160，162-163，174n76　杰弗逊教区案

Kodak，45，47，108，113，126-128，189　柯达案

Leegin，21，34，45，49，57，85-86，94-95，111，181，191，194-200，202-204，207，209-214，216，222n90　丽晶案

Matsushita，33，120　松下电器案

Omni，48　奥能案

Philadelphia Bank，43，236　费城银行案

Polygram Holding，184　宝丽金控股案

Procter & Gamble，17-18　宝洁案

Rothery，183-184　罗瑟存储案

Schwinn，20，43，181，186，190　施温公司案

Sealy，19　席伊丽案

Southern Motor Curriers，48　南部汽车

Standard Fashion，157，172n50　标准时尚案

Standard Stations，21，33，157-161，165-166　标准站案

State Oil v. Khan，45，111　国家石油诉可汗

Sylvania, 20, 45, 49, 181, 186, 189, 191-197, 200, 211-212, 216　西尔韦尼亚案

Topco, 19, 43, 183-184　崇越科技案

Trinko, 29, 45, 48, 83-84, 107-108, 110-111, 114-115, 126-127, 183　萃科案

Utah Pie, 13-14, 43　犹他馅饼案

Von's Grocery, 12, 43, 237　冯氏百货案

Weyerhaeuser, 94, 100n38, 110, 128　惠好案

Swedish Match, 96　瑞典火柴案

switching cost, competition for exclusives increase in, 151　转换成本，为获得排他性的竞争

Sylvania (1977), 45, 49, 181, 192-193, 195, 196, 212　西尔韦尼亚案
　de facto legality rule of, 197　事实上的合法性规则
　on free riding, 189, 191-194, 197, 200, 216　关于搭便车
　on intrabrand competition, 211-212　关于品牌间竞争
　intrabrand competition and, 189　品牌间竞争与西尔韦尼亚案
　Schwinn overrule by, 20　影响施温案
　on vertical restraints, 181, 186, 189　关于纵向限制

Syufy (1990)　赛福案
　entry/expansion arguments of, 263-264　进入/拓展论证
　on merger enjoining to monopoly, 240　关于并购产生垄断

Tampa Electric Co. v. Nashville Coal Co., 174n76　坦帕电气公司诉纳什维尔煤炭有限公司
　contract of, 162　契约
　exclusive dealing law and, 161　独家经营法
　Standards Stations test and, 159　标准站检验

Taylor/Silberston patent study, 38　泰勒/塞博尔森专利研究

technological innovation, 37-40, 56, 78　技术创新

telecommunication industry, 28　电信产业

Telecoms Act (1996), 83　电信法案

Telser, Lester, 34, 179, 191, 193　特尔塞，莱斯特

索 目

free rider theory of, 189, 196　搭便车理论
on vertical restraints, 186-187　关于纵向限制
Temporary National Economic Committee, 38
Tenth Circuit Court of Appeals, 95　第10巡回上诉法院
territorial arrangements, 34　地域协议
tetraethyl lead case (1983), 36　四乙基铅案
Third Circuit Court of Appeals　第3巡回上诉法院
Dentsply, 111, 122, 126-127, 157, 163-165
LePage decision of, 113, 116　勒帕吉案判决
Thomas, Clarence, 238　托马斯, 克拉伦斯
tied product, 170n23　捆绑产品
entry barriers of, 146-147　进入壁垒
monopolizing sale of, 146　垄断化销售
tacit coordination facilitation in sale of, 147　销售中的默契协调
as upstream-power vertical restraints, 182, 188-189, 216n6　作为上游势力纵向限制
tie-in sales, *per se* rule against, 139　搭售, 本身违法
Topco (1972), 19, 184　崇越科技
free riding and, 183　搭便车
total welfare, 78, 93　总福利
merger cases on, 96　并购案
Toys "R" Us, Inc v. FTC. (TRU), 214　R玩具公司诉联邦贸易委员会
transferred surplus, 91　可转移剩余
Treaty of Rome, EC　罗马条约, 欧共体
article 82 of, 19, 87　第82条
dominance prohibition of, 86　禁止支配
Trinko, 29, 45, 48, 83-84, 107-108, 127, 183　萃科
on dominant firm, 126　关于支配企业
on refusals to deal, unilateral, 110-111　关于拒绝交易, 单边
sacrifice test of, 114-115　牺牲检验
Scalia on, 107-108, 125　斯卡利亚
Truman, Harry, 37　杜鲁门·哈里

· 301 ·

Tullock, Gordon, 144　托洛克·戈登

Turner, Donald, 14, 18, 33, 45, 109, 120　特纳·唐纳德

tying arrangements, 21–22, 54, 111, 169n18, 169n19, 217n6　捆绑协议

  Bork on, 21　博克

  Bowman on, 21　鲍曼

  consumer welfare distortions from, 33　消费者福利扭曲

  foreclosure, market and, 147　封锁，市场

  Kodak and, 189　柯达

  leverage theory of, 149　杠杆作用理论

  market power and, 146　市场势力

  of monopoly, 144　垄断

  patents and, 39　专利

  per se rule against, 21　本质规则

  procompetitive efficiency benefits of, 145　促竞争效率收益

  SMP theory on, 146　SMP 理论

  tying product　捆绑产品

  monopoly maintenance of, 146–147　垄断维持

  regulation evasion of, 147–148　规制规避

  tacit coordination facilitation in sale of, 147　销售中的默契协调

unilateral effects, 264–266, 286n163　单边效应

  customer views of, 242　消费者观点

  Horizontal Merger Guidelines on, 287n165　横向并购指南

  of horizontal mergers, 259　横向并购

  market concentration and, 259　市场集中与单边效应

  merger stimulation for, 243　并购模拟

  Oracle case and, 241　甲骨文案

  prima facie cases on, 264–265　初步案件

  Walker on, 242–243　沃克

upstream market, 149, 168n18　上游市场

upstream-power vertical restraints, 188–189, 217n6　上游势力纵向限制

  tie-ins/vertical price-fixings as, 182　搭售/纵向价格操纵

索 目

Utah Pie (1967), 13-14　犹他馅饼案
　on price discrimination, 43　关于价格歧视

venture capitalists, 8, 27　风险资本家
vertical arrangements, 179　纵向协议
　Chicago School on, 139　芝加哥学派
vertical integration, 47, 144-145, 169n19　纵向一体化
　as anticompetitive behavior, 145-148　作为反竞争行为
　Douglas on, 173n65　道格拉斯
　foreclosure, anticompetitive and, 148-149　市场封锁，反竞争
　market power and, 145　市场势力
　through merger, 144　通过并购
　procompetitive efficiency benefits of, 145　促竞争效率收益
　of Standard Stations, 159　标准站
vertical market power, 37, 188　纵向市场势力
vertical maximum price-fixing, 182, 188-189　纵向最高价格操纵
vertical mergers, 5　纵向并购
　Bork on, 148　博克
　entry barriers as, 149　进入壁垒
　FTC on, 148　联邦贸易委员会
　for market power, 148　市场势力
　Warren on, 20　沃伦
vertical minimum price-fixing, 182, 191, 195, 202　纵向最低价格操纵
　of Classic Car Wax, 189　古典车蜡案
　Scalia on, 192　斯卡利亚
vertical restraints, 10, 20-21,　纵向限制
　Bork on, 21, 185, 191　博克
　Chicago School on, 111　芝加哥学派
　consumer welfare and, 197　消费者福利
　distribution restriction by, 190-191　分配限制
　downstream-power, 182, 185, 189-190, 195　下游势力
　free rider justification for, 179, 186, 195, 215　"搭便车"的理由

· 303 ·

Leegin on, 34, 191　丽晶案
manufacturer imposition of, 187–191　制造商施加纵向约束
per se treatment of, 49, 181　当然待遇
rule of reason use in, 57　推理规则应用于纵向限制
Schwinn on, 181　施温公司
Supreme Court interpretations on, 34–35　最高法院解释
Sylvania on, 181, 186, 189　西尔韦尼亚
Telser on, 185–187　特尔塞
upstream-power, 182, 188–189　上游势力
Vinson, Roger, 158　文森，罗杰
Von's Grocery (1966), 12　冯氏百货
on mergers, 43, 237　关于并购

Walker Process, 118–120　沃克设备公司案
Walker, Vaughn, 242–243, 253　沃克，沃恩
Wall Street Journal, on merger enforcement, 244　华尔街日报，关于并购执法
Warren, Earl, 4, 12, 20　沃伦，厄尔
wealth transfer, 90, 92, 94, 102n71　财富转移
Weyerhaeuser (2007), 100n38, 110, 128　惠好案
predatory bidding and, 94　掠夺性竞标
Whirlpool/Maytag merger, 248–251, 253–255　惠而浦/美泰并购
White House Task Force on Antitrust Policy (1968), 14–15, 22　白宫反托拉斯专职小组
White, Lawrence J., 34, 35　怀特，劳伦斯
Williamson, Oliver, 18, 35, 55–56　威廉姆森，奥利弗
Wood, Diane, 214–215　伍德，戴安
World War II, 4, 43　第二次世界大战
Wyzanski, Charles, 124　怀赞斯基，查尔斯